인류세와 마르크스

Marx in the Anthropocene: Towards the Idea of Degrowth Communism

인류세와 마르크스:
탈성장 코뮤니즘이라는 이상을 향하여

지은이	사이토 고헤이
옮긴이	추선영

1판 1쇄 발행　2026년 2월 14일

펴낸곳	두번째테제
펴낸이	장원
등록	2017년 3월 2일 제2017-000034호
주소	(13290) 경기도 성남시 수정구 수정북로 92, 태평동락커뮤니티 301호
전화	031-754-8804
팩스	0303-3441-7392
전자우편	secondthesis@gmail.com
홈페이지	secondthesis.com
블로그	blog.naver.com/secondthesis

ISBN	979-11-90186-53-7　93300

이 책의 한국어판 저작권은 듀란킴에이전시를 통해 저작권자와 독점 계약한
두번째테제에 있습니다. 저작권법에 의해 보호를 받는 저작물이므로 무단 전재와
복제를 금합니다.

책값은 뒤표지에 있습니다. 잘못된 책은 바꾸어 드립니다.

인류세와 마르크스

Marx in the Anthropocene

탈성장 코뮌주의라는
이상을 향하여

Towards the Idea of
Degrowth Communism

사이토 고헤이 지음
추선영 옮김

나의 스승이자 충실한 벗
오타니 데이노스케 선생님께 바칩니다.

차례

일러두기

1. 이 책은 Kohei Saito, *Marx in the Anthropocene: Towards the Idea of Degrowth Communism*, Cambridge University Press, 2022를 우리말로 옮긴 것이다.

2. 본문의 주석은 모두 각주로 처리했으며 옮긴이의 부연 설명은 대괄호에 넣고 옮긴이를 표시했다. 본문의 이탤릭체는 굵은 글씨체로 표기했으며 도서, 저널, 언론사명의 경우 겹낫표로, 논문 및 기사명은 홑낫표로 표기했다.

3. 인명 및 단체명 등의 고유명사는 외래어 표기법을 따르되 널리 사용되는 표현이 있는 경우 그에 따랐다. 이해에 필요한 경우 원어나 한자를 병기했으며 외래어 표기법으로 확인이 어려운 경우 원칙상 발음 표기에 가깝게 표기했다.

감사의 글

이 기획은 2017년에 시작되었다. 기획이 진행되는 동안 전 세계의 학자들과 친구들로부터 다양한 방법으로 아낌 없는 도움을 받았다. 마르크스와 엥겔스의 저작을 새롭게 집대성하여 『마르크스 엥겔스 전집Marx-Engels-Gesamtausgabe』(이하 MEGA로 표기)을 편찬하는, 여전히 진행 중인 기획에 직접 관여하면서 마르크스의 저술에 대한 나의 접근법이 크게 바뀌었다. 이에, MEGA 편찬에 참여한 여러 동료들, 특히 독일 베를린의 게랄트 후프만Gerald Hubmann, 팀 그라스만Timm Graßmann, 레기나 로트Regina Roth, 클라우디아 라이헬Claudia Reichel, 위르겐 헤레스Jürgen Herres, 롤프 헤커Rolf Hecker, 카를-에리히 폴그라프Carl-Erich Vollgraf에게 매우 큰 도움을 받았다.

또한 일본과학진흥회 해외 연구 펠로우십Japan Society for Promotion of Science Overseas Research Fellowship, 2016-17의 지원을 받은 덕분에 캘리포니아대학교 산타바버라 캠퍼스 사회학과에 머물면서 케빈 앤더슨과 함께 연구할 기회를 얻었다. 앤더슨의 『마르크스의 주변부 연구』는 이 책의 집필을 구상하는 과정에서 없어서는 안 될 영감을 주었다. 일본의 사사키 류지와 스미다 소이치로가 원고 전체를 읽고 논평해 준 덕분에 이

번에도 텍스트의 논리적 일관성과 명확성을 더욱 높일 수 있었다. 게다가 가까운 동료인 다이라고 도모나가, 이토 마코토, 아카시 히데토, 나카무라 켄고, 와카모리 미도리가 나와 함께 이 기획에 대해 자주 토론하면서 중요한 제안을 내주고 아낌없이 격려해 주었다. 파트릭 아이덴-오페Patrick Eiden-Offe, 유디트 델하임Judith Dellheim, 테렐 카버도 원고의 일부를 읽고 귀중한 의견을 제시해 주었다. 한편 다양한 콘퍼런스와 강의에서 발표한 강연과 논문에 대한 답변의 형식으로 의견을 내어 준 미하엘 하인리히, 프리더 오토 볼프Frieder Otto Wolf, 크리스티안 젤러Christian Zeller, 밥 제숍, 바박 아미니Babak Amini, 비니 아담착Bini Adamczak, 칸 칸갈Kaan Kangal, 파울라 라우할라Paula Rauhala, 조엘 웨인라이트, 마르틴 바그너Martin Wagner, 장이빙Yibing Zhang, 잉고 슈튀츨레Ingo Stützle, 미카엘 뢰비, 닉 서르닉, 마이클 하트, 폴 메이슨, 폴 버켓Paul Burkett, 존 벨라미 포스터에게 특별한 감사 인사를 드린다.

연구 기간 동안 다양한 국제 콘퍼런스와 세미나에 참석하여 귀중한 경험을 쌓았다. 이 책 가운데 일부는 역사 유물론 콘퍼런스Historical Materialism Conference(런던), 일본정치경제학회Japan Society of Political Economy(도쿄), 마르크스-콜레기움Marx-Collegium(토론토)에서 이미 발표했던 것이다. 나의 중요한 기획들에 긴밀하게 협력해 준 마르셀로 무스토에게 깊이 감사드린다. 무스토가 캐나다 요크대학교(2017), 인도 파트나의 아시아개발연구소ADRI(2018), 이탈리아 피사대학교(2019)에서 주최한 여러 주요 국제 콘퍼런스는 내 생각을 다른 학자들과 공유하고 발상을 크게 발전시키는 계기가 되었다. 이 책은 캐나다 사회과학 및 인문학 연구 위원회Social Science and Humanities Research Council of Canada의 파트너십 육성 보조금(890-2020-0091)인 '카를 마르크스『자본』의 세계사The Global History of Karl Marx's Capital'의 자금 지원을 받아 출판된 결과물이기도 한데, 이것 역시 마르셀로 무스토와의 협업 기획이다.

2018년 여름, 남아프리카공화국 위츠대학교Witts University의 비슈 와스 사트가르Vishwas Satgar와 미셸 윌리엄스Michelle Williams의 주선으로 일 주일 동안 요하네스버그에 머물면서 세 차례 강의를 진행했고, 2018 년 11월, 내가 앞서 출판한『마르크스의 생태사회주의』(Monthly Review Press, 2017)가 도이처 기념상을 수상하게 되어 시상식 참석 차 런던을 찾았을 때는, 레슬리 에스더Leslie Esther와 알렉스 콜라스Alex Colas가 강연 과 발표 자리를 주선해 주었다. 2019년 6월 오스트리아 본대학교에 서 열린 국제 콘퍼런스를 조직하고 죄르지 루카치에 관한 장을 발표 할 기회를 준 마르쿠스 가브리엘과 제바스티안 브로이Sebastian Breu에 게도 감사드린다. 또한 지그하르트 넥켈Sighard Neckel이 독일 함부르크 대학교에서 열리는 연례 콘퍼런스 '지속 불가능한 과거—지속 가능 한 미래?Unsustainable Past–Sustainable Future?'에 나를 초청해 준 덕분에 생태 위 기 시대에 마르크스주의 경제학과 탈성장의 관계를 논의할 귀중한 기회를 얻을 수 있었다. 한편, 정성진의 주선으로 2018년 대한민국 교육부와 한국연구재단이 추진한 한국 사회과학SSK 사업 지원 과제 인 '포스트자본주의와 마르크스주의의 혁신Postcapitalism and the Innovation of Marxism'(NRF- 2021S1A3A2A02096299) 연구팀과 교류하면서 한상원, 백승 욱, 김현강, 블라디미르 티호노프(박노자), 고민지를 비롯한 한국 학자들과 함께 수행한 국제적 연구는 나의 기획의 범위를 확대하는 데 큰 도움이 되었다. 또한 이 연구는 일본과학진흥회Japan Society for Promotion of Science Kakenhi(보조금 번호 JP20K13466)의 지원도 받았다.

책의 주요 발상 가운데 일부는 내가 앞서 출판한『지속 불가능 자본주의』(Tokyo: Shueisha, 2020)를 준비하는 과정에서 발전되었다. 일본에서 50만 부가 팔리면서 예상 밖의 큰 인기를 누린『지속 불가능 자본주의』의 성공은 모두 편집자 하토리 유카가 엄청난 시간과 에너지를 쏟은 덕분이었다.『인류세와 마르크스』의 일부는 앞서 출판한『지속 불가능 자본주의』의 내용을 학술서에 걸맞는 보다 엄격한 문체로 바꾸어 편집한 것이라고 해도 과언이 아니다. 그리고 그 엄밀성 역시 하토리 유카가 편집에 공을 들인 덕분이다. 분명한 것은 이 책이 앞서 출판한 책을 그대로 옮긴 것이 아니라는 점이다. 오히려 이 책은 자료를 보다 더 정독하고 최근 몇 년 동안 마르크스주의 생태학을 둘러싸고 이루어진 주요 논쟁들을 재구성하는 과정에서 탄생한 완전히 새로운 논의를 기반으로 한다. 2020년에서 2022년 사이 전 세계적으로 전염병이 창궐하면서 원고가 상당히 늦게 전달되었지만, 묵묵히 기다려 준 캠브리지대학교 출판사의 안웨샤 라나Anwesha Rana에게 고마움을 전한다. 원고 전달이 늦어진 만큼 나의 논의가 심화되었기를 바랄 뿐이다. 이 책의 출판 마지막 단계에서 세심하게 원고를 교정해 준 알렉산더 브라운Alexander Brown에게 특별한 감사를 드린다. 한편 야콥 블루멘펠트Jacob Blumenfeld는 고맙게도 일부 독일어 텍스트의 영어 번역을 도와주었다. 그러나 남아 있는 오류가 있다면 그것은 모두 나의 잘못이다.

다음 장들은 기존에 발표한 논문들을 토대로 작성된 것이다. 이 책에 수록하기 위해 각 논문들의 내용을 크게 수정, 확대, 개정했는데 각 논문들을 활용할 수 있도록 허락해 준 각 출판사와 편집자에게 감사드린다.

* 1장, 「전 지구적 생태 위기 시대에 살펴본 마르크스의 물질대사론 Marx's Theory of Metabolism in the Age of Global Ecological Crisis」, *Historical Materialism* 29, no. 2(2020): 3-24.

* 2장. 「마르크스와 엥겔스: 생태학적 시각에서 지적 관계의 재고찰 Marx and Engels: The Intellectual Relationship Revisited from an Ecological Perspective」, in *Marx's Capital after 150 Years Critique and Alternative to Capitlalism*, ed. Marcello Musto (London: Routledge, 2020), 167-183.

* 7장. 「경제적 재앙과 생태학적 재앙의 원인으로서의 본원적 축적 Primitive Accumuation as the Cause of Economic and Ecological Disaster」, in *Rethinking Alternatives with Marx*, ed. Marcello Musto (New York: Palgrave, 2021), 93-112.

마지막으로, 항상 이 기획을 지지하고 격려해 준 나의 가족(마오, 리히토, 리사)에게 고마움을 전한다. 그들이 있었기에 이 어두운 시기에 보다 더 나은 세계를 그려 볼 수 있는 열정을 가지고 이 기획을 마무리할 수 있었다.

약어

Capital I Karl Marx, *Capital*, Vol. 1, trans. Ben Fowkes (London: Penguin, [1890] 1976).

Capital II Karl Marx, *Capital*, Vol. 2, trans. Ben Fowkes (London: Penguin, [1890] 1976).

Capital III Karl Marx, *Capital*, Vol. 3, trans. David Fernbach (London: Penguin, [1894] 1981).

Grundrisse Karl Marx, *Grundrisse: Foundations of the Critique of Political Economy (Rough Draft)*, trans. Martin Nicolaus (London: Penguin, [1857-1858] 1973).

IISG Sig B 91 Internationaale Instituut voor Sociale Geschiedenis, Karl Marx–Friedrich Engels Papers, Teil B Exzerpte von Karl Marx, Nr. 91.

MECW 12 Karl Marx and Frederich Engels, *Collected Works*, vol. 12 (New York: International Publishers, 1975–2004).

MEGA II/10 Karl Marx and Frederich Engels, *Marx-Engels-Gesamtausgabe*, section II, volume 10 (Berlin: Dietz Verlag, Akademie Verlag, De Gruyter, 1975–).

MEW 1 Karl Marx and Friedrich Engels, *Werke*, vol. 1 (Berlin: Dietz Verlag, 1956–1968).

서론

세계가 불타고 있다. 우리는 '역사의 종말의 종말'(Hochuli, Hoare and Cunliffe 2021)을 경험하고 있다. 기후변화, 해양 산성화, 질소 순환 교란, 사막화, 토양 침식, 생물다양성 상실 같은 다방면에서 전 지구적 생태 위기가 급속하게 심화되고 있다. 소비에트 사회주의 공화국 연방(이하 소련으로 표기함)이 붕괴한 뒤 프랜시스 후쿠야마가 선언한 '역사의 종말'(Fukuyama 1992)은 오늘날 전적으로 예기치 못한 막다른 곳, 즉 **인류 역사의 종말**에 다가가고 있다. 인간의 활동이 지구 환경에 미치는 영향은 제2차 세계대전이 끝난 이후 급속하게 증가했고(모든 주요 사회-경제적 추세와 지구 체계의 추세가 하키 스틱 모양의 증가를 기록한 이른바 '대가속 Great Accleration' 시대(McNeil and Engelke 2016)), 신자유주의적 세계화가 승리한 이후에는 그 증가 속도가 보다 더 빨라졌다. 그 결과 인간 문명의 기초는 불안정해졌다. 전 세계적인 전염병 창궐, 전쟁, 기후 붕괴는 모두 민주주의, 자본주의, 생태계를 만성적인 위기로 내모는, 그야말로 '역사의 종말'의 징후이다.

많은 이들이 현재의 생활양식이 파국으로 향하고 있다는 사실을 또렷하게 인지하고 있다. 그러나 자본주의 체계는 과잉생산과 과잉 소비라는 통제 불능의 힘에 대한 대안을 제공하지 못한다. 자본주의 체계가 조만간 대안을 제공하리라고 생각할 만한 설득력 있는 근거도 없다. 화석연료 소비에 대한 일관된 경고, 관련된 지식의 축적, 꾸준한 반대가 **있었음에도,** 자본주의가 화석연료 소비를 계속해서 체계적으로 강제하기 때문이다. 섭씨 1.5도라는 파리협정Paris Agreement의 목표를 달성하려면 급속하고 심도 있는 탈탄소화를 실현해야 하고, 그러려면 사실상 사회 모든 영역에서의 근본적이고 철저한 변화가 필요하다. 직접행동을 포용하는 보다 더 급진적인 사회운동들은 이러한 사실을 바탕으로 자본주의 체계의 근절을 요구해 왔다(Extinction Rebellion 2019). 예를 들어 그레타 툰베리는 '영원한 성장이라는 동화'를 비난하는 연설을 통해 유한한 지구에서 무한한 축적이라는 목적을 추구하는 자본주의 체계가 기후 붕괴의 근본 원인임을 명백하게 드러냈다.

이것은 특히 현존 사회주의 붕괴 이후 '무용지물' 취급을 받아 온 마르크스주의가 새로운 역사적 국면을 맞이했음을 의미한다. 환경주의자들은 현재 경제체계의 비합리성 문제를 명시적으로 제기하는 요령을 터득해 왔다. 따라서 마르크스주의가 자본주의적 생산양식을 철저하게 비판할 뿐 아니라 포스트-자본주의 사회에 대한 구체적인 전망까지 제공하여 논쟁과 사회운동을 활성화하는 데 기여한다면, 마르크스주의에도 부활할 길이 열릴 터였다. 그러나 마르크스주의는 아직 부활하지 못했고, 21세기에 마르크스주의의 유산에 의지하는 것의 유용성에 대한 의문만이 끈덕지게 남아 있는 형편이다. 마르크스의 정치적 낙관론이 가장 분명하게 표현된 『공산당 선언』은 받아들일 수 없는 것으로 악명 높은 그의 생산지상주의와 자민족중심주의의 증거로서 여전히 줄기차게 인용되고 있다.

전 지구적 생태 위기에 직면한 상황에서, 서구 자본주의에서 생산력의 추가적인 발전이 역사의 해방적 동인으로 작용할 것이라는 생각은 분명 지나치게 순진하다. 사실 오늘날의 상황은 1848년의 상황과 확연하게 다르다. 즉, 자본주의는 더 이상 진보적이지 않다. 오히려 자본주의는 생산과 재생산의 일반 조건을 파괴하고 심지어 인간과 비인간 존재를 심각한 실존적 위협으로 내몬다. 요컨대, 역사 발전에 대한 마르크스의 관점은 구제 불능의 한물간 관점인 것처럼 보인다. 이와 같은 상황, 이와 같은 역사적인 국면에서, 마르크스주의가 부활할 가망이 조금이나마 있으려면 '생산력'과 '생산관계'의 모순을 중심으로 하는 '역사유물론'이라는 악명 높은 거대 도식을 근본적으로 재정립할 필요가 있다. 바로 이것이 전 지구적 생태 위기에 직면한 상황을 비관하거나 종말론에 빠지는 것이 아니라 마르크스주의의 시각에서 (인류) 역사의 끝이 아니라 또 하나의 맑고 밝은 미래를 그려 보는 계기로 삼으려는 이 책의 중심 주제이다.

'역사의 종말'의 종말이 '자연의 종말'의 종말을 초래했기 때문에 이와 같은 기획은 '자연'의 문제를 피할 수 없다. 빌 맥키번(Bill McKibben, 1989)은 전 지구적 자본주의가 지구 전체를 상당히 변형하여 인간이 손대지 않은 원래 그대로의 자연이 남아 있지 않기 때문에 근대 세계가 오랫동안 전제했던 자연이라는 발상은 영원히 사라진 것이나 다름

없다고 경고한 바 있다.[1] 이제 우리는 이러한 시대를 일반적으로 **인류세**Anthropocene라고 부른다. 인류세 시대에 인류는 대규모 과학적 힘과 기술적 힘을 이용하여 지구 전체를 전례 없는 규모로 변형하는 '주요 지질학적 세력'(Crutzen and Stroermer 2000: 18)이 되었다.[2]

그러나 인류세의 현실은 자연을 지배하여 인간을 해방한다는 근대의 꿈을 실현하는 것과는 거리가 멀다. 기후변화로 인한 해수면 상승, 산불, 폭염, 강수 유형의 변화는 '자연의 종말'이 '자연의 복귀'(Foster 2020)로 변증법적으로 변질되는 방식을 보여준다. 즉, 인간이 자연의 힘을 더 이상 통제하지 못하게 되었다는 사실을 통해 지구와 지구의 한계가 점점 더 구체화되고 있다. 심지어 자연의 힘은 독자적이고 낯선 힘으로 등장하여 인간을 예속한다. 다시 말해, 근대 베이컨주의적Baconian 기획은 붕괴하고 있다. 자연을 통제하기가 점점 더 어려워지게 되면서, 생태-마르크스주의를 비롯한 다양한 자연 비판 이론은 인간과 자연의 관계를 다시 생각해 보아야 하는 시급한 과제를 이어받았다(Rosa, Henning and Bueno 2021). 그러나 인류세를 휩쓸고 있는 담론은 사회적인 것과 자

---

1 1990년대 이전에도 빌 맥키번은 원래 그대로의 자연은 더 이상 존재하지 않는다는 견해를 딱히 부인하지 않았다. 그 대신 맥키번은 인간이 자연에 미치는 영향이 점점 더 증가함에 따라 자연이 인간의 개입과 무관하다는 '발상'은 더 이상 유효한 개념적 도구로 받아들여질 수 없다는 점을 부각한다. 이러한 입장은 4장에서 논의하는 것처럼 최근 득세하고 있는 일원론적 접근법과 연관되지만, 맥키번은 이러한 논쟁에 참여하지 않는다.

2 상이한 의미로 사용했다고 할 수 있지만, 유진 F. 스토머(Eugene F. Stoermer)는 이미 1980년대에 '인류세'라는 용어를 사용했다. 1920년대에 러시아 지구화학자인 블라디미르 I. 베르나드스키는 '생물권' 개념을 발전시켜 인간이 전 지구상 생명에 영향을 미친다는 점을 부각하려고 했다. 그리고 그것은 인류세에 대한 오늘날의 논의와 관련된다(Vernadsky [1926] 1997; Steffen et al. 2011: 844).

연적인 것의 혼종성을 특징으로 하는 **일원론적** 접근법(Latour 2014; Moore 2015)으로, 마르크스주의에 **비판적**이다. 이와 반대로 이 책은 마르크스의 물질대사론을 바탕으로 마르크스의 **이원론적** 방법론을 전개하여 인간-자연 관계를 둘러싸고 이루어지는 논쟁을 활성화하려고 한다.

이러한 이론적 과제는 오늘날 중요한 실천적 함의를 가진다. 마르크스의 방법론을 올바르게 이해하게 된다면, 마르크스의 저술이 포스트-자본주의를 둘러싸고 이루어지는 최근의 논쟁에 그 나름대로 기여할 수 있음을 알게 될 것이다. 바로 여기에 탈냉전 가치관의 세 번째 '종말', 즉 '자본주의적 현실주의capitalist realism의 종말'이 있다. 마크 피셔 (Mark Fisher, 2009)는 '자본주의의 종말보다 세계의 종말을 훨씬 수월하게 … 떠올릴 수 있다'(Jameson 2016: 3)라고 주장하는 '자본주의적 현실주의'가 우리의 정치적 상상력을 심각하게 제약하여 우리를 자본의 체제에 예속시킨다고 탄식한 바 있다. 한편, '자본주의적 관계의 실질적인 변화보다 지구의 모든 생명이 끝나는 완전한 파국을 훨씬 수월하게 떠올릴 수 있다'(Žižek 2008: 334)라고 주장하는 환경주의에서도 동일한 경향을 찾아볼 수 있다. 그러나 경제, 민주주의, 돌봄, 환경 등 다방면에서 위기가 심화되고 전 세계적으로 창궐한 코로나19와 러시아-우크라이나 전쟁이 위기의 경향을 크게 강화함에 따라, 근본적인 '체계 변화'에 대한 요구가 거세지고 있다. 이와 관련하여 슬라보예 지젝(2020a)과 안드레아스 말름(2020)은 '전시 공산주의'를, 존 벨라미 포스터(2020)와 미카엘 뢰비(2015)는 '생태사회주의'라는 발상을 각각 옹호한다.

게다가 심지어 마르크스주의가 아닌 학자들조차 '자본주의 이후의 삶'(Jackson 2021)에 대해 집중적으로 논의하고 있다. '사회주의가 시급'하다는 토마 피케티(2021)의 격언을 그 전형으로 볼 수도 있지만, 좀 더 생태학적인 측면에서 이루어지는 논의는 '생태사회주의'라는 발상을 명백하게 지지한 나오미 클라인에게서 찾아볼 수 있다.

> [소련과 베네수엘라가 생태적이지 않다는] 사실을 인정하는 한편 덴마크,
> 스웨덴, 우루과이처럼 강력한 민주적 사회주의 전통을 지닌 나라들이 세계
> 에서 가장 유망한 환경 정책을 시행한다는 점에도 주목해야 한다. 여기에
> 서 도출되는 결론은 사회주의가 반드시 생태적인 것은 아니라는 점과 미
> 래 세대에 대한 의무와 모든 생명의 상호연결성을 강조하는 선주민 문화
> 의 가르침을 겸허하게 배우는 새로운 **민주적 생태-사회주의**가 인간의
> 집단적인 생존을 보장하는 최선인 것처럼 보인다는 점이다. (Klein 2019:
> 251; 강조는 추가)[3]

나오미 클라인이 마르크스주의자가 아니라는 점을 감안할 때, 이것은 놀라운 변화다. 엘렌 메익신스 우드(E. Wood 1995: 266)는 '평화라는 쟁점과 생태학이라는 쟁점은 강력한 반자본주의적 세력을 일으키는 데 그다지 적합하지 않다. 어떤 의미에서, 문제는 바로 두 쟁점의 보편성이다. 평화와 생태학에는 특정한 사회적 정체성이 없기 때문에 사회적 세

---

3   나오미 클라인(2020)은 보다 더 최근에 출판된 책에서도 여전히 '민주적 사회주의'를 옹호한다.
    토마 피케티(2020)도 기후변화에 직면한 상황에서 사회적 평등뿐 아니라 지속가능성을 위해 '참
    여 사회주의'를 옹호한다. '사회주의'에 대한 두 사람의 지지는 좌파를 대하는 일반적인 정치적 태도
    에 중대한 변화가 있었음을 보여준다.

력을 구성하지 못한다'라고 주장한 바 있다. 생태학에 관련된 오늘날의 상황은 메익신스 우드의 시대와는 전혀 다르게 보인다. 지구의 위기가 자본에 **맞서는** 보편적인 정치 세력을 형성하는 데 필요한 물질적 토대를 제공하기 때문이다. 즉, 자본은 자본 축적으로 인해 생활조건이 심각하게 훼손된 '환경 프롤레타리아'(Foster, York and Clark 2010: 47)를 전 세계에 걸쳐 양산하고 있다.

보다 더 자유롭고, 보다 더 평등하며, 보다 더 지속 가능한 삶을 지향하는 상상력과 창의력을 북돋우려는 이 최근의 시도들은 나에게 영감을 주었다. 이에, 마르크스의 이론을 토대로 인류세에 적절한 탈희소 사회post-scarcity society라는 완전히 새로운 마르크스주의의 전망을 개진하고, 포스트-자본주의에 대한 마르크스의 생태학적 전망을 부활시킴으로써 인류세라는 새로운 지질학적 개념을 지구과학 너머에 있는 오늘날의 쟁점들(정치경제학, 민주주의, 정의)에 연결하여 인류세를 둘러싼 담론 구도를 확장하려고 한다.

인류세를 위한 이 새로운 생태사회주의적 기획은 최근 『마르크스 엥겔스 전집Marx-Engels-Gesamtausgabe(MEGA)』을 통해 처음으로 출판된 자료에 대한 문헌학적 탐구 결과를 바탕으로 한다. MEGA 4부를 통해 마르크스의 자연과학 연구 노트가 출판되면서 생태학에 대한 마르크스의 관심 범위가 이전에 추정했던 것보다 훨씬 더 넓다는 사실이 드러났다(Saito 2017). 심지어 연구자들조차 아주 오랫동안 외면해 온 마르크스의 자연과학 노트를 연구한 결과, 마르크스가 지질학, 식물학, 농화학을 연구하여 기후변화, 자연 자원(토양 양분, 화석연료, 목재) 고갈, 자본주의적 산업 생산 체계로 인한 멸종에 밀접하게 결부되어 있는 다양한 강탈 robbery 관행을 분석하려고 했음이 입증되고 있다.

그 결과, 마르크스의 정치경제학 비판의 생태학적 측면은 인류세 시대에 마르크스주의의 유산을 되살리는 과업의 중심을 이루는 분야 가운데 하나가 되었다. 특히 마르크스의 '물질대사 균열' 개념은 생태학적 측면에서 오늘날의 자본주의를 비판할 때 없어서는 안 될 개념적 도구가 되었다(Foster, York and Clark 2021; Foster and Burkett 2016). 이 개념이 지구온난화, 토양 침식, 양식업, 축산업, 질소 순환 교란 같은 오늘날의 생태학적 쟁점에 적용될 수 있음을 보임으로써, 자본주의적 생산의 파괴적인 측면에 대한 마르크스의 비판을 실증할 수 있다(B. Clark 2002; Clark and York 2005; Longo, Clausen and Clark 2015; Holleman 2018).[4] 이 책 I부에서는 물질대사 균열 접근법을 더욱 발전시켜 마르크스주의 정치생태학의 이론적 기초 및 방법론적 기초로 삼는다. I부에서는 마르크스뿐 아니라 마르크스주의가 등한시해 온 '물질대사' 개념의 이론적 범위를 이해하는 데 도움을 주는 프리드리히 엥겔스, 로자 룩셈부르크, 죄르지 루카치, 이슈트반 메자로스의 텍스트까지 다룸으로써 마르크스주의 생태학을 확장한다.

그러나 이 기획은 마르크스의 물질대사 개념을 보다 더 **올바르게** 이해할 수 있는 방법을 다루는 것에 그치지 않는다. 물질대사 균열 개념을 바탕으로 마르크스주의 생태학을 발전시키는 과제는 실천과 관련

---

4 물질대사 균열 접근법에 대한 그 밖의 다른 최근 문헌으로는 무어(Moore 2000, 2002), 맨커스(Mancus 2007), 맥마이클(McMichael 2008), 건더슨(Gunderson 2011), 웨스턴(Weston 2014)을 꼽을 수 있다.

된다는 점에서도 유용하다. 생태 위기에 대한 접근법이 다르면 해결책도 다를 것이기 때문이다. 이와 같은 맥락에서, 인류세 시대에 인간-자연 관계를 개념화하려는 '포스트-마르크스주의적' 시도들이 출현하여 '물질대사 균열' 개념에 **맞서고** 있다는 점은 주목할 만하다. 이러한 시도들은 철학적 일원론에 매진한다. 일원론적 관점을 지지하는 사람들은 마르크스주의의 '존재론적 이원론'(Castree 2013: 177)이 인류세 시대에 자연의 존재론적 지위를 적절하게 이해하지 못한다고 비판한다. [옮긴이: 일원론자들에 따르면] 자본주의는 환경 전체를 철저하게 재구성한다. 따라서 자연은 그 자체로 존재하는 것이 아니라 자본주의적 발전을 통해 '생산된다.' 일원론자들은 존재론적 이분법을 관계적 사고로 대체해야 한다고 주장한다. 즉, 모든 것은 자연과 사회의 '혼종'이다. 특히 제이슨 W. 무어(2015)는 인간-자연 물질대사라는 관계적 이해를 전개하면서, [옮긴이: 마르크스의] '물질대사 균열' 개념이 '사회'와 '자연'이라는 데카르트적 이원론Cartesian dualism에 **빠진다**고 비판한다.

그러나 인류세 시대에 일원론은 실패한 프로메테우스주의를 다시한번 부활시켜 계속해서 증가하기만 하는 자연에 대한 인간의 개입을 정당화할 따름이다. 이와 같은 '지구-구성주의적' 접근법은 인류세 시대에 인간의 자연 개입이 이미 돌이킬 수 없는 수준에 이르렀다고 주장한다(Neyrat 2019). 따라서 환경을 파괴할까 봐 무서워 자연에 대한 인간의 개입을 중단하려는 시도는 무책임하고 치명적이다. 이 접근법에 따르면 앞으로 나아갈 유일한 길은 지구 전체를 재편함으로써 지구를 '관리'하여 (인간의 해방은 고사하고) 미래 인간의 실존만이라도 보장하는 길뿐이다. 이러한 프로메테우스주의적 기획이 부활하여 포스트-자본주의 미래에 대한 전망을 갱신하려고 노력하는 마르크스주의자들 사이에 슬그머니 스며들고 있다(Mason 2015, Srnicek and Williams 2016, Bastani 2019). 이와 같은 맥락에서, 이 책 II부에서는 마르크스의 방법론적 이원론에 입각하여 인류세 시대에 등장한 다양한 일원론적 흐름과 프로메테우스주의적 흐름에 응수한다.

일원론적 관점과 프로메테우스주의적 관점의 이론적 한계점을 비판적으로 검토한 후 이어지는 III부에서는 포스트-자본주의 사회에 대한 마르크스의 생태학적 전망을 비非생산지상주의적 방식으로 정교화한다. III부에서는 *MEGA*에서 제공하는 새로운 통찰을 활용하여, 말년의 마르크스가 자연과학, 인문학, 사회과학 분야에서 학제 간 연구를 통해 1868년 이후 (알튀세르가 주장한 인식론적 단절(Althusser 2005)에 필적하는) 이론적 돌파구를 찾아냈음을 입증한다. 1880년대에 포스트-자본주의에 대한 마르크스의 최종 전망은 생태사회주의를 **넘어서**, 보다 더 적절하게는 **탈성장 코뮤니즘**이라고 표현할 수 있는 발상으로 나아갔다. 이전에는 알려지지 않았던 탈성장 코뮤니즘이라는 발상은 끈질기게 이어져 온 '자본주의적 현실주의'를 넘어서는 데 유용한 통찰을 제공한다. 오늘날에는 근본적인 접근법에 대한 관심이 증가하고 있는 만큼, 단순히 오늘날의 자본주의를 생태사회주의적 측면에서 비판하는 것만으로는 부족하다. 인류세 시대에 미래 사회에 대한 낙관적인 전망을 제공할 수 있는 유일한 길은 마르크스 본인의 텍스트로 돌아가는 길뿐이다. 그리고 그토록 근본적인 전환을 통해 탈성장 코뮤니즘의 시대라는 새로운 역사를 시작해야 할 것이다.

그런데 마르크스가 정말 탈성장 코뮤니즘을 제안했다면, 여태껏 아무도 탈성장 코뮤니즘에 주목하지 않았던 이유는 무엇이고, 마르크스주의가 생산지상주의에 입각한 사회주의를 지지했던 이유는 무엇일까? 쉽게 떠올려 볼 수 있는 이유 한 가지는 마르크스의 생태학이 오랫동안 무시되어 왔다는 점이다. 따라서 우선 마르크스의 생태학이 은폐되었던 순간을 되짚어볼 필요가 있는데, 그 출발점은 마르크스 본인에게서 찾을 수 있다. *MEGA*로 출판된 마르크스의 자연과학 연구 노트를 바탕으로 1장에서는 생태학적 균열에는 세 가지 차원이 있고, 그것들이 전 지구적인 규모에서 기술을 매개로 시공간적으로 '전가'된다는 것을 부각함으로써 마르크스의 '물질대사 균열' 개념을 확립한다. 자본의 끊임없는 자연 수탈이 물질대사 균열의 근본 원인이라는 이 독창적인 통찰은 자본주의가 비자본주의적 주변부의 인간과 환경에 미친 파괴적인 영향을 자본주의의 주요 '모순'으로서 비판한 로자 룩셈부르크의 『자본의 축적』에서 심화된다.

룩셈부르크는 자본 축적에 대한 마르크스의 편협한 관점을 **비판하는** 과정에서 '물질대사' 개념을 정립했는데, 이러한 비판은 마르크스의 물질대사 개념이 심지어 당시에조차 적절하게 이해되지 못했음을 함의한다. 당시 마르크스의 저술 대부분이 출판되지 않은 상태였기에 룩셈부르크는 마르크스의 저술을 접할 수 없었고, 따라서 이러한 오해는 필연적이었다. 그러나 이러한 문제는 '마르크스주의'를 프롤레타리아를 위한 체계적인 세계관으로 확립하려는 엥겔스의 시도에서도 비롯된다. 마르크스의 물질대사 개념이 변형되어 간 과정을 추적하기 위해 2장에서는 『자본론』에 대한 엥겔스의 편집 작업을 마르크스의 원래 경제학 수고들 및 *MEGA*로 출판된 마르크스의 자연과학 연구 노트와 세심하게 비교함으로써 엥겔스가 마르크스의 물질대사론을 수용한 방식을 재구성한다. 이러한 조사를 통해 특히 물질대사론이라는 측면에서, 마르크스와 엥겔스의 사소하지만 결정적인 이론적 차이점이 드러난다. 이러한 차이점으로 인해 엥겔스는 마르크스의 물질대사 균열론을 적절하게 이해하지 못하게 되었고, 결국 마르크스주의는 물질대사 개념을 등한시하게 되었다.

마르크스의 물질대사 개념을 등한시하는 풍조는 1920년대 서구 마르크스주의의 형성 및 발전 과정에 선명하게 새겨져 있다. 이 시기에 마르크스주의는 물질대사에 대한 마르크스의 원래 통찰과 마르크스의 방법론에서 더욱 멀어졌다. 이때 마르크스와 엥겔스의 지적 관계의 문제가 서구 마르크스주의의 패러다임 전체를 규정할 정도로 지대한 영향을 미쳤다. 널리 알려진 것처럼, 서구 마르크스주의는 마르크스와 엥겔스의 차별성을 철저하게 부각하면서 변증법을 자연의 영역으로 부당하게 확장한 엥겔스를 소련 마르크스주의의 기계론적 사회 분석의 원흉이라고 비난했다. 그러나 엥겔스에 대한 냉혹한 비판에도 불구하고, 서구 마르크스주의자들은 마르크스가 자연에 대해 거의 언급하지 않았다는 소련 정통 마르크스주의의 근본적인 추정을 공유했고, 그렇게 함으로써 마르크스의 물질대사 개념과 마르크스의 생태학적 자본주의 비판의 중요성을 외면하게 되었다.

3장에서 논의하겠지만, 서구 마르크스주의의 창시자인 죄르지 루카치는 이러한 물질대사 개념에 명시적으로 주목했다는 점에서 예외적인 인물이다. 루카치는 『역사와 계급의식』에서 엥겔스의 자연론을 비판하여 서구 마르크스주의에 방대한 영향을 미쳤다. 그럼에도 루카치는 자연의 문제에 사실상 상이한 방식으로 접근했는데, 그것은 1925년에서 1926년 사이 집필했지만 당시에는 출판되지 않았던 『추수주의와 변증법 *Tailism and the Dialectic*』이라는 제목의 수고에서 그의 물질대사론의 일환으로 정립되었다. 『추수주의와 변증법』이 오랫동안 알려지지 않았던 탓에, 사람들은 루카치가 『역사와 계급의식』을 통해 전달하려고 했던 내용을 적절하게 이해하지 못했고, 그 결과 루카치는 여러 이론적 비일관성과 양가성에 대한 비판에 오랫동안 시달렸다. 그러나 『추수주의와 변증법』을 살펴보면, 인간과 자연의 관계에 대한 루카치의 논의가 사회적인 것과 자연적인 것을 분석적으로 구별하는 마르크스 본인의 이원론적 방법론과 연속성을 가진다는 것을 분명하게 알 수 있다. 이러한 방법론을 통해, 루카치의 물질대사론은 **형태**와 **물질/소재**라는 마르크스의 '비데카르트적' 이원론을 근대 자본주의적 생산에 대한 비판으로서 발전시킬 계기를 마련한다. 그럼에도 불구하고 마르크스의 고유한 통찰은 정통 마르크스주의와 서구 마르크스주의 모두에 의해 은폐되었고, 그것은 20세기 내내 마르크스주의 생태학을 등한시하는 풍조로 이어졌다.

마르크스의 이원론적 방법론이 올바르게 이해되지 못한 탓에 물질대사 균열 개념은 오랫동안 다양한 비판에 시달렸다. 4장에서는 제이슨 W. 무어의 '세계-생태론'과 닐 스미스 및 노엘 카스트리Noel Castree의 '자연의 생산'론으로 대표되는 마르크스주의 내부의 일원론적 관점을 다룬다. 차이가 명확함에도 불구하고 자본주의를 일원론적으로 이해한다는 점에서 동일한 두 이론을 통해, 마르크스의 방법론에 대한 오해가 실천의 문제로 직결되는 방식을 확인할 수 있다.

또한 5장에서 논의하는 것처럼 마르크스의 방법론을 온전하게 이해하지 못한 결과, 최근 마르크스주의자들 사이에서 프로메테우스주의적 발상이 부활하고 있다. 이러한 유토피아 마르크스주의자들은 마르크스의 『그룬트리세』를 토대로 정보통신(예: 인공지능AI, 공유경제, 사물인터넷IoT)을 바탕으로 하는 3차 산업혁명이 완전 자동화와 결합하면 인간은 힘들고 단조로운 노동에서 해방되고 자본주의적 가치 체계는 폐물로 전락할 것이라고 주장한다. 미래의 꿈 같은 기술에 대한 찬양 속에 낡은 프로메테우스주의가 똬리를 틀고 있다. 이와 같은 프로메테우스주의와 단호하게 결별하려면 마르크스가 1850년대에 집필한 『그룬트리세』가 아니라 1860년대에 제기한 '실질적 포섭' 개념에 주목해야 한다. 그럼으로써 『자본』에서 마르크스가 전개한 '자본의 생산력' 비판이 자본주의하에서 이루어지는 기술 발전에 대한 그의 관점에 중대한 변화를 초래했음을 확인할 수 있기 때문이다. 즉, 마르크스는 자본주의하에서 이루어지는 기술 발전이 반드시 포스트-자본주의의 물질적 기초의 발판으로 작용하는 것은 **아니라는 사실**을 깨달았다.

그러나 기술의 발전을 지지한 이전의 순진한 입장을 철회하는 과정에서 마르크스는 일련의 새로운 난관에 봉착하게 되었다. 일단 자본주의하에서 증대된 생산력의 진보적 역할에 의문을 품기 시작하자 마르크스는 본인이 이전에 전개한 진보적 역사관에 도전할 수밖에 없게 되었다. 6장에서는 말년의 마르크스가 수행한 자기비판 과정을 재구성한다. 마르크스의 이론적 위기에 주목해 보면, 마르크스가 『자본』의 후속권을 완성하려고 시도하면서 자연과학**과** 자본주의 이전 사회를 동시에 연구해야 했던 이유를 분명하게 확인할 수 있다. 이러한 이론 분야를 집중적으로 연구한 결과, 마르크스는 1868년 이후 또 한 번의 패러다임 변화를 겪게 되었다. 이와 같은 시각에 입각해 볼 때, 1881년 마르크스가 베라 자술리치Vera Zasulich에게 보낸 편지는 미래 사회에 대한 마르크스의 비생산지상주의적 관점 및 비유럽중심주의적 관점, 즉 탈성장 코뮤니즘으로서 표현될 수 있는 관점의 결정체로서 재해석될 필요가 있다.

많은 이들이 이러한 결론에 놀라움을 금치 못할 것이다. 여태껏 아무도 포스트-자본주의에 대한 마르크스의 전망을 이와 같은 방식으로 제안하지 않았을 뿐 아니라 탈성장 경제학과 마르크스주의가 오랫동안 적대적인 관계였기 때문이다. 그러나 말년의 마르크스가 근본적으로 평등하고 지속 가능한 사회를 위해 정상상태 경제라는 발상을 받아들였다면, 탈성장 경제학과 마르크스주의가 새롭게 대화를 시작할 여지가 생길 것이다. 그토록 새로운 대화를 유용한 방식으로 시작하기 위해 마지막 장에서는 『자본』과 그 밖의 다른 저술들을 재고찰하고 탈성장 코뮤니즘의 시각에 입각해서 다양한 구절들을 다시 정독해 볼 것이다. 한마디로 말해, 7장의 목적은 『자본』을 재해석하여 『자본』을 넘어서려고 시도하는 것이다. 그럼으로써, 만일 재해석하지 않았다면 자칫 생산지상주의에 대한 순진한 지지로 변질되고 말았을 뻔한 일부 핵심 구절들을 참신하게 재해석할 것이다. 가장 눈에 띄는 구절은 『고 타 강령 비판』에 등장하는 근본적으로 풍요로운 '공동의/협동체적/공 동체의 부genossenschaftlicher Reichtum'인데, 이 구절은 전 지구적 생태 위기에 직면한 인류세 시대에 안전하고 공정한 사회를 실현하는 탈희소 경제 의 비소비주의적 삶의 방식을 의미하는 것으로 재해석될 것이다.

I

망각되어 버린 마르크스의 생태학적 자본주의 비판

1
전 지구적 생태 위기 시대에 살펴본
마르크스의 물질대사론*

마르크스가 생태학적 쟁점에 관심을 가졌다는 것은 심지어 진지한 마르크스주의 학자들조차 매우 오랫동안 외면해 온 사실이다. 그 결과 마르크스가 전개한 사회주의는 '프로메테우스주의'(친기술, 반反생태학)에 입각한 인간의 자연 지배를 옹호하는 것으로 세간에 알려졌다. 마르크스주의자들은 환경주의가 본래 반反노동계급적이고 오직 중상류 계급의 이데올로기로서만 기능할 뿐이라는 생각을 바탕으로 환경주의에 부정적으로 반응함으로써 이러한 인상을 강화했고, 환경주의자들은 (아랄해의 생태 붕괴와 체르노빌에서 일어난 재앙에서 가장 현저하게 드러난) 소련의 환경 참사를 근거로 사회주의로는 지속 가능한 사회를 확립할 수 없다고 확신하게 되었다. 그 결과 녹색과 적색은 20세기 후반 내내 반목하게 되었다.

21세기로 접어들면서 이러한 형국은 변화하고 있다. 현존 사회주의가 환경을 많이 파괴한 것은 사실이다. 그러나 현존 사회주의가 붕괴하

---

* 1장은 「전 지구적 생태 위기 시대에 살펴본 마르크스의 물질대사론(Marx's Theory of Metabolism in the Age of Global Ecological Crisis)」, *Historical Materialism* 29, no. 2(2020): 3-24를 토대로 한다. 이 책에 수록하기 위해 상당한 수정, 확대, 개정을 거쳤고, 허락하에 게재한다.

고 자본주의가 승리한 이후 수십 년 동안 진행된 신자유주의적 세계화 역시 생태 저하ecological degradation를 심화시키기만 했다. 전통적인 시장 기반 해결책이 생태학적 쟁점을 효과적으로 해결하지 못한다는 사실이 드러나면서 마르크스주의 경제학을 비롯한 보다 더 이설異說적인 접근법으로 새삼 관심이 모아졌다(Burkett 2006). 이와 동시에, 소련이 붕괴하고 과거 정통 마르크스주의 도그마의 영향력이 감소하면서 '지적 지평과 성찰의 장이 넓어져 당의 노선 논쟁이나 분열을 초래하는 정치적 충성심에 의해 밀려나지 않으면서도 이론적 쟁점과 개념적 쟁점을 논의할 수 있게 되었다'(Therborn 2009: 90). 마르크스주의 안팎에서 나타난 이러한 양상은 지난 20년 동안 마르크스의 생태학의 '재발견'으로 이어졌다(I절).

이러한 재발견의 경로를 튼튼하게 닦은 것은 이슈트반 메자로스의 '사회적 물질대사'론이었다. 따라서 『자본을 넘어Beyond Capital』와 『사회적 통제의 필연성The Necessity of Social Control』에서 주로 발전된 메자로스의 물질대사론을 조사함으로써, 마르크스의 생태학 이론인 '물질대사 균열'론을 마르크스의 정치경제학 비판의 토대 위에 보다 더 공고하게 안착시킬 수 있을 것이다(II절). 이렇게 명료화하고 나면 마르크스 『자본』에서 '물질대사 균열'의 세 가지 차원을 짚어 낼 수 있다(III절). 그에 조응하여 생태학적 균열의 전가에도 세 가지 차원이 나타나는데, 바로 이것이 경제 위기와 생태 위기에 직면했음에도 불구하고 자본이 그토록 탄력적으로 쉽게 회복되는 이유이다. 그러나 이러한 '물질대사 전가'는 자본주의적 축적의 깊은 모순을 해결하는 것이 아니라 새로운 위기를 유발하여 모순을 보다 더 너른 규모로 심화시킬 뿐이다(IV절). 이것이 마르크스의 '물질대사' 개념을 자본주의하에서 전 지구적으로 이루어지는 불평등 교환의 분석에 적용한 『자본의 축적』(1913)에서 로자 룩셈부르크가 비판했던 것이다. 마르크스를 **비판**할 의도로 물질대사 개념을 도입했음에도, 룩셈부르크의 물질대사 개념은 물질대사 균열에 대한 마르크스의 이해와 사실상 양립할 수 있다. 룩셈부르크의 비판은 마르크스의 물질대사론이 20세기가 시작될 무렵 이미 비판의 대상으로나마 수용되고 있다가 그 이후에 외면당했다는 것을 시사하기 때문에 여기서 논의해 봄 직하다(V절).

I. 생태사회주의라는 마르크스의 발상을 은폐하다

1970년대 이후 마르크스의 순진한 '프로메테우스주의적 태도'(Giddens 1981: 60)에 대한 비난이 쏟아졌다. '세계를 향한 마르크스의 태도는 항상 인간의 자연 정복을 미화하는 프로메테우스주의적 취지를 견지했다'(Ferkiss 1993: 108). 심지어 자칭 마르크스주의자들조차 이러한 결함을 인정했다. 예를 들어, 레제크 코와코프스키(Leszek Kołakowski 1978: 412)는 '자연적인 것에 대한 관심의 결핍이 마르크스의 프로메테우스주의가 지닌 전형적인 특징'이라고 주장했다. 비평가들에 따르면 마르크스의 생산지상주의적 관점은 자연의 한계 문제를 무시했고, 자유로운 자연 조작을 순진하게 치켜세웠다. 즉, 마르크스는 '산업적 기술 체계와 인간의 자연 지배라는 기획에 거의 무비판적이었다'(J. Clark 1984: 27). 비평가들은 마르크스의 '역사 유물론'에 내재된 마르크스의 낙관적인 추정, 즉 자본주의하에서 발전한 생산력이 인간 해방을 위한 물질적 토대가 될 것이라는 추정을 문제 삼았다. 현존 사회주의하에서 환경이 저하되면서, 환경주의자들은 이러한 "'생산지상주의'에 입각한 '프로메테우스주의적' 역사관"은 도저히 받아들일 수 없는 것이라고 거리낌 없이 대놓고 비난했고(Benton 1989: 82),[1] 소련이 붕괴한 이후에도 마르크스의 비생태학적 관점에 반발하는 비판의 목소리는 계속해서 높아졌다(Lipietz 2000).[2]

생산지상주의자라는 마르크스의 이미지는 오늘날에도 여전하다.

---

1   1960년대와 1970년대에 환경 저하가 시급한 쟁점으로 대두하면서, 환경문제에 관심을 보이는 마르크스주의자들이 나타나기 시작했다. 예를 들어 에르네스트 만델은 어느 강의에서 『성장의 한계』를 언급하며 우려를 표현했다.

> 에너지와 원료 물질의 절대적인 희소성을 피할 수 없다는 로마클럽 부류의 예측을 받아들이지 않더라도 인간 문명의 생존과 번영에 필수 전제조건인 환경과 자연적 부를 미래 세대에게 고스란히 넘겨줄 집단적 책임이 있다는 것을 충분히 이해할 수 있습니다(Mandel 1995: 103–104).

이 구절에서 만델은 마르크스를 명백하게 언급하지 않았다. 그러나 마르크스주의적 자본주의 비판은 칼 윌리엄 캡(Karl William Kapp [1963] 2000), 배리 카머너(Barry Commoner 1971), 쓰루 시게토(Shigeto Tsuru 1976) 같은 생태경제학자들에게 영감을 주었다. 마르크스주의가 대체로 반생태적이라는 견해가 나타난 것은 고전적 마르크스주의자들이 이와 같은 오랜 전통을 망각했기 때문이다. 마르크스주의 생태경제학자들에 대한 더 자세한 내용은 포스터와 버켓(Foster and Burkett, 2016: 2)을 참고하라.

2   포스트-마르크스주의는 마르크스의 정치경제학이 아니라 그의 사회철학에서 일부 유용한 이론적 유산을 구해내려고 시도했다. 그러나 이와 같은 시도로 인해 그들은 마르크스주의적 경제 결정론을 단호하게 거부하게 되었고, 그 결과 이론적 초점이 경제적 토대에서 '정치의 자율성'으로 이동하게 되었다(Laclau and Mouffe 1985; Rancière 1998). 이와 같은 방식으로 포스트-마르크스주의는 마르크스주의의 의제에서 자연의 문제를 제거했다. 이것은 포스트-마르크스주의가 서구 마르크스주의를 계승했다는 사실을 감안할 때 납득할 만한 일이다. 이 문제는 다음 장에서 논의할 것이다.

프레드릭 제임슨(Fredric Jameson 2011: 150)은 '마르크스는 최첨단 미래 기술에 푹 빠졌다'라고 지적한다. 제임슨이 이러한 마르크스의 태도를 대체로 긍정적으로 언급한 반면, 악셀 호네트(Axel Honneth 2017: 45)는 생산력의 직선적인 진보를 통한 인간의 '자연 지배Naturbeherrschung'를 가정하는 '기술 결정론'이 마르크스주의에 내재하는 발상 가운데 하나라고 지적하면서 마르크스주의의 한계점을 비판한다. 이러한 관점에 따르면 마르크스주의는 필연적으로 생태학의 문제를 등한시할 수밖에 없다. 낸시 프레이저(Nancy Fraser 2014: 56)는 '[마르크스의 사상은] 젠더, 생태학, 정치적 권력을 사회적 투쟁의 기둥이자 전제로서 인식하는 것은 고사하고 자본주의 사회에서 불평등을 구조화하는 원리이자 축으로서도 인식하지 못한다'라고 주장한다. 스벤-에리크 리드만(Sven-Eric Liedman 2017: 480)은 마르크스가 '현대적 의미에서의 생태학적 의식을 지니고 있었던 인물'은 **아니었다**고, 보다 더 명백하게 결론 내린다.[3]

다행히도 이것이 이야기의 전부는 아니다. 『먼슬리 리뷰*Monthly Review*』의 폴 버켓(Paul Burkett 1999)과 존 벨러미 포스터(2000), 『자본주의 자연 사회주의*Capitalism Nature Socislism*』의 제임스 오코너(James O'Connor 1998), 조엘 코벨(Joel Kovel 2007), 미카엘 뢰비가 마르크스의 생태학적 자본주의 비판을 '재발견한 일'은 동유럽에서 현존 사회주의가 붕괴한 이후 마르크스

---

3 리드만은 마르크스가 '자본주의를 대체할 사회에서는 농업을 통해 인간과 자연의 균형을 복원할 것이라고 생각했다'는 주장을 그 근거로 들었다. 그러나 리드만의 주장은 타당하지 않다. 게다가 그의 주장에 따르면 인간과 자연의 균형을 '복원'하려고 시도하는 한 오늘날의 환경운동 대부분은 '현대적 의미에서' 생태적인 것이 아니게 된다. 즉, 리드만의 정의에 비추어 볼 때, 어떤 종류의 환경운동이 [옮긴이: 현대적인 의미에서] '생태학적 의식을 지니고 있다'고 간주될 수 있는지는 불분명하다.

주의 학계에서 발전된 중요한 측면 가운데 하나로 꼽아도 손색이 없다. '물질대사 균열' 개념과 '자본주의의 이차 모순' 개념을 중심으로 각각 발전해 온 두 저널은 그 이론적 차이로 인해 긴장관계에 있음에도 불구하고 마르크스주의적 접근법이 생태 위기를 자본주의적 생산양식의 체계적 모순의 징후로 이해하는 데 유용하다는 점을 설득력 있게 입증했다.[4]

특히 포스터와 버켓은 마르크스가 '현대적 의미에서의 생태학적 의식을 지니고 있던 인물'이었음을 명확하게 보여준다. 두 사람은 특히 마르크스가 유스투스 폰 리비히Justus von Liebig가 『농화학Agricultural Chemistry』 (1862)에서 제시한 강탈농업 체계론Raubbau을 수용하는 과정을 검토하고, 자연과학 분야에 대한 마르크스의 연구를 세심하게 분석하여, 마르크스의 '물질대사Stoffwechsel'론의 중요성을 드러냈다.[5] 이러한 물질대사

---

4 『먼슬리 리뷰』와 『자본주의 자연 사회주의』는 논쟁을 벌이고 있다. 포스터와 버켓은 마르크스의 생태학적 접근법 자체가 타당하다고 주장하는 반면, 코벨(2007)은 마르크스 본인이 생태학적 자본주의 비판을 체계적으로 정교화하지는 않았다고 주장한다. 나의 접근법은 포스터와 버켓에 보다 더 가깝다. 그러나 나는 쓰루 시게토, 미야모토 켄이치, 이와사 시게루, 다이라고 도모나가, 사사키 류지 같은 일본 마르크스주의자들에게서도 영감을 받았다.

5 일본의 경우 마르크스의 [옮긴이: 리비히의 이론] 수용에 대한 논의의 초점이 상이한 형태로 나타났다. 1960년대 일본에서는 츠루 시게토(1976), 미야모토 켄이치(1967) 같은 마르크스주의 경제학자들이 생태경제학을 개척했고 1970년대에는 요시다 후미카즈, 시나 시게아키, 후쿠토미 마사미가 저술을 통해 마르크스가 리비히의 『농화학』을 수용하는 과정을 논의했다. 일본 학자들은 마르크스가 리비히 연구에 몰두했고 본인의 연구 결과를 환경적 쟁점에 적용했다는 사실에 이미 매우 익숙한 상태였다. 따라서 2004년 포스터의 저술이 일본어로 번역되었을 때 그의 해석은 일본 학자들에게 강렬한 인상을 남기지 못했다. 그 결과, 일본 밖에서는 '물질대사 균열'이라는 포스터의 선구적인 주장이 매우 효과적으로 확산된 반면, 일본 마르크스주의자들은 1991년 이후 그들의 이론적 및 실천적 영향력이 감소하지 않도록 미연에 방지할 수 있는 이 엄청난 기회를 놓치고 말았다.

개념을 바탕으로 포스터(2000)는 마르크스가 자본주의하에서 '물질대사 균열'을 인간과 자연의 관계가 어그러짐에 따라 필연적으로 나타난 결과로 간주했을 뿐 아니라 자연의 보편적인 물질대사에 생겨난 깊은 틈을 메우기 위해 사회적 생산을 질적으로 전환할 필요성을 부각했다고 설명한다. 마르크스의 정치경제학 비판에서 생태학이 필수적인 부분임이 입증되었기 때문에 포스트-자본주의 사회에 대한 마르크스의 전망은 '생태사회주의'(Pepper 2002; Brownhill et al. 2022)로 재해석될 수 있다. '생태사회주의'라는 새로운 발상을 통해 녹색과 적색의 오랜 적대 관계를 극복할 수 있으리라는 전망이 등장함에 따라 '물질대사' 개념은 이내 '개념적 별'(Fischer-Kowalski 1997: 122)로 간주되기 시작했다.

마르크스의 생태학의 유용성과 과학적 타당성은 잠시 접어 두고 돌이켜보면, 최소한 마르크스의 생태학이 존재한다는 것만큼은 너무 명확해 보인다. 따라서 마르크스의 생태학이 그토록 오랫동안 외면당해 온 이유가 궁금하지 않을 수 없다. 여기서 짚어 볼 수 있는 한 가지 이유[6]는 마르크스의 생태학을 외면하는 풍조가 마르크스의 정치경제학 비판이 미완성이라는 특징과 관련이 있다는 것이다. 살아생전 마르크스가 『자본』2권과 3권을 출판하지 않았다는 것은 잘 알려져 있다. 각각 1885년과 1894년에 출판된 『자본』2권과 3권은 마르크스 사후에 엥겔스가 서로 다른 시기에 쓰인 다양한 수고들을 편집하여 출판한 것이다. 그럼에도 마르크스주의 학자들은 단순히 엥겔스가 편집한 『자본』을 마르크

---

6 일부 이론가들이 마르크스의 생태학을 매우 완강하게 인정하지 않으려고 하는 데는 엥겔스와 서구 마르크스주의자들이 마르크스의 이론을 후대에 수용한 것과 관련된 또 다른 이유가 있다. 이 쟁점은 2장에서 논의할 것이다.

스 본인의 관점이 엄밀하게 반영된 최종적인 판본으로 받아들였다. 마르크스주의 학자들은 마르크스가 특히 말년에 자연과학을 매우 집중적으로 연구했고, 환경적 쟁점과 관련된 다양한 발췌와 논평으로 구성된 다수의 노트를 남겼다고는 생각하지 못했다.『자본』1권을 출판한 이후 마르크스는 새로운 연구를 시작했지만, 1868년 이후 거의 아무 것도 출판하지 못한 탓에 새롭게 시작한 연구의 결과물을 정교화하여 내놓을 기회가 없었다. 따라서 마르크스의 생태학적 통찰에 대한 기록은 필연적으로 이러한 자연과학 연구 노트에만 남아 있게 되었는데, 그나마도 20세기 내내 기록보관소에 묻혀 있다가 최근에야 출판되었다(Saito 2017; *MEGA* IV/18).

사실 마르크스의 자연과학 연구 노트를 연구하려는 학자는 거의 없었다. 1920년대 모스크바에 마르크스-엥겔스 연구소Marx–Engels Institute를 설립하고 첫 번째『마르크스 엥겔스 전집*Marx-Engels-Gesamtausgabe(MEGA¹)*』의 편집장을 지낸 다비드 랴자노프는 마르크스가 뒤늦게 자연과학 연구에 몰두한 것에 대해 부정적으로 논평하면서 마르크스의 정치경제학 비판을 이해하는 데 있어 마르크스의 자연과학 연구 노트가 가지는 중요성을 묵살했다.

1881년과 1882년의 마르크스는 지적인 결과물을 집중적으로 창조할 독자적인 역량을 상실했지만, 연구 역량은 그대로였다. 이따금 이러한 연구 노트를 다시 살펴볼 때마다 의문이 떠오른다. 그토록 근본적인 내용을 체계적으로 요약하는 데 이렇게 많은 시간을 낭비한 이유는 무엇인가? 또는 무려 1881년이라는 늦은 시기에 지질학에 관한 기본서 한 권을 장별로 요약하는 데 그토록 많은 수고를 들인 이유는 무엇인가? 마르크스가 63세였다는 점을 감안할 때, 그것은 변명의 여지가 없는 현학이었다. (K. Anderson 2010: 249에서 인용)

말년의 마르크스를 묵살하는 이와 같은 태도로 인해 마르크스가 생태학적 쟁점에 대해 관심을 가졌다는 사실은 대체로 묻히고 말았다. 따라서 일부 선도적인 생태사회주의자들은 마르크스주의 생태학이란 '생태학적 동학과는 무관한 주제를 다루는 짧고 모호한 곁가지 같은 텍스트에서 마르크스의 생태학을 추론'(Engel-Di Mauro 2014: 137)해낸 것에 불과하다는 주장을 펴기도 한다.[7] 그러나 새롭게 출간된 마르크스와 엥겔스 전집, 즉 『마르크스 엥겔스 전집Marx-Engels-Gesamtausgabe(MEGA²)』에 수록된 새로운 자료들을 통해 말년의 마르크스가 본인의 생태학적 자본주의 비판을 발전시켜 나간 과정을 되짚어 볼 수 있게 되었다.[8] MEGA²는 나를 비롯한 일군의 생태마르크스주의자들의 주장, 즉 마르크스의 물질대사론이 마르크스의 생태사회주의적 자본주의 비판의 중심 기둥이라는 주장을 실증할 수 있는 자료이다.

---

7 당연하게도, 이것이 마르크스가 모든 면에서 옳았다는 의미는 아니다. 나는 오늘날의 자본주의 비판이 시대에 뒤떨어진 19세기의 과학을 토대로 삼아서는 안 된다는 엥겔-디 마우로의 우려에 전적으로 동의한다.

8 예를 들어 마르크스의 자연과학 연구 노트는 이제 MEGA² 4부 18권, 26권, 31권에서 활용할 수 있다.

II. 마르크스주의 생태학의 재발견

돌이켜보면, 마르크스의 물질대사 개념을 마르크스 정치경제학의 기초로 적절하게 이해하는 데 크게 기여한 인물은 헝가리 마르크스주의자 이슈트반 메자로스였다. 사실 메자로스가 1970년대에 이미 자본주의하에서의 환경적 쟁점에 대해 논의했던 것은 우연이 아니다.『자본을 넘어』(Mészáros 1995)에서 메자로스가 마르크스의 생태학을 전면에 내세운 것은 그가 오랫동안 마르크스의 물질대사 개념 연구에 몰두한 결과로 이해되어야 한다.

1971년, 메자로스는 '우리의 생물학적 실존을 위협하는'(Deutscher 1967: 110) 핵전쟁의 가능성에 대한 아이작 도이처의 경고를 언급하며 최초의 도이처 기념상 수상 기념 강연을 시작했다. 메자로스는 도이처의 경고를 오늘날 '전체 인류'가 직면한 또 하나의 실존적 위기, 즉 자본주의하에서 벌어지는 생태 파괴로 확장해 나갔다. 메자로스의 주장은 1972년에 로마클럽이『성장의 한계』를 출판하기도 전에 제기된, 잠정적인 주장이었다. 메자로스는 자본주의적 발전의 생태 파괴적 본성을 다음과 같이 자본주의의 '기본 모순'으로 정립했다.

> 자본주의적 통제 체계의 기본 모순은 그 결과가 아무리 치명적이라 하더라도 '발전'과 파괴를 분리할 수 없고, '진보'와 낭비를 분리할 수 없다는 것이다. 생산성의 힘을 더 많이 해방할수록, 더 많이 파괴된다. 생산의 규모를 더 많이 확장할수록 질식할 것 같은 폐기물의 산 아래에 보다 더 많은 것이 파

묻히게 된다. (Mészáros [1972] 2014: 49–50)

여기서 메자로스는 자본주의하에서 이루어지는 생산력의 발전을 인류 역사의 진보적 동인으로 순진하게 지지하는 당대 정통 마르크스주의자들과 명백하게 차별화된다. 메자로스는 끝없는 자본 축적을 위해 낭비하고 파괴하는 생산 체계는 인간을 해방하는 것이 아니라 종국에는 사회의 번영을 위한 물질적 조건을 훼손하고 말 것이라고 경고한다.

지구는 유한하다. 따라서 자본 축적에는 생물 물리학적으로 절대적인 한계가 존재한다.[9] 이를 알고 있음에도 자본은 스스로를 제약할 수 없다. 오히려 자본이 이러한 한계를 극복하려고 끊임없이 시도하는 과정에서 사회와 자연을 파괴하는 자본의 힘만 커질 뿐이다. 그에 따라 '사회적 통제'를 통해 자본주의적 발전의 낭비적이고 파괴적인 경향을 종식하고 인간의 생존과 자연환경을 보존할 '필요성'이 대두된다. 그러나 이러한 사회적 생산 계획은 자본주의적 생산의 기본 논리와 양립할 수 없다. 따라서 메자로스는 자유롭게 연합된 생산자들이 사회적 생산을 질적으로 상이하게 조직할 것을 요청했다.

15년 후, 메자로스는 『철학, 이데올로기, 사회과학*Philosophy, Ideology and Social Science*』(1986)에서 처음으로 물질대사 개념을 통해 자본에 의한 자연의 저하와 파괴라는 쟁점을 정립하면서 '모든 진지한 생태학 이론에서' 물질대사 개념이 가지는 중요성을 부각했다. 메자로스에 따르면 근본

---

9 '유한한 세계에서 기하급수적 성장이 영원히 지속될 수 있다고 생각한다면, 그 사람은 미치광이이거나 경제학자다'(US Congress 1973: 248)라고 한 미국 경제학자 케네스 E. 볼딩의 유명한 언급을 떠올려 볼 수 있다.

적인 문제는 '안전하게 초월할 수 있는 것과 절대적인 것을 사실상 구분하지 못하는 자본의 **필연적인** 무능력'에 자리 잡고 있다. '그 이유는 자본이 자기 확장적인 교환가치의 맹목적인 명령에 따라 역사적으로 특정한 자신의 요건을, 그 결과와 무관하게, 절대적인 것the absolute이라고 주장해야만 하기 때문이다'(Mészáros 1986: 195). 자신의 역사적 필연성을 '자연적 필연성'과 혼동한 자본은 자연의 보편적인 물질대사에 의해 제약받는 생산의 **기본적인** 요건으로 구성된 '자연적 필연성'의 진정한 의미를 인식할 수 없다. 그 대신 자본은 이러한 절대적인 자연의 한계조차 초월할 수 있는 척하고(사실상 일부는 과학과 기술의 도움으로 초월할 수 있을지 모르지만 분명 전부를 초월할 수는 없다), 추가적인 가치증식을 위해 절대적인 자연의 한계를 예속하려고 시도하면서 '자연을 저하하고 궁극적으로는 자연을 파괴'한다(Mészáros 1986: 183). 자본은 절대적인 한계를 인식할 수 없다. 따라서 '현존하는 장벽'을 개인의 보편적인 발전의 조건으로서 '의식적으로 **인식**'하는 것은 그 자체로 혁명적인 행동이다. 성장의 한계에 대한 이와 같은 반反프로메테우스주의적 통찰이야말로 환경주의와 사회주의의 융합으로 나아가는 중요한 단계가 될 것이다.

메자로스는 『자본을 넘어』(1995)에서 이러한 물질대사 개념을 훨씬 더 체계적으로 정교화함으로써 마르크스의 생태학을 둘러싼 전반적인 담론 구도를 바꾸었다.[10] 그는 자본주의적 생산양식을 인간과 자연 사이에 이루어지는 초역사적인 물질대사적 상호작용을 전례 없는 규모

---

10 3장에서 논의하겠지만, 마르크스의 물질대사 개념에 주목한 생태사회주의자들 가운데 루카치의 지적 유산을 바탕으로 마르크스 논의의 핵심이 방법론에 있다는 사실을 가장 적절하게 파악했던 인물은 메자로스다. 일본에서는 요시다 후미카즈(1980)가 마르크스의 물질대사론을 상세하게 다뤘다.

로 (재)조직하는 역사적으로 고유한 방식으로 분석하기 위해 마르크스의 '사회적 물질대사' 개념에 주목한다. 메자로스는 자본가들에 의한 노동계급의 착취를 폭로하는 잉여가치론에만 편협하게 초점을 맞추는 전통적 마르크스주의에 대한 반테제로서 사회적 물질대사 개념을 의도적으로 부각함으로써, 자본주의 비판의 이론적 범위를 공장 **너머로** 확장하려고 했다. 사실 마르크스는 '사회적 물질대사 과정'을 '한 종류의 유용한 노동의 산물이 또 다른 한 종류의 유용한 노동의 산물을 대체하는'(*Capital* I: 198) 상품과 화폐의 흐름으로 표현했다. 메자로스는 이러한 마르크스의 통찰에 따라 자본주의하에서 이루어지는 사회적 생산과 재생산의 역사적 동학에 대해 훨씬 더 총체적이고 통합적으로 접근하려고 했다.

그 중요성이 여전히 과소평가되고 있지만, 물질대사 개념은 마르크스『자본』에서 필수적인 개념이다. 마르크스는 마르크스주의의 가장 근본적인 범주인 '노동'을 인간과 자연 사이에 이루어지는 물질대사에 결부시켜 정의했다. '무엇보다 노동은 인간과 자연 사이에 이루어지는 과정, 즉 인간이 자신의 행동을 통해 자신과 자연 사이에 이루어지는 물질대사를 매개하고, 규제하며, 통제하는 과정이다'(*Capital* I: 283). 이러한 물질대사 과정은 무엇보다 자연적-생태적 과정이다. 인간은 노동을 통해 자연에 작용하지 않고는 살 수 없기 때문에 이 과정은 역사의 모든 단계에 공통적이다. '그것은 인간과 자연 사이에 이루어지는 물질대사[Stoffwechsel]의 보편적 조건, 즉 자연이 인간의 실존에 끊임없이 부과하는 조건이다. 따라서 그것은 모든 인간의 실존 형태와 무관하거나 오히려 인간이 살아가는 모든 사회 형태에 공통적이다'(Capital I: 290). 인간은 '자연의 보편적인 물질대사'(MECW 30: 63)의 일부이고, 거기에서 절대로 벗어날 수 없다. 또한 이것은 물질이 없으면 인간은 아무것도 생산할 수 없다는 것을 의미한다. 음식, 의복, 주택, 심지어 경제를 '탈물질화'하는 최첨단 기술이 적용된 재화조차 예외 없이 에너지와 자연 자원을 사용한다. 이와 같은 의미에서 자연과 인간 사이에 이루어지는 물질대사는 절대로 중단될 수 없는 '자연적 필연성'이다. 이러한 이유로 마르크스가 인간의 개입 없이 존재하는 '물질적 기층'에 작용하는 인간 노동은 '오직 물질의 형태만을 변경할 수 있다'(Capital I: 133)라고 쓴 것이다.[11]

나아가 인간은 자연에 의존한다. 마르크스는 노동과 자연이 모두 노동과정에서 필수적인 역할을 수행한다는 점을 부각했다. '그러므로 노동은 물질적 부, 즉 노동을 통해 생산되는 사용가치의 유일한 원천이 아니다. 윌리엄 페티가 말한 것처럼, 노동은 물질적 부의 아버지이고 지구는 그것의 어머니이다'(Capital I: 134).[12] 인간은 자연에 작용하고,

---

11 이 점은 4장에서 보다 더 중요해진다. '자연의 생산'을 옹호하는 사회구성주의자들이 '일차 자연'과 '이차 자연'의 차이점을 지우면서 인간-자연 관계를 적절하게 논의하지 못했기 때문이다. 나폴레타노 등(Napoletano et al. 2019)도 참고하라.

12 『자본』에 표현된 이러한 기본 관점은 마르크스가 『독일 이데올로기』에서 유물론적 분석은 인간의 고유한 생산 활동인 '노동'의 문제에서 출발해야 한다고 명확하게 밝힌 이후로 일관되게 유지되어 온 관점이다.

> 모든 역사 저술은 반드시 이러한 자연적 토대에서 그리고 인간이 역사적 과정에서 자연적 토대를 변형한다는 사실에서 출발해야만 한다. … 인간은 생계수단을 생산하기 시작한 순간부터 동물과 구별되기 시작하는데, 이 단계는 인간의 물리적 조직에 의해 규정된다(MECW 5: 31).

자연을 소비하며, 자연을 폐기할 수 있다. 그러나 인간의 활동은 자연법칙에 의해 그리고 자연의 보편적인 물질대사라는 다양한 생물 물리학적 과정에 의해 제약을 받는다. 메자로스(1995: 138)에 따르면 이 끊임없는 상호작용은 인간과 자연 사이에 이루어지는 보편적인 물질대사 과정의 '일차적' 수준을 구성한다. '그것이 없으면 인간은 심지어 가장 이상적인 형태의 사회에서조차 살아남을 수 없을 것이다'.

보다 더 구체적으로 말하자면, 인간과 외부 환경 사이에 물질대사가 이루어지는 정확한 방식은 기후, 위치, 자원 및 에너지의 활용 가능성 및 접근성과 같이 주어진 객관적인 자연 조건에 따라 상당히 달라진다. 이러한 일차적인 물질대사는 자신의 힘을 온존한 상태에서 '역사적 절대'로 남아 있는 자연적 기층과 관련된다. "인간의 생산적인 발전이 이 자연적 기층을 얼마나 변형할 수 있는지(사실은 반드시 변형해야만 하는지)에 관계없이, 그것은[옮긴이: 인간의 생산적인 발전은] 역사적으로 '새로운 욕구'를 창조하고 그것에 조응하도록 그 만족 조건을 확장하는 과정에서 항상 자연 그 자체의 확고한 제약을 받는다"(Mészáros 2012: 246). 이와 유사하게, 케이트 소퍼(Kate Soper 1995: 132)는 '(인간이 창조한 산물이 아니라는 의미에서) 인간 활동과 무관한 물질적 구조와 과정 그리고 그것의 힘과 인과적 힘은 인간의 모든 실천의 필요조건이고 그것이 취할 수 있는 형태를 규정한다'라고 주장한다. 인간과 무관한 객관적인 자연의 존재는 유물론의 기본적인 통찰이다.

그러나 인간은 단순히 주어진 환경에 의해 제약을 받는 존재가 아니다. 인간은 주어진 환경과의 상호작용에 대해 성찰할 수 있다. 인간은 보다 효율적으로 생산하고, 산물의 품질을 개선하며, 새로운 물질을 발견하고, 심지어 자신의 필요에 따라 완전히 새로운 물건을 발명하는 데 필요한 도구를 설계할 수도 있다. 바로 이것이 다른 동물과 비교하여 인간 노동이 지닌 고유한 특징이다. 이와 같은 방식으로 생산력이 역사적으로 발전함에 따라 생산의 객관적인 조건도 크게 변화한다. 그럼에도 불구하고 일차적인 물질적 조건은 존속할 뿐 아니라 폐지될 수 없다. 자연이 변형될 수 있다고 해서 노동의 기층이라는 자연의 특징까지 사라지는 것은 아니다. 따라서 인간이 자연적 기층을 무시하고 자연법칙을 어긴다면 오염, 자원의 희소성, 자원 고갈 같은 다양한 생태적 모순이 초래될 것이다.

이와 동시에 마르크스는 노동과정에 대한 이러한 일반적인 묘사가 인간은 자연의 일부이고 자연과 함께 살아갈 필요가 있다는 진부한 진술로 변질될 수 있다고 경고했다. 마르크스는 끊임없는 물질대사는 인간이 지구에서 일하고 살아가는 한 계속해서 유효한 초역사적인 생존의 조건인 반면, '모든 생산의 일반적인 전제조건을 논의하는' 이러한 방식이 '모든 생산의 근본적인 순간만을 나타내는 평면적인 동어반복'(*Grundrisse*. 86)으로 압축되어 버린다는 데 주목했다. 마르크스는 자신의 고유한 경제 분석에 따라 노동이 항상 특정한 사회적 관계하에서 수행된다고 인식했다. 메자로스는 이 점을 자연과 인간 사이에 이루어지는 물질대사에 대한 사회적 매개의 필연성으로 요약한다. '인류가 살아남아 있는 한, 일차 매개라는 필수적인 기능을 수행할 수 있는 근본적인 구조적 관계를 확립하라는 명령에서 벗어날 수 없다'(Mészáros 1995: 139).

이러한 명령으로부터 의사소통, 협동, 규범, 제도, 법에 의해 매개되는 사회구조가 인류 역사에 출현한다. 이와 같은 시각에서 볼 때 인간과 자연 사이에 이루어지는 물질대사는 서로 다른 시대, 서로 다른 장소에 존재하는 구조적 관계에 따라 그 구체적인 형태가 상당히 달라지는, 사회적인 동시에 역사적인 과정이다. 이러한 구조적 관계는 메자로스가 '역사적으로 특정한 사회적 재생산 체계의 이차 매개'라고 부르는 것을 구성한다(Mészáros 1995: 139-40).[13]

자본주의 사회와 비자본주의 사회의 이차 매개를 비교해 보면 자본주의하에서 이차 매개의 역사적 고유함이 곧바로 명확하게 드러난다. 마르크스는 근대 자본주의 사회의 생산과 고대사회의 생산을 대비했다.

> [고대에는] 부가 생산의 목적으로 나타나지 않았다. … 당시의 문제는 최고의 시민을 창조할 수 있는 소유 양식에 관한 것이었다. … 따라서 특정인을 규정하는 국가적, 종교적, 정치적 특징에 관계없이, 인간이 생산의 목적으로 나타나는 예전의 관점은 생산이 인간의 목적으로 나타나고 부가 생산의 목적으로 나타나는 근대 세계의 관점에 비해 매우 고상해 보인다. (*Grundrisse*: 487-488)

---

13 '이차 매개'에 주목하는 메자로스의 방법론은 이전에 그가 이 용어를 사용하여 수행했던 마르크스의 소외론 분석 방법론과 일치한다. 당시 메자로스는 '물질대사'라는 표현을 사용하지 않았다. 그러나 그가 묘사한 '인간과 자연의 존재론적으로 근본적인 자기 매개에 대한 역사적으로 특정한 매개'라는 특징은 기본적으로 동일한 표현이다(Mészáros 1970: 79).

자본주의적 생산의 일차 목표는 무엇보다도 자본의 가치증식이다. 이윤 창출에 대한 만족할 줄 모르는 갈망에 의해 추동되는 자본주의는 생산 능력을 끊임없이 증대한다. 반면 자본주의 이전 사회에서는 생산이 구체적인 필요를 만족시키기 위해 수행되었기 때문에, 생산의 목적은 유한한 필요를 충족시킬 수 있는 사용가치였다.

가치증식 극대화와 무제한 확장이라는 자본의 논리가 지배하는 가운데 세계시장, 기술, 운송, 신용 체계, 인공적인 기호嗜好가 발전함에 따라 역사적으로 특정한 이차 매개가 출현한다. 메자로스가 주장한 것처럼 자본은 전체 세계를 완전히 변형하고 재구성한다.

> [인간과 자연 사이에 이루어지는 물질대사의] 모든 일차적 형태는 거의 인식할 수 없을 정도로 바뀐다. 이제 그것은 모든 것을 자본 축적이라는 명령에 완전히 종속시키려고 하는 물신주의적이고 소외 유발적인 사회적 물질대사 통제 체계의 자기확장적 필요에 적합해진다. (Mészáros 1995: 140)

이러한 과정에는 절대적인 한계가 없다. 따라서 자본은 인간과 자연의 모든 생산적인 기능을 부단하게 확장하여 자본 축적이라는 명령에 종속시키는 '총체화'를 수행한다. 그러나 임금 노동, 상품 교환, 사적 소유의 경우에서처럼, '자본주의적으로 제도화된 이차 매개'는 '소외된 매개'이다. 여기서 주목해야 할 점은 그것이 노동의 소외뿐 아니라 '자연의 소외'(Mészáros 1970: 110-11)로도 표현된다는 점이다.[14]

---

14 이러한 자본주의의 역사적 측면은 '자본주의의 초역사적인 차원과 불가분하게 뒤얽혀 있기'(Mészáros

1971년 도이처 기념상 수상 기념 강연 이후에도 여전히 메자로스는 자본이 이차 매개를 통해 조직한 사회적 물질대사는 인간과 자연 사이에 이루어지는 일차적인 물질대사의 초역사적인 특징과 양립할 수 없으며, 종국에는 자연을 저하하고 궁극적으로 자연을 파괴할 것이라고 확신했다. 이 점을 부각하기 위해 메자로스는 자본이 극복할 수 없는 자연의 '절대적인 한계'라는 표현을 사용했다. 자연은 자본과 무관하게 존재한다. 그러나 자연의 비동일성을 인식하지 못하는 자본은 자본의 체제를 총체화함으로써 절대적인 것이 되려고 시도하는 과정에서 끊임없이 절대적인 것을 상대화하려고 한다. 그러나 자본주의적 순환이 형성되기 이전부터 이미 그것과 무관하게 존재해 온 자연적 순환을 예속한 결과, 자연의 보편적인 물질대사가 교란되고 파괴된다. 사회와 자연의 비대칭적 관계로 인해 자본주의적 이차 매개의 근본적인 문제가 생태 위기를 계기로 표출된다. 즉, 물질적 기층인 자연은 인간 없이 존재할 수 있지만 그 반대는 가능하지 않다.

오늘날 자본은 생산적이기는커녕 오히려 파괴적인 힘으로 등장하면서 인간의 실존을 위협한다. 바로 그 순간이 '자본의 한계'를 알아차리게 되는 순간이다.

[1972] 2014: 73) 때문에 일차 매개와 이차 매개를 구별하기란 쉽지 않다. 여기서 마르크스의 정치경제학 비판이 자연과 인간 사이에 이루어지는 물질대사의 이차 매개가 특정한 사회적 동학을 구성하고 다양한 위기를 심화시키는 방식을 드러내려는 목적을 가진 물신주의 비판이라는 점을 상기할 필요가 있다. 이러한 차원들을 적절하게 구별해내지 못하는 분석은 자본주의의 '역사적 필연성'을 '자연적 필연성'으로 혼동하는 물신주의적 관점에 빠지기 쉽다. 이러한 물신주의에 대한 비판은 최근 정치 생태학에서 득세하고 있는 일원론적 접근법을 다루는 4장에서 중요한 역할을 할 것이다.

자본의 한계는 더 이상 생산성과 사회적 부의 증대를 가로막는 한낱 물질적인 장애물로 개념화될 수 없다. 즉, 발전을 가로막는 제동장치가 아니라 인류의 생존 그 자체에 대한 직접적인 도전으로 개념화되어야 한다. 또 다른 의미에서 자본의 한계는 사회적 물질대사를 압도적으로 통제하는 자본에 역행할 수 있는데, 자본이 어떠한 수단을 동원하더라도 파괴적인 자기 재생산 조건을 더 이상 확보할 수 없게 되어 전반적인 사회적 물질대사가 붕괴될 때 그러하다. (Mészáros 2014: 599)

자본은 확장을 멈출 수 없다. 따라서 자본의 파괴적인 힘은 계속해서 증가한다. 메자로스는 '사회적 물질대사 재생산의 한 양식으로서 자본 체계는 역사 발전의 하강 국면에 놓이게 된다. 따라서 오직 자본주의적으로만 발전할 뿐 그 밖의 다른 의미로는 전혀 발전하지 못한다. 그런 이유로 자본은 그 어느 때보다 더 파괴적인 방식으로만, 궁극적으로 자기 파괴적인 방식으로만 자신을 지탱할 수 있다'(Mészáros 2012: 316)라고 덧붙였다. 자본주의의 부적절한 사회통제 메커니즘은 결과적으로 인류의 생존 그 자체를 위협하기 때문에, 자본주의의 발전은 더 이상 '발전'으로 간주될 수 없다. 메자로스는 자본주의하에서 이루어지는 생산력의 발전은 그 약탈적인 성격으로 인해 사회주의로 이어질 수 없다고 명시적으로 인정함으로써 정통 마르크스주의자들과 차별화되었다.

메자로스는 루카치의 물질대사론과 헤겔주의적 논의('동일성과 비동일성의 동일성')에 영감을 받은 것으로 보인다(4장을 참고하라). 루카치와 메자로스 둘 다, 사회가 모든 것을 아우르고 모든 종류의 인간 활동의 물질적 기초로서 기능하는 (심지어 인간은 뇌가 없으면 생각도 할 수 없다) 자연의 보편적인 물질대사의 일부임을 인식했음에도, 인간이 없었더라면 존재하지 않았을 새로운 사회-역사적 창발성을 일으키고 법을 제정한다는 점도 놓치지 않았다. 그러나 이 순수하게 사회적인 속성들조차도 나머지 자연으로부터 완전히 자유로운 것은 아니다. 사회적인 것과 자연적인 것의 변증법적 관계는 기계론적 접근법이나 사회구성주의적 접근법으로는 적절하게 파악할 수 없는 사회적 물질대사와 자연적 물질대사 과정의 복잡한 동학을 구성한다.

III. 물질대사 균열의 세 가지 차원

물질대사론이라는 메자로스의 유산은 훗날 존 벨라미 포스터(2000)와 폴 버켓(1999)이 이어받았다. 포스터와 버켓은 물질대사 개념이 사용된 마르크스의 다양한 텍스트를 세심하게 검토하여 '물질대사 균열'이라는 핵심 개념을 발전시켰다. 그 기본 테제는 비교적 단순하다. 인간과 나머지 자연 사이에서 이루어지는 물질대사적 상호작용은 생존의 토대를 구성한다. 그러나 생태계와 인간 사이에 이루어지는 상호작용을 자본주의적으로 조직하는 방식은 필연적으로 이러한 과정에 큰 틈을 생성하여 인간과 비인간 존재 모두를 위협한다. 오늘날, 해양생태학(스테파노 롱고), 기후변화(나오미 클라인, 브렛 클락, 리처드 요크, 델 웨스틴), 질소 순환 교란(필립 맨커스), 토양 침식(해나 홀먼) 같은 측면에서 이러한 균열을 분석하려는 다양한 시도가 이루어지고 있는데, 이러한 연구들을 통해 마르크스의 물질대사 균열론의 타당성과 유용성을 확인할 수 있다.

안타깝게도 마르크스는 『자본』에서 '물질대사 균열' 개념을 상세하게 정교화하지 않았다. 마르크스는 단 하나의 구절에서만 사회적 물질대사와 자연적 물질대사의 '메울 수 없는 균열'에 대해 경고했을 뿐이다(*Capital* III: 949). 그 결과, 포스터가 마르크스의 저술을 세심하게 분석하고 다른 학자들이 오늘날의 다양한 생태학적 쟁점에 이 개념을 추가적으로 적용했음에도 불구하고, 비평가들은 '포스터의 테제가 오늘날의 사상에 가지는 함의는 모호하고 그 결론은 시대착오적'(Loftus 2012: 31)이라고 대놓고 주장한다. 또 다른 사람들은 마르크스의 자본주의 비판을 '녹색화'하는 것은 전형적인 19세기 사상가인 마르크스에게 '오늘날 우리의' 관심사를 덧씌워 마르크스의 이론의 결함과 한계점의 존재를 왜곡하고 외면하는 행위라고 비판한다(Tanuro 2003; Kovel 2007). 이러한 비판은 이 책의 첫머리부터 마르크스의 물질대사 균열 개념과 그것의 체계적인 특징을 명료화할 훌륭한 기회를 제공하기 때문에, 이에 대응해 봄 직하다. 마르크스의 저술에서 균열 개념이 '산발적으로' 등장하는 것처럼 보일 수 있지만, 사실상 그의 물질대사론은 매우 심오하고 견고하다. 사실, 마르크스가 『자본』을 완성할 수 있었다면 물질대사 균열 개념을 보다 더 상세하게 정교화했을 것으로 추정할 만한 근거는 충분하다(Saito 2017).[15] 여기서는 기술적인 측면과 시공간적인 측면에서 물질대

---

15 3부에서 마르크스가 『자본』을 완성할 수 없었던 몇 가지 이유를 제시할 것인데, 그 이유들은 1868년 이후 마르크스의 생태학적 사고가 급속하게 심화되었다는 사실과 관련된다.

사 균열에 세 가지 차원이 있다고 주장할 것이다.

『자본』1권에서 설명한 것처럼, 초역사적인 '노동과정'은 자본주의하에서 '가치증식 과정'이라는 새로운 형태로 나타난다. 자본주의하에서 인간과 자연 사이에 이루어지는 생물 물리학적 과정(물질대사)은 자본의 가치증식을 위해 철저하게 변형되고 재조직된다. 이러한 깊은 변형은 노동의 특정 측면, 즉 '추상적 노동'을 중심으로 진행되는데, 그것이 자본주의하에서 '잉여가치'의 유일한 원천이라는 고유한 기능을 수행하기 때문이다. 자본의 가치증식 논리가 우선시되는 가운데 자연의 기능뿐 아니라 노동과정에서 나타나는 다양한 구체적 노동은 강제로 추상화되어 (잉여)가치의 우선성에 종속된다. 추상적 노동의 대상화로서의 가치는 인간 노동력 일반의 소비에 불과하다. 가치가 인간과 자연 사이에 이루어지는 물질대사의 조직 원리가 되면, 인간과 자연 사이에 이루어지는 생물 물리학적 과정(물질대사)의 복잡성을 완벽하게 반영할 수 없다. 심지어 가치는 구체적 노동과 자연환경을 외부성으로 활용하여 보다 더 많은 가치를 추출하려고 한다. 따라서 마르크스는 물질세계가 잉여가치 생산의 시각에 입각하여 변형됨에 따라 인간과 자연 모두에 파괴적인 결과가 초래된다고 주장했다. '한 사례에서는 이윤에 대한 맹목적인 갈망이 토양을 고갈시켰고, 다른 사례에서는 국가의 생명력을 뿌리부터 움켜쥐었다'(*Capital* I: 348). 이러한 물질대사론을 바탕으로 마르크스는 자본주의가 생산의 두 가지 근본적인 요인, 즉 '노동력 Arbeitskraft'과 '자연력Naturkräte'을 허비한다고 일관되게 비판했다. 노동의 소외와 자연의 소외는 서로를 구성한다. 다시 말해, 자본은 '공간(규모)'

과 '시간(속도)'에 상당한 영향을 미치면서 노동력을 착취할 뿐 아니라 세계 전체를 포섭한다. 자본은 계속해서 경제의 규모를 확장하고 그 속도를 높인다. 그리고 그로 인해 시공간은 전례 없는 수준으로 변형된다.

마르크스에 따르면 물질대사 균열은 세 가지 수준과 형태로 등장한다. 첫째, 자본의 체제하에서 자연적 물질대사의 순환 과정이 물질적으로 교란되는 것, 이것이 가장 근본적인 물질대사 균열이다. 마르크스는 그 사례로 근대 농업에 의한 토양 고갈을 꼽는다. 근대의 대규모 산업적 농업에서 식물은 토양 양분을 최대한 많이 그리고 최대한 빠르게 흡수하는 방식으로 재배되어 국내 및 해외 대도시 소비자에게 판매된다. 마르크스는 유스투스 폰 리비히의 『농화학』(1862)과 그의 물질대사론을 계기로 『자본』에 '강탈' 농업 체계에 대한 분석을 통합하게 되었다(Foster 2000; Saito 2017).

독일 화학자인 리비히가 본인의 선구적인 책에서 경고했던 것처럼, 인광체燐光體와 칼리 같은 무기질은 식물 성장에 필수적이지만, 대기와 빗물이 이러한 무기질을 분산시키는 풍화 과정에는 매우 오랜 시간이 소요되기 때문에 토양에서 자연적으로 발생하는 양이 적어 식물에 활용하는 데 한계가 있다. 따라서 리비히는 토양 비옥도를 유지하고 장기적인 수익성을 확보하려는 농민은 '보충의 법칙Gesetz des Ersatzes'을 '합리적인 농업'의 가장 근본적인 원칙으로 삼아야 한다고 강조했다. 식물이 흡수한 무기물을 원래 토양에 충분히 되돌려주어야 한다는 보충의 필요성은 시대와 장소를 막론하고 모든 사회가 반드시 존중해야만 한다는 점에서 '일차 매개'로 간주된다.

리비히는 근대 '강탈 농업Raubblau'이 단기적인 이윤 극대화라는 목적만을 추구한다고 냉혹하게 비판했다. 근대 강탈 농업하에서 식물은 토양으로부터 최대한 많은 양분을 흡수하지만, 토양에는 양분이 보충되지 않는다. 시장에서의 경쟁으로 인해 농민은 토지를 집약적으로 사용하기만 할 뿐 토지를 충분히 관리하거나 보살피지 않는 대규모 농업으로 내몰린다. 그 결과, 근대 자본주의적 농업은 토양 양분의 물질대사적 순환을 교란한다. 심지어 리비히는 토양 고갈로 인해 유럽 문명이 붕괴할 가능성이 있다고 경고하면서 이러한 교란의 위험성을 부각했다. 리비히의『농화학』에 깊은 인상을 받은 마르크스는『자본』에서 '근대 농업의 부정적 측면, 즉 파괴적 측면'을 드러낸 리비히의 '불멸의 공로'를 치켜세우며 다음과 같이 주장했다.

> 자본주의적 생산으로 인해 … 도시 인구는 계속해서 증가한다. … [그 결과,
> 자본주의적 생산은] 인간과 지구 사이에 이루어지는 물질대사적 상호작용
> 을 교란한다. 즉, 자본주의적 생산은 식량과 의복의 형태로 인간이 소비한
> 구성 요소를 토양에 돌려주지 못하도록 막아 토양 비옥도를 지속시키는 영원
> 한 자연적 조건의 작동을 방해한다. 따라서 그것은 도시 노동자의 신체적
> 건강과 농촌 노동자의 정신적 삶을 동시에 파괴한다. … 증대하는 방식의 진보
> 는 토양 비옥도를 보다 더 오래 지속시키는 원천을 망친다. … 그러므로 자본
> 주의적 생산은 모든 부의 원래 원천, 즉 토양과 노동자를 동시에 훼손함으
> 로써 오직 생산이라는 사회적 과정의 결합 기법과 결합 정도만을 발전시킬
> 뿐이다. (*Capital* I: 637)

여기서 마르크스는 토양 고갈의 문제를 자본주의적 생산이 인간과 자연 사이에 이루어지는 물질대사에 유발한 모순으로 정립했다. 가치가 인간과 자연 사이에 이루어지는 물질대사를 완벽하게 반영할 수 없고 자본주의적 생산이 가치의 무한한 축적을 우선시하는 한, 자본주의 안에서 지속 가능한 생산은 극복할 수 없는 장벽에 직면하게 되어 실현되지 못한다.

물질적 흐름의 교란이라는 형태로 나타나는 이러한 근본적인 수준의 물질대사 균열은 두 가지 추가적인 차원에 의해 보충되고 강화된다. 물질대사 균열의 두 번째 차원은 **공간적 균열**이다. 마르크스는 리비히의『농화학』을 과거 본인이『독일 이데올로기』에서 '도시와 시골 간 모순'(*MECW* 5: 64)으로 개념화한 노동의 사회적 분업에 대한 비판적 분석의 과학적 기초로 삼았기 때문에,『자본』에서 리비히를 매우 높게 평가했다. 리비히는 [옮긴이: 농촌에서 생산된] 작물이 대도시 노동자에게 판매되어 소비된 후 원래 토양으로 돌아가지 못하고 화장실을 통해 하수가 되어 강으로 흘러 들어가 토양 고갈 경향만 강화될 뿐인 현실을 개탄했다.

도시와 시골 간의 이러한 적대적인 공간적 관계를 '공간적 균열'이라고 부를 수 있는데, 그 바탕에는 탈농민화로 인해 수가 늘어난 노동계급이 대도시에 집중된, 이른바 본원적 축적이라는 폭력적인 과정이 자리 잡고 있다. 그로 인해 대도시에서 농산물 수요가 상당히 증가했고, 대규모 농업은 휴한休閑 없이 연작連作하게 되었으며, 산물은 먼 거리를 이동하게 되었다. 이러한 현상은 시장에서의 경쟁을 통해 훨씬 더 심화되었다. 다시 말해, 노동계급이 대도시로 집중되면서 시골의 식량을 대도시로 끊임없이 실어 나를 필요성이 대두되었고, 이를 바탕으로 자본주의적 생산에 고유한 노동의 사회적 분업이 등장했다. 만일 노동의 사회적 분업이 없었다면, 강탈 농업도 없었을 것이다.

또한 이러한 공간적 균열은 도시로 폐기물이 집중되면서 생활조건이 저하된다는 것을 의미한다.

> 생산이라는 제목 아래에는 산업과 농업에서 유발된 폐기물이, 소비라는 제목 아래에는 인간의 자연적 물질대사에 의해 생산된 배설물과 사용한 이후 유용한 형태의 물질로 남은 경우가 있다. … 자연적으로 생산된 인간의 분뇨는 … 농업에 엄청나게 중요하지만, 자본주의 경제에서는 실제 사용되는 양보다 낭비되는 양이 훨씬 더 많다. (*Capital* III: 195)[16]

마르크스가 살던 시대의 런던시는 배설물이 악취를 내뿜었고 콜레라가 성행했다. 소작농을 빈곤하게 만드는 시골의 토양 고갈과 도시 노동계급의 생활조건 저하라는 두 가지 측면에서, 환경 저하는 자본주의 국가 내에서 이루어지는 적대적인 공간적 분리의 전형적인 결과이다. 자본주의적 발전 과정에서 공간적 균열은 계속해서 넓어지다가 끝내 전 지구적인 규모에서 인간과 자연 사이에 이루어지는 물질대사에 '메울 수 없는 균열'을 유발한다. 마르크스는 또다시 리비히를 언급

---

16 이 구절은 엥겔스가 덧붙였다. 잉글랜드 도시 노동계급의 악화 문제를 집중적으로 연구한 1845년의 선구적인 저술이 엥겔스가 이룬 가장 중요한 성취 가운데 하나라는 사실을 감안할 때, 이것은 전적으로 납득할 만하다[국역: 이재만 옮김, 『영국 노동계급의 상황』, 라티오, 2014].

하면서 이러한 모순을 비판한다.

> 이러한 방식[으로] [대규모 토지 소유는] 사회적 물질대사와 토양의 자연
> 법칙에 의해 규정되는 자연적 물질대사 사이의 상호의존적인 과정에 메울
> 수 없는 균열을 유발하는 조건을 창출한다. 그 결과, 토양의 활력은 허비
> 되고 무역은 이러한 파괴를 개별 국가의 범위를 넘어 전 세계로 확대한다.
> (리비히) (*MEGA* II/4.2: 752-753)

조만간 논의하겠지만 세계시장이 형성됨과 동시에 역경향이 유발
됨에도 불구하고 이러한 공간적 균열은 자본주의의 확장과 더불어 오
직 악화되기만 할 뿐이다.

안드레아스 말름은 『화석 자본』(2016)에서 자본이 공간을 적대적으
로 조직함으로써 이윤을 얻는 방식을 보여주는 또 다른 사례를 제시한
다. 말름의 저술은 물레방아에서 석탄을 연료로 사용하는 증기엔진으
로의 역사적 이행을 재구성한다. 강물은 풍부하고 무료이다. 요컨대,
물은 완벽하게 지속 가능한 무료 에너지이다. 새로운 기술의 발전을 '맬
서스주의'적으로 설명하는 풍조가 만연한 현실을 감안할 때, 이것은 명
확하지만 중요한 사실이다. 맬서스주의적 설명에 따르면, 경제성장을
추구하는 경쟁에서 자원의 희소성이 증가하고 그에 조응하여 가격이
상승하면 보다 더 저렴한 대체 물질을 찾아내거나 발명하게 된다. 그러
나 말름은 무료일 뿐 아니라 풍부한 수력 대신 값비싼 석탄을 대규모로
사용해야 하는 증기엔진을 사용하게 된· 사례에는 이러한 잘못된 통념

을 적용할 수 없다고 반박한다.

화석연료로의 역사적 이행을 설명하기 위해 말름은 '자본'의 이차 매개의 사회적 차원을 고려할 필요가 있다고 주장한다. 말름이 설명하는 것처럼 화석연료의 사용은 새롭고 저렴한 대체 에너지 자원으로서가 아니라 오히려 화석 **자본**으로서 출발했다. 강물은 이동시킬 수 없다는 자연적 특징이 있었고, 수력에는 공동 관리가 필요했다. 이와 다르게 석탄은 운송이 가능할 뿐 아니라 독점 소유에 적합한 에너지원으로서, 자본주의적 생산의 발전에 고유한 사회적 의의를 지니고 있었다. 덕분에 자본은 자연이 부과하는 물리적 제약을 극복할 수 있었고, 노동력이 비교적 희소하기 때문에 노동자의 저항이 보다 더 심한 강 인근 지역에서 벗어날 수 있었다. 석탄 덕분에 자본은 일자리가 절실하게 필요한 노동자가 보다 더 많은 대도시에 새로운 공장을 지을 수 있었다. 이와 같은 방식으로 증기엔진은 자본과 노동의 힘의 균형을 근본적으로 뒤집었다. 그러나 이러한 변화로 인해 중심부와 주변부의 적대 관계가 심화되었고 중심부 노동자의 생활조건과 주변부의 자연환경이 모두 저하되었다.[17]

물질대사 균열의 세 번째 차원은 **시간적 균열**이다. 토양 양분과 화석연료가 느리게 형성되는 반면 자본은 점점 더 빠르게 순환된다는 사실에서 명확하게 나타나는 것처럼, 자연의 시간과 자본의 시간 사이에

---

17 나아가 티머시 미첼(Timothy Mitchell 2013)은 20세기에 등장한 석유 수송관으로 인해 이러한 분리가 훨씬 더 강화되었다는 점에 주목한다. 석탄을 채굴하려면 광산에 노동자가 집중되어야 하므로 노동자들이 완강하게 저항할 위험이 증가하는 반면, 석유의 채굴과 운송의 경우에는 이와 같은 위험이 상당히 감소한다.

는 균열이 존재한다. 자본은 끊임없이 회전 시간을 단축하고 단기간에 가치증식을 극대화하려고 시도한다. 회전 시간 단축은 이윤율 저하에 직면한 상황에서 자본이 이윤의 양을 증가시킬 수 있는 효과적인 방법이다(Saito 2018). 이러한 과정에서 저렴하고 풍부한 원료 물질 및 보조 물질의 형태로 나타나는 유동자본에 대한 수요가 증가한다(*Capital* III: 200-5). 나아가, 자본은 생산과정을 끊임없이 혁신하여 자본주의 이전 사회와는 비교할 수 없는 속도로 생산력을 증대한다. 새로운 기계의 도입으로 생산력은 두 배 또는 세 배가 될 수 있지만, 자연이 인광체 또는 화석 연료를 형성하는 과정에는 변함이 없다. 따라서 '원료 물질 생산의 생산성은 생산성 일반의 증가(및 그에 따른 원료 물질에 대한 요건 증가)만큼 급속하게 증가하지 않는 경향을 보일 가능성이 높다'(Lebowitz 2009: 138). 자연적 순환은 자본의 수요와 무관하기 때문에 이러한 경향은 절대로 완전히 중단될 수 없다. 자연이 없으면 생산할 수 없으면서도 자본은 자연이 사라지기를 바라는 것처럼 보인다.

자연이 점점 더 빨라지는 자본의 속도를 따라잡을 수 없게 되면 자연에 특정한 시간과 자본에 특정한 시간 사이에 심각한 불일치가 발생한다. 마르크스는 자본주의하에서의 과잉 벌목 사례를 다음과 같이 제시한다.

(비교적 적은 양의 노동 시간을 투입하여) 장기간에 걸쳐 생산되고 회전 기간을 늘리는 방식으로 조성되는 숲은 사적 생산 및 그에 따른 자본주의적 생산에 부적합한 사업 부문이 되었다(설령 연합된 자본가들이 개인을 대신

한다 하더라도 기본적으로 자본주의적 생산은 사적으로 운영된다). 일반적으로 문명과 산업이 항상 적극적으로 숲을 파괴해 왔다는 점을 감안해 볼 때, 숲의 생산과 보존을 위해 이루어진 일들은 숲의 파괴와 비교하여 완전히 미미한 수준이다. (*Capital* II: 321-322)

자연에서 오랜 시간에 걸쳐 형성되는 화석연료에 대한 자본의 수요가 증가하는 사례에서도 동일한 문제를 찾아볼 수 있다. 석유 정점이 쟁점이 되기 오래전인 마르크스 시대에도 이미 영국의 석탄이 고갈될 가능성은 미국과 경제적으로 경쟁하는 영국의 주요 사회적 관심사였다(Jevons 1865).[18]

현실에서, 물질대사 균열의 세 가지 차원은 상호관계적이고 상호강화적이다. 자본 순환을 단축하기 위해 통신, 철도, 항공 같은 기술을 활용하여 속도를 높임으로써 '시공간이 압축'되어 공간적 거리와 시간적 거리가 소멸한다(Harvey 1990). 자본이 사회적으로 구성한 시간과 공간은 엄청난 객관적인 힘을 행사하고, 이를 통해 자본의 이차 매개는 인간과 자연의 관계를 근본적으로 변형한다. 결국 자본의 논리하에서 이루어지는 이러한 재조직은 사회적 물질대사와 자연적 물질대사 사이에 흐르는 심각한 긴장을 심화시킨다. 그러나 마르크스는 이와 같은 균열의 존재를 인정하는 데 그치지 않고 이와 같은 균열이 자연에서 출현하는 방식과 공간적 및 시간적으로 불균등하게 (재)분배되는 방식에도 관심을 가졌다. 이와 같은 이유로 말년의 마르크스는 자연과학을 집

---

18 마르크스가 제번스 연구에 몰두했다는 사실에 대해서는 6장에서 논의할 것이다.

중적으로 연구하여 자본 축적의 역사적 동학과 그것의 생태적 결과를 이해하려고 했다.

IV. 물질대사 전가의 세 가지 차원

자본주의적 축적의 모순은 사회적 생산성이 증대되면, 강탈로 인해 자연적 생산성은 감소한다는 것이다.

농업의 사회적 생산성 증가는 기껏해야 자연적 생산성 감소만을 보상할 뿐이고 그마저도 특정 기간 동안에만 효과적일 뿐이다. 따라서 기술이 발전하더라도 산물은 보다 더 저렴해지는 것이 아니라 그저 보다 더 비싸지지 않을 뿐이다. (*Capital* III: 901)

따라서 자본은 반드시 저렴한 자원, 에너지, 식량에 안정적으로 접근할 수 있어야만 한다.[19] 마르크스가 『그룬트리세』에서 주장한 것처럼, 이에 따라 자본은 '자연적인 특성과 인간적인 특성의 일반 착취 체계'와 '일반 효용 체계'를 구성하게 된다.

따라서 사물에서 새롭고, 유용한 특성을 발굴하기 위해 모든 자연을 탐험

---

19 제임스 오코너와 보다 더 최근에 제이슨 W. 무어는 이 점을 자본주의적 축적의 심각한 모순으로 부각했다. 이러한 쟁점은 4장에서 상세하게 논의할 것이다.

하고, 모든 낯선 기후와 땅에서 생산된 산물을 보편적으로 교환하며, 자연적 대상을 (인공적으로) 새롭게 개발하여 새로운 사용가치를 부여한다. 사용할 수 있는 새로운 사물을 찾아내고 낡은 사물에서 새로운 유용한 특성(예: 원료 물질로서의 새로운 특성)을 끌어내기 위해 지구를 전방위적으로 탐험한다. (*Grundrisse*. 409)

이와 같은 방식으로 자본은 보편적 체계가 되기 위해 애쓰지만 그 과정에서 자본 자신의 모순은 보편화된다.

지구를 탐험하고 새로운 기술을 발명한다 하더라도 균열은 메울 수 없다. 자본주의에서 이러한 균열은 '메울 수 없는' 상태로 존속하는데, 그 이유는 바로 자신의 절대적인 한계를 인식하지 못하는 자본이 자신이 극복할 수 없는 균열을 극복하려고 시도하기 때문이다. 이제 자본은 그저 절대적인 것을 상대화하려고 시도한다. 바로 이것이 '모든 한계는 극복해야 하는 장벽으로 나타난다'(*Grundrisse*. 408)라는 마르크스의 주장이 의미하는 바이다.[20] 자본은 끊임없이 새로운 기술을 발명하고, 운송 수단을 발전시키며, 새로운 사용가치를 찾아내고, 시장을 확

---

20 『그룬트리세』에서 마르크스가 장벽의 '실제' 초월과 '관념적' 초월을 대비한 것이 눈에 띈다.

> 그러나 자본이 이와 같은 모든 한계를 장벽으로 상정하고 그에 따라 그것을 관념적으로 넘어선다고 해서 자본이 모든 한계를 실제로 극복하는 것은 결코 아니다. 그리고 이와 같은 모든 장벽은 자본의 특징과 모순되기 때문에, 자본은 끊임없이 극복되지만, 마찬가지로 끊임없이 상정되는 모순 속에서 생산된다. (*Grundrisse*. 410)

관념은 자본의 측면을, 실제는 물질세계의 측면을 나타낸다. 한계는 사회적으로 생산되지 않으므로, 실제 세계에서는 한계를 극복할 수 없다. 설령 한계가 탄력적이라 하더라도 한계가 객관적으로 존재한다는 사실은 부인할 수 없다.

장하여 자연의 한계를 극복하려고 한다. 이와 같은 방식으로 자본은 물질대사 균열을 다른 지역에서 생활하는 다른 사회집단에 끊임없이 '전가'하여 시간을 벌고 주변부를 위계적으로 통합하여 중심부에 미치는 부정적인 영향의 징후를 최소화한다(Clark and York 2008). '물질대사 전가'는 자신이 초래한 경제 위기와 생태 위기에 대한 자본의 전형적인 **반응**이다. '오직 징후 및 영향에 대한 반응적 및 소급적 조작만이 자본의 자기원인이라는 지속적인 법칙과 양립할 수 있다'(Mészaros 2012: 87). 그러나 자본이 만족할 줄 모르는 축적 과정을 멈출 수 없는 한, 물질대사를 전가한다고 해도 문제는 해결되지 않는다. 따라서 마르크스는 '자본주의적 생산을 가로막는 **진정한 장벽**은 **자본 그 자체**'(*Capital* III: 358; 강조는 원문)라고 선언한다.

물질대사 균열의 세 가지 차원에 조응하여 물질대사 전가도 세 가지 방식으로 나타난다. 첫째는 **기술적 전가**이다. 리비히는 19세기의 강탈 농업으로 인해 유럽 문명이 붕괴할 가능성이 있다고 경고했지만 그의 예측은 실현되지 않았는데, 그것은 대체로 프리츠 하버와 카를 보슈 덕분이라 해도 과언이 아니다. 1906년에 두 사람이 발명한 이른바 하버-보슈법 덕분에 공기 중 질소를 고정시킴으로써 암모니아NH^3와 암모니아를 이용한 화학비료를 산업적 방식으로 대량생산하여 토양 비옥도를 유지할 수 있게 되었기 때문이다. 무기질 결핍으로 인한 토양 고갈이라는 역사적인 문제는 하버-보슈법이 발명되면서 거의 해결되었다. 그럼에도 불구하고 하버-보슈법은 균열을 메운 것이 아니라 오직 균열을 전가하여 다른 문제들의 규모만 보다 더 크게 키웠을 뿐이다.

암모니아 생산에는 수소의 원료인 천연가스가 대량으로 필요하다. 다시 말해, 토양 고갈 문제의 해결책인 암모니아를 생산하기 위해서는 또 다른 제한적인 자원이 허비된다. 또한 암모니아 생산 공정은 매우 에너지 집약적이어서, 그 과정에서 (전 세계 총 탄소 배출량의 1퍼센트를 차지할 정도로) 많은 이산화탄소가 생성된다. 나아가, 과도하게 사용된 화학비료는 환경에 침출되어 부영양화와 적조를 유발하고, 질소산화물은 물을 오염시킨다. 화학비료에 과도하게 의존하면 토양 생태계를 교란하여 토양 침식, 낮은 보수력保水力과 보비력保肥力, 질병과 곤충에 대한 취약성 증가로 귀결된다(Magdoff and van Es 2010). 그 결과, 살충제뿐 아니라 보다 더 잦은 관개, 좀 더 많은 양의 비료, 좀 더 강력한 장비가 필요해진다. 이러한 종류의 산업적 농업은 물뿐 아니라 석유도 대량으로 소비하여, 기후변화를 유발하는 주요 요인으로 자리 잡는다.[21] 반다나 시바가 주목한 것처럼, 리비히의 시대 이후에도 농업의 강탈적 특징은 변하지 않았다. '토양이 침식되고, 저하되며, 콘크리트 아래 묻혀 유독해지고 생명력을 박탈당한 오늘날 전 세계 사회는 붕괴 직전에 몰려 있다'(Shiva 2015: 173).

강탈 농업으로 인한 토양 고갈은 토지에 국한되는 반면 농화학 물질은 물과 함께 환경으로 유출되어 생태계의 정상적인 기능을 교란한다. 요컨대 물질대사 전가는 새로운 기술의 도움을 받아 외부성을 유발한다. 자본은 인공적으로 토양 비옥도를 유지하고 심지어 강화하는 반면 거기에 따르는 부작용을 보상하지는 않는다. 또한 직접적인 인

---

21 식량 체계는 전 세계 온실가스 배출의 4분의 1을 차지하는 것으로 알려져 있다.

과관계를 드러내기 어렵기 때문에 외부성은 환경문제에 대한 기업의 책임을 모호하게 만드는 효과적인 방법이다. 설령 책임 소재가 명확해져 관련 비용이 내부화된다 하더라도, 환경을 원래 상태로 되돌리지 못하는 경우가 다반사이다. 게다가 자본은 이러한 교란을 새로운 사업 기회로 삼아, 화학비료와 살충제 같은 상품을 농민에게 보다 더 많이 판매하려고 시도한다. 다시 말해, 자연의 생물학적 체계의 저하는 자본을 가로막는 한낱 장애물이나 장벽이 아니며 이윤의 새로운 원천이다. 즉, 자본은 자연을 '축적의 수단'(Kloppenburg 1988)으로 활용한다.

클로펜부르크Kloppenburg의 통찰을 따라 보이드, 프루덤, 셔먼(Boyd, Prudham and Schurman 2001)은 '자본하에서 형식적 포섭'과 '자본하에서 실질적 포섭'이라는 마르크스의 개념을 자연으로 확장했다. 마르크스에 따르면 자본하에서 노동의 '형식적 포섭'은 노동자가 노동하는 방식을 바꾸지 않으면서 노동자를 자본의 명령에 단순히 예속하는 반면(즉, '절대적 잉여가치'의 생산) 노동의 '실질적 포섭'은 자본 축적을 위해 전체 생산과정을 재조직(예: 협동, 노동 분업, 기계화 등)한다(즉, '상대적 잉여가치'의 생산). 이와 유사하게 자연의 '형식적 포섭'은 자본이 자연적 순환과 자연과정에 기술적으로 개입하지 않은 상태에서 자연과정을 단순하게 착취(예: 새로운 추출 장소 발견, 기계의 사용, 보존 체계 개발)하여 자연 기반 산업을 통해 상품을 생산하는 것을 말하는 반면, 자연의 '실질적 포섭'의 목적은 기술의 도움을 받아 생물학적 과정을 조작하여 자연을 '(재)창조'함으로써 자연이 '보다 더 열심히, 보다 더 빨리, 보다 더 우수하게 일하도록 만드는 것'(Boyd, Prudham and Schurman 2001: 564)이다. 자연의 실질적 포섭은 자연적 물질대사 순환을 근본적으로 바꾼다. 구체적인 예로는 성장호르몬, 합성비료, 살충제, 새로운 생물 기술, 유전자조작식품 GMOs, 생물의학 인공물 이식을 꼽을 수 있다. 이와 같은 방식으로 자본은 물질대사 균열의 한복판에서 새로운 시장을 열어젖힐 기회를 창조한다. 그 결과, 소작농과 농민은 농업 대기업이 제공하는 종자, 비료, 살충제 같은 상품에 점점 더 의존하게 된다. 자연의 실질적 포섭은 소작농과 농민이 지닌 전통 지식뿐 아니라 생산과정에서 갖는 자율성과 독립성도 박탈한다. 나아가, 운영과 물질의 산업화로 인해 사회적 평균의 수준에서 생산을 계속하는 데 필요한 자본의 최소량이 증가한다. 따라서 이와 같은 상품화는 농업 생산 영역에서 자본의 집중을 초래한다(*Capital* III: 359).

결국, 자연의 보편적인 물질대사가 자유롭게 연합된 생산자들에 의해 **질적으로** 상이한 방식으로 매개되지 않는 한, 물질대사 균열을 완벽하게 메우기란 불가능하다. 따라서 자본주의하에서는 균열을 끊임없이 전가해야 하고, 그것은 계속해서 새로운 문제를 초래한다. 이러한 모순은 물질대사 균열 전가의 두 번째 유형, 즉 **공간적 전가**에서 보다 더 분명하게 확인된다. 글로벌 북반구를 위해 도시와 시골의 적대를 전 지구적 규모로 확장하는 공간적 전가는 생태학적 부담을 다른 지역에서 생활하는 또 다른 사회집단으로 이동시켜 외부성을 유발한다. 마르크스는 다시 한번 이러한 쟁점을 19세기 핵심 자본주의 국가들의 토양 고갈과 관련하여 논의했다. 페루 해안에는 바닷새의 배설물(구아노)이 오랜 세월에 걸쳐 축적되어 형성된 '구아노 섬'들이 있었다. 전통적으로 선주민들은 (안데스 선주민의 언어인 케추아Quechua어로 농업용 비료를 의미하는) '구아노'를 거름으로 사용했다. 그리고 실제로 구아노에는 인산염과 질소 같은 무기질이 매우 풍부하다. 1802년, 연구를 위해 페루로 떠난 알렉산더 폰 훔볼트는 선주민들이 구아노를 거름으로 활용하는 모습을 본 뒤 유럽의 토양에서 구아노의 유효성을 시험했다. 구아노가 매우 효과적인 거름이라는 사실이 밝혀지면서, 구아노는 유럽과 미국 전역에서 최고의 천연 비료로 선풍적인 인기를 얻었다(Cushman 2013).

이러한 전가로 인해 농업 생산은 해당 지역에서 이루어지는 양분 순환과 차츰 분리되었다. 구아노를 대규모로 수입한 덕분에 자본주의 중심부에서는 도시화가 빠르게 진행되었다. 일상생활에서 생산의 자연적 조건이 사라지자 노동자는 자본가 및 토지 소유주의 자연 인식, 즉 자연은 인간이 자유롭게 착취할 수 있는 자원 보관소라는 발상에 가까운 자연 인식을 공유하게 되었다. 마르크스는 영국인들 사이에 새로운 상식으로 자리 잡은 풍조, 즉 영국의 풍요로움을 위해 생산 조건을 다른 어딘가로 이전하는 풍조에 대해 이렇게 썼다.

농업은 더 이상 자연적 및 자발적으로 생겨나 손쉽게 사용할 수 있는 생산의 자연적인 조건을 그 자체 내에서 찾지 못한다. 이러한 생산의 자연적인 조건은 농업과 분리된 독자적인 산업으로 존재한다. 그리고 이러한 분리로 인해 이러한 산업의 바탕을 이루는 복잡한 상호연결성 전체가 농업 생산의 조건이라는 영역으로 끌려 들어간다. … 모든 산업의 기초로부터 자연적 토대를 분리하고 그것의 생산 조건을 외부로 이전하여 일반적인 맥락으로 전환하는 것, 그에 따라 이전에는 불필요했던 것을 역사적으로 창조된 필요로 전환하는 것이 자본의 경향이다. 모든 산업의 일반적인 기초는 일반적인 교환 그 자체, 세계 시장, 그에 따라 그것을 구성하는 활동, 교류, 필요 등의 총체가 된다. (*Grundrisse*: 527-528)

자본주의적 발전 과정에서 '사치품'으로 간주되곤 했던 것, 즉 '자연적으로 필요하지' 않은 것(*Grundrisse*: 527)은 이제 '필요한 것'이 된다. 이러한 기호의 변화는 노동계급에서도 발생한다. 생산의 물질적 조건을 외부화함으로써 글로벌 북반구의 노동계급은 글로벌 남반구의 민중을 착취하고 새로운 사치품을 취한다. 바로 이것이 자본주의 중심부의 '제국주의적 생활양식'이 사회 전반으로 확산되는 방식이다(Brand and Wissen 2021). 생태학적 균열을 끊임없이 전가하여 자본주의 중심부에서 눈에 띄지 않게 만듦으로써 글로벌 북반구의 광범위한 사회집단들은 현재의 자본주의적 사회질서를 매력적이고 편안한 것으로 인식한다. 일반적으로 글로벌 북반구 사회들은 공간적인 전가에 동의하면서 그 실제 비용을 글로벌 남반구에 자리 잡은 다른 사회집단에게 떠넘긴다.

구아노는 19세기 유럽의 토양 비옥도를 지탱하는 데 '꼭 필요한 것'이 되었다. 유럽인들이 구아노 수백만 톤을 채취하여 유럽으로 반출하면서 구아노는 급속하게 고갈되었다. 채굴주의하에서 선주민들은 잔인하게 짓밟혔고, 중국인 '쿨리' 수천 명은 가혹한 노동조건 속에서 심각한 착취에 시달렸다. 구아노가 고갈되면서 얼마 남지 않은 구아노를 차지하기 위한 싸움인 구아노 전쟁Guano War(1865-1866)과 초석 전쟁Saltpetre War(1879-1884)이 일어났다. 존 벨라미 포스터와 브렛 클락(2009)이 주장한 것처럼 글로벌 북반구가 찾아낸 이와 같은 해결책은 '생태제국주의'로 귀결되었다. 생태제국주의는 균열을 주변부로 전가하고 임박한 폭력을 중심부에서 눈에 띄지 않게 만들었다. 그럼에도 불구하고, 양분 순환 교란과 물질대사 균열은 전 지구를 아우르는 장거리 무역을 통해 심화되어만 갔다.

생태제국주의하에서 무료 에너지와 무료 물질은 '생태적으로 불평등하게 교환'된다(Hornborg 2012). 생태제국주의의 영향을 완전하게 드러내지는 못하지만, 가치의 불평등한 교환은 자본 축적 과정에 필수적이다. 중심부는 보다 많은 부를 축적하고 보다 더 풍요로워지는 반면, 주변부는 저개발 상태에서 벗어나지 못하거나 훨씬 더 빈곤해진다. 자원 고갈, 노예가 입은 신체 부상, 환경오염 같은 균열의 부정적인 결과는 자원이 끊임없이 추출되어 중심부로 반출되는 주변부에서 불균등하게 출현한다(Martinez-Alier 2002: 213).[22] 바로 이것이 자본주의 체제가 공간적 전가를 통해 세계 전체를 조직하는 전형적인 방식이다.[23]

---

22 이것은 '네덜란드 오류(Netherlands fallacy)'의 원인이다. 기술이 발전하기만 하면 환경오염 문제가 해결될 것이라고 주장하는(Ehrlich and Ehrlich 1990: 39) 네덜란드 오류는 물질대사 균열이 초래한 부정적인 영향의 끊임없는 공간적 외부화를 무시한 결과이다. 이와 동시에, 불평등한 교환은 공간과 시간을 전유한다. 면화를 수입함으로써 다른 장소의 시간과 공간을 소비하여 중심부의 공간과 시간을 절약할 수 있다. 알프 호른보리(Alf Hornborg 2006[2016])는 이를 '시공간 전유'라고 부른다.

23 오늘날의 전 지구적 자본주의하에서 생태적 불평등 교환은 다양한 형태로 나타난다. 기후 위기의 필수적인 해결책으로 제시되는 태양광 패널과 전기차와 관련된 배터리 기술의 경우 특히 희귀 금속을 필요로 한다는 점에서 자원 집약적이다. 리튬의 최대 매장지는 안데스 고원이다. 따라서 칠레

물질대사 전가의 세 번째 차원은 **시간적 전가**이다. 자연의 시간과 자본의 시간이 일치하지 않더라도 생태학적 재앙이 곧바로 초래되는 것은 아니다. 자연은 '탄력적'이기 때문에 자연의 한계는 불변이 아니라 크게 달라질 수 있다(Akashi 2016). 기후 위기는 이러한 물질대사 전가의 전형적 사례이다. 화석연료의 과도한 사용으로 인한 대규모 이산화탄소 배출은 분명 기후변화의 원인이다. 그러나 온실가스 배출이 그 즉시 기후 붕괴로 구체화되는 것은 아니다. 자본은 이러한 시차를 통해 확보한 기회를 이용하여 이전에 투자한 시추장비와 수송관에서 보다 더 많은 이윤을 확보한다. 자본은 현재 주주의 목소리는 반영하지만 미래 세대의 목소리는 반영하지 않음으로써 그 비용을 미래 세대에게 전가한다. 그 결과, 미래 세대는 자기에게 책임이 없는 행위가 유발한 결과에 시달리게 된다. 마르크스는 자본주의적 발전에 내재하는 이와 같은 특징을 "나중에 홍수가 나든 말든!Après moi le déluge!"(*Capital* I: 381)이라는 격언으로 표현했다.

시간적 전가는 시차를 유발한다. 그로 인해 사람들은 장차 새롭고

는 두 번째로 큰 리튬 수출국이 되었다. 칠레의 모든 리튬은 아타카마 소금 평원(Salar de Atacama)에서 채굴된다. 리튬은 장기간에 걸쳐 소금물에만 응축되기 때문에 소금 평원같이 광활하고 건조한 장소에만 존재한다. 따라서 리튬은 아타카마 소금 평원 아래에서 소금물을 추출하고 그 물을 증발시켜 리튬을 더욱 농축시키는 방식으로 채굴된다. 이와 같은 상황에서 소금물의 과잉 추출이 이 지역을 훨씬 더 건조하게 만들고 생태계마저 저하시키리라는 것이 불 보듯 뻔하다. 그로 인해 브라인 쉬림프를 먹이로 삼는 안데스 플라밍고가 위험해지기 때문이다. 나아가, 지하수면의 수위가 저하되어 안타카메뇨(Antacameño) 선주민 공동체가 담수에 접근하기 어려워질 것이다(Aronoff et al 2019: 148-149). 아타카마 소금 평원에서 이루어지는 구리 채굴 역시 담수를 대규모로 추출하는 과정에서 선주민의 담수 접근성을 악화시킨다. 어이없게도, 글로벌 북반구의 녹색화는 오히려 글로벌 남반구의 리튬, 코발트, 니켈, 구리의 강탈 채굴 과정을 강화한다(Arboleda 2020).

획기적인 기술이 발명되어 생태 위기에 대응할 수 있으리라는 희망을 품게 된다. 사실, 이산화탄소 배출을 과도하게 감축하여 경제에 악영향을 미치는 것보다 계속해서 경제를 성장시켜 기술 발전을 촉진하는 것이 보다 더 낫다고 생각할 수도 있다(Nordhaus 1991). 그러나 탄소 포집 및 저장CCS과 같은 새로운 배출 저감 기술이 발명된다 하더라도, 그것이 사회 전반으로 확산되어 낡은 기술을 대체하기까지는 오랜 시간이 소요될 것이다. 그동안 우리는 아무런 조치를 취하지 않을 것이고 그 결과, 새로운 기술이 가져다줄 것으로 기대했던 효과는 상쇄될 것이다. 배리 카머너는 1970년대에 이미 살충제와 관련하여 '모든 경우에서 새로운 기술이 경제적 재화가 환경에 미치는 영향을 악화시켰다'라고 주장한 바 있는데(Commoner 1971: 153), 화석연료에도 동일한 논리를 적용할 수 있다. 나아가, 기술적 해결책 덕분에 현재의 생활방식을 변경하지 않아도 되므로, 사람들은 기술적 해결책을 매력적인 해결책이라고 생각한다. 이런 경우, 새로운 기술에 대한 희망은 모순을 미래로 전가하여 화석연료의 추가적인 사용을 정당화하는 이데올로기로 기능한다. 따라서 메자로스는 기술 관료적 낙관론에 맞서 "마지막으로, '종국에는 과학과 기술이 우리의 모든 문제를 해결해 줄 것'이라는 말은 마법을 신봉하는 것보다 훨씬 더 나쁘다"(Mészáros 2014: 29)라고 경고했다.

V. 로자 룩셈부르크의 물질대사론과 그것의 망각

자본주의의 역사가 입증하는 것처럼, 물질대사 균열을 전가하는 자본의 탄력적인 힘은 매우 놀랍다. 빌 맥키번은 자본주의와 생태학적 재앙의 역사적 동학을 다음과 같이 정립했다. '화석연료를 활용할 가능성의 감소가 우리가 직면한 유일한 한계는 아니다. 사실, 그것은 가장 중요한 것도 못 된다. 석유가 고갈되기 전에 지구가 먼저 고갈될 수 있기 때문이다'(McKibben 2007: 18). 그 이유는 생태 위기의 한복판에서도 자본이 '기후변화 쇼크 독트린'(Klein 2019: 36)을 실현하기 위한 새로운 기회를 끊임없이 발굴하고, 생태 위기의 부정적인 결과를 글로벌 남반구라는 개수대에 아무 때나 전가하여 마음껏 외부화할 수 있기 때문이다. 이와 같은 방식으로, 글로벌 남반구는 부정적인 결과에 이중으로 시달린다. 생태제국주의하에서 글로벌 남반구는 자연과 노동력을 약탈당했고, 이제는 생태 위기에 가장 먼저 노출된다. 슈테판 레세니히(Stephan Lessenich 2018: 166)가 주장하는 것처럼, 전 지구적 생태 위기의 시대는 더 이상 물리적인 폭우와 홍수에, 또는 난민의 물결과 이민의 파도에 휩쓸리지 않을 시간을 벌 수 없는 시대이다. 따라서 '나중에 홍수가 나든 말든!'이라는 자본주의의 격언은 전 지구적 생태 위기의 시대를 맞이하여 '우리 곁에 홍수가!'로 변한다. 바로 이것이 풍요로운 글로벌 북반구에 만연한 '외부화 사회'의 본질이다.

로자 룩셈부르크는 마르크스주의 전통에서 '물질대사' 개념을 발전시켜 자본주의 중심부와 비자본주의 주변부의 불평등한 관계를 자본 축적에 필수적인 조건으로 개념화하려고 시도했다. 『자본의 축적』에서 룩셈부르크는 자본주의 사회의 발전이 비자본주의 사회에 미치는 파괴적인 영향에 대해 비판하면서, 자본주의는 비자본주의 환경에서 탄생한 것이나 다름없다고 주장했다. 다시 말해, 자본주의는 애초부터 노예의 노동력과 자연 자원을 단순히 저렴한 정도가 아니라 아예 **무료**로 중심부에 제공하는 불평등한 교환에 의존해 온 것이다.

　룩셈부르크의 관점에서 볼 때, 마르크스는 영국 자본주의가 비자본주의 사회로부터의 추출에 깊이 의존하고 있다는 점에 충분히 주목하지 않은 채, 영국 자본주의를 마치 독자적인 실체, 즉 그 안에서 자본이 스스로를 재생산할 수 있는 실체인 것처럼 다루었다. 따라서 『자본』 2권에 수록된 마르크스의 자본 재생산론을 비판하면서 본인의 테제를 정립한 룩셈부르크의 주장에 주목해 봄 직하다.

　　따라서 축적이 진행될 수 있는 한, 확대재생산이라는 마르크스주의적 도식은 축적의 조건에 조응하지 않는다. 즉, 이 도식에서 공식화한 것처럼 … 축적은 사회적 생산의 두 가지 거대한 부문 사이의 고정적이고 상호적인 관계와 종속성에서 도출될 수 없다. 축적은 자본주의 경제의 여러 부문들 사이의 한낱 내부적인 관계가 아니다. 즉, 그것은 무엇보다 자본과 비자본주의 환경의 관계이다. 그 관계하에서 생산의 두 가지 거대한 부문은, 각자의 운동이 매 순간 나머지 부문과 교차하고 뒤얽혀 있음에도 불구하고 독자적으로, 부분적으로는 스스로의 힘으로 축적 과정을 진행할 수 있다. (Luxemburg [1913] 2015: 303)

그렇지만 룩셈부르크는 노동력과 자연 자원이 주변부에서 중심부로 불평등하게 운반되는 과정을 더욱 깊이 묘사하는 과정에서 마르크스의 물질대사 개념을 이어받는다. 여기에서 룩셈부르크가 마르크스가 『자본』에서 사용한 '사회적 물질대사' 개념의 영향을 받았음을 분명하게 확인할 수 있다.

> 자본주의가 비자본주의적 구성체를 바탕으로 연명한다는 것은 사실이다. 그러나 보다 정확하게 말하면 자본주의는 비자본주의적 구성체를 망침으로써 연명한다. 다시 말해, 비자본주의 환경은 비옥한 토양을 제공한다는 측면에서 자본주의적 축적에 없어서는 안 되는 것이지만, 자본주의적 축적은 사실상 이러한 환경을 희생하고 그것을 끊임없이 집어삼키면서 진행된다. 역사적으로 **자본의 축적은 자본주의적 생산양식과 자본주의 이전 생산양식 사이에 발생하는 물질대사 과정이다.** 자본의 축적은 자본주의 이전 생산양식 없이는 진행될 수 없다. 바로 이와 같은 측면에서 축적은 자본에 의해 차츰 집어삼켜져 동화된 자본주의 이전 생산양식으로 구성된다. 따라서 자본 축적은 비자본주의적 구성체 없이는 존재할 수 없는 반면 비자본주의적 구성체는 자본 축적과 더불어 존재할 수 있다. 자본 축적은 오직 이러한 비자본주의적 구성체가 끊임없이 그리고 점진적으로 침식되는 경우에만 진행된다. (Luxemburg [1913] 2015: 302; 강조는 추가)

'물질대사'라는 용어를 사용했다는 것은 국제적 수준에서 심각한 물질대사 균열이 출현했다는 것을 룩셈부르크가 이해하고 있었음을 시사한다. 그토록 폭력적인 축적 과정의 문제는 불평등한 가치 교환을 통한 가치 이전에 대한 것도, 심각한 노동 착취에 대한 것도 아니다. 기본적으로 축적은 생태적으로 불평등한 교환을 통해 노동력, 에너지, 자원을 수탈하는 과정이다(Moore 2000: 138). 여기서 노예, 선주민, 여성과 같은 특정 인간 집단이 수행하는 노동은 '자본'에게 '무료 선물'로서 제공되고 착취된다. 이 불평등한 이전은 자본주의적 생산을 구성하는 구성 요소이다. 따라서 자본은 비자본주의 환경에 대한 착취와 수탈을 멈추기는커녕 오히려 강화한다. '자본은 지구 전체를 그 어느 때보다 더 완벽하게 처리하고, 질과 양 모두에서 무제한적인 생산수단을 획득하여 자신이 실현해 온 잉여가치를 생산적으로 활용할 필요가 있다'(Luxemburg [1913] 2015: 258).

룩셈부르크는 자본이 글로벌 남반구와의 불평등한 교환에 의존한다는 점에서 자본의 절대적인 한계를 발견했다. 자본주의는 보편적 체계가 되려고 애쓰지만, 근본적으로 비자본주의 체계에 의존하는 한 보편적 체계가 될 수 없다. 외부성의 고갈은 외부화 사회에 치명적이기 때문에, 보편적 체계가 되는 순간 자본주의는 붕괴할 수밖에 없다.

자본주의는 전파력을 지닌 최초의 경제 형태이다. 자본주의는 전 지구로 확장하면서 다른 모든 경제 형태를 근절하는 경향을 보인다. 자본주의는 그 어떤 것도 자신과 더불어 존재하는 것을 용납하지 않는다. 그러나 또한 자본주의는 자신의 환경 및 자신의 매개로서 기능하는 다른 경제 형태 없이는 홀로 존재할 수 없는 최초의 경제 형태이다. 따라서 자본주의는 보편적 형태로 발돋움하려는 경향과 본질적으로 보편적 생산 형태가 될 수 없는 현실 속에서 산산조각난다. (Luxemburg [1913] 2015: 341)

자본은 확장할 수밖에 없으므로, 확장 경향을 방해하는 규제의 침범을 용납할 수 없다. 그러나 그로 인해 종국에는 그 모순만 증가할 뿐이다.

어떤 의미에서, 인류세는 자본 축적의 전제조건으로서의 외부성이 고갈된 시대를 나타낸다. 브릭스 국가들이 급속하게 발전함에 따라 강탈과 외부화를 위한 경쟁은 보다 더 심화된다. 문제는 단순히 더 이상 저렴한 자연을 활용할 수 없다는 데 있지 않다. 외부화를 위한 공간이 감소하고 기후 위기가 폭염, 산불, 초대형 태풍에 영향을 미침에 따라 한때 모호했던 물질대사 균열이 심지어 글로벌 북반구에서조차 점점 더 가시화된다는 것이 문제이다. 이에 대해 이매뉴얼 월러스틴(Immanuel Wallerstein 2013: 23)은 '외부화가 정상적이었던 시절은 먼 옛날의 기억'이라고 인정한 바 있다. 월러스틴은 종말의 위기에 처해 있는 자본주의 체계가 이제 '분기'점, 즉 '생태 저하 쟁점이 ⋯ 이러한 논쟁의 중심이 되면서'(Wallerstein 1999: 10) 새로운 체계가 낡은 체계를 대체하는 지점에 다가가고 있음에 주목했다.[24] '제국주의적 생활양식'이 보편화될 수 없다는 사실이 점점 더 가시화되어 가는 오늘날의 상황은 자본주의에 치명적이다. 자본주의의 모순은 '한낱 생존이라는 기본적인 명령'(Mészáros

---

24 그러나 월러스틴의 세계체제론이 생태학적 차원에 그다지 주목하지 않은 반면 무어(2000)는 세계-생태론을 물질대사 균열론으로 종합하여 [옮긴이: 이 문제에] 현저하게 기여했다.

2012: 34)을 심각하게 방해한다. 따라서 인류세 시대에 인간은 자본주의적 사회통제의 정당성과 유효성을 되짚어 볼 수밖에 없게 되었다.

마르크스의 본원적 축적론을 확장하려는 의도에서 출발했지만, 룩셈부르크는 마르크스가 서구 자본주의에만 주목했다고 **비판하면서** 본인의 물질대사론을 정립하게 되었다. 그러나 『자본』 1권의 본원적 축적을 다룬 장의 한 구절에서 마르크스는 자본주의 주변부에서 이루어지는 파괴적인 과정을 자본주의 형성에 필수적인 구성 요소로 분명하게 언급한다.

> 아메리카에서 금과 은의 발견, 그 대륙 선주민의 절멸, 노예화, 광산에 매장, 인도 정복과 약탈의 시작, 아프리카를 상업적 흑인 사냥 전용 구역으로 전환한 일. 이 모두가 자본주의적 생산의 여명기에 일어났다. 이러한 목가적인 행위들이야말로 본원적 축적의 주요 순간이다. (*Capital* I: 915)

물론 이것은 그저 하나의 짧은 구절에 불과하다. 룩셈부르크는 이 구절을 인지하고 있었음에도 마르크스를 비판했다. '그러나 우리는 이 모든 것이 오로지 이른바 본원적 축적이라는 관점에서만 논의되고 있다는 점을 명심해야만 한다. 마르크스에게 이러한 과정은 한낱 자본의 기원, 즉 자본이 세계에 처음으로 모습을 드러내던 순간에 부수적으로 나타난 것이다. 즉, 이러한 과정은, 말하자면, 봉건 사회로부터 자본주의적 생산양식이 출현하는 과정에서 겪게 되는 진통에 불과하다'(Luxemburg [1913] 2015: 345). 다시 말해 룩셈부르크는 이러한 역사적 순서에 따라 확립된 자본주의를 마르크스가 자기충족적 체계로 취급했다고 비판했던 것이다. 그러나 6장에서 논의하는 것처럼, 마르크스는 1867년 『자본』 1권을 **출판한 이후** 자본주의 이전 사회와 비서구 사회를 집중적으로 연구하면서 이 점을 비판적으로 성찰했다. 그 결과 1870년대 이후 마르크스는 자본주의에 대한 본인의 기존 이해를 변경했고, 코뮤니즘으로 가는 경로를 전혀 다른 방식으로 그려 보게 되었다.

그렇지만 마르크스는 러시아어판 『공산당 선언』 서문(공저)에서 이러한 문제를 짧게 언급한 것을 제외하고는 살아생전에 본인의 새로운 발상을 정교화하지 못했다. 이러한 상황을 감안할 때, 마르크스가 서구 자본주의에만 편협하게 주목했다는 측면을 짚으면서 마르크스의 자본 축적론을 비판했던 룩셈부르크의 주장에는 타당성이 있다. 따라서 룩셈부르크가 물질대사 개념을 전개한 것을 계기로 『자본』에 이미 내재하고 있었던 이론적 가능성을 발전시키고 확장할 가능성도 있었을 터였지만, 안타깝게도 그의 마르크스 비판은 제2인터내셔널에서 뜨거운 논쟁을 촉발하면서 마르크스 물질대사론의 발전을 저해하는 방향으로 흘러가게 되었다. 그러나 마르크스주의의 역사에서 물질대사 개념을 등한시하는 풍조가 나타난 데는 보다 더 깊은 이론적 이유가 있다. 물질대사 개념을 등한시하려는 유혹에 빠져 마르크스의 생태학적 자본주의 비판을 문제시하는 풍조는 제2인터내셔널 **이전**에 이미 나타났는데, 그 기원은 엥겔스까지 거슬러 올라간다.[25] 엥겔스는 마르크스

---

25 이렇게 비판한다고 해서 엥겔스, 카우츠키, 리프크네히트가 생태학에 관심을 가지지 않았다는 말은 아니다. 나는 그들이 마르크스의 물질대사 개념을 바탕으로 생태학적 문제를 체계적으로 정교화하지 않았다는 점을 짚어 보고 싶었다. 그들의 텍스트로 인해 마르크스가 환경 파괴 쟁점에 대해서는 '산발적'으로만 관심을 보인 인물이라는 인상이 남게 되었기 때문이다.

가 자연과학 문제와 비서구 사회에 대한 문제를 진지하게 집중적으로 연구했다는 사실을 분명하게 인지하고 있었지만, 그 점을 부각하지 않았다. 이것은 엥겔스의 이해와 마르크스의 물질대사론이 긴장 관계에 있었음을 시사한다. 따라서 마르크스의 물질대사 개념이 그토록 오랫동안 외면당해 온 이유를 이해하기 위해 마르크스와 엥겔스의 지적 관계를 생태학적 시각에서 재조사해 볼 필요가 있다.

2
생태학적 시각에서 다시 고찰한
마르크스와 엥겔스의 지적 관계*

앞 장에서 살펴본 것처럼, 많은 비평가들이 마르크스의 '프로메테우스주의'를 비난해 왔다. 그리고 심지어 자칭 마르크스주의자들조차도 마르크스의 생산지상주의는 환경주의와 양립할 수 없다고 결론 내렸다. 그러나 신자유주의적 세계화 아래 생태 위기가 심화되면서 자본주의가 생태계에 미치는 파괴적인 영향을 비판적으로 탐구해야 할 필요성이 훨씬 더 시급해졌다. 이러한 맥락에서 오늘날 마르크스의 생태학을 재발견한 다양한 생태사회주의자들은 '물질대사 균열' 개념을 사용하여 자본주의적 생산하에서 일어나는 환경 저하를 분석한다. 그 결과, 생태학은 21세기에 마르크스 『자본』의 유산을 확장하는 핵심 분야 가운데 하나가 되었다. 그러나 일부 마르크스주의자들은 마르크스의 생태학을 '종말론적'이라고 폄하하면서 그 잠재력을 여전히 인정하려 들지 않는다(Harvey 1996: 194). 특히, 폭넓은 의미에서의 '서구 마르크스주의'는 마

---

* 2장은 「마르크스와 엥겔스: 생태학적 시각에서 지적 관계의 재고찰(Marx and Engels: The Intellectual Relationship Revisited from an Ecological Perspective)」, in *Marx's Capital after 150 Years Critique and Alternative to Capitalism*, ed. Marcello Musto (London: Routledge, 2020), 167-183을 토대로 한다. 이 책에 수록하기 위해 상당한 수정, 확대, 개정을 거쳤고 허락하에 게재한다.

르크스의 생태사회주의 기획을 자본주의에 대한 대안으로 인정하지 않는다. 예를 들어 『불온한 산책자*Examined Life*』에 수록된 인터뷰를 보면 슬라보예 지젝은 어이없게도 마르크스의 유명한 언명을 재정립하여 생태학이 '민중의 새로운 아편'(Žižek 2009: 158)이라고 주장한다. 알랭 바디우 (Alain Badiou 2008: 139) 또한 완전히 동일하게 판단한다.

마르크스와 엥겔스의 '지적 관계'를 중심으로 하는 해묵은 문제(Carver 1983), 즉 사회주의를 창시한 두 사람의 공통점과 차이점의 문제로 거슬러 올라가 보면, 마르크스의 생태학을 부인하는 이유 가운데 하나를 확인할 수 있다. 루카치가 창시한 서구 마르크스주의가 자연과학을 엥겔스의 전문 영역으로 간주했다는 사실은 잘 알려져 있다. 그 사실을 마르크스의 "'자연과의 물질대사'라는 유명한 표현뿐 아니라 생산성이 완성되는 '자연' 개념 역시 충분히 발전되지 않았다"(Adomo 1974: 268)라고 주장한 아도르노의 논평에서도 확인할 수 있다. 자연과학에 대한 마르크스의 광범위한 연구를 외면하고 '물질대사'라는 마르크스의 핵심 개념을 등한시한 탓에, 인류세 시대에 접어든 오늘날 서구 마르크스주의는 딜레마에 직면해 있다. 서구 마르크스주의가 생태 저하에 대한 마르크스주의적 비판을 발전시켜 나갈 수 있으려면 마르크스의 사회철학과 관련하여 과거 본인들이 내놓은 해석이 편파적이라는 점을 인정해야 할 터였다. 하지만 그들은 본인들의 이론적 일관성을 유지하기 위해 마르크스 생태학의 가능성을 부인해 왔다.

아도르노, 지젝, 바디우와 달리 존 벨라미 포스터(2000)와 폴 버켓 (1999)은 마르크스와 엥겔스의 지적 관계에 대해 보다 유용한 접근법을 채택했다. 두 사람은 마르크스가 자연과학 연구에 몰두했다는 점에 주목할 뿐 아니라 마르크스의 방법론적 뼈대 구조를 효과적으로 사용하여 현재의 환경적 쟁점을 분석함으로써 오늘날의 세계와 마르크스 생태학의 관련성을 입증한다.

포스터와 버켓의 생태학적 자본주의 비판은 생태학에 대한 마르크스와 엥겔스의 견해에는 유의미한 차이점이 없다는 주장을 바탕으로 발전되었다. 예를 들어 버켓은 다음과 같이 주장한다.

> 마르크스와 엥겔스의 실질적인 차이점에 관한 문제가 가끔은 심각할 정도로 과대평가되어 왔다고 생각한다. … 연구하는 동안 나는 자연적 조건에 대한 마르크스와 엥겔스 각자의 유물론적 논의 및 계급-관계적 논의에서 **유의미한 차이점을 단 하나도 발견하지 못했고**, 바로 이것이 여기서 결정적인 쟁점이다. (Burkett 1999: 9; 강조는 추가)

포스터와 버켓이 유물론을 토대로 전개된 마르크스(와 엥겔스)의 생태학이 마르크스 정치경제학 일반에 대한 비판에 필수적이라는 점을 매우 설득력 있게 제시해 왔을 뿐 아니라 마르크스주의 경제학이 정치생태학에 고유하게 기여한 점을 부각하면서 생태경제학과 의미 있게 교류해 왔다는 점은 부인할 수 없다(Burkett 2006). 그러나 이러한 엄청난 성공에도 불구하고, 정치경제학에 대한 (포스터와 버켓은 딱히 부인하지 않은¹) 마르

---

1   예를 들어 포스터와 버켓(2016: 10)은 다음과 같이 쓴다.

마르크스의 그늘에 가려지곤 했지만, 엥겔스의 기여 역시 출중하고 탁월했다. 두 사상가가 동일

크스와 엥겔스의 이론적 차이점이 생태학이라는 쟁점에서도 상이한 관점으로 귀결되었는지의 문제는 여전히 남아 있는 형편이다.

이번 장에서는 이전의 문헌에 '종합적'으로 접근할 것을 제안한다. 이 장의 목적은 서구 마르크스주의가 무시해 온 마르크스의 자연과학 연구에 주목함으로써 생태학적 자본주의 비판에서 (포스터와 버켓은 인정하지 않은) 마르크스와 엥겔스의 **차이점**을 드러내는 것이다. 이번 장은 마르크스와 엥겔스가 협업을 통해 공통의 이해를 가지고 있었다는 전제하에 *MEGA*를 통해 출판된 새로운 자료, 즉 이전 문헌에서는 고려하지 않았던 자료를 토대로 『자본』을 분석한다.[2] I절에서는 마르크스와 엥겔스가 지적 노동을 분업하게 된 배경을 드러냄으로써 두 사람 모두 자연과학에 큰 관심을 가졌지만, 관심을 가진 이유는 매우 상이했다는 점을 명확하게 확인할 것이다. 이러한 사실은 리비히의 물질대사론에 대한 엥겔스의 비판에서도 분명하게 확인할 수 있다. 리비히를 비판함으로써 엥겔스는 1860년대에 리비히의 '물질대사' 개념을 중심으로 마르크스가 빠르게 발전시킨 방법론을 완벽하게 이해하지 못하게 되었고(II절), 그로 인해 마르크스의 생태학은 드러날 수 없게 되었다(III절). 계보학적 관점에서 볼 때, 엥겔스는 자연 변증법에 대한 영향력 있는 기획을 전개

인물이 아니므로 서로 구별되는 것이 마땅하지만, 최근 서구 마르크스주의 일각에서 흔하게 보이듯 이 둘을 완전히 분리하려는 시도는 이 책의 관점에서 볼 때 자멸적인 오판일 따름이다. 생태학적 자본주의 비판과 관련해서는 두 사상가 모두 주요 기여자였다.

2   포스터와 버켓은 마르크스의 연구 노트를 자주 언급하지만, 그가 연구 노트를 작성한 연도나 연구 노트의 실제 내용에는 주목하지 않는다. 그러나 나는 마르크스의 이론 발전 과정을 드러내 준다는 점에서 연구 노트의 작성 연도가 중요하다는 점을 부각할 것이다.

하여 마르크스의 물질대사론을 등한시하는 풍조가 등장하는 데도 기여했다. 그러나 이 은폐된 마르크스의 정치경제학 방법론이야말로 인류세 시대에 『자본』이라는 마르크스의 미완성 기획을 발전시키는 데 필요한 이론적 방향을 시사한다(IV절).

I. 지적 노동 분업?

앞 장에서 살펴본 것처럼 마르크스의 생태학은 그의 『자본』이 지닌 미완성이라는 특징 때문에 매우 오랫동안 외면받아 왔다. 마르크스의 수고들과 연구 노트들이 먼지를 뒤집어쓴 채 기록보관소 두 곳, 즉 모스크바의 러시아 국립사회정치사기록보관소Russian State Archive of Socio-Political History와 암스테르담의 국제사회사연구소International Institute of Social History 기록보관소에 처박혀 있었던 탓에, 심지어 학자들조차 *MEGA*를 통해 출판된 최근에 와서야 마르크스의 수고들과 연구 노트들의 존재를 인지하게 되었기 때문이다. 그러나 20세기에 마르크스의 생태학적 자본주의 비판을 등한시하는 풍조가 등장하는 데 기여한 또 다른 요인은 마르크스주의 전통 내부에서 찾을 수 있다. 마르크스의 생태학적 자본주의 비판이 외면당한 이유는 '전통적 마르크스주의'가 마르크스의 역사 유물론을 노동계급이 인류사와 자연사를 모두 아우르는 우주의 진리를 이해할 수 있도록 지원하는 폐쇄적인 변증법적 체계로 취급했기 때문이다. 이러한 거대 이데올로기적 장치는 경쟁 관계였던 오이겐 뒤링과 페르디

난트 라살 같은 사회주의자들에 대항하기 위해 대규모 노동자들을 마르크스주의로 끌어들이는 데 필요했다. 다시 말해서 전통적 마르크스주의자들은 노동자에게 프롤레타리아적 '세계관Weltanschauung'을 제공하여 그들에게 동질감을 부여하고, 사회주의 운동에 동참하도록 유도하려고 했다(Heinrich 2012: 24-25). 그 과정에서 마르크스의 원래 기획은 다양한 방식으로 왜곡되고 말았다.[3]

전통적 마르크스주의자들은 마르크스의 경제학 수고들에 충분히 주의를 기울이지 않았고, 마르크스의 연구 노트에는 더더욱 주의를 기울이지 않았다. 이러한 자료들로 인해『자본』이 지닌 미완성이라는 특징이 드러날까 우려했기 때문이다. 그 대신, 전통적 마르크스주의자들은 그저 엥겔스가 편집한『자본』에만 집중하여, 그것을 노동계급의 착취를 폭로하고 경제 위기의 필연성과 사회주의 혁명의 필연성을 입증하는 마르크스 정치경제학 체계의 이론적 기초로 삼았다. 심지어 그들은 이미 출판된 마르크스의 저술에서 그가 자연의 존재론적 지위에 대해 거의 언급하지 않았다는 사실을 인정하면서도, [옮긴이: 그 문제에는 더 이상 관심을 기울이지 않은 채] 엥겔스의『자연 변증법』과『반뒤링론』에만 오롯이 의지하여 본인들의 유물론을 우주 전체로 확장하려고 했다. 즉, 그들은 마르크스와 엥겔스가 지적으로 협업했을 것이라는 추정을 바탕으로 마르크스와 엥겔스의 차이를 지워 버렸다.

---

3   미하엘 하인리히(Michael Heinrich 2012: 24)가 주장하는 것처럼, 마르크스주의를 프롤레타리아적 세계관으로 확립하려는 이러한 시도는 독일에서 오이겐 뒤링의 영향력 증가에 직면했던 엥겔스로부터 시작되었다. 이와 같은 의미에서 보면 분명 엥겔스는 마르크스 사상의 체계적 특징을 강조하고 그것을 단순화하여 노동계급 민중에게 납득시킬 만한 정치적 이해관계를 가지고 있었다.

그러나 여기에는 명확한 문제가 있었다. 전통적 마르크스주의자들은 마르크스가 자연 변증법에 대해 체계적으로 기술하지 않았다는 점을 부인할 수 없었다. 게다가 마르크스의 원래 저술에는 마르크스의 변증법적 유물론이라는 보편적 체계가 존재하지 않았다. 따라서 그들은 마르크스의 텍스트에 주석을 덧붙이고 심지어 불편한 것은 **누락**시키는 방식으로 수고들을 편집함으로써 이러한 체계를 세심하게 재구성해야만 했다. 마르크스의 체계가 지닌 미완성이라는 특징이 드러나거나 본인들의 세계관과 양립할 수 없는 새로운 측면이 드러날 것을 우려한 전통적 마르크스주의자들은 출판해도 되는 것과 출판되어서는 안 되는 것을 신중하게 선택했다.[4] 그들은 양립할 수 없는 것을 등한시하거나 심지어 은폐했다. 그랬음에도 2012년, 마침내 마르크스가 『자본』을 집필하기 위해 작성했던 경제학 수고들이 *MEGA*를 통해 완벽하게 출판되었다.[5] 이번 장에서는 *MEGA*를 바탕으로 수고들과 연구 노트들, 특히 마르크스의

4　예를 들어 첫 번째 *MEGA¹*의 일부로 1932년에 출판된 이른바 『1844 경제학 철학 수고』는 소련 마르크스주의에 대한 '인간주의적' 비판을 이끌었다. 마르크스가 이 텍스트를 출판할 계획이 사실상 없었음에도 러시아인들이 이 텍스트 묶음을 '수고들'로 취급하면서 이 텍스트의 일반 구조에 체계적인 특징을 부여하려고 시도했다는 점 또한 주목할 만하다. 위르겐 로얀(Jürgen Rojahn 2002)이 보여준 것처럼, 오히려 이 텍스트는 마르크스가 정치경제학을 연구하는 과정에서 자연스럽게 생산된 것이다.

5　그러나 일부 마르크스주의자들(예: 하인리히[2013]; 오타니[2013])을 제외하면, 심지어 오늘날에조차 마르크스주의 학자들은 마르크스가 『자본』을 집필하기 위해 작성했던 경제학 수고들에 주목하지 않는다. 어떤 의미에서, 그들의 입장은 전통적 마르크스주의자들의 입장에 가깝다. 마르크스가 1864년에서 1865년에 작성한 수고, 즉 『자본』 3권을 집필하기 위해 작성했던 주요 수고의 영역본이 2015년에 출판(Marx[2015])되었지만, 이 영역본의 서론에서 프레드 모슬리(Fred Mosely 2015: 41)는 이 수고들과 엥겔스가 편집한 『자본』 사이에는 몇 가지를 제외하고는 중요한 차이가 없다고 주장한다. 바로 이것이 기본적으로 *MEGA*의 중요성을 과소평가하는 영어권 세계의 마르크스주의 학자들의 전반적인 태도이다.

자연과학 연구 노트들의 중요성을 입증할 것이다.

　마르크스주의를 노동계급의 사회운동 및 정치운동을 위한 세계관으로서 확립한 엥겔스는 이러한 이야기에서 '전통적 마르크스주의'의 창시자라는 중요한 역할을 수행했다. 엥겔스는 체계적이고 완결적인 특징을 지닌 마르크스의 『자본』이 오이겐 뒤링의 영향력 있는 저술보다 우수하다는 점을 부각하여, 오토 폰 비스마르크가 제정한 반反사회주의법이 서슬 퍼렇던 시절 독일 사회민주당 내에서 헤게모니를 장악하려고 했다 (Adamiak 1974).[6] 널리 알려진대로 『자본』 2권과 3권은 마르크스 사후에 엥겔스가 마르크스의 수고들을 편집하여 출판한 것이다. 뿐만 아니라 엥겔스는 마르크스 사후에 마르크스의 다양한 책, 팸플릿, 논문을 재출판하기도 했다. 그러면서 엥겔스는 거기에 새로운 서문과 서론을 덧붙이곤 했는데, 이따금 마르크스가 쓴 원래 텍스트를 수정하고 심지어 내용을 추가하기도 했다. 테렐 카버(Terrell Carver 1983: 119)가 주목한 것처럼, 마르크스주의와 관련하여 가장 많이 읽힌 책은 마르크스의 『자본』이 아니라 엥겔스의 『유토피아에서 과학으로』였다. 따라서 20세기 마르크스주의의 '핵심 전통을 확립'(Lichtheim 1961: 235)하고 그 경로를 거의 규정한 인물은 엥겔스였다고 해도 과언이 아니다. 제2인터내셔널의 지도자들과 러시아 혁명을 통해 처음으로 국가권력을 성공적으로 장악한 지도자들은 역사, 국가, 혁명에 대한 엥겔스의 관점에 지대한 영향을 받았다. '전통적 마르크스주의자들'이 '누구나 알아야 할 마르크스에 대한 진

6　『자연 변증법』도 미완성으로 남았지만 어이없게도 논쟁은 마치 엥겔스의 철학이 완성되었다는 양 진행되었다. 칸 칸갈(Kaan Kangal 2020)은 엥겔스의 철학이 거의 완성되었다는 광범위하게 공유된 추정에 도전하면서 엥겔스의 철학을 보다 더 맥락에 맞게 재구성 및 재평가하려고 시도했다.

실'이라고 생각했던 것은 사실 '나이 든 엥겔스가 구성한 것'에 불과했다(Carver 1983: 153). 마르크스-레닌주의자들은 과학적 사회주의는 마르크스와 엥겔스가 협업한 기획이고, 마르크스가 '엥겔스의 구상을 전적으로 공유했다'(Anguélov 1980: 132)라고 끈질기게 주장해 왔지만, 카버와 그의 관점을 지지하는 사람들은 전통적 마르크스주의가 만능으로 여기는 세계관인 변증법적 유물론을, 심지어 두 사람의 관계를 '마르크스 대 엥겔스'로 묘사할 정도로 단호하게 거부(Paul Thomas 1976)했다. 즉, 마르크스주의자들은 '엥겔스주의Engelsism'에 현혹되었고, 이것이 결국 스탈린주의 공포정치의 원흉이 되었다(Levine 1975: 241)는 것이다.

마르크스와 엥겔스의 차이를 가장 두드러지게 강조한 것은 '서구 마르크스주의'였다. '서구 마르크스주의'라는 범주는 원래 모리스 메를로-퐁티(Maurice Merleau-Ponty 1973: 59)[7]가 사용했지만 그 기초는 1920년대, 특히 죄르지 루카치의 『역사와 계급의식』으로 돌아간다.[8] 서구 마르크스주의자라는 꼬리표가 붙은 사람들의 면면은 몹시 이질적이지만, 이들 모두 기계론적 세계관에 빠지지 않으면서 보다 더 정교화된 사회이론을 제공하려는 반스탈린주의를 핵심 주제 가운데 하나로 공유한다(Jacoby 1983: 583)는 점에서 하나로 묶을 수 있다. 어떤 의미에서, 서구 마르크스주의는 엥겔스의 자연 변증법을 비판하고 변증법의 적용을 사회로 엄격하게 제한함으로써 마르크스의 사회철학을 구해내려는 시도였다고

---

7   그러나 메를로-퐁티가 주목한 것처럼 표현 그 자체는 원래 카를 코르쉬의 『마르크스주의와 철학 (Marxismus und Philosophie)』(Korsch 1966: 63)에서 유래한 것이다. 코르쉬의 책에서 관련 단락이 영어로 번역되지 않았던 탓에 영어권 세계에서는 메를로-퐁티가 기준점이 되었을 것이다.

8   이른바 루카치 문제에 대한 보다 더 상세한 논의는 3장을 참고하라(Foster, York and Clark 2010: 224).

볼 수 있다. 1956년, 니키타 흐루쇼프의 비밀 연설과 러시아의 헝가리 침략에 대한 반응을 계기로 전통적 마르크스주의의 타당성에 도전한 서구 마르크스주의자들은 헤겔을 토대로 소련 마르크스주의의 '변증법적 유물론'을 거스르려고 했다. 이와 같은 맥락에서 서구 마르크스주의는 경제 결정론과 과학주의를 바탕으로 문제적 세계관을 창시하여 마르크스주의를 잘못된 길로 이끈 인물로 엥겔스를 지목했다. 만일 자연 변증법이 독자적이고 객관적으로 존재한다는 엥겔스의 주장이 맞다면, 먼저 자연과학을 탐구하여 변증법적 방법론을 개념화하고 정립한 뒤 그것을 인간 사회의 분석에 적용할 수 있을 터였다. 그러나 그 과정에서 마르크스의 변증법적 자본주의 분석과 양립할 수 없는 기계론적이고 실증주의적인 사회 이해가 도출되었으므로, 서구 마르크스주의는 자연과학의 영역을 엥겔스의 전문 영역으로 간주하고 그것을 마르크스의 변증법적 사회철학으로부터 완전히 분리했다.

그로 인해 '유럽 마르크스주의의 무게중심 전체가 기본적으로 철학으로 이동'(P. Anderson 1976: 49)하게 되었다. 예를 들어 루이 알튀세르(Louis Althusser 2001: 35)는 엥겔스의 '실증주의적 주제'가 철학을 지웠다고 비판했다. 또한 마르크스의 변증법을 부활시키려고 시도한 장폴 사르트르는 엥겔스의 유물론을 부조리하다고 비난했다. '나는 역사 유물론 같은 생산적인 작업 가설은 형이상학적 유물론의 부조리를 토대로 삼을 필요가 없다고 늘 생각해 왔다'(Sartre 2004: 51). 루치오 콜레티(Lucio Colletti 1973: 132)는 마르크스와 엥겔스가 '완전히 상이한 각자의 방식'으로 '사물을 이해'했다고 표현하여 마르크스와 엥겔스의 지적 노동 분업을 부각했다.

문제의 핵심은 자연과 변증법의 관계였다. 알프레트 슈미트는 마르크스의 자연 개념을 논의하면서 "'총체성', '모순', '생산성', '내적 부정' 같은 변증법적 규정"이 "교조적인 형이상학"에 빠지지 않으면서 "어떤 의미에서든 자연에 귀속될 수 있는지 여부"(Schmidt [1971] 2014: 183–184, 51)에 의문을 품었다. 이와 같은 방식으로 서구 마르크스주의자들은 엥겔스와 그의 기계론적 자연 변증법을 본인들의 분석에서 몰아내는 동시에 자연과 자연과학의 영역을 마르크스의 사회철학에서 완전히 배제했다.

마르크스의 사회이론이 소련 마르크스주의의 조악한 유물론으로 추락하지 못하게 막으려는 서구 마르크스주의자들에게 이러한 결정은 필연적이었다. 그러나 어떤 의미에서, 이러한 '분기의 동기'는 '증거가 아니라 이데올로기'에 있었다'(Blackledge 2020: 29). 사실 서구 마르크스주의는 값비싼 대가를 치렀다. 생태학은 자연이 중심을 이루는 영역이었기 때문에, 서구 마르크스주의는 생태학의 문제를 본인들의 분석에 통합할 수 없었고, 그 결과 철학에 몹시 경도된 서구 마르크스주의의 접근법으로는 인류세 시대의 생태 위기에 효과적으로 대응할 수 없게 되어 버렸다.[9]

이와 같은 방식으로 전통적 마르크스주의와 서구 마르크스주의 모두 20세기 내내 자연과학 분야에 대한 마르크스의 진지한 연구가 지닌 중요성을 외면하게 되었다. 그러나 자연과학에 대한 마르크스의 끈질긴 관심을 인식하는 동시에 실증주의적 세계관에 빠지지 않으면서 마르크스와 엥겔스의 통일을 옹호하는 포스터와 버켓 같은 고전적 마르크스

---

9 어이없게도 서구 마르크스주의는 자연의 진화적-생태적 측면을 무시했다. 그 결과, 이들은 자연의 영역은 기계론과 실증주의의 영역이라는 추정을 소련 마르크스주의와 공유하게 되었다.

주의자들도 존재한다.[10] 그들은 마르크스가 『반뒤링론』의 한 장 전체를 집필했고 엥겔스의 수고를 개정했으며, 그것이 '매우 중요하다'라고 말했다(Welty 1983: 183; *MECW* 45: 334)는 점, 마르크스 본인이 '과학적 사회주의'라는 용어를 사용했다(Stanley 2002: 43)는 점, 가장 결정적으로『자본』에서 양질전화에 대해 쓴 마르크스가 엥겔스와 자연 변증법을 공유했다(Foster 2020: 241)는 점에 주목했다. 따라서 고전적 마르크스주의자들은 '그러나 그 이상의 무언가를 주장하는 것은 엥겔스를 과학적 마르크스주의의 희생양으로 만들어 버린다. 즉, 엥겔스를 마르크스와 근본적으로 차별화하는 것은 … 역사적으로 불확실하고 불공정하다'(Gouldner 1980: 251)라고 결론 내린다. 칸 칸갈(Kaan Kangal 2020: 15, 185)은 모든 협업 기획에서 자연스럽게 존재하는 '차이'가 곧바로 '단절'을 의미하는 것은 아니라고 주장하면서, 마르크스와 엥겔스가 '공통의 세계관을 가지고 있었다'라고 결론 내린다.

마르크스의 철학을 제대로 해석했다고 주장했음에도 서구 마르크스주의는 자연과학에 대한 마르크스의 관심을 부인하는 불합리에 빠지고 말았다. 헤겔을 따라, 마르크스는 일부 자연현상을 자연의 객관 변증법의 징후로서 묘사했다. 이것은 마르크스와 엥겔스의 의견이 일치했던 많은 사례 가운데 하나로, 이러한 사실을 부인하는 것 역시 불합리

---

10 이 책 내내 나는 '전통적 마르크스주의(traditional Marxism)'와 '고전적 마르크스주의(classical Marxism)'를 구별한다. 두 학파 모두 『자본』에서 정교화된 마르크스주의적 접근법이 일반적으로 타당하다는 입장을 견지하지만, 전통적 마르크스주의는 변증법적 유물론이라는 소련의 세계관에 가까운 반면, 고전적 마르크스주의는 결정론과 환원론에 빠지지 않으면서 노동가치론, 물상화, 계급, 사회주의 같은 마르크스의 기본 개념을 지지한다.

할 것이다. 그렇다고 해서, 이것이 두 사람이 완전히 동일한 하나의 기획을 추구하면서 단순히 지적 노동만을 분업했을 뿐이라고 곧바로 단정지을 수는 없다. 결국 마르크스와 엥겔스는 동일 인물이 아니라 상이한 관심사를 가진 두 명의 인물이었기 때문에, 설령 두 사람이 많은 발상을 공유했다 하더라도 두 사람의 견해에 중요한 차이가 존재했다고 추정하는 것이 자연스럽다. 엥겔스를 '쉽게 매도할 수 있는'(Foster 2017: 48) 희생양으로 삼아서는 안 되는 것처럼, 마르크스와 엥겔스의 이론적 차이를 지워서도 안 된다. 오랫동안 꾸준히 협업했음에도 불구하고 마르크스의 정치경제학 이해가 엥겔스의 정치경제학 이해와 동일할 수 없는 것과 마찬가지로(Otani 2016), 설령 두 사람이 동일한 주제를 동시에 연구했고 **본인들이 동일한 관심사를 공유하고 있다고 생각했다 하더라도** 두 사람의 생각이 일치하지 않을 가능성이 여전하기 때문이다. 이와 같은 맥락에서 *MEGA*는 두 사람 사이의 지적 관계와 노동 분업에 대해 보다 더 철저하게 재검토할 수 있는 새로운 자료가 되어 줄 것이다.

　어이없게도 마르크스와의 지적 노동 분업을 강조하여 서구 마르크스주의의 주장에 신빙성을 부여한 인물은 엥겔스 본인이었다. 마르크스 사후에 출판된 『반뒤링론』 2판에 엥겔스가 작성하여 수록한 서문에는 '마르크스가 수학에 정통했음에도 불구하고, 우리는 자연과학을 오직 단편적, 간헐적, 산발적으로 따라가는 데만 급급했다'라고 적혀 있다. 훗날 엥겔스는 본인의 이러한 맹점을 보완했다. "사업을 그만두고 런던 집으로 이사하면서 공부할 시간이 났고, 그제야 비로소 수학과 자연과학 분야에서 최대한 완전히 (리비히의 표현을 빌자면) '탈피하게' 되었다"(*MECW* 25: 11). 사실 엥겔스는 당대의 물리학, 화학, 생물학의 발전에 대해 진지하게 연구한 결과를 『반뒤링론』과 『자연 변증법』에 기록했고, 그 결과 엥겔스의 저술들은 전통적 마르크스주의의 세계관 형성에 지대한 영향을 미치게 되었다. 마르크스의 가장 가까운 동지라는 엥겔스의 권위를 인정한 후속 세대 마르크스주의자들은 마르크스와 엥겔스의 지적 노동 분업의 존재를 그저 당연하게 받아들였다. [옮긴이: 마르크스와 엥겔스가 지적 노동을 분업했다는] 추정에 따르면, 마르크스가 엥겔스에게 자연 변증법을 더욱 발전시킬 과제를 맡겼고, 따라서 마르크스는 자연에 대해 할 말이 거의 없었던 것처럼 보인다. 따라서 후속 세대 마르크스주의자들은 마르크스의 변증법적 유물론을 자연의 영역에 적용할 때 엥겔스의 『자연 변증법』과 『반뒤링론』을 기준점으로 삼게 되었다. 바로 이와 같은 방식으로 엥겔스는 '마르크스주의'를 '발명'했다.

그러나 엥겔스는 『반뒤링론』(1885) 2판에 수록한 해당 서문에서 일부 중요한 정보를 감췄다. 당시 『자본』의 편집자였던 엥겔스는 마르크스의 수고들과 연구 노트들의 분류에 매진했다. 따라서 엥겔스는 말년의 마르크스가 『자본』을 집필하기 위한 수고들을 작성하던 시기에 자연과학을 특히 열심히 연구했다는 사실을 틀림없이 알고 있었을 것이다. 사실, 마르크스와 엥겔스는 자연과학의 다양한 쟁점을 논의하곤 했다. 두 사람은 카를 숄레머Carl Schorlemmer, 새뮤얼 무어Samuel Moore, 롤란트 다닐스Roland Daniels 같은 자연과학 전문가와 친분이 두터웠다. 그들로부터 받은 지적 자극을 계기로 화학, 생리학, 생물학을 연구하게 되면서 마르크스와 엥겔스 두 사람만의 과학 공동체가 형성되었다(Griese and Pawelzig 1995). 그러나 엥겔스는 이러한 사실을 언급하지 않은 채 마르크스가 빠르게 발전하는 자연과학을 '오직 단편적, 간헐적, 산발적으로' 따라가는 데만 급급했다고 언급했다.

마르크스와 엥겔스 모두 자연과학에 관심을 가졌지만, 자연과학 연구를 먼저 앞서간 사람은 엥겔스였다. 사실, 마르크스는 엥겔스에게 보낸 1864년 7월 4일 자 편지에서 엥겔스에게 영감을 받아 카펜터Carpenter의『생리학Physiology』과 슈푸르츠하임Spurzheim의『뇌와 신경계의 해부학Anatomy of the Brain and the Nervous System』을 읽었다고 쓴 뒤 '자네의 발자취를 꾸준히 따르고 있네'(MECW 41: 546)라고 덧붙였다. 그러다가 1865년 유스투스 폰 리비히의『농화학』7판을 읽은 뒤부터 마르크스는 자연과학을 매우 집중적으로 연구하기 시작했다(Foster 2000; Saito 2017). 1868년 이후 마르크스의 독서 목록은 빠르게 늘어나 화학, 지질학, 광물학, 생리학, 식물학 같은 다양한 자연과학 분야를 망라하게 되었다. 엥겔스도 이러한 주제들을 꾸준히 연구했지만, 마르크스는 엥겔스와의 격차를 빠르게 따라잡았다. 새로운 자료를 연구할 때면 언제나 연구한 내용을 기록으로 남기는 오랜 습관에 따라 마르크스는 특히 말년에 자연과학에 대한 상당량의 연구 노트를 남겼다. 마르크스가 평생 작성한 연구 노트의 3분의 1이 생의 마지막 15년 동안 기록되었는데, 그 가운데 절반은 자연과학에 대한 책에서 발췌한 내용이었다.

1882년 12월 19일, 엥겔스는 오늘날 화석연료 소비로 인한 엔트로피 증가 문제로 간주되는 문제에 대해 마르크스가 본인보다 더 익숙하다는 사실을 인정했다.

노동하는 개인은 **현재**를 안정시키는 존재일 뿐 아니라 훨씬 더 큰 규모로 **과거**의 태양열을 허비하는 존재입니다. 우리가 매장된 에너지, 즉 석탄, 광석, 산림 등을 허비하는 방식으로 자행한 일에 관해서는 **당신이 나보다 더 잘 알고 있으리라고 생각합니다.** (*MECW* 46: 411; 강조는 추가)

이러한 엥겔스의 언급은 마르크스의 생태학적 관심이 1865년 이후 크게 발전했음을 시사한다. 마르크스는 지질학과 광물학에 대한 본인의 통찰을 토대로 자연 자원의 '허비' 문제를 직접 다뤘다(*MEGA* IV/31). 마르크스는 제임스 F. W. 존스턴James F. W. Johnston과 조셉 비트 주크스Joseph Beete Jukes 같은 지질학자들의 책을 정독했을 뿐 아니라 경제학과 생태학에 관련된 신문과 논문도 섭렵했다. 마르크스는 석탄 채굴의 기계화가 노동자와 환경에 미치는 영향을 면밀히 연구해야 한다는 데 주목했다. 딸 에니에게 보낸 1881년 6월 6일 자 편지에서 마르크스는 미국에서 새로 발명한 '석탄 절단기'에 대해 언급하면서, 그것이 광부에게 어떤 영향을 미칠 것인지 그리고 존 불John Bul[영국을 의인화한 표현 _ 옮긴이]의 산업적 우위를 어떻게 위협할 것인지에 주목했다(*MECW* 46: 96). 그러나 이 모든 상황을 인지하고 있었음에도 엥겔스는 『반뒤링론』 서문에서 이 점을 언급하지 **않은 채**, 단지 본인의 자연 변증법이 마르크스가 '창시하고 발전시킨' 변증법적 방법론의 적용이라고만 주장했다.

이것이 이상한 이유는 같은 서문에서 엥겔스가 '인쇄하기 전에 마르크스에게 수고 전체를 읽어 주었고'(*MECW* 25: 9) 마르크스도 이에 전적으로 동의했다고 말하면서 『반뒤링론』에서 전개한 발상들이 마르크스의 발상과 완벽하게 양립할 수 있다고 힘주어 주장했기 때문이다. 그러나 마르크스가 죽은 후에야 비로소 엥겔스가 이러한 '증거'를 제시했기 때문에, 그의 언급을 무조건 신뢰하기는 어렵다(Carver 1983: 123). 게다가 엥겔스는 마르크스가 자연과학을 진지하고 집중적으로 연구했다는 사실을 언급하지 않았는데, 마르크스의 자연과학 연구 노트들이 존재한다는 사실 자체가 마르크스가 자연 변증법을 두 사람의 협업 기획으로서 지원했다는 사실을 훨씬 더 강력하게 입증하는 '증거'가 될 수 있다는 점에서, 이러한 엥겔스의 침묵은 매우 놀라울 따름이다. 당시는 마르크스의 연구 노트가 출판되지 않은 상황이었기 때문에, 엥겔스는 본인이 기울인 엄청난 이론적 노력에 영감을 받은 마르크스도 자연 변증법 탐구에 지대한 관심을 보였었다라고만 말하면서, 마르크스의 자연과학 연구 노트가 존재한다는 사실을 언급하지 않은 채 지나갈 수 있었다. 그 결과, 마르크스의 연구 노트는 20세기 내내 출판되지 못하고 말았다. 여기서 엥겔스의 부자연스러운 침묵을 하나의 징후로 해석하고 싶다는 생각이 든다. 즉, **엥겔스는 자연과학에 대해 마르크스가 가졌던 관심과 본인이 가졌던 관심의 성격이 서로 상이했다는 사실을 넌지시 인정한 것이나 다름없었다.** 그 결과, 엥겔스는 거짓말을 하지 않으려고 마르크스가 자연과학을 진지하고 집중적으로 연구했다는 사실에 대한 언급을 (무의식적으로) 회피하는 대신, 본인과 마르크스의 지적 노동 분업만을 강조하게 되어 버렸던 것이다. 만일 이것이 사실이라면, 두 사람의 근본적인 차이는 무엇일까?

II. 『자본』의 저자 마르크스, 편집자 엥겔스

*MEGA*를 통해 마르크스의 연구 노트가 출판되면서 마르크스와 엥겔스 **모두** 자연과학을 연구했음이 드러났다. 따라서 서구 마르크스주의가 마르크스의 변증법적 분석의 이론적 범위를 사회의 영역으로만 제한한 것은 문제였음이 밝혀졌다. 마르크스가 본인의 정치경제학 비판을 인간과 자연 사이에 이루어지는 물질대사 교환이 자본 축적을 위해 변형되고 재조직되는 방식을 분석하는 영역으로 적극적으로 확장했기 때문에 마르크스의 정치경제학 비판을 사회 분석에만 제한적으로 적용해야 한다는 주장은 더 이상 신뢰할 수 없게 되었다. 이러한 의미에서 마르크스와 엥겔스를 완전히 분리하는 것은 가능하지 않지만, 그럼에도 이것이 곧 자연과학 연구와 관련하여 마르크스와 엥겔스의 관심사가 동일했다는 의미는 아니다.[11] 따라서 이러한 쟁점을 보다 더 면밀히 탐구해 보아야 한다.[12]

---

11 이를 통해 엥겔스가 생태학의 쟁점, 특히 엔트로피와 열역학 제2법칙에 관련된 쟁점에 기여했다는 사실을 확인할 수 있다(Foster and Burkett 2016; Foster 2020; Royle 2020). 그러나 이번 장의 목적은 마르크스와 엥겔스의 차이를 이해하는 것이다.

12 물론 모든 서구 마르크스주의자들이 도매금으로 비판받아야 하는 것은 아니다. 루카치의 경우 처음에는 변증법을 자연에 적용하는 것을 비판했지만, 마르크스가 '사회'와 '자연'의 관계를 완전히 분리한 것이 아니라 통합이라는 관점에서 이해했다는 것도 인정했기(Foster 2013) 때문이다. 다음 장에서 논의하는 것처럼 『추수주의와 변증법』에서 루카치(2002)는 자연 변증법의 존재를 인정함으로써 '물질대사' 개념이 이러한 통일을 표현한다는 것을 인식했다. 또한 헤르베르트 마르쿠제도 '역사는 자연에도 토대를 두고 있다. 그리고 마르크스주의 이론은 인간과 자연 사이에 이루어지는 물질대사를 무시하지 않는다'(Marcuse 1978: 16)라고 썼다. 이후 말년의 마르쿠제는 생태 위기를 훨씬 더 적극적이고 집중적으로 연구하게 되었다(Marcuse 1992). 이것은 우연이 아니다. 왜냐하면 이전 장에서 살펴본 것처럼 물질대사 개념은 마르크스주의의 생태학적 자본주의 비판의 핵심 용어이기

안타까운 것은 자연과학을 진지하고 집중적으로 연구해 온 마르크스가 『자본』을 완성하기 전인 1883년에 세상을 떠나면서 엥겔스가 『자본』 2권과 3권을 편집하는 과제를 떠안았다는 것이다. 마르크스가 남긴 미완성 수고와 단편적인 수고들을 그대로 출판하는 것은 무리였기 때문에 엥겔스는 편집에 막대한 노력을 기울였다. 『자본』 2권은 마르크스가 1864년에서 1881년 사이에 쓴, 이론적 성숙도가 고르지 않은 8개 수고로 구성되었고, 『자본』 3권은 마르크스가 그 주요 부분을 (『자본』 1권이 출판된 1867년 이전인) 1864년과 1865년에 작성한 수고로 구성되었다. 따라서 마르크스는 잉여가치율과 이윤율에 대한 일부 단편적인 계산을 제외하고는 본인이 말년에 발전시킨 내용을 『자본』 3권을 집필하기 위한 수고에 통합하지 못했다(MEGA II/4.3 and II/14; Heinrich 2016).

최선을 다했음에도 불구하고, 엥겔스가 마르크스의 의도와 목적을 완벽하게 이해하기란 불가능한 일이었다. 그 결과 『자본』의 저자 마르크스의 이해와 편집자 엥겔스의 이해에 차이가 생겼고, 그것이 엥겔스가 편집한 『자본』에 반영되고 말았다(Roth 2002). 오타니 데이노스케(Teinosuke Otani 2016)에 따르면, 수고에 들어 있는 마르크스의 진의를 오해하게 된 첫 번째 원인은 작업 방식에 있었다. 나이 든 엥겔스가 수고를 소리 내어 구술하면 그것을 오스카르 아이젠가르텐Oscar Eisengarten이 받아 적었고, 엥겔스는 아이젠가르텐이 받아 적은 텍스트를 토대로 편

때문이다. 이는 마르크스를 비판하고 루트비히 포이어바흐의 낭만주의에 의지함으로써만 생태학적 비판을 통합할 수 있는 알프레트 슈미트([1971]2014)와 선명하게 대비된다(Saito 2017: 85). 그러나 아도르노의 비동일성의 철학을 바탕으로 자연 비판 이론을 발전시킬 가능성도 존재한다(Cassegård 2021). 이 쟁점에 대해서는 4장에서 다시 다룰 것이다.

집을 진행했다(*MEGA* II/12). 그 결과 엥겔스는 마르크스가 수고를 구분해서 작성했다는 사실과 수고 안에 남긴 다양한 표식을 간과하게 되었다. 마르크스는 수고를 크게 두 부분(『자본』 3권을 구성하는 주요 텍스트와 주로 각주로 사용되는 관련 자료에 대한 메모)으로 나누어 작성했지만, 엥겔스는 주로 각주로 사용되는 관련 자료에 대한 메모도 주요 텍스트의 일부로 잘못 취급했다. 따라서 마르크스가 수고에서 논의한 내용의 논리적 흐름이 엥겔스의 편집본에서는 군데군데 끊어지게 되었다. 엥겔스가 원래 수고를 직접 보면서 편집을 진행했더라면, 이러한 일은 일어나지 않았을 것이다.

엥겔스의 오용을 뒷받침하는 두 번째 근거는 『자본』 3권 5장[13]을 편집할 때 엥겔스가 활용할 수 있었던 정보는 마르크스의 개인적인 편지에 담겨 있는 산발적인 언급뿐이어서, 『자본』 3권 5장에서 마르크스가 분석 대상으로 삼았던 것과 그것의 특징에 대해 엥겔스가 강한 편견을 가지게 되었다는 것이다. 원래 수고를 직접 살펴보면(*MEGA* II/4.2), 『자본』 3권 5장의 주제는 분명 이자 낳는 자본이지만, 엥겔스는 그것이 '은행'과 '신용'일 것이라고 생각했다. 그 결과, 엥겔스는 마르크스의 텍스트조차 변경하면서 『자본』 3권 5장의 내용을 본인의 이해와 합치시키려고 했다. 엥겔스가 편견을 가지게 되면서 그가 편집한 『자본』 5부는 마르크스의 수고에 담긴 5장의 진정한 내용을 제대로 담아 내지 못하게 되었다.

마르크스의 정치경제학 이해와 엥겔스의 정치경제학 이해에 차이가 있었음을 감안할 때, 두 사람의 생태학에도 뚜렷한 차이가 있었을 것

---

13 5장은 엥겔스가 편집한 현재 편집본의 5부(21-36장)에 해당한다.

으로 보인다. 사실 엥겔스가 『반뒤링론』 서문에서 마르크스의 자연과학 연구 노트를 외면했을 때부터 이미 '물질대사' 개념과 관련하여 마르크스와 엥겔스의 불일치가 희미하게 드러나기 시작했는데, 이러한 문제는 엥겔스가 편집한 『자본』 3권에서 분명해진다. 마르크스는 리비히의 강탈 농업 비판을 토대로 자본주의적 생산의 비합리성을 입증했다. 엥겔스는 리비히의 강탈 농업 비판이 마르크스의 생태학적 자본주의 비판의 기초로서 중요하다는 사실을 분명히 인식하고 있었다. 예를 들어 『주택 문제』에서 엥겔스는 마르크스처럼 리비히를 참조하여 '도시와 시골의 대립'을 지적한다. 또한 엥겔스는 '산업 생산과 농업 생산의 긴밀한 연결'의 재건을 옹호했는데(*MECW* 23: 384), 이것은 기본적으로 『공산당 선언』에서 마르크스와 엥겔스가 요청한 '농업과 제조업의 결합'(*MECW* 6: 505)의 연장선상에 있는 것이다. 또한 『자본』 3권을 편집하면서 엥겔스는 구체적인 사례를 들어 강탈 농업에 대한 마르크스의 묘사를 보충했다. 예를 들어, 엥겔스는 다음과 같은 구절을 덧붙여 화장실을 사용하는 대도시에서 토양 양분이 사라져 낭비되는 현상을 비판하려는 마르크스의 의도를 보다 더 분명하게 부각했다. '예를 들어 런던에서는 무려 450만 명이 막대한 비용을 들여 배설물을 쏟아내면서 템스강을 오염시킨다'(*Capital* III: 195). 이를 통해 마르크스와 엥겔스가 리비히의 '보충의 법칙'을 바탕으로 지적으로 **협업**했음을 확인할 수 있다.

그러나 '물질대사' 개념이 쟁점이 되면 상황이 사뭇 달라진다. 엥겔스는 마르크스가 근대 농업의 강탈 체계로 인해 물질대사가 교란된다는 리비히의 물질대사론을 통해 토양 고갈 문제를 논의했다는 사실을 틀림없이 인지하고 있었을 것이다. 이는 엥겔스가 『자본』 3권에서 물질대사 개념에 관련된 특정한 구절을 의도적으로 바꿨다는 데서 확인할 수 있다. 원래 수고에서 마르크스는 이렇게 썼다.

이와 같은 방식[으로], [대규모 토지 소유는] 사회적 물질대사와 토양의 자연 법칙에 의해 규정되는 자연적 물질대사 사이에 이루어지는 상호의존적인 과정에 메울 수 없는 균열을 유발하는 조건을 창출한다. 그 결과는 토양의 활력의 허비이고 무역은 이러한 파괴를 개별 국가의 범위를 넘어 전 세계로 확대한다. (리비히) (*MEGA* II/4.2: 752-753)

마르크스는 리비히의 저술을 참고하여 '사회적 물질대사'(이윤을 위한 자본주의적 생산, 순환, 소비)와 자연법칙에 의해 규정되는 '자연적 물질대사'(식물 성장, 토양 생태학) 사이에 이루어지는 상호의존적인 과정이 전 지구적으로 심각하게 교란될 경우의 위험성을 부각했다. 바로 이것이 인간과 무관하게 존재하는 자연의 보편적인 물질대사의 이차 매개의 문제이다. 계속해서 규모를 확장하면서 무한한 가치증식이라는 목적을 추구하는 자본의 고유한 물질대사적 조직은 자본이 존재하기 이전부터 이미 존재해 온 자연법칙과 양립할 수 없다. 국제무역은 리비히의 보충의 법칙을 충족하는 데 따르는 어려움을 [옮긴이: 전 세계로] 확대하여 이러한 문제를 악화시킨다. 마르크스가 자본주의적 경제 형태 규정 Formbestimmungen과 물질세계의 자연적 속성 사이의 긴장관계를 명확하게 정립한 이 구절이 물질대사 균열 접근법의 개념적 뼈대 구조와 방법론적 뼈대 구조에 중심적 역할을 수행한다는 것에는 의심의 여지가 없다(Foster 2000).

그러나 엥겔스는 본인이 편집한 『자본』 3권에서 첫 번째 문장을 다음과 같이 수정했다. '… 이와 같은 방식으로 그것은 사회적 물질대사, 즉 생명의 자연법칙 그 자체에 의해 규정되는 물질대사의 상호의존적인 과정에 메울 수 없는 균열을 유발하는 조건을 창출한다'(*Capital* III: 949). 여기서 '자연적 물질대사'라는 단어는 누락되었고, '토양'은 '생명'으로 바뀌었다.[14] 유감스럽게도, 엥겔스가 이 문장에서 '자연적 물질대사'라는 용어를 누락시킨 탓에 물질대사의 일차 매개와 이차 매개를 구별하는 마르크스 방법론의 핵심인 사회적 물질대사와 자연적 물질대사 사이의 대비가 모호해지고 말았다.[15] 이와 같은 의미에서 볼 때, '정치경제학 방법론에 대한 엥겔스와 마르크스의 구상이 일치한다'(Welty 1983: 294)는 주장에 의문을 제기할 필요가 있어 보인다. 오히려 이 구절은 두 사람의 방법론에 존재하는 심오한 차이를 드러내는 것처럼 보이기 때문이다. 마르크스

14 마르크스의 원래 손글씨를 보면 Boden(토양)과 Leben(생명)이 유사해 보이기 때문에 토양을 생명으로 바꾼 두 번째 수정은 마르크스의 악필 때문이었을지도 모른다.

15 이 구절의 중요성을 감안할 때, 『자본』 3권을 집필하기 위해 마르크스가 작성한 수고의 최근 영역본(Marx 2015)이 과거 벤 포크스(Ben Fowkes)가 번역하고 펭귄 출판사에서 출판한 엥겔스의 『자본』 3권 편집본에 몹시 의존한다는 점은 매우 안타깝다. 마르크스 수고의 최근 영역본은 마르크스의 원래 텍스트를 무시하곤 하여 이 번역 기획의 기본 취지를 근본적으로 훼손한다. 안타깝게도 여기서 인용한 이 핵심 구절 역시 이러한 사례 가운데 하나이다. 이 영역본의 서론을 쓴 프레드 모슬리는 이러한 변경을 고려하지 않는다. 그러나 이러한 '사소한' 변경에 주목하지 않는다면 애초부터 수고를 읽어 볼 필요도 없이 그저 엥겔스의 『자본』 3권 편집본을 읽으면 그만이다. 그리고 이러한 변경에 주의를 기울여서 읽지 않는다면 엥겔스의 『자본』 3권 편집본과 마르크스의 원래 수고에 중요한 차이가 없다는 결론에 도달하게 된다. 마르크스 수고의 최근 영역본에 대한 더욱 깊은 비판은 사사키(Sasaki 2018)를 참고하라.

의 표현이 분명하지 않거나, 혼동을 유발하거나, 착각을 일으킬 때마다 엥겔스가 수없이 많은 표현을 수정해야만 했던 것은 분명하다. 그러나 이 구절에서는 마르크스의 의도를 명확하게 파악할 수 있는 데다가, 이 구절은 마르크스의 물질대사 균열론의 핵심이다. 그렇다면 편집 과정에서 엥겔스가 변경한 내용은 무엇을 의미하는가?

여기서 먼저 엥겔스의 '자연 변증법'을 간략하게 개관하는 것이 도움이 되겠다. 엥겔스에 따르면 『반뒤링론』을 집필한 의도는 자연법칙과 역사법칙을 파악하고 특히 '[자연법칙과 역사법칙]에서 이러한 [헤겔의] 신비주의를 벗겨내어 그것들의 완전한 단순성과 보편성을 명확하게 밝히는 것'이었다. 엥겔스는 본인의 자연 변증법은 **유물** 변증법으로, 헤겔의 관념론적 객관 변증법과 다르며 '변증법의 법칙을 자연에 구축한다는' 헤겔의 오류를 피하는 것이라고 주장했다. 엥겔스에게 '문제는 변증법의 법칙을 자연에 구축하는 것이 아니라 자연에서 변증법의 법칙을 발견하고 자연으로부터 변증법의 법칙을 발전시키는 것이다'(*MECW* 25: 11-13). 다시 말해서 엥겔스의 기획은 인간의 실존 및 활동과 '무관하게' 자연에 '객관적으로' 존재하는 실제 자연 발전 법칙을 파악하려는 기획이었고 (McLellan 1977: 73), 역사를 통해 자연의 운동, 변형, 진화를 변증법적으로 발전시킨다는 점에서 존재론적 탐구였다(Jordan 1967: 167). 그러나 마르크스의 정치경제학 비판과 엥겔스의 과학주의를 구별하려고 했던 마르크스주의자들은 이러한 존재론적 전환을 반기지 않았다. 카버(1983: 107)는 마르크스의 탐구와 달리 엥겔스의 탐구에는 근대 자연과학에서 발견되는 '물질'과 '의식'이라는 존재론적 이분법이 반영되어 있다고 주장한다.

이와 유사하게 슐로모 아비네리는 '18세기의 기계론적 전통을 바탕으로 하는 엥겔스의 유물론은 마르크스의 주류 사상과 현저하게 달랐다'(Avineri 1970: 4)[16]라고 주장했다.

자연법칙이 객관적으로 존재한다 하더라도, 인간이 자연법칙을 이해하려고 노력하는 이유는 매우 실천적이다.[17] 다시 말해 엥겔스의 자연 변증법에는 외부 자연에 대한 '지배'와 '통제'를 통한 '자유'의 실현이라는 실천적인 측면이 결부되어 있었다. 따라서 엥겔스는 인간이 '실질적 및 의식적으로 자연의 주인'이 되면 자유로운 사회, 즉 사회주의가 건설될 것이라고 주장했다.

> 지금까지 역사를 지배해 온 외부의 객관적인 힘은 인간 자신의 통제하에 놓이게 된다. 바로 그때부터 인간은 완벽한 의식을 가지고 자신의 역사를 만들어 나갈 것이다. 바로 그때부터 인간이 자아낸 사회적 원인은, 대체로 그리고 점점 더 큰 규모로 인간이 의도한 결과로 이어질 것이다. 즉, 인류는 필연성의 왕국에서 자유의 왕국으로 도약하게 될 것이다. (*MECW* 25: 270)

또한 엥겔스는 『자연 변증법』에 다음과 같이 썼다.

---

16 공평을 기하기 위해 덧붙이자면, 엥겔스가 객관적인 자연법칙과 인간 의식을 단순하게 분리한 것은 아니었다. 유인원에서 인간으로의 이행 과정에서 노동이 수행한 역할에 대한 엥겔스의 유명한 논의는 기계론적 설명으로 환원될 수 없다. 엥겔스가 다윈의 진화론 및 열역학에 관심을 가졌다는 점에서도 그가 기계론적 세계관을 분명하게 거부했음을 확인할 수 있다. 실증주의라는 추정(Peter Thomas 1988)과 달리, 엥겔스의 변증법은 질적으로 새로운 창발성의 부단한 통합을 특징으로 하는 상호 연결된 자연의 보편성에 대한 탐구라고 할 수 있다(Foster 2020).

17 엥겔스가 기계론적 유물론 사상가가 아니었다는 점이 여기서 다시 한번 확인된다.

우리는 자연법칙을 파악하고know 적용할 수 있다는 점에서 다른 존재other being보다 [자연nature] 지배에 유리한 위치에 있다. 사실 우리는 자연법칙을 보다 더 올바르게 이해하는 법을 나날이 터득하고 있다. … 우리는 일상적인 생산 활동이 보다 더 먼 곳의 자연에 미치는 결과를 터득하고 심지어 통제할 수 있는 위치에 점점 더 가까워지고 있다. (*MECW* 25: 461)

엥겔스에 따르면 인간이 최종적으로 '자유의 왕국'으로 도약하기 위해서는 인간의 의식 및 행동과 무관하게 존재하는 자본의 물상화된 지배를 폐지해야 할 뿐 아니라 객관적인 자연법칙을 완벽하게 전유해야 한다.

물론 엥겔스는 자연법칙을 인식했다고 해서 인간이 자연을 임의적으로 조작해도 된다고 생각하지 않았다. 엥겔스는 생산력을 극대화하여 자연을 절대적으로 지배해야 한다는 순진한 생각을 품지 않았다. 심지어 『자연 변증법』에서 엥겔스는 자연의 '복수'에 대해 경고했다.

그러나 인간이 자연을 상대로 승리했다고 해서 지나치게 자만하는 것은 금물이다. 왜냐하면 우리가 승리할 때마다 자연이 우리에게 복수하기 때문이다. 처음 승리했을 때는 우리가 기대했던 결과가 나타날 수 있지만, 두 번째와 세 번째 승리했을 때는 우리가 예상하지 못한 매우 상이한 효과가 나타나 첫 번째 승리를 통해 거둔 결과를 상쇄하곤 한다. … 따라서 우리가 결코 이방 민족을 정복한 사람이나 자연 바깥에 존재하는 사람의 입장에서 자연을 지배하는 것이 아니라 살과 피와 두뇌를 가진 존재로서 자연에 속하고 그 한복판에 있다는 점을 매 순간 상기해야 한다. 그리고 우리는 자연법칙을 터득하고learn 올바르게correctly 적용할 수 있다는 점에서 다른 생명체other creatures보다 모든all 자연it 지배에 유리하다는 점을 상기해야 한다. (*MECW* 25: 460-461)

이러한 언급은 대체로 매우 추상적인 『자연 변증법』에 감춰진 엥겔스의 생태학적 관심의 증거로서 인용되곤 했다(Salleh, Goodman and Hamed 2015: 102). 엥겔스는 자연의 한계를 무시하고 단기적인 이윤 극대화만을 지향하는 자본주의적 생산에 특히 비판적이었다. '개별 자본가들은 즉각적인 이윤을 얻을 목적으로 생산과 교환에 관여하기 때문에 오직 가장 가깝고 가장 즉각적인 결과만을 먼저 고려한다'(*MECW* 25: 463). 자연법칙을 부단히 무시하면서 자연을 지배하려는 기획은 결국 실패하여 파국으로 막을 내리게 될 것이다. 즉, 인간은 더 이상 능동적으로 노동하는 주체가 아니라 자연의 힘에 휘둘려 수동적으로 움직이는 존재가 되고, 그것은 문명의 붕괴로 이어진다. 따라서 존 벨라미 포스터는 **마르크스와 마찬가지로 엥겔스에게 사회주의의 핵심은** 인간의 가능한 잠재력을 가장 완벽하게 촉진하는 한편 미래 세대의 필요를 보호하는 방식으로 **인간과 자연 사이에 이루어지는 물질대사를 합리적으로 규제하는 것이었다**'(Foster 2017: 50; 강조는 추가)라고 결론 짓는다. 한데, 실제로 그러한가?

엥겔스가 생태사회주의자라는 포스터의 관점은 맞다. 그러나 마르크스가 '연합된 생산자들'이 '자연과 인간 사이에 이루어지는 물질대사를 합리적인 방식으로 지배'(*Capital* III: 959)해야 한다고 명확하게 요청한 반면, 엥겔스는 생태사회주의적 미래를 요청하면서 '물질대사'라는 용어를 사용하지 **않았다.** 자연의 '복수'를 중심으로 하는 엥겔스의 생태학은 자본주의하에서 이루어지는 근시안적인 이윤 극대화를 비판한다. 따라서 엥겔스는 '물질대사 균열'에 대한『자본』의 핵심 구절도 자연의 복수라는 도식에 따라 수정했다. 엥겔스가 편집한『자본』에서는 생명의 자연 법칙의 위반이 인간 문명에 치명적인 결과를 초래할 가능성이 강조된 반면, 마르크스의 물질대사론에 고유한 방법론적 접근법, 즉 사회적 물질대사에서 지배적인 가치 법칙이 자연적 물질대사를 변형하고 메울 수 없는 균열을 초래하는 방식을 탐구하는 방법론은 다소 불분명하다. 엥겔스는 마르크스가 원래 표현한 경제 형태 규정('이차 매개')과 자연의 보편적인 물질대사 사이의 뒤엉킴을 독자들이 이해하기 어려울 것이라 판단했고, 이 문장을 자연의 복수라는 본인의 도식에 따라 보다 '이해하기 쉬운' 표현으로 변경했던 것이다.[18]

엥겔스가『자본』을 편집하면서 수정한 내용이 사소해 보일지도 모르지만, 마르크스와 다르게 엥겔스가 리비히의 물질대사론을 대수롭지 **않게 여겼다**는 사실을 감안해 보면, 엥겔스가 편집 과정에서 수정한 내용의 의의를 분명하게 확인할 수 있다. 사실,『자연 변증법』에서 엥겔스는 리비히를 생물학의 '호사가'라고 **비판하는 맥락에서** 리비히의 물질대사 개념을 언급했다(*MECW* 25: 576). 이러한 표현을 통해 엥겔스가 리비히와 관련해서는 강탈 농업론만을 지지했음을 분명하게 확인할 수 있다. 엥겔스가 리비히의 물질대사론을 묵살한 이유는 생명의 기원에 대한 두 사람

---

18 이것은 자본주의 경제에 대한 엥겔스의 이해가 이른바 붕괴론과 결부되어 있다는 사실과도 관련이 있다. 엥겔스는 5장에서 논의할 마르크스의 '자본의 생산력' 개념과 '자본하에서 노동의 실질적 포섭' 개념을 이해하지 못했다.

의 상이한 견해와 관련된다. 리비히는 유기적 생명이 무기물에서 시작하여 역사적으로 진화했을 가능성을 (잘못되게) 부인했고, 우주 공간에서 지구로 '영원한 생명이 유입되었다'는 가설을 받아들였다(Liebig 1859: 291). 여기서, 설명할 수 없는 특정 생명력의 존재를 믿었던 19세기 생기론의 영향을 확인할 수 있다(Wendling 2009: 81). 이러한 생기론적 전통과 반대로 엥겔스는 생명을 무기적 비생명으로부터 출현하여 역사적으로 진화하는 물질대사 과정이라고 올바르게 주장했다. 이 점은 '단백질'을 통해 확인할 수 있다. '생명은 **생명 외부에 존재하는 자연환경과의 부단한 물질대사적 상호교환**에 필수적인 요소인 단백체의 존재 양식이다'(*MECW* 25: 578; 강조는 추가). 엥겔스는 단백체의 동화와 배설이라는 화학적 과정에서 생명의 기원을 인식했고, 실험실에서 단백질을 생성하는 방식으로 살아 있는 유기체를 인공적으로 창조할 가능성이 있음을 지적했다.[19]

엥겔스는 생물학과 화학을 분리할 뿐 아니라 살아 있는 존재에 고유한 것으로 가정되는, 그러나 불가해한 원리를 전개하는 리비히의 생기론을 거부했다. 엥겔스에 따르면 화학적 상호교환을 통해 무기체와 그 환경 사이에 물질대사가 이루어져 '단백질'이 역사적으로 진화하면,

---

19 물론 리비히도 생기론에 완전히 빠져든 것은 아니었다. 1840년대에 리비히는 영양분의 흡수, 동화, 배설 과정을 '물질대사'로 생각하고, 생명활동을 화학적 과정으로 설명하려고 시도했다. 당시 화학자로서 리비히가 이룬 엄청난 성취 가운데 하나는 히푸르산이라는 유기화합물을 발견하여 '두 가지 종류의 계(界)', 즉 식물의 영역과 동물의 영역을 극복할 가능성을 입증한 일이었다(Goodman 1972). 동물은 식물이 제공하는 것을 소비하기만 하는 존재로 여겨졌다. 그러나 리비히는 말(과 당연하게도 다른 동물)도 물질대사 과정에서 유기화합물을 생산한다는 사실을 발견했다. 사실상 리비히의 물질대사론은 당대를 휩쓸었던 장바티스트 앙드레 뒤마(Jean-Baptiste André Dumas)와 장바티스트 부생고(Jean-Baptiste Boussingault)의 생기론적 이원론에 매우 비판적이었다. 그럼에도 리비히는 생명력이라는 발상과 완전히 결별하지는 못했다(Brock 1997: 313).

물질대사는 생명으로서 존재하게 된다. 이러한 진화적 과정에서 (죽은) 무기물과 (살아 있는) 유기물 사이에 절대적인 균열은 존재하지 않는다. 여기서 엥겔스의 물질대사 개념은 화학과 생물학을 연결하는 『자연 변증법』의 중요한 이론적 개념으로 자리매김한다.

리비히와 반대로 엥겔스는 물질대사 개념을 통해 단백질의 역사적 출현을 강조했다. 따라서 엥겔스의 생태학은 마르크스나 리비히와 다르게 물질대사 개념을 환경적 쟁점에 적용하지 않았다. 그리고 그럼으로써 엥겔스는 리비히의 물질대사론이 마르크스의 『자본』에서 수행한 방법론적 역할, 즉 인간과 자연의 관계성을 초역사적인 시각 및 사회-역사적 시각에서 분석하고, 자본의 이차 매개라는 특정한 모순을 드러내는 방법론으로서의 역할을 이해하지 못하게 되었다. 엥겔스는 물질대사의 이론적 범위를 인간과 **무관하게** 진행되는 생명의 기원과 진화 과정에 그리고 자연 변증법으로서 펼쳐지는 인간의 사회적 관계에 국한했다. 엥겔스의 『반뒤링론』에 따르면 '부정의 부정'이라는 특정으로 표현되는 변증법의 원동력은 '동물계와 식물계, 지질학, 수학, 역사학, 철학에서 통용되는 … 법칙'이다(*MECW* 25: 131). 엥겔스는 자본주의를 생태학적으로 분석하기 위함이 아니라 물질대사의 효력이 무기적 존재 및 유기적 존재 모두를 아우르는 자연 전체에 미친다는 것을 입증하기 위해 '물질대사'라는 객관적인 법칙을 도입했던 것이다.[20]

그 결과, 리비히의 관점을 부분적으로 이어받았음에도 불구하고 엥

---

20 루카치(2002)도 이와 유사하게 인간과 무관한 자연 변증법에서 출발했다. 그러나 루카치는 사회의 영역에서 변증법의 추가적인 발전을 추적하기 위해 물질대사 개념도 사용했다. 3장의 논의를 참고하라.

겔스는『자본』에서 물질대사 균열 개념을 채택하지 않았고 오히려 과거
『독일 이데올로기』에서 전개했던 '도시와 시골의 적대'라는 이전의 도식
을 유지했다.[21] 자연의 변증법이라는 개인적인 관심사로 인해 엥겔스는
마르크스가 리비히의 물질대사론을 수용했다는 사실이 어떤 경제적 의
미를 가지는지 올바르게 이해하지 못하게 되었다. 다시 말해, 엥겔스가
수정한 내용을 통해서 자본하에서 노동이 형식적 및 실질적으로 포섭
되어 인간과 자연 사이에 이루어지는 물질대사가 변형되고 재조직된다
는, 1850년대와 1860년대에 마르크스가 발전시킨 정치경제학 비판의
방법론적 기초를 엥겔스가 올바르게 파악하지 못했음을 확인할 수 있다.
정치경제학과 관련된 마르크스와 엥겔스의 차이는 이와 같은 방식으로
생태학의 영역에 영향을 미치게 되었다.

　　물론 마르크스는 심지어『자본』에서도 '도시와 시골의 대립'에 대한
과거 본인의 통찰을 그대로 유지한다. 마르크스는『자본』에 다음과 같이
썼다.

　　… 상품 교환에 의해 등장하여 어느 정도 발전된 모든 노동 분업의 기초는 도
　　시와 시골의 분리이다. 사회의 전체 경제사가 이러한 대립의 움직임으로 요
　　약된다고 말해도 과언이 아닐 것이다. (*Capital* I: 472)

21　이 도식을 사용하여 엥겔스는 사회주의에서 기술이 발전하고 계획경제가 구현되면 대도시로의
　　집중이 불필요해져 도시와 시골의 적대가 극복될 것이라고 예측했다.

　　도시와 시골의 대립의 폐지는 가능한 일일 뿐 아니라 농업 생산 및 공중 보건에, 그리고 산업
　　생산 그 자체에 직접적으로 필요한 것이 되었다. … 문명이 대도시를 통해 우리에게 물려준 유산
　　을 제거하는 데는 분명 많은 시간이 소요되고 많은 어려움이 따를 것이다. 그러나 아무리 지난
　　한 과정이라 하더라도 그것은 반드시 제거되어야만 하고, 제거될 것이다(*MECW* 25: 282).

이러한 도시와 시골의 적대는 생태학적 자본주의 비판에서 '중심부'와 '주변부'의 적대 관계로 재해석되어 근대의 생태제국주의 분석에 유용하게 사용될 수 있다(Clark and Foster 2009).[22] 그러나 마르크스와 엥겔스의 방법론적 차이는 미래 사회에 대한 두 사람 각자의 전망에 영향을 미쳤다. 따라서 마르크스가 인간과 지구 사이에 이루어지는 물질대사의 교란을 본인의 정치경제학 방법론에 따라 분석하기 시작했다는 사실의 이론적 의의를 상대화해서는 안 된다.

III. '지배'와 '복수'의 변증법

마르크스와 엥겔스 둘 다 노동을 통한 자연법칙의 의식적이고 합목적적인 통제를 고유한 인간 활동으로 간주하고, 그러한 활동을 통해 인간이 자연을 '통제한다'고 언급하곤 했다. 예를 들어 엥겔스는 『반뒤링론』에 '그러므로 자유는 자연적 필연성에 대한 지식을 토대로 우리 자신을 그리고 우리 외부의 자연을 통제하는 데 있다'(*MECW* 25: 106)라

---

22 또한 우리는 식민 지배하에서 이루어진 환경 파괴에 대한 엥겔스의 깊은 관심을 상기해야 한다.

산비탈의 숲을 태우고 남은 재를 비료로 활용하여 커피나무를 재배함으로써 높은 수익을 올린 쿠바의 스페인 농장주들이 그 이후 내린 열대의 폭우로 인해 보호되지 않은 토양의 상층부가 씻겨 나가면서 맨 바위가 드러나 남게 되었다는 사실에 관심이 있겠는가? 현재의 생산양식은 사회뿐 아니라 자연과 관련해서도 오직 즉각적이고 가장 구체적인 결과에만 관심을 가진다. 그러고서는, 이러한 목적을 달성하기 위해 수행했던 일들로 인해 먼 곳에서 [옮긴이: 원래 목적과] 매우 상이한, 대부분은 완전히 반대되는 영향이 나타났다는 사실에 그저 놀라워할 따름이다(*MECW* 25: 463).

고 썼다. 비평가들은 이와 같은 언명을 엥겔스의 '베이컨주의적-프로메테우스주의적' 신념의 징후로 간주하곤 한다(Peter Thomas 2008: 42). 이와 같은 비판을 논박할 증거는 자연의 '복수'에 대한 엥겔스의 경고이다. 엥겔스는 자연에 대한 임의적인 조작을 옹호하지 않았고, 자연법칙을 올바르게 인식하여 그것을 적절하게 적용할 필요가 있다는 입장을 견지했다.

그러함에도 최근의 많은 비판은 마르크스주의를 겨냥해 왔다. 예를 들어 제이슨 W. 무어는 자연법칙을 계속해서 무시하면 **언젠가는** 자연이 인간에게 복수할 것이라는 엥겔스의 주장은 지나치게 '정적靜的'이라고 주장한다(Moore 2015: 80). 이와 유사하게 닐 스미스는 자연의 복수를 '좌파 종말론'으로 일축했다(N. Smith [1984] 2008: 247). 무어와 스미스에 대응하기 위해서는 마르크스가 자본주의하에서 이루어지는 자연의 보편적인 물질대사의 교란을 한낱 자연의 복수로서 논의하는 데 그치지 않고 두 가지 추가적인 측면에서 물질대사 균열 문제를 분석했다는 점에 주목해야 한다. 첫째, 마르크스는 자본이 자연이 부과하는 한계를 순순히 받아들이지 않는다는 점을 거듭 부각했다. 자본은 매우 '탄력적'(*Capital* II: 433)이어서 균열을 끊임없이 전가한다. 『그룬트리세』에서도 마르크스는 이러한 탄력성이 '자연의 보편적인 전유'(*Grundrisse*. 409)를 바탕으로 하는 자본주의적 힘의 한 형태라는 데 주목했다. 역사를 통해 입증된 것처럼, 물질대사 전가를 통해 시간을 버는 자본의 힘은 매우 놀랍다. 그러나 자본의 도구주의적 태도는 세계의 물질적 측면을 충분히 고려하지 못하기 때문에 자연의 한계를 극복하려는 자본의 끊임없는 시도는 오직 새로운 자연의 한계를 불러올 뿐이다. 자본의 탄력성이 주어진 자연의 한계를 길들일 수 있는지 여부는 선험적으로 알 수 없다. 따라서 말년의 마르크스는 자본과 자연의 동학에 대한 탐구를 주요 연구 주제로 삼았다. 이러한 동학을 이해하기 위해 마르크스가 지질학, 농화학, 광물학 같은 **경험적인** 주제를 점점 더 많이 연구하게 된 반면, 엥겔스는 우주의 '과학'으로서의 초역사적인 자연법칙에 보다 더 많은 관심을 보이게 되었다. 마르크스는 엥겔스와 다른 목적을 가지고 자연과학을 연구했다. 마르크스는 사회적 물질대사와 자연적 물질대사라는 상호의존적이고 역사적인 과정에서 자본의 매우 놀라운 탄력성의 원천을 이해하기 위해 자연과학을 연구했다.

둘째, 마르크스는 저항이라는 능동적인 요인을 강조하면서 물질대사 교란을 묘사하여 자연의 복수라는 '종말론적' 어조를 피한다. 노동시간의 한없는 확장과 노동의 집약화는 노동의 소외와 신체적 및 정신적 질병을 초래하고, 결국 물상화된 힘을 의식적으로 규제하라는 요구가 등장하게 된다(예: 국가에 의한 정규 노동일 확립 또는 직업 교육을 위한 국립학교 설립 등). 자연과 관련해서도 이와 유사한 경로를 떠올려 볼 수 있다. 자연의 보편적인 물질대사의 균열이 인간과 자연의 공진화 가능성을 소멸시키고 심지어 인간 문명을 위협함에 따라 인간은 생산활동을 보다 더 의식적이고 사회적으로 관리할 수밖에 없다. '그러나 [자본주의적 생산양식의] 한낱 자연적이고 자발적인 방식에서 비롯되는 물질대사를 둘러싼 환경을 파괴함으로써, 물질대사를 사회적 생산을 규제하는 법으로서, 그리고 인류의 완벽한 발전에 적절한 형태로 체계적으로 복원할 것을 강요한다'(*Capital* I: 637–638). 자본은 오로지 축적이 가능한지 여부에만 관심을 갖는다. 따라서 설령 지구 대부분이 인간과 동물이 살기에 부적합해지더라도 자본에게는 문제가 되지 않는다. 따라서 전 지구적 생태 위기에 직면한 개인들은 자연의 복수가 이루어져 자본주의가 붕괴하기만을 기다리는 대신 환경과의 물질대사를 의식적이고 적극적으로 통제할 수밖에 없다.[23]

널리 알려진 것처럼 마르크스는 『자본』 3권에서 이와 같은 포스트-자본주의 사회에 대해 다음과 같이 전망했다.

> 자유의 왕국은 오직 필연성과 외부적 편의에 의해 규정된 노동이 끝나는 곳에서 진정으로 시작된다. 자유의 왕국은 본질적으로 적절한 물질적 생산의 영역을 넘어선 곳에 존재한다. 야만인이 자신의 필요를 만족시키고 자신의 생명을 유지 및 재생산하기 위해 자연과 반드시 씨름해야 하는 것과 마찬가지로 문명인도 모든 사회 형태에서 그리고 모든 가능한 생산양식하에서 반드시 그렇게 해야만 한다. 이러한 자연적 필연성의 왕국은 인간의 발전과 더불어 확장된다. 왜냐하면 인간의 필요 역시 확장되기 때문이고 이것들을 만족시키는 생산력도 동시에 확장되기 때문이다. 이러한 자연적 필연성의 왕국에서 자유는 오직 사회화된 인간, 즉 연합된 생산자들이 자연과 인간 사이에 이루어지는 물질대사를 합리적인 방식으로 지배함으로써, 자연의 맹목적인 힘에 지배당하는 대신 그것을 인간의 집단적인 통제하에 두고 인간 본성에 가장 어울리고 적절한 조건에서 에너지를 가장 적게 소비하면서

---

23 당연하게도, 엥겔스는 비관론에 빠지지 않으면서 혁명 운동에 관심을 가졌다.

자연과 인간 사이에 이루어지는 물질대사를 규제하는 것에 오롯이 달려 있다. 그러나 인간의 자연 지배는 항상 필연성의 왕국으로 남아 있다. 진정한 자유의 왕국, 즉 인간의 힘의 발전이 목적 그 자체가 되는 왕국은 오직 필연성의 왕국을 토대로만 번영할 수 있음에도 불구하고, 그것을 넘어선 곳에서 시작된다. (*Capital* III: 958-959)

이 구절을 앞서 인용한 자유의 왕국에 대한 엥겔스의 관점과 비교해 보면 중요한 차이가 드러난다.

지금까지 역사를 지배해 온 외부의 객관적인 힘은 인간 자신의 통제하에 놓이게 된다. 바로 그때부터 인간은 완벽한 의식을 가지고 자신의 역사를 만들어 나갈 것이다. 바로 그때부터 인간이 자아낸 사회적 원인은, 대체로 그리고 점점 더 큰 규모로 인간이 의도한 결과로 이어질 것이다. 즉, 인류는 필연성의 왕국에서 자유의 왕국으로 도약하게 될 것이다. (*MECW* 25: 270)

엥겔스는 자연법칙을 의식적으로 적용하여 자연을 통제함으로써 '자유의 왕국'을 실현하려고 했다. 엥겔스에 따르면 민중은 자연법칙을 인식하고 실천적으로 적용함으로써 자연에 자유롭게 관여하고 자신의 필요를 만족시킬 수 있다. 그리고 그럼으로써 '인류'는 자유의 왕국으로 '도약'하게 된다.

마르크스와 달리 엥겔스가 자연의 한계를 초월하는 것이 자유의 왕국을 실현하는 조건이라고 생각한 '필연론자'(Peter Thomas 1998: 494)였다는 일반적인 비판에 대해서 존 L. 스탠리는 마르크스와 엥겔스 모두 자연적인 토대를 인간의 자유를 실현하기 위한 조건으로 인식했다고 반박했다(Stanley 2002: 23). 사실 마르크스도 물질대사의 교란에 직면한 생산자들이 서로 연합하여 '맹목적인 힘'을 의식적으로 통제하는 것을 필요조건으로 생각했다. 그렇다고 해서 마르크스와 엥겔스 사이에 차이가 없다는 스탠리의 주장이 올바르다는 의미는 아니다. 알프레트 슈미트([1971]2014: 135)는 사회주의에 대한 엥겔스의 전망에서 '유명한' 자유의 왕국으로의 '비약적인 도약', 즉 자연법칙의 지배와 자유의 왕국의 실현을 동일시한 엥겔스를 비판한다. 다시 말해, 이것은 자연과학에 대한 엥겔스의 관심사와 관련된다. 주로 자연 변증법과 근대 과학에 관심을 가졌던 엥겔스는 초역사적인 자연법칙의 인식을 바탕으로 이루어지는 인간의 자유를 몹시 중요하게 생각했다. [옮긴이: 즉, 엥겔스에게는] 자연을 통제하는 것이 **곧** 자유의 왕국을 실현하는 것이었다.

반면, 마르크스는 '이것[인간의 자연 지배]은 항상 필연성의 왕국으로 남아 있다'라고 덧붙이는 것을 잊지 않았다. 다시 말해, 연합된 생산양식을 바탕으로 건설되는 새로운 사회는 개성의 자유로운 발전을 실현해야 한다. 그러나 이것은 노동의 자유를 **넘어선** 곳에서 일어난다. 노동은 인간의 실존에 없어서는 안 되는 것이고, 노동자들에게 의미 있고 매력적인 것이어야 하지만, 그것이 의미 있는 인간 활동의 전부는 아니기 때문이다. 자유는 자연과학을 통한 자연법칙의 의식적인 규제에 국한되지 않는다. 오히려 마르크스의 '자유의 왕국'은 예술, 두터운 사랑과 우정, 다른 존재를 돌보는 행위 및 스포츠, 음악 연주, 독서 같은 취미 활동 같은 창조적인 활동, 즉 개인의 전면적인 발전에 꼭 필요한 활동들을 포함한다. 이러한 활동은 코뮤니즘에서 개성의 완벽한 발전을 실현한다. 이러한 마르크스의 전망에 비해 엥겔스의 자연관은 자유의 왕국을 필연성의 왕국으로 축소함으로써 오히려 자유의 왕국의 내용을 빈곤하게 만들고, 필연성에 의식적으로 복종함으로써 자유를 실현할 수 있다는 헤겔주의적 관점을 전개한다. '자유는 필연성에 대한 통찰이다'(*MECW* 25: 105).

IV. 엥겔스의 연구 노트와 정치경제학 비판

또한 마르크스의 물질대사론은 1868년 이후 마르크스가 광범위한 자연과학 연구 노트를 남긴 이유를 이해하는 데 도움이 된다. 그동안 잠자고 있던 이러한 연구 노트에『자본』에 쓰여 있지 않은 부분을 상상할 수 있게 해 주는 단서가 숨어 있기 때문이다. 연구 노트의 범위가 광범위하다는 점으로 미루어볼 때, 자연과학에 대한 마르크스의 관심사는『자본』3권의 지대론을 넘어서 나아갔을 것이다. 설령 1864년에서 1865년 사이 마르크스가 지대론을 연구하기 위해 리비히의『농화학』연구에 몰두했다 하더라도, 마르크스의 연구가 보다 더 광범위한 생태학적 문제를 다룬다는 점을 감안할 때, 그가 리비히의 근대 농업 비판을 수용한 이유를 지대론에 국한해서는 안 된다. 간단히 말해, 마르크스는 자본의 물상화된 힘에 의해 자연의 보편적인 물질대사가 변형됨에 따라 물질세계의 부조화가 출현하는 방식을 이해하려고 했다.

리비히의 강탈 농업 비판에 부족함을 느낀 마르크스는 1868년 이후 생태학적 문제에 대한 관심의 범위를 크게 확대하여 농업 발전에 대한 리비히의 비관론적이고 맬서스주의적인 관점을 비판하는 자료를 비롯한 새로운 자료들을 수집했다(*MEGA* IV/18; Saito 2017: 224). 이와 같은 맥락에서 뮌헨의 독일인 농학자 카를 N. 프라스Carl N. Fraas의 책에서 발췌한 내용들은 마르크스 생태학의 발전 과정을 재구성하는 일뿐 아니라 마르크스와 엥겔스의 지적 관계를 탐구하는 일에도 몹시 중요하다. 마르크스와 엥겔스는 생태학적 문제를 비롯해 다양한 종류의 정보를 공유했다. 엥겔스에게 보낸 1868년 3월 25일 자 편지에서 심지어 마르크스는 프라스의 책,『시간의 흐름에 따른 기후와 식물 세계, 둘 모두의 역사』에 대한 상세한 메모를 작성한 뒤, 과잉 벌목에 대한 프라스의 경고가 '사회주의적 경향'을 보인다고 썼다(*MEGA* IV/18).

기후와 식물군의 역사적인 변화를 드러내는 프라스의 책『시간의 흐름에 따른 기후와 식물 세계, 둘 모두의 역사*Klima und Pflanzenwelt in der Zeit, eine Geschichte beider*』(1847)는 매우 흥미롭네. 프라스는 다윈 이전의 다윈주의자라고 할 수 있지. 심지어 종(種)의 역사적인 발전조차 인정할 정도니까. 그러나 이와 동시에, 프라스는 농학자이기도 하네. 프라스의 주장은 경작의 정도에 따라 소작농들이 애지중지하는 '물기'가 사라지고 (또한 그에 따라 식물이 남쪽에서 북쪽으로 이주하여) 최종적으로 스텝이 형성된다는 것일세. 처음에는 경작이 유용한 효과를 보이지만 최종적으로는 벌목 등을 통해 파괴적인 효과를 보인다고 주장하지. 프라스는 박식하기가 이를 데 없는 문헌학자(책들을 그리스어로 집필)이자 화학자이자 농학자이기도 하네. 결론은, 자연스레 발전하여 의식적으로 통제되지 않는 (당연하게도 부르주아인 프라스는 이 지점에 도달하지 못했지만) 경작으로 인해 페르시아, 메소포타미아 등과 그리스에 사막만이 남았다는 것이네. 따라서 이것을 무의식적인 사회주의적 경향으로 이해할 수 있다는 점을 다시 한번 강조하고 싶네! (MECW 42: 558-559)

마르크스의 높은 평가를 계기로 훗날 엥겔스도 프라스의 책을 읽은 뒤 1879년에서 1880년 사이 작성한 연구 노트에 발췌를 남겼다(MEGA IV/31). 따라서 마르크스와 엥겔스의 발췌를 비교하여 두 사람이 실제로 동일한 관심사를 공유했는지 여부를 살펴볼 수 있다.

마르크스가 엥겔스에게 보낸 편지가 시사하는 것처럼, 프라스의 책은 메소포타미아, 이집트, 그리스 같은 고대 문명에서 비합리적으로 이루어진 과잉 벌목이 유발한 기후변화를 다룬다. 마르크스가 프라스 연구에 몰두했다는 점과 엥겔스가 『자연 변증법』에서 자연의 복수에 대해 경고했다는 점 사이의 유사성을 바탕으로 스탠리(2002: 18)는 마르크스와 엥겔스 둘 다 프라스의 이론을 수용했다는 점에서 동일하다고 지적한다. 스탠리는 마르크스와 엥겔스의 연구 노트는 살펴보지 않은 채 마르크스의 편지와 엥겔스의 수고 각각에 따로따로 등장하는 이 두 가지 인용문만을 그저 피상적으로 비교하는데 그쳤지만, 이 책에서는 프라스의 저술에 대한 마르크스의 연구 노트를 상세하게 분석하여(Saito 2017) 프라스에 대해 기록한 엥겔스의 연구 노트와 비교하려고 한다.

『자연 변증법』에서 이미 프라스의 책을 활용했기 때문에, 엥겔스의 발췌는 길지 않다. 그럼에도 엥겔스의 발췌를 통해 엥겔스의 관심이 어디에 쏠려 있었는지 명확하게 파악할 수 있다. 첫째, 자연과학 분야에서 마르크스와 엥겔스의 지적 관계가, 마르크스가 여전히 '[엥겔스의] 발자취를 꾸준히 따르[고]' 있던 1864년과 비교하여 역전되었다는 사실을 곧바로 인식할 수 있다. 엥겔스가 프라스에 대한 연구 노트에 표현을 바꾸어 기록했다는 사실은 그의 관점이 프라스의 저술에 대한 마르크스의 높은 평가에 영향을 받았음을 시사한다는 점에서 주목할 만하다. 다시 말해, 이제는 엥겔스가 마르크스의 추천을 따르게 된 것이다.

이 편지에서 마르크스는 '자연스레 발전하여 **의식적으로 통제되지 않는** 경작으로 인해 … 사막화되었다'라는 프라스의 통찰을 매우 높이 평가한다. 마르크스는 고대 문명에서 통제되지 않은 과정이 그 문명의 번영을 뒷받침하는 물질적 기초를 끝내 훼손하고 말았다는 프라스의 설명, 즉 과잉 벌목이 지역의 기후를 돌이킬 수 없을 정도로 변화시켜 토착 식물마저도 살아남지 못하게 되었다는 설명을 세심하게 연구했다. 엥겔스도 연구 노트에 동일한 견해를 적었다. '**인간이 농업을 발전시킨 결과, 남은 것은 막대한 사막뿐이었다**'(*MEGA* IV/31: 515; 강조는 원문). 엥겔스는 프라스의 저술이 가지는 의의를 '전통적인 문명이 토양 고갈, 숲 파괴, 기존 산물조차 생산하지 못할 정도의 토지 불모지화, 기후 악화를 유발하는 적대적인 과정임을 증명하는 주요 증거'라고 요약했다. 예를 들어 엥겔스는 독일과 이탈리아에서 평균 기온이 각각 '(열씨$^{\circ}$Re) 5도와 6도'[24] 상승했음에 주목했다(*MEGA* IV/31: 512). 또한 의식적으로 통제되지

---

24 '열씨(Réaumur scale) 5도와 6도'는 섭씨 6.25도와 7.5도에 해당한다.

않은 상태에서 이루어지는 생산으로 인해 [옮긴이: 토양이] 사막화된다
는 이러한 이해는 『자연 변증법』에서 자연의 복수에 대한 엥겔스의 논의
에도 반영된다. 실제로, 엥겔스는 프라스의 논의를 바탕으로 다음과 같
이 주장했다.

> 메소포타미아, 그리스, 소아시아 및 다른 곳에서는 경작할 수 있는 토지를
> 확보하기 위해 숲뿐 아니라 물기가 모이는 저수지마저 제거했다. 그러나 그
> 로 인해 훗날 그 나라들이 불모지가 되리라고는 꿈에도 생각하지 못했다.
> (*MECW* 25: 461)

여기서 엥겔스가 프라스의 저술에 대한 마르크스의 평가에 영향을
받았음을 분명하게 확인할 수 있다.

둘째, 마르크스는 동일한 편지에서 프라스를 '다윈 이전의 다윈주의
자'(*MECW* 42: 558)라고 표현한다. 엥겔스도 프라스의 『시간의 흐름에 따
른 기후와 식물 세계, 둘 모두의 역사』에서 다윈의 '자연선택'을 상기시키
는 구절을 연구 노트에 기록했다.

> 앞서 언급한 것처럼 참나무도 자연적 기후 요소(온도 및 습도)에 매우 민감하
> 다. 그리고 이러한 요소에 사소한 변화가 일어나면 참나무는 자연적 성장과
> 자기보존을 위해 애쓰는, 보다 더 지속적이고 보다 더 민감도가 낮은 주변
> 나무들과의 경쟁에서 뒤처진다. (*MEGA* IV/31: 515)

엥겔스가 '다원주의적 논의에 기반한 식물 종의 안정성에 대한 믿음'(*MEGA* IV/31: 515)을 논박하기 위해 프라스의 책을 읽었다고 덧붙였다는 점에서 이 구절은 시사하는 바가 있다. 이 논평을 쓰면서 엥겔스는 틀림없이 마르크스의 관심사와 본인의 관심사가 동일하다고 생각했을 것이다.

그러나 연구 노트를 보다 더 면밀하게 살펴보면 프라스에 대한 마르크스의 관심이 사실상 자연의 복수 및 다원주의적 논의에 국한되지 않았음이 드러난다. 1868년 초, 마르크스는 프라스의 저술뿐 아니라 독일 법사학자 게오르크 루트비히 폰 마우러Georg Ludwig von Maurer가 게르만 민족의 토지 소유 체계에 대해 논의한 『마르크, 호프, 도르프, 슈타트의 헌법 및 공권력의 역사에 대한 소개*Einleitung zur Geschichte der Mark-, Hof-, Dorf-, und Stadtverfassung und der öffentlichen Gewalt*』도 정독했다. 사실상, 마르크스는 엥겔스에게 보낸 편지에서 프라스와 마우러가 똑같이 '사회주의적 경향'을 보인다고 평가하면서 두 사람을 동일한 맥락에서 검토했다. 마르크스의 연구 노트에서 프라스와 마우러의 관계는 프라스와 다윈의 관계보다 훨씬 더 가깝다. 그러나 프라스와 마우러 사이에는 별다른 연관성이 없어 보이므로, 마르크스가 프라스와 게르만 민족의 사회를 동시에 연구한 이유를 엥겔스가 선뜻 납득하기는 어려웠을 것이다. 어쨌거나 이 편지에서 마르크스가 마우러를 높이 평가한 것을 계기로, 엥겔스도 마우러의 책을 읽고 그 내용을 본인의 분석에 반영했다. 그러나 마르크스와 다르게 엥겔스는 프라스와 마우러를 연관 지어 검토하지는 않았다.

프라스와 마우러를 연결하는 단서는 1866년 출판된 프라스의 저서

『농업 위기와 그 해결책』에 있다. 이 책에서 프라스는 마우러의 책 내용을 직접 인용하면서 게르만 민족 공동체에서 확인되는 토지의 지속가능성을 치켜세운다.

> 만일 마르크Mark 마을에서 목재, 짚, 똥, 심지어 가축(돼지!)조차 마을 구성원이 아닌 사람들에게는 판매를 금지하고, 마을 내에서 수확한 모든 작물, 심지어 포도주조차 마을 내에서만 소비해야 한다고 명령했다면 (이러한 관행에서 다양한 차지권[借地權, Bannrechte]이 출현하게 된다) 틀림없이 지력을 유지하기 위한 수단도 동원했을 것이다. 나아가, 숲과 목초지가 제공하는 추가적인 양분을 활용하고 심지어 강으로부터 거름을 제공받는 초원을 활용함으로써 분명 모든 곳의 [지]력을 증가시켰을 것이다. (Fraas 1866: 210)

이 구절에서 분명하게 확인되는 것처럼 프라스는 자본주의 이전 모든 사회가 자연법칙을 무시하여 사막화되었다고 주장하지 않았다. 오히려 프라스는 상품 생산이 어느 정도 존재하고 구성원의 공동체적 결속이 어느 정도 해체된 그리스 사회 및 로마 사회와 달리, 토지와 토지의 산물을 공동체에서 규제함으로써 지속 가능한 생산을 유지한 게르만 민족 사회에서 토양의 생산성이 증가했음을 부각했다.

1867년 12월 또는 1868년 1월, 마르크스는 프라스의 저술 제목인 『농업 위기와 그 해결책』을 연구 노트에 적었다(MEGA IV/18: 359). 프라스의 책을 읽고 난 이후에도 마르크스가 프라스의 또 다른 책을 추가로 읽었을 뿐 아니라 게르만 민족 공동체에 대한 마우러의 분석에도 관심을 가졌을 가능성이 매우 높다. 프라스와 마우러의 책을 읽은 뒤 마르크스는 마우러의 저술 역시 '사회주의적 경향'을 보인다고 평가했다. 따라서 마르크스는 인간과 자연 사이에 이루어지는 물질대사를 상이한 방식으로 조직하는 자본주의 이전 사회에 좀 더 주목하게 되었다.[25] 자본주의 이전 농촌 공동체에서 이루어진 평등하고 지속 가능한 생산을 치켜세웠다는 점에서 마르크스가 자본주의 이전 사회에서 자연법칙에 대한 무지로 인해 나타난 자연의 복수를 과잉일반화하지 않았음을 확인할 수 있다. 하마터면 모든 문명은 환경에 나쁘다는 식의 환원론적 관점으로 빠져 버리고 말 수도 있었지만,[26] 오히려 마르크스는 자본주의 이전에 인간과 자연 사이에 이루어진 물질대사의 특수성이 특정 농촌 공동체의 활력의 원천일지도 모른다고 인식했다. 비록 자연법칙을 인식함으로써가 아니라 오래 지속되어 온 전통과 관습에 의해 의식적으로 통제되지 않은 상태에서 평등하고 지속 가능한 생산을 달성했다 하더라도, 자본주의적 생산이 유발한 물질대사 균열과 비교해 볼 때 이러한 공동체에는 자본주의보다 우수한 경제적 요소가 있었다. 이와 같은 이유로 마르크스는 프라스의 저술과 마우러의 저술이 '사회주의적 경향'을 보인다고 평가했던 것이다. 이러한 마르크스의 평가가 자본주의 이전 사회는 자연법칙에 대한 무지로 인해 나타난 자연의 복수에 시달렸지만, 자연법칙을 인식하고 전유하게 되면, 자유의 왕국으로 도약할 수 있으리라고 주장한 엥겔스

---

25   이 문제를 6장에서 보다 더 면밀히 논의할 것이다.

26   마르크스는 낭만적 관점, 즉 자본주의 이전 모든 사회는 지속 가능했다는 관점과 자본주의는 모든 악의 원흉이라는 관점도 피했다.

의 논의와 매우 상이하다는 점에 주목해야 한다. 이와 같은 측면에 입각해 보면, 엥겔스가 역사 발전에 대한 일방적인 관점을 계속해서 견지했다고 해도 과언이 아니다.

나아가, 존 예이츠John Yeats와 조셉 비트 주크스의 지질학 책에서 광범위한 내용을 발췌한 마르크스의 1878년 연구 노트는 물질대사론을 확장했다는 점에서 주목할 만하다. 다양한 주제를 다루는 이러한 기나긴 발췌의 의미가 생태학에 국한되는 것은 아닐 터이다. 그렇지만 분명한 것은 마르크스가 본인의 정치경제학을 확장하기 위해 지질학을 연구했다는 것이다. 예를 들어, 마르크스는 '석탄 채굴 분야만 보아도 무지로 인해 낭비되는 돈이 막대하다'(*MEGA* IV/26: 478)라는 점에 주목했고, 본인이 작성한 『지질학도 안내서*Student Manual of Geology*』에 지질학이 '실무적으로 매우 중요'하다는 주크스의 논평을 기록했다.

지질학을 영국 섬들에 실무적으로 적용하려 할 때 중요한 점 가운데 하나는 경솔한 기업이 돈을 낭비하지 못하게 [방지하고] 그 돈을 기업이 성공할 가능성이 [있는] 곳[으로] 유도하는 [두 가지 목적에] 있다. (*MEGA* IV/26: 642)

나아가 마르크스는 지질학의 발전이 석탄 및 철 같은 원료 물질과 보조 물질의 발견 및 채굴 방법을 개선하고 생산성을 증대하는 방식과 운송의 개선이 산업과 농업(및 채굴 산업) 간 관계에 영향을 미치는 방식에 대한 주크스의 묘사에 주목했다. 자본주의적 발전 과정에서 과거에는 수익성이 없었던 것이 이제 수익성이 있는 것이 되고, 과거에는 불모였던 곳이 이제 비옥해진다. 이로 인해 이윤율 저하 법칙의 적용이 매우 복잡해진다.

그렇다고 해서 자본이 지질학적 조건에서 자유로울 수 있다는 의미는 아니다. 반대로 마르크스는 인간이 변형할 수 없는 주어진 자연 조건인 지질층이 사회 발전 경로에 지대한 영향을 미치는 방식을 연구 노트에 열심히 기록했다. 이미 1850년대에 마르크스는 인류사와 자연사의 관계에 관심을 가졌다. 예를 들어, 지질학을 집중적으로 연구한 마르크스는 사회 구성체의 다양한 층위를 파악하기 위해 『런던 노트*London Notebooks*』에서 제임스 F. W. 존스턴의 '지질학적 구성체' 개념을 채택했지만, 당시 그것은 한낱 은유에 불과했다. 1870년대와 1880년대에 마르크스는 한 단계 더 나아가 지질학적 구성체와 사회 구성체의 직접적인 관계를 연구했다. 예를 들어, 마르크스는 주크스의 책에서 다음과 같은 구절을 발췌했다.

… '잉글랜드는 전혀 유사성이 없는 두 부분으로 나누어져 있다. 두 부분은 대지의 형태와 양상, 민중의 생활조건과 고용까지[도] 서로 대비된다'. 즉, 이 지역의 북서부 부분은 '주로 고생대 지층이다. 주로 거칠고 척박한 산지이지만, 광물 자원이 풍부한 곳이 많다.' 이 지역의 남동부 부분은 '2기 및 3기 지층'으로 구성된다. '지형은 일반적으로 부드럽고 완만하지만 토양 아래에 광물 자원이 거의 없거나 아예 없다.' 그 결과, '채굴과 제조에 종사하는 인구'는 북서부로 모여들고 '남동부의 노동 인구'는 주로 '농업'에 종사한다. (*MEGA* IV/26: 641)

『자본』에서 마르크스는 농업과 산업의 대립을 넘어선 '농업과 산업의 연합이라는 새롭고 더 높은 종합'을 그려 보았다(*Capital* I: 637). 그러나 지질학적 특징은 변형할 수 없다. 따라서 포스트-자본주의를 그려 보려 할 때는 주크스가 주목했던 불변의 지질학적 특징을 훨씬 더 주의 깊게 다뤄야 했다. 사실, 마르크스는 나중에 다시 살펴보기 위해 이러한 구절들을 강조 표시하여 연구 노트에 기록했다. 그렇다면 '마르크스는 인간이 신체 또는 지리학적 조건에 의해 제약을 받는 존재라는 사실을 거의 인정하지 않았다'(Kołakowski 1978: 413)라고 비판하는 레제크 코와코프스키의 주장은 완전히 논파된다.[27]

마르크스는 주크스의 책에서 기후와 강수가 지질학적 구성체 및 동식물 상에 영향을 미치는 방식에 대한 논의를 발췌했다. 이러한 발췌는 프라스 및 다윈과 관련된다는 점에서도 흥미롭다. '고생물학'이라는 제목의 절에서 주크스는 다윈을 직접 언급하면서 시간의 흐름에 따른 엄청난 기후변화를 지적했고, '기후변화는 종의 파괴와 관련된다'(*MEGA* IV/26: 219)라고 주장한다. 이와 같은 맥락에서 마르크스도 **멸종**은 여전히 진행 중(몰살의 가장 능동적인 주체는 **인간 자신**)'(*MEGA* IV/26: 233; 강조는 원문)이라는 주크스의 언급을 기록했다. 프라스와 마찬가지로 마르크스는 장기간의 지질학적 시각에서 기후변화와 그것이 환경에 미치는 영향을, 특히 인간에게 미치는 영향에 각별히 주목하면서 연구했다. 마르크스는 예이츠의 『상업용 원료 물질의 자연사*Natural History of the Raw Materials of Commerce*』

---

27 1850년대의 마르크스는 리비히의 낙관론에 영향을 받아 이와 같은 관점을 견지했다. 그러나 훗날, 마르크스와 리비히 모두 이러한 관점과 분명하게 거리를 두었다(Saito 2017).

에서 과잉 벌목으로 인해 북아메리카의 기후가 변화했다는, 이와 유사한 언급을 발췌했다. '다른 한편으로 **막대한 개간**은 **이미 기후를 현저하게 변형했다**'(*MEGA* IV/26: 36; 강조는 원문). 여기서 다윈에 대한 마르크스의 관심은 (엥겔스와 다르게) 인간과 무관하게 진행되는 생명의 기원, 자연선택, 진화 같은 백과사전식 주제에 국한되는 것이 아니라 자연과 **인간** 사이에 경험적이고 역사적으로 이루어지는 물질대사적 상호작용의 방식과 그것이 미치는 부정적인 영향을 아우른다.

자연과학의 수용과 관련하여 마르크스와 엥겔스의 핵심적인 차이를 다음과 같이 요약할 수 있다. 엥겔스는 초역사적인 자연법칙을 과학적으로 인식하여 자유의 왕국을 실현하는 데 주목했다. 의식/물질 및 관념론/유물론이라는 철학적 이분법을 토대로 한 엥겔스의 자연 변증법은 물질 및 유물론의 존재론적 우선성을 옹호했다. 철학적 및 초역사적인 도식 차원에서 자본주의적 생산하에서의 생태학적 쟁점에 접근한 결과, 엥겔스는 리비히의 물질대사 개념을 거부하고 이미 1840년대에 개념화한 '도시와 시골의 대립'에 만족하고 말았다. 나아가, 자유의 왕국 및 자본주의 이전 사회에 대한 논의에서도 엥겔스는 근대 자연과학의 도움을 받아 자연법칙을 진보적으로 인식함으로써 역사가 발전한다는, 보다 일방적인 전망을 견지했다.

반면, 사실상 마르크스는 엥겔스가 추구하고 있던 유물 변증법 기획을 채택하지 않았다. 마르크스가 '이와 같이 광범위한 학문적 경향을 따르는 친구에게 도의적인 차원에서 지지와 격려를 보냈을 수는'(O'Rourke 1974: 50) 있었겠지만, 『독일 이데올로기』에서 '철학과 결별'(Sasaki 2021: 35)한 이후로 마르크스는 이와 같은 철학적 존재론에 관심을 가지지 않았다. 사실, 1860년대 이후 자연과학 연구에 몰두한 마르크스는 점점 더 경험론적으로 변해 갔다. 1860년대 이후 물질대사 개념을 확장함으로써 마르크스는 인간과 자연의 관계가 물리적 및 사회적으로 전환되는 과정을 역사적, 경제적, 생태학적 시각에서 이해하려고 했다. 또한 마르크스는 자연과 인간 사이에 이루어지는 물질대사를 상이한 방식으로 조직하는 자본주의 이전 사회 및 비서구 사회에 대해 연구함으로써 자본주의를 넘어 보다 더 평등하고 지속 가능한 사회를 구축하는 데 필요한 활력의 원천을 인식하게 되었다. 다시 말해 스탠리의 추정과는 반대로, 마르크스는 1844년의 『경제학 철학 수고』에서 옹호했던 '보편적 과학'(Stanley 2002: 37)을 확립하기 위해 자연과학 연구에 몰두한 것이 아니었다. 물론 마르크스가 유물론적 자연관을 확립하려는 엥겔스의 시도를 일축한 것은 아니었으므로 마르크스주의를 창시한 두 사람 사이에 나타난 이러한 차이를 **과대**평가할 필요는 없겠지만,[28] 그것을 과소평가해서도 안 된다. 왜냐하면 그 차이가 엥겔스가 마르크스의 자연과학 연구 노트의 범위를 완벽하게 이해하지 못했던 이유와 『자본』 3권에서 물질대사 균열에 대한 핵심 구절을 수정한 이유를 이해하는 단초가 되기 때문이다. 사실상, 후속 세대 마르크스주의자들은 엥겔스의 이해를 바탕으로 마르크스의 이론을 수용하게 되었다.

수전 벅-모스는 '분명 [마르크스는] 진보에 대한 부르주아의 신념을 공유했다. 말년의 마르크스의 저술에는 변증법이 역사 발전의 자연법칙이라는 엥겔스의 이해를 정당화하는 내용이 많았다'(Buck-Morss 1977: 62)

---

28 사실, 『자본』에는 마르크스가 엥겔스의 영향을 받았던 구절들이 있다(*Capital* I: 338을 참고하라).

라고 주장한 바 있다. 이번 장에서는 그와는 정반대의 주장, 즉 물질대사 개념과 그것이 생태학에 가지는 함의가 20세기 내내 등한시되어 온 이유는 바로 '말년의 마르크스의 저술'과 '엥겔스의 변증법 이해'의 차이 때문이라는 주장을 입증했다. 마르크스 사후에 엥겔스는 마르크스의 자연과학 연구 노트를 외면했고, 심지어 마르크스주의자로서 천부적인 재능을 타고난 후속 세대 마르크스주의자들조차도 마르크스와 엥겔스의 지적 노동 분업이라는 신화를 견지했다. 전통적 마르크스주의자들은 마르크스의 생태학적 물질대사 개념의 중요성을 간과했고, 심지어 엥겔스를 단호하게 거부한 서구 마르크스주의자들조차 전통적 마르크스주의자들과 동일하게 편파적인 이해에 빠져들고 말았다. 이를 통해 엥겔스가 20세기 마르크스주의자들에게 얼마나 지대한 영향을 미쳤는지 확인할 수 있다. 그러나 이러한 일반적인 동향에 도전하고 물질대사라는 마르크스의 유산을 부활시키려고 시도했던 예외적인 마르크스주의자가 한 명 있었으니, 바로 죄르지 루카치이다.

3
생태사회주의적 현실주의의 기초를 다진 루카치의 물질대사론

오늘날, 새로운 지질시대인 인류세를 중심으로 생태 위기에 대한 논의가 활발하게 이루어지고 있다. 인간 경제활동의 흔적이 지구 표면을 이미 완전히 뒤덮어 버렸다는 점을 감안할 때, 인간이 손대지 않은 원래 그대로의 '자연'은 존재하지 않는 것으로 보인다. 30여 년 전 빌 맥키번이 주장한 '자연의 종말'(McKibben 1989)은 이제 매우 설득력 있는 주장이 되었다. 그러나 기후변화가 미치는 전반적인 영향이 인간의 통제 범위를 벗어나면서, 인간이 자연을 절대적으로 지배한다는 근대의 프로메테우스주의적 꿈은 실패로 끝나고 말았다. 그로 인해 유발된 치명적인 상황 속에서 엥겔스가 경고한 자연의 '복수'와 막스 호르크하이머가 『도구적 이성 비판』에서 논의한 '자연의 반란'을 떠올리게 된다(Horkheimer [1947] 2005: 86).

자연의 '복수'와 '반란'이라는 개념은 주체성을 재분배하여 새로운 존재론적 현실을 유발하는데, 여기서 자연이라는 수동적인 '사물'은 인간과 **동등하게** 주체성을 획득하는 것처럼 보인다. 자연의 완전한 재편과 사물이라는 새로운 주체성의 등장은 정치생태학을 둘러싼 최근의 논쟁에서 노엘 카스트리의 '자연의 생산'론과 브뤼노 라투르의 '행위자-네트워크 이론ANT'이 득세하는 계기가 되었다. 카스트리(2005)는 인간과 무관한 자연의 존재를 부인하는 반면, 라투르(1993)는 주체와 객체라는 근대의 이원론적 구상을 거부하고 사물을 '행위자들'로 이해함으로써 주체성을 재분배한다. 두 사람의 발상은 분명 상이하다. 그러나 두 사람 모두 사회적인 것과 자연적인 것의 **혼종성**을 인류세의 특징으로 규정한다는 점에서, 존재론적 일원론이 이원론보다 우수하다는 생각을 공유하고 있다고 할 수 있다.

이와 같은 맥락에서, 마르크스의 '물질대사'[Stoffwechsel] 개념을 마르크스 생태학의 이론적 기초로 삼으려는 시도는 냉혹한 비판의 표적이 되어 왔다. 특히, 마르크스의 물질대사 개념의 중심을 이루는 '물질대사 균열' 개념은 '자연'과 '사회'를 완벽하게 분리된 독자적인 두 개의 실체로 보는 '데카르트적 이원론'으로 이해되어 '인식론적 균열'(Schneider and McMichael 2010: 467)이라는 비난을 받아 왔다. 따라서 마르크스주의자들 사이에서조차(특히 제이슨 W. 무어(2015)) 자본주의적 발전에 대한 이원론적 논의를 포스트-데카르트적 논의로 대체하여 현재의 생태 위기를 보다 더 잘 이해해 보려는 다양한 시도가 이루어지고 있다. 안타깝게도, 마르크스는 정치경제학 비판에서 자연의 존재론적 지위에 대해 체계적으로 정교화하지 않았다(그것은 마르크스의 정치경제학 비판의 과제가 아니었다). 그러나 모든 마르크스주의자들이 그 이론적 관련성을 무시한 것은 아니다. 이번 장에서는 죄르지 루카치와 그가 쓴 『역사와 계급의식』을 토대로 마르크스의 물질대사 균열론을 옹호하면서 최근의 비평가들에 응수하려고 한다.

앞선 2장에서 서구 마르크스주의 전통이 자연을 부당하게 외면했다고 비판했기 때문에 이러한 접근법은 일견 모순처럼 들릴 수 있다. 사실, 서구 마르크스주의의 기초를 이루는 저술인 루카치의 『역사와 계급의식』은 마르크스의 변증법적 분석에서 자연의 영역을 배제하려는 시도로 간주될 수 있다. 나아가 『역사와 계급의식』은 일관성 없는 '존재론적 이원론'이라는 비판도 받아 왔다(Vogel 1996). 그러나 루카치의 『역사와 계급의식』이 불분명해지게 된 까닭은 그의 사고가 '시기상조였던' 탓도 있지만, 1920년대에 정통 마르크스주의를 비판하려고 시도하는 과정에서 루카치가 난관에 봉착한 탓도 있다. 정치적인 이유로 인해 루카치는 본인의 진의를 감추거나 모호하게 표현할 수밖에 없었는데, 그로 인해 양가적이고 비일관적이라는 비판을 받게 되었다. 그리고 이러한 비판은 오늘날까지도 루카치의 저술에 대한 우리의 이해를 계속해서 제약한다.

이 책에서는 『역사와 계급의식』에서 루카치가 정교화한 입장이 일관성이 없는 것이 **아니라고** 주장하여 이러한 비평가들의 비판에 대응할 것이다. 그러기 위해 특히 『역사와 계급의식』에 대한 비판에 직면한 루카치가 스스로를 방어하기 위해 쓴 저술(훨씬 나중에 『추수주의와 변증법』이라는 제목으로 출판되었다)에서 발전시킨 물질대사론을 보다 더 세심하게 살펴볼 것이다. 나아가 데카르트적 이원론과 라투르적 일원론을 모두 회피한다는 점에서, 루카치의 물질대사론은 그를 비평하는 사람들의 이론보다 우수할 뿐 아니라 오늘날의 논쟁에도 관련된다. 이번 장에서는 우선 일관성이 없다고 추정되어 온 루카치의 '방법론적 이원론'과 '존재론적 이원론'을 재구성하여 루카치의 물질대사론의 우수성을 입증한다(I절). 그리고 나서 당시에는 출판되지 않았던 루카치의『추수주의와 변증법』을 살펴보면서 지극히 비일관적이라고 비판받는『역사와 계급의식』의 이론적 일관성을 옹호할 것이다. 그러나『추수주의와 변증법』수고가 발견되었음에도, 루카치는 여전히 비판의 대상이다. 이와 관련된 주요 도전은 루카치의 '과학적 이원론'이 마르크스의 유물론과 양립할 수 없다고 생각하는 폴 버켓의 비판에서 비롯된다(II절). 이와 같은 비판에 반박하기 위해 루카치가 마르크스의 방법론과 물질대사론을 올바르게 채택했다는 사실을 입증할 것이다. 한편, 루카치는 마르크스의 물질대사론을 바탕으로 '존재론적 일원론'을 옹호했다. 그러나 또한 루카치는 절대적인 것the absolute이라는 청년 헤겔의 구상에서 착안한 '동일성과 비동일성의 동일성' 개념을 활용하여 '방법론적 이원론'도 옹호했다(III절). 루카치는 마르크스주의적 자연론을 발전시킴으로써 생태사회주의적 현실주의를 확립하여 인류세 시대에 전 지구적 생태 위기를 비판적으로 분석할 계기를 마련해 주었다(IV절).[1]

---

1 이와 같은 방식으로 루카치의 동료였던 이슈트반 메자로스는 '결국 사회적 물질대사를 통제할 수 없는' 자본의 '통제 양식'(Méeszáros 1995: 41)에 대한 비판의 필요성을 인식함으로써, 매우 이른 시기에 마르크스의 물질대사 균열론을 본인의 이론에 통합할 수 있었다.

I. 『역사와 계급의식』의 '양가성'

기본적으로 『역사와 계급의식』은 정통 마르크스주의의 도그마에 도전하고 마르크스의 진정한 철학적 유산을 탐구하려고 시도하여 논란을 불러일으킨 저술이다. 1920년대에 이루어진 루카치의 야심 찬 시도에 수많은 비판이 쏟아졌다. 심지어 루카치의 건전한 의도에 공감하는 사람들조차 거의 예외 없이 루카치가 여전히 정통 마르크스주의의 패러다임에 사로잡혀 있었던 탓에 이론적 모순이라는 난관에 봉착했다고 지적한다(Fracchia 2013: 87). 주요 문제 가운데 하나는 사회와 자연에 대한 루카치의 논의에서 등장하는데, 이것은 앞 장에서 논의한 마르크스와 엥겔스의 지적 관계와 관련이 있기 때문에 여기서 주목해 봄 직하다.

『역사와 계급의식』의 유명한 각주에서 루카치는 마르크스의 변증법적 방법론의 적용 가능성을 오직 사회로만 제한하면서 변증법적 방법론을 자연으로 부당하게 확장한 엥겔스를 비판한다.

> 여기서 그 방법론이 역사와 사회의 영역[historisch-soziale Wirklichkeit]으로 제한된다는 점을 깨닫는 것이 가장 중요하다. 변증법에 대한 엥겔스의 기술에서 생기는 오해는 대체로 엥겔스가 헤겔을 잘못 이해하여 그 방법론을 자연 지식에도 적용하도록 확장했다는 사실에서 기인한다. 그러나 변증법의 결정적인 규정 요인들, 즉 주체와 객체의 상호작용, 이론과 실천의 통일, 사상 변화의 근본 원인으로서의 범주의 근간이 되는 현실의 역사적 변화 등은 인간의 자연 지식과 무관하다. (Lukács 1971: 24)

일개 각주에 감춰져 있음에도 불구하고, 이와 같은 주장 덕분에 루카치는 '서구 마르크스주의의 패턴을 창시한 여러 인물'(P. Anderson 1976: 29) 가운데 한 사람이 되었다. 서구 마르크스주의의 주요 특징은 엥겔스의 자연 변증법과 마르크스의 사회철학의 근본적인 차이를 부각함으로써 엥겔스의 자연 변증법을 일축하는 것이다.[2] 루카치에 따르면 두 가지 방법론, 즉 자연과학 방법론과 사회 분석 방법론은 반드시 엄격하게 분리되어야만 하고 절대로 혼동되어서는 안 된다. 그러지 않으면 자연과학 방법론이 마르크스주의적 사회 분석을 침범하여 니콜라이 부하린의 실증주의적 변증법의 경우에서처럼 사회 발전에 대한 소련식 기계론적 이해가 출현하게 될 터였다. 루카치가 마르크스의 원래 변증법적 방법과 양립할 수 없는 엥겔스의 과학주의로부터 마르크스주의를 구하려고 했다는 것이 표준적인 해석이었다. 따라서 루카치의 비판은 서구 마르크스주의의 일반적인 방향을 규정할 정도로 큰 영향력을 행사하게 되었다.

그러나 2장에서 살펴본 것처럼 마르크스와 엥겔스를, 그리고 사회과학과 자연과학을 이와 같이 철저하게 분리하자 부정적인 반응이 일어났다. 예를 들어 앨런 우드는 마르크스가 변증법적 원리는 '역사와 자연과학에서 동등하게 검증된다'라고 여러 차례 명백하게 주장했다는 이유를 들어 루카치가 전개한 해석은 '마르크스의 텍스트 어디에서도 근거를 찾을 수 없다'(A. Wood 1981: 223)라고 비판했다. 이것은 이미 1920

---

2 서구 마르크스주의의 또 다른 근본적인 특징은 헤겔 철학에 의지한다는 것이다. 이것은 이번 장 후반부에서 중요한 역할을 수행한다.

넌대에 흔한 반응이었다. 서구 마르크스주의의 원래 창시자 가운데 또 다른 한 사람인 안토니오 그람시는 『옥중수고』에서 다음과 같은 방식으로 루카치의 주장에 의문을 제기했다.

> [루카치는] 변증법을 인류사에만 적용할 수 있고 자연사에는 적용할 수 없다고 주장하는 것처럼 보인다. … 루카치의 주장이 자연과 인간 사이의 이원론을 전제한 것이라면, 그것은 틀린 것이다. … (과학의 역사를 통해) 인간의 역사를 자연의 역사로 파악할 수 있다면, 어찌 자연과 변증법을 분리할 수 있겠는가? (Gramsci 1971: 448)

의도는 옳았지만 '그것들을 지나치게 명확하게 분리하는 바람에 의도하지 않은 오류를 범했다'(Jay 1984: 116)라는 것이 루카치의 도발적인 주장에 대한 오늘날의 일반적인 평가이다.

이와 같은 맥락에서 스티븐 보겔은 저서 『자연에 맞서*Against Nature*』에서 루카치의 사회와 자연 구분을 두 가지 방법론의 오용을 금지하는 '방법론적 이원론'으로 표현했다. 이 구분에는 사회 분석과 자연과학 사이에 절대로 넘어서는 안 되는 경계선이 있다는 추정이 자리 잡고 있다. 따라서 보겔은 이러한 방법론적 이원론에는 반드시 자연과 사회의 **존재론적 이원론**'이 따라온다는 점에 주목한다(Vogel 1996: 18; 강조는 원문). 요컨대, 각 영역에 고유한 속성이 상이하기 때문에 각 영역에 접근하기 위한 특유한 방법론 역시 상이할 수밖에 없다는 것이다.

그러나 이러한 존재론적 구분은 자연과 인류의 연속성에 대한 마르크스의 근본적인 유물론적 주장을 거스르는 것이므로, 따라서 보겔은 루카치의 논의에 내포되어 있는 존재론적 이원론을 문제로 지목했다. 보겔(1996: 41)에 따르면, 마르크스의 물질대사 개념은 '자연적인 것과 사회적인 것이 불가분하게 연결되면서 서로 엮이는' 존재론적 현실을 표현한다. 다시 말해, 루카치의 '존재론적 이원론'은 '존재론적 일원론'으로서의 마르크스주의 유물론과 양립할 수 없다. 보겔에 따르면 마르크스주의자로서 천부적인 재능을 타고난 루카치는 이러한 양립 불가능성을 사실상 인지했지만 존재론적 이원론을 완전히 포기하지 못했고, 그 결과 『역사와 계급의식』은 비일관적이고 모순적이라는 비판에 시달리게 되었다.

보겔은 근대 자연과학의 발전에 대한 루카치의 태도에서 그의 양가성 가운데 하나가 표출된다고 주장한다. 한편으로, 루카치는 자연의 영역에 자연과학 방법론을 적용하는 것이 사회과학 방법론을 적용하는 것보다 **더 객관적**이고 **덜 문제적**인, 즉 이데올로기적으로 편향되지 않은 지식을 생산한다고 생각하는 것처럼 보인다. '과학적 지식의 이상理想을 자연에 적용하면 **과학이 발전한다**. 그러나 **그것을 사회에 적용하면** 부르주아의 이데올로기적 무기가 된다'(Lukács 1971: 10; 강조는 추가). 이 구절에서 루카치는 단순히 자연과학의 방법론을 부르주아 지배의 도구로서 사회에 오용하는 것을 문제시할 뿐 자연과학 방법론을 자연과학 내에서 올바르게 적용하는 것은 문제시하지 않는 듯 보인다.

다른 한편으로, 『역사와 계급의식』(특히 가장 두드러지는 소논문인 「물상화와 프롤레타리아의 의식」)에서 루카치는 근대 과학의 '관조적 태도'

에서 떠오르는 문제를 드러냄으로써 근대 과학을 비판한다. 보겔(1996: 21)은 루카치의 자연과학 비판을 네 가지로 요약한다. 자연과학의 첫 번째 원리는 **직접성**이다. 기정사실인 자연은 '순수한 사실'로서 객관적으로 알려질 수 있다. '곧바로 주어진 대상의 형태, 즉 그것들이 지금 여기에 이 특정한 방식으로 현존한다는 사실은 일차적이고, 실제적이며, 객관적인 것처럼 보인다'(Lukács 1971: 154). 둘째, 이러한 '순수한 사실'의 창조는 세계의 **총량화**total quantification를 통해 수행된다. 근대 과학의 목적은 모든 것을 기계론적 방식으로 양화量化하여 인간이 연구 대상을 보편적이며 예측 가능한 법칙으로 이해하고, 그것들을 조작할 수 있도록 지원하는 것이다. 세 번째 원리는 **단순성**이다. 계산할 수 있으려면 복잡한 자연현상을 먼저 단순한 요소로 분해한 다음 그것들을 결합하여 보다 복잡한 현상을 설명할 수 있어야만 한다. 네 번째 원리는 **몰역사성**이다. 기계론적 자연법칙은 시간이 흘러도 변하지 않는, 영원한 것으로 여겨진다.

루카치는 이러한 종류의 '형식주의formalism'가 자본이 창조한 '물상화'의 세계, 즉 인간에게 낯선 힘으로 나타나는 양화된 사물의 세계를 반영한다고 주장함으로써 이러한 근대 과학의 순진한 전제를 거부했다. 루카치가 볼 때, 물상화된 세계관은 실제 세계의 복잡성을 강제로 추상화해야 하는데, 이로 인해 자연과학은 다양한 이론적 난관에 봉착하게 된다. 첫째, 직접성이라는 발상에 내재된 객관주의가 분석에서 주관적인 측면을 하나도 빠짐없이 배제하기란 불가능하다. 둘째, 계산을 가능하게 하기 위한 양화는 세계의 다양한 구체적이고 질적인 측면이 양화에 저항한다는 사실을 외면한다. 셋째, 단순성을 바탕으로 하는 환원적 방법론은 총체성을 상실한 고립된 사실로만 구성되기 때문에 세계의 총체적이고 관계적인 속성을 다룰 수 없다. 마지막으로, 몰역사적인 자연 이해는 역사적이고 진화적인 변화를 설명할 수 없으므로, 이러한 변화를 한낱 우연적인 것으로 무시해야만 한다. 요컨대, 근대 과학의 형식주의는 실제 물질세계의 구체성과 질적 다양성을 '파악할 수 없다'(Lukács 1971: 105). 자연과학은 우주의 모든 것을 설명할 수 있는 중립적이고 객관적인 과학이라고 자신을 내세우지만, 루카치는 자연과학이 물질세계의 시간적인 측면과 양화가 불가능한 측면을 무시해야만 현실에서 중립성과 객관성을 확보할 수 있다고 주장했다.

루카치에 따르면 이러한 자연과학 방법론은 이윤 극대화라는 동인에 따라 생산과정을 합리화하려는 자본주의적 생산에 유리하게 작용했기 때문에 지배적인 것이 되었다. 이러한 배경을 바탕으로 자연과학은 심지어 '부르주아 이데올로기'로서 기능한다. 자연과학 방법론을 적용하면 노동자에 대한 자본의 지배가 강화되어 자본이 가치를 증식하는 데 유리한 방식으로 전체 생산과정을 변형하고 재조직할 수 있기 때문이다. 동시에, 자연주의는 스스로를 변하지 않는 '순수한 사실'을 탐구하는 객관적이고 중립적인 방법론이라고 상정함으로써 노동자에 적대적인 과학의 자본주의적 기능을 모호하게 만든다. 자연주의는 이러한 사실 이면에 숨겨져 있으면서, 자본주의의 근간을 이루는 사회적 관계를 신비화하고 그것들을 기정사실로 받아들일 것을 강요한다.

그것들은 역사적 진화의 산물로서 부단히 변화해 왔다. 또한 그것들의 객관적인 구조는 특정한 역사적 시대, 즉 자본주의의 산물이다. 따라서 '과학'이 데이터 자체를 과학적 개념화에 적절한 기초라고 주장하고 데이터라는 형태를 과학적 개념 형성에 적절한 출발점이라고 주장한다면, 과학은 자본주의 사회에서 그저 교조적으로 기능할 뿐이다. 과학은 대상의 본성을 기정사실로서 그리고 사회 법칙을 '과학'의 불변의 기초로서 무비판적으로 받아들인다. (Lukács 1971: 7)

인간의 삶은 특히 자연과학이 맺은 결실이 자본의 생산력을 증가시키는 기술로서 적극적으로 적용되는 노동과정을 통해 양화된 과학의 세계에 포섭된다. 그 결과, 자연주의적이고 객관주의적인 합리화는 결국 인간을 비인간 대상의 낯선 힘에 예속시키는 '물상화된' 세계를 창조한다. 사실, 자본주의에 고유한 상품 생산이라는 요소는 기계적 합리화 체계하에서 노동과정을 파편화되고 반복적이며 추상적인 활동으로 변형한다. 노동이라는 유기적인 활동이 임의적, 우연적, 주체적 요인을 배제하는 부분적인 활동으로 분해되면서 생산과정은 점점 더 양화되고 노동자는 '관조적 태도'로 오직 자동화된 과정에만 참여할 수 있다. 자본이 계산 가능성 원리를 바탕에 두는 이유는 '경험주의, 전통, 물질에 의존하지 않기 위함'이다. 따라서 인간 활동은 물상화되어 사물과 같아지고 사회의 영역은 '이차 자연'이 된다. 이와 같은 방식으로 사회의 영역과 자연의 영역은 근대 자본주의하에서 그 어느 때보다 더 서로 가까워진다.

여기서 존재론적 이원론이 붕괴하기 시작한다. 이러한 이유로 보겔은 루카치의 자연과학 비판에 일관성이 **없다고** 평가했다. 자본주의 하에서 자연 지식이 철저하게 사회적 관계에 의해 매개된다면, 자연과학이 사회과학보다 본질적으로 우수하다는 주장은 성립할 수 없을 것이다. 즉, 루카치의 근대 과학 비판이 올바르다면, 자연과학은 중립적인 것이 아니라 '부르주아 이데올로기'로 판명될 것이다. 이러한 결론은 자연과학이 중립적이라는 과거 루카치의 진술과 모순되는 것으로 보인다. 나아가 루카치는 자연의 직접성이라는 전제를 비판했다. 자연은 역사적으로 변함이 없는 단순한 기정사실이 아니라 사회적 관계에 의해 철저하게 매개되는 것이다. 자연은 몰역사적인 것처럼 보이지만, 사실은 언제나 특정한 사회적 관계에 의해 이미 매개되고 변형된 것이다. 심지어 루카치는 '자연은 사회적 범주'라고 선언하기에 이른다(Lukács 1971: 130). 보겔의 관점에서는 이것도 문제다. 자연이 실제로 사회적 범주라면, 그것은 사회적 구성물이 될 것이다. 두 가지가 모두 **사회적 구성물**이기 때문에 사회적인 것과 자연적인 것 사이의 존재론적 이원론은 더 이상 유지될 수 없다. 존재론적 이원론이 붕괴되면 방법론적 이원론도 마찬가지로 붕괴된다. 따라서 루카치가 마르크스의 유물론에 충실하다는 추정에도 불구하고, 루카치는 자연의 사회구성주의라는 '관념론'에 빠진다.[3]

---

3 보겔만 그런 것이 아니다. 이러한 이론적 모호성을 두고 앤드루 아라토와 폴 브레인스는 루카치가 물상화에 대한 사회학적 비판을 모든 과학으로 확장한 것은 "'자연'과 관련하여 루카치가 봉착했던 난관을 감안할 때 설득력이 떨어진다"(Arato and Breines 1979: 121)라고 결론 내린다. 앤드루 핀버그 (Andrew Feenberg 1981: 204)도 '루카치에게는 완벽하게 일관된 자연 이론이나 자연과학 이론이 없다'라고 판단한다.

이와 같은 맥락에서 스티븐 보겔은 루카치의 유산을 구해내려고 시도했지만, 자연은 "말 그대로 사회적으로 구성된다." 즉, "'자연적' 세계와 사회적 세계는 구별할 수 없다"(Vogel 1996: 7; 강조는 원문)는 보겔의 주장은 '자연은 사회적 범주'라는 루카치의 언명을 오히려 훨씬 더 멀리 밀고 나갈 뿐이다.[4] 보겔에 따르면 『역사와 계급의식』에서 잘못된 직접성을 비판한 루카치의 주장은 '방법론적 **일원론**' 및 '존재론적 **일원론**'으로 이어져야 했다. 보겔은 루카치가 자연이 사회적으로 구성될 가능성에 대한 단서를 남겼음에도 불구하고, 루카치 같은 고전적 마르크스주의자들에게 자연이 '구축된다'라는 주장은 '일종의 관념론에 너무 근접한' 주장이었기 때문에, 루카치가 자연의 사회적 구성이라는 급진적인 주장을 이어 나갈 수 없었던 것이라고 탄식한다(Vogel 1996: 40).

자연의 사회적 구성이라는 보겔의 발상을 계기로 『독일 이데올로기』에서 루트비히 포이어바흐를 비판한 마르크스를 떠올릴 수 있다. '그는 자신을 둘러싼 감각 세계가 영원으로부터 직접 주어진 것이 [아니라…] 역사적 산물, 즉 선행하는 세대의 어깨에 올라서 있는 일련의 세대가 수행한 모든 활동의 결과라는 점을 이해하지 못한다'(*MECW* 5: 39). 마르크스는 이미 1844년에 '유적 존재'인 인류가 일단 코뮤니즘에서 자본주의적 소외를 초월하고 나면 '자신이 창조한 세계 속에서 자신을 바라

---

4 보겔(2015: 44-45)을 참고하라.

환경은 사회적으로 구성되고 사회는 환경적으로 구성된다. 인류와 환경은 서로 분리될 수 없다. 이러한 결론은 우리가 세계를 지배한다는 의미도 **아니고** 세계가 우리를 지배한다는 의미도 **아니다**. 오히려 '세계'와 '우리'가 매우 깊이 상호 연결되어 있어 어디에서 하나가 끝나고 어디에서 나머지 하나가 시작하는지 확인할 방법이 없다는 의미이다.

볼 수 있을 것'이라고 썼다(*MECW* 3: 277). 사실, '자연의 생산'이라는 발상은 인간이 지구에 개입하여 자연 그 자체가 사라져 버린 인류세의 존재론적 현실을 완벽하게 묘사한 것처럼 보일 수 있다. 마르크스는 여전히 인류세를 완벽하게 예견한 예언자로 간주될 수 있지만, 루카치의 존재론적 이원론은 오히려 완전히 시대에 뒤떨어진 이론인 것처럼 보인다.

II. 루카치의 자연 변증법과 과학적 이원론

루카치의 '모호성'과 '비일관성'은 두 가지로 요약될 수 있다. 우선 루카치의 '방법론적 이원론'은 자연과학 방법론은 중립적이고 객관적인 지식을 생산할 수 있는 반면, 사회과학 방법론은 부르주아 범주의 역사성과 계급적 특징을 드러낸다고 추정한다. 그런데 루카치의 근대 과학 비판은 자본주의하에서 자연과학의 이데올로기적이고 역사적인 특징을 드러낸다. 따라서 첫 번째 모호성은 '과학적 이원론'과 관련된다. 두 번째, 루카치의 '존재론적 이원론'은 사회가 존재하기 이전부터 이미 그것과 무관하게 존재해 온 비변증법적 자연의 존재를 전제하는 동시에 '자연은 사회적 범주'라고 강조한다. 바로 이것이 '존재론적 이원론'과 관련된, 특히 자연의 존재론적 지위와 관련된 두 번째 모호성이다.

이 두 가지 모호성은 간과할 수 없을 만큼 확연하다. 따라서 루카치의 타고난, 의심의 여지 없는 천부적인 철학적 재능을 감안할 때, 그가 이렇게 명확한 실수를 저질렀다는 것은 이상하기 짝이 없는 일이다.

1. 만일 루카치가 자연과학의 직접성이라는 전제를 그토록 철저하게 비판했다면, 이와 동시에 '과학적 이원론'을 바탕으로 자연과학은 중립적이며 이데올로기에서 자유롭다고 주장하는 것은 타당하지 않을 것이다.
2. 만일 루카치가 자연이 '사회적 범주'라고 명백하게 말했다면, 이와 동시에 사회와 자연의 '존재론적 이원론'을 가정하는 것은 분명 모순일 것이다.

따라서 보겔과 다른 이들이 놓친 것이 있을지도 모른다는 의구심을 가지고 루카치의 논의를 보다 더 신중하게 다뤄 볼 필요가 있다. 즉, 『역사와 계급의식』에 대한 보다 더 일관되고 설득력 있으며 생산적일 수 있는 대안적 해석이 정말 없는 것인지 재검토해 볼 필요가 있다.

일개 각주에 들어 있는 루카치의 언급을 후속 세대가 과장했다고 의심해 봄 직하다. 서구 마르크스주의자들이 루카치의 각주를 이용하여 사회의 영역에 초점을 맞추기로 한 본인들의 결정을 정당화했기 때문이다.[5] 그 결정으로 인해 엥겔스는 스탈린주의로 이어지는 실증주의적 방법론의 창시자로 간주되면서 희생양이 되었다. 다시 말해, 서구 마르크스주의자들은 루카치의 각주를 다소 **정치적으로** 활용하여 서유럽의 저술가들을 소련 마르크스주의와 명확하게 차별화하고, 그럼으로써 마르크스를 구해내려고 했다. 서구 마르크스주의는 자연의 영역을 배제함으로써 마르크스의 결론을 사회로 제한했다. 덕분에 그들은 '물상화' 개념을 규범적 기초로 삼아 자본주의 비판을 전개하게 되었다(Honneth

---

5 이러한 경향은 오늘날에도 지속된다. 전형적인 사례로 악셀 호네트(2008)는 루카치의 물상화론의 이론적 범위를 상호 인식 및 그것의 망각의 문제로 축소한다.

2008). 사회의 영역에만 배타적으로 초점을 맞춘 서구 마르크스주의가 그것을 정당화하기 위해 『역사와 계급의식』에 수록된 단 하나의 각주를 바탕으로 자연의 문제를 손쉽게 회피해 버리는 과정에서 루카치의 이론이 '모호'하다는 추정이 출현했을 것이다. 그러나 이러한 해석은 루카치의 관점과 양립할 수 없을 뿐 아니라 루카치의 '물상화론'의 범위를 크게 축소하여 오늘날 심각한 결과를 초래한다. 즉, 마르크스주의에서 자연의 문제를 배제함으로써 서구 마르크스주의는 생태 위기를 적절하게 다룰 수 없게 되었다.

다음과 같은 방식으로 대응해 볼 수 있을 것이다. 즉, 훗날 루카치가 『역사와 계급의식』에 대해 전개한 자기비판을 근거로 『역사와 계급의식』에는 이론적 일관성이 없는 것이 맞다고 생각해 볼 수 있을 것이다. 1967년, 『역사와 계급의식』의 재인쇄를 마침내 허락한 루카치는 스스로를 비판하는 장문의 서문을 덧붙였다. 1967년 서문에서 루카치는 자연을 '사회적 범주'로서 다룬 일을 명백하게 후회했다. 그 일로 인해 '마르크스주의를 사회이론 및 사회철학으로서만 배타적으로 이해하는 경향'이 강화되고 '그에 따라 마르크스주의를 자연 이론으로서 이해하는 관점을 무시하거나 일축하는 경향'(Lukács 1971: xvi)이 강화되었기 때문이다. 이를 두고 루카치는 본인이 『역사와 계급의식』에서 마르크스주의의 중심 개념일 뿐 아니라 심지어 사회와 자연 사이에 이루어지는 물질대사 교환을 매개하는 근본적인 활동인 '노동' 개념을 놓친 탓이라고 기록했다. '… 마르크스주의 경제학의 기본 범주이자 사회와 자연 사이에 이루어지는 물질대사를 매개하는 노동을 놓쳤기 때문에 경제학의 범위가 좁아졌다'(Lukács 1971: xvi). 1960년대에 루카치는 1920년대에 본인이 전개했던 원래 주장과 분명히 결별했다. 그러나 그럼에도 루카치는 본인의 저술에 대한 서구 마르크스주의의 해석에 신빙성을 부여하기로 마음먹었다.

따라서 루카치는 1967년 서문에서 중요한 사실을 감췄다. 바로 1925년에서 1926년 사이에 본인이 작성한 『추수주의와 변증법』 수고[6]의 존재를 숨긴 것이다. 심지어 오늘날에조차 대체로 무시되는 경향이 있지만, 『추수주의와 변증법』 수고는 1967년에 루카치가 전개한 주장에 도전한다. 루카치가 살아생전 전혀 언급하지 않았기 때문에 『추수주의와 변증법』 수고는 오랫동안 아무도 모른 채 묻혀 있다가 코민테른과 소련 공산당 중앙당 기록보관소가 공동으로 운영하는 기록보관소에서 발견되어 1996년 출간되었다. 보겔과 다른 사람들은 루카치의 초기 수고인 『추수주의와 변증법』을 검토하지 않았지만, 루카치가 『추수주의와 변증법』에서 자연의 문제와 관련된 본인의 주장을 여전히 열정적으로 방어하면서 『역사와 계급의식』을 상대로 제기된 비판에 대응하려고 시도했기 때문에, 이 수고는 이 책의 탐구에 엄청난 의의를 갖는다.[7] 여기서 루카치의 핵심 개념은 '물질대사'(Stoffwechsel)이다.

---

6 독일어 제목인 『추수주의(Chvostismus)』는 레닌이 『무엇을 할 것인가?』에서 사용했던 러시아어 용어에서 비롯된 것이다(Löwy 2013: 69). 루카치의 목적은 인간의 의식과 무관하게 진행되는 객관적인 역사 과정을 수동적으로 따르는, 즉 '꽁무니를 따라가는' 마르크스주의자들을 비판하는 것이었다

7 이 사실만으로도 이전의 문헌에 비해 매우 흥미롭다. 아라토와 브레인스(Arato and Breines 1979: 190)는 루카치가 이미 1924년에서 1926년 사이에 본인이 『역사와 계급의식』에서 전개한 이전의 입장을 '크게 바꿨다'고 주장했다. 그러나 당시 루카치가 본인이 이전에 전개한 관점을 여전히 방어하고 있었기 때문에 이것은 사실이 아니다.

『추수주의와 변증법』은 인간과 자연 사이에 이루어지는 '물질대사'라는 마르크스의 개념을 토대로『역사와 계급의식』에서 발전시킨 자연의 문제에 대한 핵심 테제를 **방어**하려고 했다는 점에서 1967년 서문과 근본적으로 다르다. 앞서 인용한 것처럼, 1967년 서문에서 루카치는 동일한 개념을 정반대의 근거로 활용했다. 다시 말해, 루카치는『역사와 계급의식』에 물질대사 개념이 결여되어 있다는 사실을『역사와 계급의식』에서 자연을 부적절하게 논의한 증거로 활용함으로써 본인 개인의 지적 발전의 역사를 비틀었다. '물질대사' 개념이『역사와 계급의식』에서 핵심적인 역할을 하지 않은 것은 사실이다. 그러나 1925년에서 1926년에 [옮긴이: 작성한『추수주의와 변증법』에서] 루카치는 '물질대사' 개념이『역사와 계급의식』의 핵심 주제를 올바르게 이해하는 데, 즉 자연과 사회의 존재론적 이원론을 피하고 사회에만 치우치는 일이 없게끔 하는 데 꼭 필요한 개념이라고 주장했다. 마르크스의 '물질대사' 개념을 무시한 서구 마르크스주의는 사회에만 편중하게 되었는데, 당시 루카치는 이미 이러한 위험을 제대로 인지하고 있었다. 따라서 루카치는 당시에는 출판되지 않았던 이 수고를 통해 '물질대사' 개념의 중요성을 부각했다.

『추수주의와 변증법』수고의 존재를 알고 나서 1967년 서문을 다시 읽어 보면 훨씬 더 흥미진진하다. 심지어 1967년 서문에서도 루카치가 '**저자의 주관적 의도와는 상반되지만**, 객관적으로 그것은 마르크스주의의 역사에서 마르크스주의를 사회이론으로서만 배타적으로 이해하는 경향에 속한다'(Lukács 1971: xvi; 강조는 추가)라고 넌지시 언급하기 때문이다. 그 '객관적' 결과는 루카치에 대한 다양한 비판과 서구 마르크스주의에 미친 여파에서 명료하게 확인할 수 있다. 그렇다면 루카치 본인의 '주관적 의도'는 무엇이었는가? 이 문제는 지금까지 아무도 탐구하지 않은 문제이므로 한번 검토해 봄 직한데, 『추수주의와 변증법』에서 그 단서를 찾을 수 있다.

당시에는 출판되지 않았던 수고를 통해 루카치는 러시아 마르크스주의자 아브람 데보린Abram Deborin과 헝가리공산당의 영향력 있는 마르크스-레닌주의자 라디슬라우스 루다스Ladislaus Rudas 같은 비평가들에게 응수하려고 했다. 이러한 정통 마르크스주의자들은 실제로 '방법론적 이원론'에 대한 각주를 인용하여 루카치가 사회와 자연을 엄격하게 분리한 탓에 '존재론적 이원론'에 빠지게 되었다고 주장했다. 유물론은 존재론적 일원론에 토대를 두어야 하기 때문에 이러한 존재론적 이원론은 마르크스주의와 양립할 수 없다. 예를 들면 루다스는 다음과 같이 썼다.

변증법을 사회로 국한하고 나면 매우 상이한 두 개의 법칙 조합을 따르는 두 개의 세계, 즉 자연과 사회가 존재하게 된다. 자연에서 일어나는 현상은 비변증법적이지만 사회에서 일어나는 현상은 변증법적이 된다. 좋다. 모든 위대한 철학자들이 일원론자였을지 모르지만, 그것이 그들이 올바르다는 의미는 아니라고 치자. L[옮긴이: 루카치]에 따르면 세계는 이원론적이다. (Rudas 1924: 502)[8]

---

8   루다스와 루카치의 관계에 대해서는 콘돈(Congdon 2007)을 참고하라. 루다스의 저술에서 인용된 문장의 영어 번역은 루카치(Lukács 2002)를 바탕으로 한 것이다.

또한 루다스는 루카치의 관점이 관념론적 '주관주의subjectivism'에 오염되었다고 주장했다. 사회적 영역에 대한 루카치의 사회구성주의적 발상은 계급의식의 형성과 사회주의 혁명을 위한 객관적이고 물질적인 전제조건을 무시한다. 1920년대에 이미 해당 각주를 근거로 루카치가 이원론자이자 관념론자라고 비판받았으므로, 『추수주의와 변증법』에서 루카치가 전개한 반론을 보다 더 면밀하게 살펴볼 필요가 있다.

그러나 이 책에서 다루고자 하는 맥락에서 가장 중요한 것은 「정통 마르크스주의란 무엇인가?」라는 논문에서 루다스가 물질대사Stoffwechsel 개념을 사용했다는 것이다. 루다스는 물질대사 개념을 활용하여 『역사와 계급의식』에서 사회와 자연을 분리한 루카치를 비판했고, 마르크스의 『자본』을 근거로 엥겔스의 자연 변증법을 옹호했다. '이와 같은 의미에서, 산업은 인간과 자연 사이에 이루어지는 영원한 자연과정이다. 인간은 산업을 통해 자연과 인간 사이에 이루어지는 물질대사를 매개한다(Marx. *Kapital.* I. 140)'(Rudas 1924: 515).[9] 루다스에 따르면 물질대사 개념을 놓쳤기 때문에, 루카치의 자본주의 사회 분석에서 자연법칙이 별안간 사라지면서, 마치 사회가 자연법칙과 무관하게 존재할 수 있는 것처럼 보이게 되었다. 데보린(1924: 617)은 루다스의 이원론 비판에 동의하면서 헤겔주의적이고 사변적인 관념론을 바탕으로 하는 루카치의 '관념론적' 접근법과 다르게 주체와 객체의 동일성은 노동과정에서 실현된다고 덧붙였다.

---

9 루다스는 'Denn in diesem Sinne ist die Industrie ein ewiger Naturprozeß zwischen Mensch und Natur, in dem der Mensch seinen Stoffwechsel mit der Natur vermittelt(Marx. *Kapital.* I. 140)'라고 썼다.

한데 루카치가 『추수주의와 변증법』에서 루다스와 데보린 같은 '이류 저술가들'의 비판에 그토록 진지하게 대응한 것이 이상하게 보일지 모르겠다. 미카엘 뢰비(2013: 66-67)는 이것을 '물상화' 개념의 결여와 더불어 『추수주의와 변증법』의 '심각한 단점' 가운데 하나로 간주한다. 뢰비는 루카치가 『추수주의와 변증법』의 정치적 지향과 철학적 지향에 의문'을 품고 '최종적으로 마음을 바꿔 거기에 동의하지 않게 되었기' 때문에 『추수주의와 변증법』을 출판하지 않았던 것이라고 주장한다. 이것이 사실이든 아니든, 루카치는 루다스와 데보린이 제기한 비판을 본인의 '주관적 의도'를 정교화할 중요한 기회로 삼았다. 루카치는 본인이 『역사와 계급의식』에서 충분히 주목하지 않았던 『자본』의 '물질대사' 개념을 루다스가 언급한 것을 계기로 해당 각주의 부적절하고 부정확한 표현에 대해 성찰하게 되었다. 루카치가 『추수주의와 변증법』을 출판하지 않기로 결정했다 하더라도(이러한 결정은 루카치를 둘러싼 정치적 상황으로 미루어보아도 충분히 납득할 수 있다) 물질대사 개념은 심지어 루카치의 마지막 미완성 수고인 『사회적 존재의 존재론』에서도 그의 철학적 기획의 핵심 개념으로 남아 있었다. 이러한 사실은 루다스 및 데보린과 벌인 논쟁이 루카치가 평생에 걸쳐 발전시킨 핵심 발상 가운데 일부에 얼마나 중요한 영향을 미쳤는지를 시사한다.

첫째, 『추수주의와 변증법』에서 루카치는 논란의 대상이 된 각주를 되짚어본다. 루카치는 '항상(두 번이나!) 자연 그 자체가 아니라 오직 **자연 지식**만'(Lukács 2002: 97; 강조는 원문)을 논의했다고 진술함으로써 『역사와 계급의식』의 해당 각주에 담겨 있는 본인의 '주관적 의도'를 명료화했다. 루카치는 본인은 '자연 지식'에 대해서만 논의했기 때문에, 엥겔스의 자연 변증법을 비판했다고 해서 자연을 관념론적으로 구성하게 된다는 주장은 틀린 주장이라고 반박한다. 다시 말해, 루카치가 '자연은 사회적 범주'라고 언급했다 하더라도, 그의 입장은 스티븐 보겔이 주장하는 자연의 사회구성주의적 접근법과는 상이하다. 루카치는 자연 지식이 사회적 관계에 의해 좌우된다는 의미를 전달하려고 했다. 이것은 인식론적 논의이다. 사실, 『역사와 계급의식』에서 자연은 '사회적 범주'라고 주장한 뒤에도, 루카치는 '말하자면 **자연으로 간주되는** 것 [은] ··· 모두 사회적으로 좌우된다'(Lukács 1971: 234; 강조는 추가)는 주장을 이어 갔다. 여기서 루카치는 자연의 존재론적 지위에 대해 전혀 논의하지 않았다(Feenberg 2017: 130).

사실 루카치는 인간이 존재하기 이전부터 이미 객관적인 자연이 존재해 왔음을 명백하게 인식했다. '사회가 자연에서 생겨났다는 것은 자명하다. 자연과 자연법칙이 사회 이전에 (말하자면 인간 이전에) 존재했다는 것은 자명하다'(Lukács 2002: 102). 또한 이러한 언급은 사회가 자연에서 '생겨났'으므로 사회와 자연이 근본적으로 **연속적인** 존재임을 지적한다는 점에서 눈에 띈다. 분명 루카치는 데카르트적 이원론과 거리를 두려고 했다. 다시 말해 루카치의 입장은 자연의 사회구성주의도 아니고 존재론적 이원론도 아니었다. 한편, 루카치에게는 '인간이 존재하기 이전부터 이미 인간과 무관하게 기능해 온' 자연의 객관 변증법의 존재를 부인하려는 의도가 없었다(Lukács 2002: 103). '자연 변증법이 이미 **객관적으로 존재**하지 않았고, 그것이 사회 이전에 자연의 발전 원리로서 효과적이지 않았다면, 변증법은 사회의 **객관적인 발전 원리**로서 효과적**일 수** 없었을 것임이 자명하다'(Lukács 2002: 102; 강조는 원문). 자연 변증법이 사회가 형성되기 이전부터 이미 존재해 왔기 때문에, 그리고 사회가 자연에서 생겨났기 때문에 사회의 변증법은 객관적으로 존재한다. 이러한 언급은 '자연이 자연을 변형하려는 인간의 노력이 존재하기 이전부터 이미 인간과 무관하게 존재해 왔다는 (훗날 엥겔스가 지지한) 발상은 마르크스의 인간주의와는 완전히 이질적'이라는 서구 마르크스주의의 주장을 완전히 부정한다(Ball 1979: 471). 결국, 『역사와 계급의식』의 해당 각주에서 루카치가 지적한 것은 자연 변증법이 존재하지 않는다가 **아니다**. 오히려 루카치는 사회가 단순히 인간과 무관한 자연법칙으로만 구성되는 것은 아니기 때문에 자연 변증법을 사회 분석에 직접 적용할 수 없다는 주장을 펼친 것이다. 사회의 영역에는 주체와 객체의 상호관계로 구성되는 고유한 사회적 차원이 포함된다. 바로 이것이 마르크스주의적 유물론의 정신인 '존재론적 일원론'을 루카치가 지지했음에도 **불구하고**, 그에게 '방법론적 이원론'이 필요했던 이유이다.

루카치가 자연의 객관 변증법을 사회 전체로 일반화하는 엥겔스식 변증법으로부터 소련 마르크스주의 내부에 출현한 경향에 직면했음을 감안할 때, 그의 주장은 납득할 만하다. 루카치가 문제시한 것은 과학적 실험을 통해 '변증법적' 지식을 획득할 수 있다고 설명한 엥겔스의 방법론이었다. 예를 들어 엥겔스는 산업과 실험실에서 수행되는 실험을 통해 자연과학이 발전한 덕분에 심지어 칸트의 '물자체'조차 알 수 있게 되었다고 주장했다. 그러나 루카치는 다음과 같이 주장한다.

그러나 엥겔스는 산업과 과학적 실험이 변증법적, 철학적 의미에서 프락시스를 구성한다고 오해했다. 사실 과학적 실험이야말로 가장 순수한 사변이다. 실험하는 사람은 검토 중인 법칙의 작동을 방해하거나 제약하지 않는 조건에서 관찰하기 위해 인공적이고 추상적인 환경을 창조한다…(Lukács 1971: 132)

문제는 명확하다. 엥겔스처럼 실험실에서 수행되는 실험을 변증법적 실천으로 이해하고 사회에 적용한다면, 객관적인 역사법칙에 대한 기계론적 이해가 도출될 것이다. 특히 자본주의에서는 물상화된 인간관계가 '이차 자연'으로 나타나기 때문에, 자연과학 방법론이 사회적 영역으로 쉽게 확장되어 실증주의적인 사회론이 도출될 것이다. 엥겔스는 그릇된 길로 이끄는 이러한 유형의 변증법의 과잉 일반화를 경계했지만, 그것은 결국 정통 마르크스주의 내에서 사회와 역사를 분석하는 방법론으로 득세하게 되었다. 이러한 이유에서 루카치는 엥겔스의 자연 변증법이 비판적인 사회 분석을 위한 도구가 아니라고 주장했던 것이다.

루카치가 『추수주의와 변증법』에서 자연 변증법의 존재를 옹호했다는 사실을 알았다면 서구 마르크스주의자들은 틀림없이 실망했을 것이다. 그러나 엥겔스의 자연 변증법의 유용성을 옹호하려고 했던 사람들에게도 역시 루카치의 엥겔스 비판은 그리 달갑지 않았을 것이다. 따라서 폴 버켓은 루카치가 근대 자연과학의 중립성과 객관성을 부각하는 동시에 사회과학의 인식론적 지위를 격하하는 '과학적 이원론'을 계속 이어 갔다고 주장한다. "루카치는 자연과학 그 자체는 '보다 더 객관적'이고, 그러므로 사회과학보다 **내적 문제가** 더 적다는 관점에 빠져 있다"(Burkett [2001] 2013: 8; 강조는 원문). 그러나 버켓에 따르면 『추수주의와 변증법』에는 루카치가 과학적 이원론을 받아들였다고 추정하지 않을 때만 타당한, 역설적인 언명이 여전히 존재한다.

앞서 살펴본 것처럼 루카치는 자연법칙의 객관적인 특징을 인정했을 때조차도 근대 자연과학의 이데올로기적 특징을 비판했다. 이것이 모호한가?라는 물음에 보겔과 버켓은 '그렇다'라고 답한다. 그러나 『추수주의와 변증법』에는 그들이 주목하지 않은 핵심 개념이 하나 존재한다. 즉, '물질대사' 개념이 바로 그것이다. 마르크스의 생태학을 면밀하게 논의할 때는 영감을 주는 개념으로서 항상 '물질대사' 개념에 주목했던 버켓은(Burkett 1999), 이상하게도 루카치의 '물질대사' 개념에는 거의 주목하지 않는다. 그러나 당시 『역사와 계급의식』에서 루카치의 '주관적 의도'가 올바르게 이해되지 못했다는 사실을 상기해야 한다. 그리고 이와 같은 이유로 루카치는 마르크스의 『자본』으로 돌아가 『추수주의와 변증법』에 '물질대사' 개념을 도입하여 자신의 의도를 보다 명확하게 표현할 필요성을 느꼈다. '물질대사'라는 루카치의 핵심 개념을 논의하지 않으면서 루카치를 '과학적 이원론자'로 몰아가는 것은 불공평하다.

III. 루카치의 물질대사론과 존재론적 일원론

일반적으로 루카치의 '물질대사'론은 그리 높이 평가되지 않는다. 예를 들어 브렛 클락과 존 벨라미 포스터 같은 다른 중요한 생태마르크스주의자들은 "1920년대에 루카치는 노동을 통한 '자연과의 물질대사적 상호작용'을 마르크스의 자연과 사회의 변증법의 핵심으로 강조했다. 그러나 루카치는 거기서 더 이상 나아가지 않았다"(Clark and Foster 2010: 124)라고 쓴다. 그러나 루카치가 거기서 더 나아갔기 때문에, 이러한 진술은 잘못된 것이다. 사실, 물질대사 개념은 1960년대에 루카치가 집필한 마지막 수고이자 출판되지 않은 수고인 『사회적 존재의 존재론』에서도 계속해서 핵심적인 역할을 수행했다.[10]

1장에서 논의한 것처럼, 물질대사 개념은 마르크스의 『자본』에서 비롯된다. 인간은 오직 노동을 통해 매개되는 자연과의 끊임없는 물질대사적 상호작용을 통해서만 지구에서 살아갈 수 있다. 이것은 인간(과 다른 동물)의 생존을 위한 초역사적이고 일반적인 조건이다. 인간의 물질대사에 대한 이러한 추상적인 이해에서 다음과 같은 두 가지 사실을 확인할 수 있다. 첫째, 인간의 노동과정에는 특유한 무언가가 존재한다. 분명 인간은 자연의 일부이고, 의식은 생물학적 진화의 산물이다. 그러나 마르크스는 인간 노동이라는 의식적이고 합목적적인 활동을 통해 인간과 동물이 근본적으로 차별화된다고 주장했다. 본능과 주어진 자연환경에 의해 자연과의 거의 모든 물질대사가 미리 규정되는 다른 동물과 다르게, 인간은 자신의 객관적인 조건과 자신의 주관적인 갈망을

---

10 루카치의 마지막 저술[옮긴이: 『사회적 존재의 존재론』]은 외면당한 정도가 아니라 매우 오랫동안 '멸시'당했다. 심지어 '루카치의 제자들'조차 『역사와 계급의식』을 선호하여 이 기획을 애써 일축했기' 때문이다(Infranca and Vedda 2020: 16). 또한 포스터는 루카치가 1960년대까지도 이 개념을 계속 사용했다는 사실을 인지하고 있었기 때문에, 루카치를 외면한 그의 태도는 다소 이상하게 보인다.

성찰하여 인간 외 자연에 관여하고, 종국에는 자연을 훨씬 더 역동적으로 변혁한다.

이것은 자연과 인간 사이에 이루어지는 물질대사의 두 번째 고유한 특성으로 이어진다. 루카치에 따르면 이러한 초역사적인 과정[옮긴이: 자연과 인간 사이에 이루어지는 물질대사]은 사회적 요소'(Lukács 2002: 99)의 비중이 커짐에 따라 변형된다. 그 이유는 바로 노동이 초역사적인 생리 활동일 뿐 아니라 **사회적인** 활동이기 때문이다. 노동을 수행하는 구체적인 방법은 인간이 임의로 그 법칙을 바꿀 수 없는 자연조건에 의해서뿐 아니라 사회적 관계에 의해서도 좌우된다. 바로 이것이 마르크스가 부각한 노동과정의 '이중 규정'이다. '특정한 형태의 물질 생산으로부터 먼저 사회의 특정한 구조가 생기고 그 다음으로 인간과 자연의 특정한 관계가 생긴다'(Lukács 2002: 100; MECW 31: 182). 생산력이 발전함에 따라 인간과 자연 사이에 이루어지는 물질대사라는 자연-생태학적 과정은 노동의 사회적 분업, 협동, 의사소통, 사회의 다양한 규범·법·제도에 의해 점점 더 사회-역사적 방식으로 매개된다.

이와 같은 맥락에서 루카치는 인간의 지식은 결국 자연과의 물질대사적 상호작용에 의해 좌우된다고 주장했다. '인간의 삶은 자연과의 물질대사를 바탕으로 하기 때문에, 우리가 이러한 물질대사를 수행하는 과정에서 획득하는 특정 진리(예: 수학, 지질학, 물리학 등의 진리)가 일반적으로 타당하다는 것은 말할 필요도 없다'(Lukács 1975: 43). 자연 지식은 노동이라는 합목적적인 활동을 성공적으로 실현하기 위해 없어서는 안 되는 것이다. 특히 인류 역사의 보다 더 이전 단계, 즉 인간의 물질대사가 여전히 주어진 자연조건에 의해 거의 결정되었던 시기에는 인간의 기본 욕구를 만족시킬 필요가 인간의 지식을 거의 규정했다. 이와 같은 의미에서, 과학적 발견의 내용 역시 자연와 인간 사이에 이루어지는 물질대사의 사회적 산물이다. 다시 말해, 존재론적 수준에서 자연의 객관 변증법이 인간이 존재하기 이전부터 이미 인간과 무관하게 존재해 왔다 하더라도, 자연 지식은 자연과 인간 사이에 이루어지는 물질대사 과정에서 물질적으로뿐 아니라 사회적 및 역사적으로도 매개된다. '그 물질적 기초가 사회적으로 매개되기 때문에 인간의 자연 지식은 사회적으로 매개된다'(Lukács 2002: 106). 바로 이것이 『역사와 계급의식』의 해당 각주에서 루카치가 전개한 **인간의 자연 지식은** '역사와 사회의 영역'(historisch-soziale Wirklichkeit)**과 무관한 것이 아니라 필연적으로 거기에 속할 수밖에 없는 것이므로,** 사회의 변증법의 대상임이 틀림없다는 주장이 의미하는 바다. 또한 이러한 이유로 '자연은 사회적 범주'가 된다.

사실, 루카치는 이미 『역사와 계급의식』에서 다음과 같이 썼다.

이것으로부터, **한낱** 자연의 객관 변증법과 사회의 객관 변증법을 분리해야 할 필요성이 추론된다. 사회의 변증법에서 주체는 이론과 실천이 서로를 참고하면서 변증법적이 되는 상호관계에 포함되기 때문이다(자연 **지식**의 성장은 사회적 현상이다. 그러므로 그것이 두 번째 변증법적 유형에 포함된다는 것은 말할 필요도 없다). (Lukács 1971: 207; 강조는 추가)

자연 변증법이 인간이 존재하기 이전부터 존재해 왔다 하더라도, 인간의 자연 지식은 마치 인간 프락시스와 무관하게 존재할 수 있는 것처럼 취급될 수 없다. 이와 같은 의미에서 사회과학과 자연과학 사이의 '과학적 이원론'은 존재하지 않는다. 따라서 자연과학의 객관성을 폐기하지 않으면서 근대 자연과학의 근간이 되는 사회적 관계를 얼마든지 탐구할 수 있다. 이러한 유형의 사회의 변증법적 자연 지식은, 자연 지식을 인간과 무관한 과정으로 묘사하곤 하는 엥겔스의 자연의 객관 변증법과 반드시 구별되어야만 한다. 엥겔스의 기획은 자연과 인간 사이에 이루어지는 물질대사 및 사회적 요인과 무관하게 존재하는 것에 대한 '한낱' 묘사에 불과하기 때문이다. 루카치의 견해에 따르면, 엥겔스에게는 물질대사론이 결여되어 있었기 때문에, 사회적 측면을 자연 지식의 변증법적 발전에 충분히 통합하지 못했다. 바로 이것이 루카치가 논란의 대상이 된 각주에서 말하려고 했던 것이다. 루카치는 『추수주의와 변증법』에서 이 점을 명료화했다. '자연에 대한 인간의 의식, 다시 말해 인간의 자연 지식은 인간의 사회적 존재에 의해 규정된다. 바로 이것이 이러한 문제를 다루면서 몇 차례 언급했던 것이다. 그 이상도 그 이하도 아니다'(Lukács 2002: 100).[11]

또한 자연과 인간 사이에 이루어지는 물질대사의 사회성과 역사성을 강조한 루카치의 주장은 '관조적 태도'라고 표현되는 근대 자연과학

---

11   루카치는 『추수주의와 변증법』의 또 다른 구절에서 동일한 요점을 되풀이해 피력한다.
      객관 변증법이 사실상 인간과 무관할 뿐 아니라 인간이 출현하기 이전부터 이미 존재하고 있었다는 것이 이 구절에서 주장하려는 바다. 그러나 변증법을, 즉 (이 언급에서 유일하게 논의한) 지식으로서의 변증법을 사유하기 위해서는 사유하는 사람이 반드시 필요하다(Lukács 2002: 107).

의 자기 이해와도 명확하게 대비된다. 물론 루카치는 근대 자연과학 방법론을 통해 객관적이고 보편적으로 타당한 자연 지식을 얻을 가능성을 부인하지 않았다.[12] 그럼에도 불구하고 '관조적 태도'는 자연 지식이 자연과의 사회적 물질대사에 의해 매개된다는 사실을 은폐한다. 다시 말해, 그것은 '자연과의 물질대사가 근대 자연과학의 물질적 토대를 형성하는 자본주의 사회'에서 자신의 사회적 기초를 망각한다(Lukács 2002: 114). 이러한 사회적 관계의 물상화, 즉 망각으로 인해 인간은 자연을 단순히 자연과학을 통해 곧바로 접근할 수 있고 조작할 수 있는, 인간과 무관한 존재로 취급함으로써 그것을 부르주아 이데올로기로 전환한다.

루카치의 견해에 따르면 근대의 과학적 세계관은 자연과 역사라는 '이원론'에 빠진다. 근대의 과학적 세계관은 사회와 관련된 모든 것에서 객관성을 박탈하고, 자연에서 사회와 무관하게 존재하는 몰역사적인 대상만을 객관적인 것으로 간주한다.[13] 바로 이것이 인간과 자연 사이에 실제로 이루어지는 역사적인 물질대사 과정으로부터 추상화된 순수한 '사실'의 직접성이라는 개념을 그릇된 것으로 비판함으로써 루카치

---

12 『역사와 계급의식』을 마르크스주의에 '처음으로 난입한 낭만적이고 반과학적인 전통'이라고 표현하는 것은 불합리하다(Jones 1971: 44).

13 루다스는 사회와 자연의 절대적인 분리가 사실상 이원론과 주관주의로 귀결된다는 루카치의 각주를 비판하다가 데카르트적 이원론으로 빠져 버린 인물이다. 루다스는 '주체=인간(사회)'으로만, '객체=자연'으로만 상정함으로써 '사회-역사적 발전 과정'의 모든 산물을 '주관적'인 것으로 간주한 반면, '사회적 발전이라는 역사적 과정'과 무관한 것만이 '진정한 객관성'을 지닐 수 있다고 간주했다. 그 결과, 루다스의 방법론하에서 모든 사회적 형태는 한낱 주관적인 것으로 취급된다. 이러한 경직된 분리는 자연의 영원한 객관성을 전제로 하는 기계론적 자연 이해를 초래한다.

가 극복하려고 시도했던 것이다. 여기서 추상화된 사실은 역사에서 주체와 객체, 이론과 실천의 상호작용을 구성하기 때문에 중요하다. "오늘날에는 자연에서 직접 가져온 범주(예: 물리학 작업)를 '영원한' 것으로 인식하지만, 사실 그것은 자본주의 사회와 자연 사이에 이루어지는 특정한 물질대사에 의해 규정되는 역사적 범주이다"(Lukács 2002: 131).[14] 이러한 진술이 루카치가 자연 지식은 사회적으로 구성된다는 주장을 옹호한다는 인상을 줄지도 모르겠다. 루카치가 자연 지식은 반드시 자연과의 물질대사라는 사회-역사적 과정과 관련된 역사적 산물로서 분석되어야만 한다고 주장한 것은 사실이다. 그러나 루카치는 다음과 같이 명백하게 진술함으로써 상대주의와 거리를 둔다. '근대 자연과학이 자본주의 사회의 산물이라는 사실이 그것의 객관성을 훼손하는 것은 아니다'(Lukács 2002: 115). 진리는 역사적이지만,[15] 진리의 내용은 객관적이다.

---

14 헤르베르트 마르쿠제는 『추수주의와 변증법』의 존재를 알지 못하는 상황에서도 루카치의 요점을 올바르게 파악하고 역사적 현실(historische Wirklichkeit)과 물질대사(Stoffwechsel)를 연결했다. 그는 다음과 같이 썼다.

> 마르크스주의적 변증법의 개념 구조를 역사적 현실의 변증법이라고 한다면, 그렇다면, 그것은 자연 자체가 (인간과 자연 사이에 이루어지는 물질대사적 상호작용[Stoffwechsel], 인간의 자연 지배와 착취, 이데올로기로서의 자연 등에서) 역사적 현실[historische Wirklichkeit]의 일부인 한 자연을 포함한다. 그러나 자연을 이러한 역사적 관계로부터 추상화하여 탐구하는 자연과학에서는 자연이 변증법의 영역 외부에 자리 잡고 있는 것처럼 보인다(Marcuse 1958: 143–144).

15 루카치가 선호하는 사례는 다윈의 자연선택론과 근대 시장사회에서 이루어지는 끝없이 원자화된 경쟁 사이의 유사성을 드러내는 사례로, 마르크스가 엥겔스에게 보낸 1862년 6월 18일 자 편지에서 직접 언급한 내용을 차용한 것이다.

> 다윈을 다시 살펴보는 중인데, 다윈이 마치 맬서스 씨의 모든 문제는 '맬서스주의' 이론을 식물과 동물에는 적용하지 않고 식물과 동물에 비해 (기하급수적으로 증가하는) 인간에게만 적용한 데서 비롯되었다는 듯, 그 이론을 식물과 동물에도 적용해야 한다고 말한다는 점이 흥

그러나, 사회적 존재의 객관적 현실과 이를 통해 매개되는 자연에 관한 한, 그것은 객관적이고 절대적인 진리, 즉 그것을 '극복하는' 지식으로 인해 오직 그 위상과 그 이론적 설명 등만 달라지는 진리이자 보다 더 포괄적이고 보다 더 정확한 진리이다. (Lukács 2002: 105)

요약하자면, 루카치는 '과학적 이원론'을 옹호하지 않았다. 반대로 루카치는 인간의 자연 지식이 자연과의 물질대사가 사회-역사적으로 발전함에 따라 끊임없이 변화하는 사회적 존재의 구도와 단단하게 연결되어 있음을 일관되게 부각했다. 핀버그(Feenberg 2017: 132)가 말한 것처럼 '자연 지식은 사회적 지식처럼 변증법적이다.' 이 점을 부각함으로써 루카치는 사회과학과 자연과학의 구분을 넘어서는 새로운 변증법적 구상의 확립을 요구했다. 그러기 위해서는 자연과 인간 사이에 이루어지는 구체적인 물질대사, 즉 물질적 조건에 의해서뿐 아니라 계급, 젠더, 인종 같은 사회적 관계에 의해서도 매개되는 물질대사와 관련된 자연과학의 범주와 방법론을 비판적으로 분석할 필요가 있다. 바로 이것이 과학적 이원론을 넘어서야 한다고 주장하면서 버켓이 요청한 것이다.

그러나 이것이 전부는 아니다. 더 나아가 루카치의 물질대사 개념은 루다스와 보겔이 루카치에게 뒤집어씌운 '존재론적 이원론'을 피하

미룹네. 다윈이 동물과 식물 사이에서 노동의 분업, 경쟁, 새로운 시장의 개방, '발명', 맬서스주의적 '생존을 위한 투쟁'이 진행되고 있는 잉글랜드 사회를 찾아냈다고 하니, 정말 놀랍지 않은가? 그것은 홉스의 만인의 만인에 대한 투쟁이지. 한편, 여기서 헤겔의 현상학을 떠올릴 수 있는데, 헤겔이 시민사회를 '지적 동물계(界)'로 묘사했다면, 다윈은 동물계를 시민사회로 묘사했을 뿐이네(*MECW* 41: 381).

는 데도 필수적이다. 존재론적 이원론은 사회와 자연의 절대적인 분리, 이른바 데카르트적 이원론을 토대로 한다. 그러나 마르크스의 '물질대사' 개념은 인간 노동이 매개하는 사회와 자연의 끊임없는 상호교환을 강조한다. 인간이 자연의 일부라는 사실에는 의문의 여지가 없다. 다르게 말하자면, 인간은 끊임없는 흐르고 움직이는 자연의 보편적인 물질대사의 일부이다. 이러한 관점은 데카르트적 이원론과 양립할 수 없다. 케이트 소퍼가 주목한 것처럼, 데카르트적 이원론은 완벽하게 분리된 두 가지 실체(데카르트의 경우에는 '정신'과 '육체', 여기서는 '사회적인 것'과 '자연적인 것')가 서로 상호작용하는 방식을 설명할 때 난관에 봉착한다. '데카르트적 구상을 받아들인다는 것은 완전히 상이한 두 가지 종류의 실체가 존재한다는 것을 … 그리고 그것들이 설명할 수 없는 기적 같은 방식으로 서로에게 부단하게 작용한다는 사실을 받아들인다는 것이다'(Soper 1995: 43-44). 보겔의 일원론적 대안은 루카치가 자연과 사회의 데카르트적 이원론을 포용했다고 추정할 때만 설득력이 있다. 그러나 루카치 물질대사론의 기본 통찰은 자연의 보편적인 물질대사라는 생물물리학적 과정에서 인간과 인간 외 자연의 연속성을 인식하는 존재론적 일원론이다. 인간과 비인간 자연은 뒤얽혀 있고 노동에 의해 매개된다. 절대적인 분리는 존재하지 않는다. 따라서 마르크스주의를 데카르트적 이원론이라고 비난하는 것은 허수아비 논법일 따름이다.

다른 한편으로, 자연의 사회구성주의라는 보겔의 발상은 직관에 배치된다. 자연이 사회의 영향을 받는다는 사실이 자연이 사회적으로 구성된다는 것을 의미하지는 않는다. 예를 들어, 무언가가 사회적 실천의 영향을 받는다 하더라도, 그 사실만으로 그 무언가가 사회적으로 구성되는 것은 아니다. 마찬가지로, 자연은 노동을 통해 끊임없이 변화하므로 원래 그대로의 '순수한' 자연은 존재하지 않는다. 그렇지만 이러한 명확한 사실 하나만으로는 자연을 사회적 구성물로 바꾸지 못한다. 사회가 작동하는 기반이 되는 자연적 실체가 여전하기 때문이다. 이와 유사하게, 자연이 노동의 영향을 받는다는 사실 하나 또는 자연 지식이 실험실에서 이루어지는 사회적 실천을 통해 발견된다는 사실 하나만으로는 자연을 사회적 범주로 바꾸지 못한다. 마우리치오 페라리스가 주목하는 것처럼, 이와 같은 논의는 존재론적 차원과 인식론적 차원을 혼동한다(Ferraris 2014: 33). 시계는 노동을 통해 생산되지만 자연은 그러한 방식으로 생산되지 않기 때문이다. 어이없게도 데카르트적 이원론을 전제하는 것은 포스트-데카르트적 일원론을 옹호하는 사람들이다. 그들은 두 실체를 이원론적 방식으로 암암리에 분리하고, 인간이 자연에 손을 대면 자연을 곧바로 사회적 구성물로 만들 수 있다고 주장한다.

루카치는 데카르트적 이원론을 거부했기 때문에 평평한 존재론flat ontology도 옹호하지 않았다. 루카치는 사회와 자연의 끊임없는 물질대사 과정 속에서 사회적인 것과 자연적인 것의 통일이 이루어진다고 주장했지만, **오직** 특정한 사회적 조건에서**만** 존재하는 '새롭고, 동등하게 객관적인 운동 형태', 이른바 사회적 존재가 있다고 덧붙이는 것을 잊지 않았다(Lukács 2002: 102). 다시 말해, 루카치는 사회와 자연의 연속성을 부정하지 않으면서도 사회와 자연이 뒤엉키면서 이루어지는 물질대사 과정에서 출현하는 순수하게 사회적인 것의 **질적** 차이를 강조했다. 물질대사 과정에서 벌어지는 이 역사적인 상호관계와 뒤엉킴은 루카치의 '역사 유물론'의 근본적인 통찰이다. 역사 유물론 덕분에 인간과 자연 사이에 이루어지는 물질대사적 상호교환이라는 자연적이고 생태학적인 과정 속에서 근본적인 통일이 이루어진다('유물론')는 사실과, 그럼에도 그것의 실제 과정과 실제 현상은 이미 항상 사회-역사적으로 매개되고 거기에 따라 진화한다('역사적')는 사실이 동시에 분명해진다.[16]

사실, 말년의 루카치는 출판되지 않은 또 다른 수고인 『사회적 존재의 존재론』에서 자연의 영역과 사회의 영역 사이에 질적 '도약Sprung'이 존재한다고 주장했다(Lukács 1984: 169). 사회가 자연으로부터 '생겨남'에도 불구하고 인간의 언어, 사회적 노동, 그 밖의 다른 활동에 의해 매개되는 사회적 관계로부터 출현하는 사회적인 것의 영역에는 새롭고, 질적으로 상이한 속성이 존재한다. 이러한 창발성은 자연과 인간 사이에 이루어지는 물질대사 과정에 근본적으로 새로운 차원을 도입한다. 따라서 이 질적으로 상이한 '사회적 형태'를 면밀하게 탐구하여 자본주의 하에서 사회적 존재의 역사적 고유함을 드러낼 필요가 있다. 예를 들어 상품으로서 책상의 '가치'는 오직 자본주의에서만 보편적인 형태를 획득하는 '순수하게 사회적인' 속성이다. 그러나 설령 가치를 책상의 감각적인 속성으로서 만지거나 볼 수 없다고 하더라도, 가치는 갈색이라는 책상의 속성과 마찬가지로 객관적이다(Capital I: 139). 실제로 사회적 관계를 통해 생산되는 것은 객관적인 사회적 힘을 가진 주체로서 등장하고,

---

16 이것은 모든 것을 물질/소재(Stoff)의 영원한 순환으로 환원하여 유물론에서 **역사적** 차원을 박탈해 버리는 야코브 몰레쇼트(Jacob Moleschott)의 (저속한) 유물론적 물질대사론 이해와 상이하다(Saito 2017: 84).

심지어 낯선 힘으로서 인간과 대면한다. '그러나 사회적 존재는 뇌의 주관적인 공상이 아니라 실존이라는 실제 형태를 계기로 직접적으로 등장한다'(Lukács 2002: 79).

요컨대, 자연과 인간 사이에 이루어지는 물질대사라는 역사적 발전 과정에는 '연속성'과 '단절Bruch'이 **모두** 존재한다. 이 복잡한 사회와 자연의 관계를 표현하기 위해 루카치는 헤겔의 표현을 차용하여 사회와 자연의 끊임없는 물질대사 과정에서 식별되는 사회와 자연의 통일을 '동일성과 비동일성의 동일성'이라고 표현했다(Lukács 1984: 395). 인간은 자연의 일부이고 자연의 보편적인 물질대사에 배태되어 있다('동일성'). 그러나 이와 동시에, 인간은 인간 외 자연에는 존재하지 않을 뿐 아니라 질적으로 구분되는 사회의 새로운 창발성으로 인해 자연과 구별된다('비동일성'). 이 두 가지 측면은 현실에서 '동일성' 또는 '분리-속-통일'로서 동시에 존재한다.[17] '동일성과 비동일성의 동일성'은 루카치의 관점을 평평한 존재론뿐 아니라 사회구성주의와도 차별화하는 핵심 개념이다.[18] 자연과 사회 사이의 '동일성과 비동일성의 동일성'에 입각해 볼 때, 자연과학의 중립적인 객관성을 중요하게 여기는 과학주의는 자연과 사회 사이의 **불연속성**(비동일성)을 지나치게 강조하여 데카르트적 이원론과 과학적 이원론에 빠지기 마련이다. 다른 한편으로, 사회와 자연의 동

---

17 원래 이 용어는 국가 논쟁에서 경제적인 것과 정치적인 것의 관계를 분석하는 데 사용되었다(Holloway and Picciotto 1978: 3). 이러한 구상은 마르크스의 정치경제학 비판의 고유한 방법론을 적절하게 파악한다.

18 '정신과 세계가 서로 일치한다'고 주장하면서 루카치의 '관념론'(Honneth 2008: 27)을 비판한 호네트는 이 점을 간과한다.

일함과 **연속성**(동일성)에 지나치게 의존하는 사회구성주의는 순수하게 사회적인 새로운 특성을 간과하여 환경과 인간 사이에 이루어지는 물질대사를 조직하는 자본주의적 방식의 고유함을 드러내기 어려워진다. 루카치의 방법론에 대한 이러한 통찰은 루카치의 '위기'론을 이해하는 데 필요하다.

IV. 생태 위기 비판으로서의 루카치의 위기론

오늘날을 휩쓸고 있는 일원론적 평평한 존재론은 사회와 자연의 구분을 지워 버리는 경향을 보이는 반면 루카치는 인간과 자연 사이에 이루어지는 사회-역사적이고 자연-생태학적인 물질대사를 '이중 규정'이라는 관점에서 분석해야 한다고 일관되게 주장했다. 루카치는 분리-속-통일을 바탕으로 사회와 자연의 물질대사적 관계를 보다 더 자세하게 묘사했다. '자연과의 이러한 물질대사는 이중 규정, 즉 자연과의 상호작용은 인간과 무관하게 존재하는 동시에 특정 시점의 사회의 경제구조에 의해 규정된다는 이중 규정이라는 관점에서 고려되어야 한다'(Lukács 2002: 113).

루카치의 요점은 자연적인 것과 사회적인 것이 현실에서 실제로 뒤엉킨다고 해서 그것들을 구별할 필요가 사라지는 것이 아니며, 오히려 그것들을 구별하고 자본주의 경제구조가 그것들을 고유하게 규정하는 방식을 분석해야 한다는 것이다. 바로 이것이 자본주의적 생산의 역사적으로 고유한 특징을 이해할 수 있는 유일한 방법이다. 자연과 사회에 대한 루카치의 **분석적** 구분은 순수하게 사회적인 형태의 차원에 주목한다는 특별한 의미에서 핵심적인 역할을 수행한다. 이러한 방법론적 이원론은 스티븐 보겔이 루카치의 이원론적 방법론이라고 표현한 것과 근본적으로 상이하다. 루카치는 사회와 자연이라는 존재론적 이원론을 전제하지 않았기 때문이다.[19]

루카치의 '방법론적 이원론'은 자연적인 것과 사회적인 것을 분석적으로 분리하는 알프 호른보리의 방법론에 가깝다. 인류세 시대에는 자연이 사회에 포섭되기 때문에, 호른보리는 이원론적 방법론을 옹호한다.

그러나 이것이 자연과 문화 또는 자연과 사회라는 범주가 낡은 것이라는 이유로 폐기되어야 함을 의미하는가? 오히려, 상징적인 것과 상징 이전의 것을 **분석적으로** 구분하는 동시에 그 두 가지가 실제 세계에서 복잡하게 혼합된다는 점을 인정할 필요가 그 어느 때보다 절실하다. 사회와 자연을

---

19 '자연과 사회에 대한 자연과학적 연구를 대비하면서 루카치가 제기한 문제는 방법론적 문제이다. 루카치의 의도는 자연과 사회라는 일반적인 이원론을 수립하려는 것이 아니라 자연과학 방법론을 사회 세계에 적용하는 것을 배제하려는 것'이라는 앤드루 핀버그(2017: 121)의 주장은 적절하다. 또한 핀버그(2015: 234)는 노동과정에서 전유된 자연과 자연과학의 자연을 혼동한 비평가들이 '자연과 사회라는 루카치의 방법론적 구분을 그가 의도했던 것보다 훨씬 더 실체적인 것으로 만들어' 존재론적인 것으로 전락시켰다고 경고한다. 여기서 핀버그는 루카치가 '역사와 자연을 방법론적으로 분할'하여 '실제로 모순'을 안고 있었다고 한, 과거 본인의 관점을 변경한 것으로 보인다. 한때 핀버그는 이렇게 분할하는 한, "경계를 허용하지 않는 '영웅적 합리주의'"라는 루카치의 관념론적 목표는 절대로 달성될 수 없다고 주장한 바 있다(Feenberg 1981: 210–211). 독일 관념론 전통을 이와 같이 재구성하는 것은 세계 전체를 정신으로 녹여 내리고 했던 헤겔의 시도만큼이나 어불성설이거니와, 루카치가 이와 같은 경로를 따랐다고 추정하는 것도 터무니없는 일이다.

분석적으로 분리해야만, 우리 모두가 매달려 있는 혼종의 그물을 탈신비화할 수 있을 것이다. (Hornborg 2012: 34)

결국 방법론적 일원론 및 존재론적 일원론을 모두 옹호하게 된 보겔과 달리, 호른보리는 혼종성의 시대의 비판 이론에는 '분석적 이원론'이 더욱 중요하다고 주장한다. 이와 유사하게, 안드레아스 말름(2018: 53)도 (존재론적 일원론'에 해당하는) '실체 일원론'과 '속성 이원론'을 구분한다. 사회적인 것과 자연적인 것은 동일한 존재론적 수준에 속해 있고 동일한 실체를 공유하지만, 그것들의 속성은 '정신'과 '육체'처럼 상이하므로 이 둘을 분리해서 분석할 필요가 있다. 이러한 분리를 바탕으로 분석하지 않으면 우리는 혼종성이라는 현상을 기정사실로 받아들이는 물신주의적 관점에서 벗어나기 어려울 것이다.

사회와 자연을 분리하여 분석하는 방법론이 인류세 시대에 비판 기능을 수행하게 되었지만,[20] 루카치는 거기에 그치지 않고 헤겔주의적 용어로 '총체성'이라는 차원을 고려해야 한다고 제안한다. 사실, '동일성과 비동일성의 동일성'은 절대적인 것을 표현하는 청년 헤겔의 용어에 불과하다. 루카치는 자연적인 것과 사회적인 것의 이중 규정을 강조하면서, 자연적인 것과 사회적인 것은 현실에서 결코 분리되어 존재하지 않고, '동일성과 비동일성의 동일성' 상태 속에서만 존재하기 때문에 자연적인 것과 사회적인 것이 줄곧 분리된 상태로 남아 있어서는 안된다고 주장했다. 사실, 마르크스도 사회적 형태는 물질적 '담지자Träger'

20 이 쟁점은 다음 장에서 논의할 것이다.

없이는 존재할 수 없다고 주장했다. '가치는 그것을 담지하는 특정한 사용가치와 무관하다. 그러나 어떤 종류의 사용가치는 가치의 담지자로서의 역할을 수행해야 한다'(*Capital* I: 295). 『자본』에서 가장 두드러지는 사례는 화폐이다. '일반 등가 형태'로서의 화폐의 기능은 순수하게 사회적인 것이다. 그러나 화폐에는 화폐의 담지자인 금이 필요하다. 그 결과, 화폐로서의 금은 자본주의에서 사회적인 것과 자연적인 것의 혼종성을 드러내는 고전적인 사례로서, 물신주의를 초래한다. 사회적인 것과 자연적인 것을 혼동하여 물신주의로 빠지는 일을 피하기 위해서는 우선 '가치-형태'의 논리를 분석적으로 이해해야 한다. 그러나 물상화된 세계에서 '상품', '화폐', '자본' 같은 순수하게 사회적인 힘은 그것들을 담아내는 물리적 담지자를 포섭하고, 자본의 가치증식의 논리에 따라 세계 전체를 변형한다. 이러한 '분리-속-통일'(Holloway and Picciotto 1978: 3) 또는 '자연과 사회의 대립-속-통일'(Napoletano et al. 2019: 8)에 흐르는 긴장을 이해할 때만이 자본주의적 생산양식의 역사적 발전 과정의 동학과 연관지어 자연적인 것과 사회적인 것을 논의할 수 있다.

사회적인 것과 자연적인 것의 분석적인 분리와 결합의 중요성을 이해하고 나면 근대의 '관조적 태도'의 특징인 '직접성'을 비판하면서 루카치가 전달하려고 했던 진의를 이해할 수 있다. 앞서 살펴본 것처럼 루카치는 자연과학의 매개된 특징을 분석할 필요성을 지적했다. 그러나 이러한 매개성도 이중 규정으로서 이해되어야 한다. 보겔은 오직 이러한 측면 가운데 하나에만 주목함으로써 자연의 사회구성주의로 빠지고 말았다.

한편으로, **자연적인 것은 사회적인 것에 의해 매개된다.** 자연과학의 발전 이면에는 인간과 자연 사이에 이루어지는 물질대사를 조직하는 역사적으로 특정한 방식을 구성하는 사회적 관계가 숨어 있다. 자본주의적 생산양식하에서 이러한 물질대사는 분명 자본의 무한한 가치 증식이라는 동인에 의해 추동된다. 따라서 자본하에서 자연을 포섭하는 과정은 양화와 기계화를 바탕으로 하는 생산과정의 '합리화'를, 그리고 나중에는 사회적 영역 전체의 '합리화'를 초래한다. 따라서 심지어 인간조차 사물처럼 취급된다. 마르크스는 이러한 주체와 객체의 역전을 '물상화Versachlichung'라고 비판한 바 있다. 다른 한편으로, **사회적인 것은 자연적인 것에 의해 매개된다.** 루카치는 이러한 세계의 양화 과정이 '물질Materie'에 의한 매개를 망각한다는 사실에서 물상화의 두 번째 문제를 파악한다.[21] 다시 말해, 사회적 '형태'에는 언제나 그것들을 담아 내는 '담지자'가 필요하기 때문에, '물질'의 차원은 특정한 사회적 관계하에서 역사적으로 변형됨에도 불구하고, 항상 지속된다. 사회적 형태는 순수한 사회적 구성물과 총량화로 단순히 환원될 수 없다. 자연은 지속된다. 나아가, 경제적 형태와 물질/소재의 관계는 비대칭적이다. 물질/소재는 경제적 형태가 없더라도 존재할 수 있지만 **그 반대는 가능하지 않다.** 따라서 자본의 담지자로서 자연의 비동일성을 지우는 경향을 보이는 근대 자본주의의 형식주의는 결국 심각한 모순으로 치닫게 된다.

---

21 마르크스는 영어 용어 '물상화(reification)'의 두 가지 측면을 구별했다. 사실상 마르크스는 물상화(Versachlichung)와 사물화(Verdinglichung)라는 두 가지 용어를 사용했다. 물상화는 주체와 객체의 전도를 표현한 반면 사물화는 경제적 형태와 그것의 물질적 담지자의 융합을 표현한다. 따라서 독일어 용어 사물화는 영어 용어 '사물화(thingification)'로 번역될 수 있다.

이제, 루카치가 단순히 근대 자연과학을 사회과학보다 더 객관적이고 더 중립적이라고 치켜세운 것이 아니었음이 분명해진다. 반대로 루카치는 물상화된 자연과학의 형식주의의 관조적 태도가 '내용에 무관심'(Lukács 1971: 126)하기 때문에 자연의 비동일성을 완벽하게 고려할 수 없다는 이유로 그것을 일관되게 문제시했다. 여기에는 생태학적으로 중요한 함의가 들어 있다.[22]

자본주의가 발전함에 따라 자본의 총체화 경향이 강화되면서 자본주의의 모순은 '위기'로 구체화된다. 인간과 비인간 자연을 비롯한 모든 것은 상품화되고, 상품화는 다양한 노동의 산물에 획일적인 가치-형태를 부과한다. 가치-형태를 통한 총량화는 동일성-사고의 전형으로서, 다양한 사용가치의 차이를 축소하고 추상적 가치 척도를 부과함으로써 물질세계의 비동일성을 은폐한다. 상품화의 총체화 논리하에서 자연은 독자적인 목적성을 인정받지 못한 채 자본의 가치증식을 위한 한낱 수단으로 환원된다. 사회적인 것과 자연적인 것의 구분을 지워 버리는 일은 자연환경에 대한 낙관적인 기술적 개입으로 이어지는 '오만의 비결'(Henning 2020: 306)일 따름이다. 동일성-사고라는 특징을 지닌 형식적이고 환원론적인 접근법이 물상화된 세계에서 지속되는 한, 물질은

---

22 『역사와 계급의식』은 총체성에 대한 헤겔주의의 낙관론적 관점을 따른다. 이 관점에 따르면 프롤레타리아는 주체와 객체의 절대적인 통일을 실현하는 주체로 추정된다. 이와 같은 이론적 도식에서는 근대의 자연으로부터의 소외를 넘어 사회와 자연의 화해와 통일이 가능할 수 있다. 그러나 이와 같이 낭만적인 방식으로 사회와 자연의 화해를 추정하는 것은 문제가 있다. 이러한 이유로 테오도르 W. 아도르노([1966] 1990)는 주체와 객체의 '비동일성' 및 사회와 자연의 '비동일성'을 올바르게 강조했던 것이다. 말년의 루카치는 과거 본인이 『역사와 계급의식』에서 전개했던 입장과 점점 더 거리를 두게 되었고, 환원 불가능한 비동일성을 강조하게 되었다.

점점 더 등한시된다.

이러한 합리적 대상화는 무엇보다 사물의 즉각적인 질적, 물질적 특징을 사물로서 은폐한다. 사용가치가 상품으로서 보편적으로 나타날 때 사물은 새로운 객관성, 즉 일회성 교환의 시대에는 소유하지 못했던 새로운 실체성을 획득하고, 그것은 사물의 원래의, 진정한 실체성을 파괴한다. (Lukács 1971: 92)[23]

비인간 자연이 도구화되는 과정에서 비동일성이 동일성으로 환원되면, 양화 과정은 점점 더 폭력적이 된다. 그러나 현실에서 자연의 비동일성은 지속된다. 인간은 자연 세계를 온전하게 파악할 수 없으므로 자연을 완벽하게 통제할 수 없다. 그 결과 인간의 의도적인 행동으로 인해 예상하지 못한 위험이 초래되곤 한다.[24] 이러한 모순은 결국 '위기'로 표출된다. 루카치는 그것을 다음과 같이 정립했다.

이러한 세계의 합리화는 완성된 것처럼 보이고 인간의 신체적 본성 및 정신적 본성의 매우 깊은 곳까지 스며든 것처럼 보인다. 그러나 세계의 합리화는 자신의 형식주의로 인해 제한된다. 말하자면, 삶의 고립된 측면을 합리화

---

23   루카치는 『추수주의와 변증법』에서도 동일한 요점을 되풀이했다. '그러나 [자연을 향한 그들의 공정한 태도로 인해] 자연과학자들은 구체적인 물질에서 생기는 모순을 변증법적 모순으로 해석할 수 없게 되었을 뿐 아니라… 그 모순을 총체성과 관련지으면서 통일된 역사적 과정의 계기로 해석할 수 없게 되었다'(Lukács 2002: 118).

24   5장에서 논의하겠지만, 생태근대주의는 자연의 비동일성을 제거하는 또 다른 사례이다.

하면 형식적·법칙이 창조된다. 이 모든 것이 결합되어 피상적인 관찰자에게는 통일된 일반 '법칙' 체계가 구성된 것처럼 보이게 된다. 그러나 이러한 법칙들의 대상이 되는 것의 구체적인 측면을 무시하고 그것을 바탕으로 법칙으로서의 권위를 무시하면, 사실상 체계의 비일관성이 드러난다. 이러한 비일관성은 위기의 기간에 특히 극심해진다. 이러한 시기에는 체계의 두 가지 부분 사이에 즉각적인 연속성이 어떻게 붕괴되는지 그리고 서로에 대한 독립과 우발적인 연결이 어떻게 모든 사람의 의식 속으로 졸지에 강제되는지 확인할 수 있다. (Lukács 1971: 101)

자연과학에 의해 추동되는 근대적 합리화는 필연적으로 그것의 담지자인 세계의 물질적 차원과의 긴장을 야기하기 때문에, 형식적 법칙의 합리성은 결국 '전체 과정의 상대적 비합리성'(Lukács 1971: 102)을 증폭시킨다. 위기의 순간에 총체적인 체계 내부에 존재하는 각 요인의 상호의존성은 형식주의가 적절하게 예상할 수 없고 처리할 수 없는 방식으로 표출된다. 루카치는 생산력과 기술이 아무리 발전한다 하더라도 자연 세계의 질적인 측면을 계속해서 은폐할 수는 없다고 경고했다. 위기의 시기에는 자연의 비동일성이 폭발적으로 나타나 궁극적으로 인간의 번영을 심각하게 위협한다. 결국 인간은 자연적인 존재이고 '생명의 생물학적인 기반은 사회에서조차 동일하게 유지된다'(Lukács 1986: 91). 물질대사 균열로서의 생태 위기가 바로 루카치적 의미에서의 '위기'인 것이다.

루카치는 역사 유물론을 현실주의적realism으로 기술함으로써 이원론에 빠지지 않으면서 사회적인 것과 자연적인 것을 결합했다. 그럼으로써 루카치는 이 두 가지 차원을 모두 고려하는 새로운 변증법적 과학을 확립하여 자본주의를 넘어 보다 더 지속 가능한 사회를 확립할 것을 요청했다. 그러나 루카치가 초기에 품었던 이러한 '주관적 의도'는 당시에는 제대로 이해받지 못했고 나중에는 외면당했다. 루카치의 이원론적 방법론과 위기론을 재검토할 필요성이 그 어느 때보다 더 절실하지만, 오늘날 일반적으로 득세하는 관점은 자연적인 것과 사회적인 것의 혼종성을 받아들이는 일원론적 관점이다. 따라서 일원론의 타당성과 우수성을 마르크스주의적 시각에서 재검토해 봄 직하다. 보다 더 면밀하게 검토해 보면, 마르크스의 방법론적 이원론이 생태 위기에 대한 분석뿐 아니라 인류세의 위기를 넘어 포스트-자본주의적 미래를 그려 보는 데도 유용한 보다 더 강력한 도구를 제공한다는 것이 명확해질 것이다.

II

전 지구적 생태 위기 시대에
생산력 비판

4

일원론과 자연의 비동일성

1부에서 논의한 것처럼, 물질대사 개념은 인류세 시대에 전 지구적 생태 위기를 마르크스주의적으로 분석하려고 할 때 결정적이다. 그렇지만 물질대사 균열 개념을 발전시키려는 생태-마르크스주의자들에 대한 비판은 끊임이 없었고, 최근에는 인류세 개념을 인간중심주의적이고 유럽중심주의적인 개념이라고 비판하는 정치생태학자들까지 가세해 생태-사회주의자들이 생산지상주의자일 뿐 아니라 이원론자라고 주장하는 형편이다. 그들은 자연의 '복수'와 '물질대사 균열'이라는 이원론적 관념으로는 자본주의적 축적이 유발한 생태 위기의 역사적 동학을 적절하게 파악할 수 없다고 비판한다.

이 장에서는 마르크스의 생태학적 분석과 방법론을 따르면서 일원론적 세계관에 맞서 비데카르트적 방식에 입각해 마르크스의 생태사회주의적 현실주의를 옹호한다. 인류세 담론에 대한 많은 비판이 유효하지만, 그것이 곧 현재의 생태 위기를 개념화하는 데 있어 일원론이 이원론보다 더 우수하다는 의미는 아니다(1절). 일원론의 문제는 오늘날의 환경 지리학 분야에서 영향력 있는 담론을 살펴볼 때 특히 뚜렷하게 드러난다. 마르크스주의 전통에서 사회와 자연의 데카르트적 이원론에 대한 두드러진 비판은 닐 스미스의 '자연의 생산'론과 제이슨 W. 무어의 '세계-생태론'에서 비롯된다. 인간-자연 관계를 재개념화한 두 사람의 이론은 언뜻 볼 때 매우 과격해 보이지만, 좀 더 면밀하게 검토해 보면 이러한 일원론적 접근법이 봉착한 일련의 이론적 난관을 확인할 수 있다.

스미스와 무어 사이에는 분명 중요한 차이가 있다. 1970년대에 등장한 데이비드 하비의 신맬서스주의 비판은 스미스의 '자연의 생산' 접근법에 지대한 영향을 주었다. [옮긴이: 환경주의가] 맬서스주의로 경도되는 것을 경계한 두 사람은 실제 자연의 한계를 해체하여 사회적 구성으로 바꿨다. 따라서 하비와 스미스 둘 다 환경주의를 마르크스주의적 자본주의 비판에 통합할 필요성을 인식하지 않으려 했다. 사실, '자연의 생산' 접근법은 자연의 독자성과 자율성을 사회와 동일하지 않은 것으로 폄훼하는 부당한 종류의 인간중심주의에 사로잡혀 있다. 그 결과 하비와 스미스는 자본주의하에서 전 지구적 생태 위기의 영향을 과소평가하게 되었다(II절).

반면 무어는 인간중심주의를 단호하게 부정하면서 생태 위기에 대해 논의한다. 무어는 오이케이오스oikeios라는 일원론적 개념을 통해 '물질대사 균열' 개념을 옹호하는 사람들이 사회와 자연이라는 '데카르트적 이원론'에 빠졌다고 비난했다. 무어는 본인의 '세계-생태론'이 물질대사 균열 학파가 전개하는 이원론보다 더 생산적인 방식으로 마르크스의 생태학을 마르크스의 정치경제학에 결합시킨다고 주장한다(III

절). 마르크스의 '물질대사 균열' 개념을 옹호하는 이번 장에서는 마르크스가 『자본』에서 어떤 의도로 사회와 자연을 엄격하게 구별한 것인지 명료하게 밝힐 것이다. 무어는 본인의 포스트-데카르트적 관점이 마르크스의 철학적 뼈대 구조에 보다 더 충실하다고 주장하지만, 『자본』의 핵심 구절에 대한 그의 논의는 지나치게 섣부르다. 무어는 '균열'과 '분리'라는 마르크스의 표현과 데카르트적 이원론을 올바르지 않게 동일시하면서 이 두 개념을 은폐한다. 이러한 누락은 '메울 수 없는 균열'에 대한 논의에 녹아 있는 마르크스의 이원론적 방법론을 무어가 제대로 이해하지 못했음을 시사한다(IV절).

'균열' 개념과 결별한 무어의 자본주의 위기론은 제임스 오코너의 '자본주의의 이차 모순' 개념과 유사한 개념인 '저렴한 자연의 종말'로 인해 자본의 가치증식이 맞이하게 된 **경제적인** 위기에만 편협하게 주목한다. 반면, 자연의 '비동일성'을 일관되게 인식한 마르크스는 '인간중심주의적' 시각에서 **생태** 위기라는 쟁점에 관심을 가졌다(V절). 마지막으로, 사회-자연 관계에 대한 일원론적 이해는 이러한 자연의 비동일성을 등한시하기 때문에, 생태 위기를 과소평가하게 된 것도 우연은 아니다. 그 결과 일원론적 이해는 지구 체계의 관리라는 명목으로 추가적인 기술적 개입을 정당화함으로써 '좋은 인류세'의 창조라는 생태근대주의적 지구-구성주의 전망으로 빠져 버릴 위험을 안고 있다(VI절).

I. 인류세인가, 자본세인가 기술세인가?

지난 10년 사이, 인류세 개념이 득세하면서 다양한 비판이 쏟아졌다. 예를 들어 안드레아스 말름과 알프 호른보리(2014)는 인류세 담론에서 '물신주의'의 오류를 지적한다. 두 사람에 따르면 인류세 담론은 오늘날 벌어지는 환경 참사의 근본적인 원인을 '불의 사용'(Raupach and Canadell 2010: 211) 같은 고대의 활동에서 찾으려는 경향을 보인다. 이러한 뼈대 구조에 입각해 볼 때, 생태 위기는 인류의 조상들이 자연을 지배하기 위해 불을 사용하기 시작하면서 시작된 것이다. 이러한 담론은 오늘날의 생태 위기의 기원을 인간에게 특정한 '근본적인' 특성에서 찾으면서, 인간이 자연과 관계를 맺는 방식과 그 과정에서 가장 큰 책임이 있는 주체를 규정하는 사회적 관계를 추상화한다. 그 결과, 이러한 근본주의적 관점은 생태 위기를 근대 자본주의 사회 체계 및 그 체계 내의 권력, 자본, 헤게모니, 기술의 특정한 관계와 연관 지어 탐구하지 못하도록 방해한다.[1]

또한 지그하르트 넥켈(Sighard Neckel 2021: 138)은 '인류세'라는 용어가 인간이라는 생물종을 지구를 변형하는 유일한 주체로 취급하면서 자본주의하에서 만연한 경제적 불평등을 은폐하는 방식을 비판한다. 생태 위기의 원흉으로 지목된 **인류**Anthropos는 추상적인 개념, 즉 사실상 관념론적 허구에 불과하다. 온실가스가 지리학적, 경제적, 정치적으

---

1   이러한 접근법은 사회 체계를 분석할 수 없으므로 자연으로 돌아가는 것, 또는 심지어 플라이스토세로 복귀하여 자연과의 친밀감을 회복하는 것 같은 원시적인 해결책을 생태 위기에 대한 해결책으로 내민다. 더 참담한 것은, 인류세 시대에는 인간의 멸종이 철학 탐구의 주제가 된다는 것이다.

로 불평등하게 배출된다는 점으로 미루어볼 때, 인간 그 자체는 결코 전 지구적 기후변화의 원흉이 될 수 없다. 실제로 현재의 상황을 빚어 낸 가장 큰 원흉은 글로벌 북반구에서 높은 소득을 누리면서 생활하는 사람들이지만, 기후변화의 부정적인 결과는 기후변화에 적응할 재정적 수단과 기술적 수단을 가지지 못한 글로벌 남반구의 빈민과 주변화된 민중에게 불균등하게 분배된다. 요컨대, 현재의 기후변화는 전 지구적 이고 신자유주의적인 자본주의의 헤게모니하에서 형성된 권력관계에 단단하게 연결되어 있다. 따라서 기후정의에 대해 성찰하기 위해서는 계급, 인종, 젠더로 구성되는 위계를 고려해야 한다. 넥켈에 따르면 그 럼에도 불구하고 인류라는 통일된 실체하에 모두를 포섭하면서 오늘 날을 휩쓸고 있는 인류세 담론은 이와 같은 방식으로 이 문제에 접근 하지 않는다. 그 결과, 인류세라는 주인 서사는 폭력, 억압, 착취를 통해 현재의 현상을 유지하는 구조를 모호하게 만든다.

예를 들어 인류세 문제를 다룬 저명한 역사가 디페시 차크라바 르티는 '일단 기후변화가 위기임을 인정하고 인류세가 우리 시대의 지평 에 어렴풋하게 나타나기 시작한 이상' 자본 비판은 '인류사와 관련된 문제를 다루기에 불충분하다'(Chakrabarty 2009: 212)라고 주장하면서 자본 에 대한 비판을 회피한다. 그러나 당연하게도, 충분하지 않다는 이유만 으로 '자본에 대한 비판'을 회피하는 차크라바르티의 태도는 납득할 수 없다. 이러한 종류의 인류세 담론은 인간의 영향을 강조함으로써 현재 의 생태 위기를 '탈자연화'하지만 결과적으로는 현재의 생태 위기를 '재자연화'하여, 자본주의가 구성하는 사회적 관계를 비판적으로 검토할 수 없게 만들 뿐이다(Malm and Hornborg 2014: 65).

　인류세의 지지자들은 현존하는 자본주의적 생산양식과 그것의 위계에 의문을 제기하지 않는다. 그 대신 그들은 무엇보다 추가적인 경제 성장을 추구하는 자본의 동인과 양립할 수 있는 접근법, 즉 추가적인 기술 발전과 인간의 '자연 지배'를 생태적 파국에 대한 유일한 해결책으로 제안한다. 그들은 지구 체계를 '관리'하여 심화되는 생태 위기 속에서 인간의 생존을 도모해야 한다고 요청한다. 예를 들어 인류세 개념을 창시한 파울 크뤼천은 지구공학을 기후변화에 대한 해결책으로 제안한다. 이를테면 황산염 연무를 대기로 방출하여 햇빛을 줄이고 지구의 온도를 낮추는 기술 같은 것이다(Crutzen 2006: 212). 그러나 지구의 테라포밍에 관련된 과학적 논의가 컴퓨터 계산 수준에서 아무리 활발하게 이루어진다 하더라도, 이러한 논의는 윤리적 문제를 유발한다. 지구 전체에 막대한 영향을 미치게 될 정치적 결정을 그것의 부정적인 결과를 경험할 가능성이 높은 사람들은 의사결정 과정에서 배제한 채, 선진국 엘리트들끼리 결정하도록 내버려두어도 되는가? 민주적인 의사결정 과정을 거치지 않은 상태에서 생태 위기에 대한 관료적 대응이 하향식으로 이루어지면, 기존의 불평등과 사회적 구분을 강화하여 '생태 파시즘'(Gorz 1980: 77) 또는 '기술 파시즘'(Illich 1977: 14)으로 이어질 가능성이 높다. 이와 같은 이유로 인류세 담론은 '지구 전체를 대상으로 시범 운영할 수 있는 관리 기계의 설치를 정당화하려는 거대 담론'(Neyrat 2019: 9)이라는 비판을 받는다.

　스테파니아 바르카(Stefania Barca 2020)는 생산지상주의라는 인류세의 신화에 반론을 제기하면서 인류세 담론을 단호하게 거부한다. 바르카는 에코페미니즘 전통에 입각한 '재생산력'의 관점에서 인류세라는 주인 서사를 비판한다. 자본주의적 근대화의 도구적인 논리와 대조적으로 가사노동, 간호, 생계형 농업 및 어업 같은 '재생산력'은 다른 인간 및 비인간 생명과의 상호의존성을 인식하면서 **돌봄** 활동을 수행한다. 이러한 개념을 바탕으로 바르카는 끊임없는 경제성장을 추구하는 자본주의적 발전은 여성, 소작농, 노예, 선주민이 수행하는 무임금 재생산 노동의 착취에 의존하고 있다고 주장한다. 오늘날에도 여전히 여성, 비유럽인, 선주민, 비인간 생물의 근본적인 기여는 평가절하되고 등한시되는 형편이지만, 인류세 개념은 이러한 상황을 바꾸지 않는다. 이와 같은 주인 서사는 '인간과 자연(비인간)', '문명과 야만', '남성과 여성'(Plumwood 2002) 같은 위계적인 **이원론**을 넌지시 받아들임으로써 기존의 지배와 종속 관계를 재생산하고 강화한다. 이는 인류세에 내재한 이러한 이원론이 백인, 남성, 이성애자가 서구적 합리성의 주체라는 사실을 모호하게 만들기 때문이다.[2]

말름, 호른보리, 넥켈, 바르카는 인류세라는 주인 서사에 반대하면서, 자본주의적 생산의 역사적 특수성과 그것이 경제적·정치적·젠

---

2   사실, 전 지구 환경이 떠안고 있는 과도한 부담의 대부분은 글로벌 북반구에서 생활하는 사람들의 경제활동에서 기인한다. 그럼에도 글로벌 북반구의 경제발전 모델은 일반적으로 자명한 것으로 추정된다. 따라서 경제성장과 기술 혁신이 인류세 시대에 직면한 다방면의 위기에 대한 유일한 해결책으로 계속 간주된다. 그러나 오늘날에는 이러한 위기에 책임이 있는 자들이 그들[옮긴이: 글로벌 북반구에서 생활하는 사람들]에게 해결책을 제시하고 본인들의 관습적인 통치와 생활방식을 정당화하기 위해 그들을 칭찬하기 때문에, 이러한 해결책은 위선일 수 있다. 그들은 문제의 일부이지 해결책이 아니다.

더적·인종적·지리적 불평등을 어떻게 전유해 왔는지를 검토하는 것이 중요하다고 올바르게 강조한다. 이와 같은 맥락에서, 그들은 '자본세 Capitalocene'(Moore 2016; Malm 2016), '기술세Technocene'(Hornborg 2015), '플랜테이션세Plantationocene'(Haraway 2015) 같은 명칭을 인류세라는 명칭의 대안으로 제안한다. 예를 들어 말름은 '인류의 지질학이 아니라 자본 축적의 지질학'임을 부각하기 위해 '자본세'라는 용어를 제안했다. '… [자]본주의적 시간, 생화학적 시간, 기상학적 시간, 지질학적 시간은 결국 자본의 시대로 규정되는 새로운 전체로 결합되고 있다'(Malm 2016: 391). 자본의 발자국이 지구 표면 전체를 뒤덮은 상황이므로, 자본의 논리를 지구적 물질대사의 조직 원리로서 분석해 볼 필요가 있다.[3]

II. 일원론과 자연의 생산론

자본주의는 근본적으로 일련의 이원론적 위계에 의존한다. 따라서 인류세를 비판하기 위해서는 근대적 이분법으로 인해 발생하는 편견에 대해 생각해 보아야 한다. 자본주의를 비판하는 사람들조차 인간의 자연 지배를 옹호하고 재생산 노동을 등한시하는, 생산지상주의라는 신화에 사로잡히곤 한다. 따라서 최근, 비판적 환경 사상과 심지어 마르크스주의 생태학에서마저 일원론적 관점이 휩쓸게 된 것은 우연이 아

---

3 그러나 최근 들어 말름(2108)은 과거 본인이 제시한 '자본세' 개념과 거리를 두는 것처럼 보인다. 그 이유는 제이슨 W. 무어(2015)가 동일한 개념을 전파했기 때문으로 짐작된다. 말름은 현재의 생태 위기에 대한 무어의 일원론적 이해에 매우 비판적이다.

니다. 그러나 낡은 이원론적 도식을 개정할 필요가 분명하다 하더라도 그것이 곧 일원론이 이원론보다 항상 우수하다는 말은 아니다. 사실, 마지막 장에서도 언급하겠지만 말름과 호른보리는 인류세 개념을 비판하면서도 라투르적 일원론과는 거리를 두면서 비데카르트적 이원론을 옹호한다.

　마르크스주의 전통에서 주요 일원론적 접근법 가운데 하나는 사회구성주의의 한 종류인, 사회적 '자연의 생산'론이다. 사회적 자연의 생산론자들에 따르면 '일차 자연'의 파괴, 즉 사회 외부에 존재하고 인간이 손대지 않은 원래 그대로의 자연의 파괴를 안타까워하는 생태 중심적 접근법은 순진하게도 사회-자연을 분리함으로써 자본주의에서 자연이 사회적으로 형성되는 과정의 실제 동학을 파악하지 못한다. '사회적이지 않은 자연은 아무것도 아니'(N. Smith [1984] 2008: 47)라는 닐 스미스의 선언처럼, 자연 그 자체는 더 이상 존재하지 않는다. '사회적인 것과 자연적인 것은 사상에서든 실천에서든, 분리할 수 없는 방식으로 뒤얽혀 있는 것으로 보인다'(Castree 2001: 3)라는 언급에 신빙성을 부여하는 인류세는 이러한 대담한 주장에 호의적인 것처럼 보인다. 심지어 노엘 카스트리(2013: 6)는 '자연'을 '특히 강력한 허구'로 다루어야 한다고 제안한다. 즉, '자연은 인위적으로 만들어진 것이지만, 그 영향력은 결코 작지 않다'는 것이다.

　그러나 이러한 종류의 자연의 사회구성주의적 접근법에는 다양한 문제가 있다. 우선, 이전 장에서 논의한 것처럼 자연의 인식론적 차원과 존재론적 차원을 구별할 필요가 있다. 인간의 '자연 지식'은 과학적 프락시스에 의해 담론적으로 매개되고, 인간의 '자연 이해'는 사회적 권력 관계에 의해 제약을 받는다. 인간이 언어를 매개로 자연에 접근하는 한, 외부 자연 그 자체에 전적으로 투명하고 직접적으로 접근하기란 불가능하다. 그렇다고 해서 인간과 무관한 외부 자연이 존재하지 않는다는 의미는 아니다. 마치 자연 그 자체가 존재론적으로 구성되기라도 했다는 듯, 설령 언어가 사라지고 인간이 사라진다 하더라도, 더워지는 세계에서 기온은 계속해서 올라가고, 빙하는 녹아 없어지며, 해수면은 꾸준히 상승할 것이다. 이러한 현상은 인간의 의식과 무관하게 존재하는 객관적이고 명확한 사실로 간주될 수 있다. 자연은 사회적으로 **영향을 받고** 인간에 의해 **변형된다**. 따라서 가뭄과 산불 같은 자연현상은 석탄과 석유를 연소하여 동력을 얻는 인간의 경제활동에서 배출된 이산화탄소로 인한 기후변화의 영향을 받는다. 이러한 의미에서, 사회는 자연을 물리적으로 재구성하는 과정에서 의도하지 않은 자본주의적 발전의 부산물, 즉 '위험'을 유발한다(Beck 1992). 그러나 그렇더라도 이러한 사회적 영향과 재구성을 통해 자연이 사회적 구성물로서 '구축'된다는 결론을 내릴 수 있는 것은 아니다.

요컨대, 사회적 자연의 생산론은 '변형'과 '구성'(Malm 2018: 37)을 혼동한다. 사회적 자연의 생산 개념을 옹호하는 사람들에게는 손을 대는 행위가 곧 구축이다. 그러나 인간이 나무에 손을 대더라도 나무는 여전히 인간과 무관하게 존재하므로, 인간이 나무를 '구축'했다고 할 수 없다. 인간은 집을 지을 수 있지만, 씨를 뿌리고 나무를 베고 석탄을 채굴하는 방식으로는 자연을 구축할 수 없다. 오히려 인간의 모든 경제

활동은 인간과 **무관하게** 형성된 나무와 석탄에 의존한다. 자연은 생산의 객관적인 전제이다. 보겔이 전개하는 자연의 구성주의적 비판은 빌 맥키번의 '자연의 종말'을 말 그대로 환영하지만, 자연의 종말은 사실이 아니다. 심지어 오늘날 인간 노동은 아무런 인간의 개입 없이 자연에 의해 생산된 것, 즉 화석연료에 지극히 의존한다.[4] 자연이 정말로 사라진다면 자본은 아무 것도 추출하지 못하게 될 것이다. 자본주의와 인간의 경제활동에는 인간이 자연을 추출하고 착취하기 이전부터 존재해온 자연, 최소한 자연 자원이라는 형태의 자연이 필요하다.

마르크스는 인간과 무관한 객관적인 자연의 존재를 명확하게 인식했다. 그는 『자본』에서 '기층基層'이라는 표현을 통해 이 점을 부각했다. '이러한 기층은 인간의 개입 없이 자연에 의해 제공된다. 생산에 관여하는 인간은 오직 자연이 진행하는 대로만 진행할 수 있다. 즉, 인간은 오직 물질의 형태만 변경할 수 있다'(*Capital* I: 133). 마르크스의 물질대사론은 자연이 노동에 의해 구축된다는 발상을 부정한다. 노동은 '오직' 물질의 형태만 '변경할 뿐'이다. 손을 대는 순간 곧바로 자연이 구축된다고 주장하는 보겔과 스미스는 전 지구적 자본주의가 존재하기 이전부터 이미 사회와 자연이 절대적으로 분리되어 있었다는 전제를 상정한다. 그리고 나면 사회가 자연에 손을 댄 순간 자연은 곧바로 사라진다고 주장할 수 있게 된다. 이러한 데카르트적 이원론의 전제에는 분명 문제가 있기 때문에 자연을 '쇼핑몰'과 유사한 것으로 취급해야 한

---

4 또한 맥키번의 논의는 자연에 손을 대는 행위와 자연의 종말을 혼동했다는 점에서 문제가 있다. 여기서 맥키번이 데카르트적 이원론을 따르고 있음을 확인할 수 있다.

다는 보겔의 결론(Vogel 2015) 역시 석연하지 않다.

크리스토프 괴르크Christoph Görg가 전개한 '자연과의 사회적 관계 gesellschaftliche Naturverhältnisse'라는 개념을 기준점으로 삼으면 사회-자연 관계를 보다 더 섬세하게 논의하여 극단적인 자연의 사회구성주의에 **빠지지 않으면서** 데카르트적 이원론을 피할 수 있을 것이다. 괴르크(2011: 49)는 자연이 경제적 실천 및 기술적 실천에 의해 **물리적으로** 변형되고 문화적 담론 및 과학적 담론을 통해 **상징적으로** 구성된다는 점을 인정한다. 그러나 스미스, 카스트리, 보겔과 다르게 괴르크는 자연이 사회적으로 생산된다고 주장하는 것이 아니라 아도르노의 부정 변증법 전통에 따라 '자연의 비동일성'과 '객체의 우선성Vorrang des Objekts'을 언급한다. 이는 루카치의 '동일성과 비동일성의 동일성' 논의를 연상시킨다.

아도르노에 따르면, 객체의 우선성은 유물론의 특징이다. '객체의 우선성으로 넘어감으로써 변증법은 유물론이 된다'(Adorno [1966] 1990: 192).[5] 객체에는 사유로 환원될 수 없는 측면이 항상 존재한다. 물질은 개념과의 비동일성을 의미하고 이러한 비동일성은 자연이 인간 이상의 것임을

---

5 그러나 아도르노는 생태학의 측면에서 부정변증법 이론을 발전시키지 않았다. 따라서 괴르크의 기획은 프랑크푸르트 학파 1세대가 원래 시도했던 것의 비판적 확장으로 간주된다. 그 이유 가운데 하나는 아도르노가 마르크스의 물질대사 개념을 생태학적 자본주의 비판의 기초로 삼지 않았다는 사실이다. 이와 마찬가지로 알프레트 슈미트([1971]2014)는 마르크스의 자연 개념을 장황하게 논의했음에도 불구하고 생태학적 비판을 정교화하지 않았고, 오히려 마르크스를 기술 결정론자로 단정했다. 나는 자연에 대한 아도르노와 슈미트의 관심을 생태학적 의미에서 옹호한 카세가드의 입장(Cassegård 2017)에는 그다지 동의하지 않지만, 자연의 비동일성이 '자연 비판 이론'의 기초라는 그의 주장에는 분명 공감한다. 카세가드(2021) 역시 마르크스의 '형태'와 '물질'의 변증법에 대한 나의 이해를 지지한다.

의미한다. 이러한 의미에서 아도르노의 비판 이론은 외부에 '무언가' 가 존재한다는 현실주의적realism 관점을 유지한다(Görg 2011: 51). 사회도 자연의 일부이기 때문에 자연과 사회의 관계는 분명 밀접하다. 자연이 사회보다 먼저 구성되었기 때문에 사회는 자연과 완벽하게 분리될 수 없다.[6] 사회는 자연이라는 토대 위에 남아 있다. '사회 그 자체는 사회를 구성하는 사물에 의해 규정된다. … 따라서 사회는 비사회적 차원을 포함한다'(Adorno 2006: 122). 자연은 사회적 활동을 통한 매개를 가능하게 만드는 전제조건이다. 두 개의 축으로서 존재하는 자연과 사회는 독자적이고 분리된 실체가 아니라 상호관계적인 실체이다. 이 두 축은 사회적으로 가변적일 뿐 아니라 항상 포괄적인 조직과 통제를 벗어나는 다양한 영향 잠재력과 맥락을 아우른다. 이와 같은 이유로 인간은 자신이 자연에 속해 있음을 매일 확인하면서도, 자연을 인간과 무관한 자율적인 실체로 경험하는 것이다. 자연과 사회의 접촉은 자연의 '종말'이 아니라 영원한 사회적 조직 과정, 즉 환경과 인간 사이에 이루어지는 물질대사적 상호작용의 근본적인 특징을 나타낸다.

이와 같은 맥락에서 마찬가지로 '자연과의 사회적 관계'라는 입장을 채택한 토마스 얀Thomas Jahn과 페터 벨링Peter Wehling은 자연과 사회는 상호의존적이고, 상징적 및 물질적인 수준에서 이루어지는 상호작용 과정 속에서 매개됨에도 불구하고 이 두 가지 차원은 '분석적으로'(Jahn

---

6 이것은 노동의 역할을 인간과 자연 사이에 이루어지는 물질대사를 '매개하는' 활동으로 정의하는 마르크스에게도 해당된다. 여기에서 '매개한다'는 표현은 자연이 지워질 수 없다는 사실과 노동이 아무리 외부 자연을 조작할 수 있는 것처럼 보인다 하더라도 자연은 인간과 무관하게 존재한다는 사실을 마르크스가 인지했음을 함의한다.

and Wehling 1998: 84) 분리되어야 한다고 주장한다. 분석적 분리가 필요한 이유는 자연이 사회와 분리되어 독자적으로 존재할 뿐 아니라 두 영역 사이의 근본적인 차이를 지워 버릴 경우, 사회의 각 역사적 단계가 자연과의 고유한 물질대사적 상호교환을 조직하는 **방법**을 이해할 수 없게 되기 때문이다. 얀과 벨링에 따르면 이러한 역사적이고 사회적인 탐구는 사회와 자연의 분석적 구분을 바탕으로 할 때만 가능하다.

게다가 '자연과의 사회적 관계' 접근법은 '자연의 생산'론에 숨어 있는 또 다른 중요한 문제인 '인간중심주의'를 드러낸다(Castree 2001: 204). 자연의 사회구성주의는 사회가 자연에 **작용하는** 방식에 편중한다. 따라서 특히 자연의 비동일성과 자연의 우선성에 충분히 주목하지 않음으로써 자연에 대한 프로메테우스주의적 접근법에 빠질 위험이 높다. 아도르노의 입장에서 볼 때, 사회구성주의적 접근법의 문제는 자연의 의미를 인간에게 의미가 있는 것으로만 국한시킨다는 것이다. 따라서 이러한 접근법은 자연에 대한 도구주의적 태도를 강화하는 경향을 보인다. 실제로 자연은 인간 행위자의 수동적인 매개로서, 즉 인간의 의지대로 변형되고 조작될 수 있는 존재로서 나타나기 쉽다. 사회구성주의적 접근법은 오늘날을 휩쓸고 있는 담론, 즉 자연환경에 대한 추가적인 기술적 개입과 변형을 통해 지구를 관리해야 한다는 담론에 도전하기는커녕 오히려 생산지상주의를 내세우는 인류세 담론과 양립할 수 있기 때문에, 생산지상주의에 대한 환경주의자들의 비판에 직접적으로 노출된다.

이러한 생산지상주의적 전망이 그다지 뚜렷하게 드러나지 않고,

자연의 생산론이 생태학적 쟁점에 관심을 가지고 있다고 주장한다 하더라도(Castree 2002), 그 위험성은 여전하다. 전통적으로 마르크스주의는 기술 발전에 공감하기 때문이다. 심지어 오늘날 가장 저명한 마르크스주의 지리학자인 데이비드 하비조차 마르크스주의의 생태학적 전환에 부정적인 반응을 보여 놀라움을 자아낸다. 하비는 존 벨라미 포스터의 관점이 지나치게 '종말론적'이라고 비판했다.

> 이러한 [지구적 생태 위기라는 가정]에 반박할 때 결정적으로 중요한 것은 인간이 지구를 물리적으로 파괴할 수 없다는 점을 이해하는 것이다. 인간이 저지를 수 있는 최악의 일이라고 해 봐야 물리적인 환경을 변형하여 우리의 유적 존재를 보다 더 편안하기는커녕 보다 더 불편하게 만드는 것이 고작이다. 물론 그 과정에서 인간 행동의 여파가 (긍정적이든 부정적이든) 살아 있는 다른 생물종에게 미친다는 사실을 명심해야 할 것이다. … 생태 학살이 임박했다는 천년왕국적이고 종말론적인 선포는 정치적으로 및 역사적으로, 매우 의심스럽다. 그것은 좌파 정치에 바람직한 토대가 아니다. … (예를 들어 기대수명으로 측정한) 삶의 조건이 그 어느 때보다 더 나아진 상황에서, 환경주의자들의 종말 시나리오는 설득력이 없고 개연성이 없다는 … 논의에 매우 취약하다. (Harvey 1996: 194)

하비는 "사회주의 정치가 환경 참사가 임박했다는 관점에 의존한다는 것은 '나약하다는 증거'"(Harvey 1998: 19)일 따름이라고 주장하면서 생태학적 '비관론'을 마르크스주의에 통합하지 않으려고 한다. 나아가

하비(1998: 19–20)는 "'한계'와 '생태 희소성'에 호소하여 환경 쟁점에 이목을 집중시키는 일은 이론적으로 의심스러울 뿐 아니라 정치적으로도 불안하다"라고 언급했다. 여기서 하비는 환경주의가 맬서스주의로 경도되기 쉽다는 이유로 자연의 한계를 인식한 사람들을 '좌파 종말론자'라고 비판한 닐 스미스([1984] 2008: 247)의 입장에 동의한다. '그러나 맬서스주의적 시나리오가 실제로 자리 잡은 적은 아직 없었다'(Harvey 2011: 94).[7] 오히려 하비는 어떤 '한계'든 한낱 '장벽'(Harvey 2011: 90)으로 바꿔 버리는 자본의 능력을 강조한다. 여기서 '환경주의로 나아가기를 주저하는 사회주의자'(Foster 1998: 56)의 모습을 엿볼 수 있다. 하비는 그레그 이스터브룩Gregg Easterbrook과 줄리언 사이먼Julian Simon 같은 언론인의 논의까지 끌어들일 정도로 환경주의에 회의적이었다. 널리 알려진 것처럼 이스터브룩은 『지구의 한 순간A Moment on the Earth』에서 인간이 화성을 '테라포밍'하여 두 개의 생물권을 가짐으로써 과잉인구를 해결할 수 있다고 주장한 인물이다.

닐 스미스도 똑같이 환경주의로 나아가기를 주저한다. 『불균등 발전』 3판 후기에서 스미스는 공적 영역에서 전 지구적 기후 위기를 논의

---

7 하비(2011: 94)는 '과거에 자본이 이것을 성공적으로 수행했다 하더라도 앞으로도 영원히 그러리라는 법은 없기 때문'이라고 덧붙인다. 그러나 과거 하비가 포스터에 대해 언급한 내용을 생각해 보면, 그가 정말 이렇게 생각하는지는 의문이다. 2019년이 되어서야 비로소 하비는 생태 위기의 심각성을 받아들이고 이를 종말론이 아닌 신기원을 여는 위기로 받아들인다. 그러나 이미 너무 늦었다. 하비의 팟캐스트 '플라스틱 산업과 이산화탄소 배출과 기후변화(The Plastic Industry and CO_2 Emission and Climate Change)'를 들어보라(Anti-Capitalist Chronicles: The Plastics Industry. https://www.youtube.com/watch?v=JVO5CJzQZ5U; CO_2 Emissions and Climate Change. https://www.youtube.com/watch?v=5oTW9uQitYw).

하는 방식에 '회의적'인 입장을 내비친다. 스미스의 회의주의는 그가 '네이처-워싱'이라고 부른 것에 대한 공포에서 비롯된다. '… 네이처-워싱은 사회적인 것 위에 및 너머에 존재하는 자연적 행위자가 지닌 난공불락의 힘을 재구성한다'(N. Smith [1984] 2008: 246). 스미스에 따르면 자연적 행위자를 이렇게 이해하는 관점은 인간의 힘으로는 자연을 바꿀 수 없다는 것을 인정하기 때문에 '종말론'으로 귀결될 뿐이다. 이러한 관점은 자연의 생산론이라는 스미스의 기본 입장, 즉 사회적 힘은 자연적 행위자의 힘을 얼마든지 극복할 수 있다는 근거 없는 낙관론과 모순된다. 따라서 스미스는 이러한 관점을 받아들이지 않는다. 이와 유사하게 노엘 카스트리는 기후 '부정론자'를 비난하는 기후변화에 관한 정부 간 협의체Intergovernmental Panel on Climate Change, 이하 IPCC의 '확신이 지나치다'라고 우려하면서, 이러한 사안을 보다 더 '균형감'(Castree 2013: 242, 258) 있게 논의할 것을 대중매체에 주문한다. 카스트리에 따르면 기후부정론자들의 목소리를 공적 담론에서 배제하는 것은 민주적이지 않다. 많은 환경주의자들이 IPCC 보고서의 평가를 보수적이라고 비판함에도 불구하고, 카스트리는 IPCC를 새로운 형태의 신맬서스주의라고 비판한다. 그러나 현재를 기준으로 가장 최근 발간된 IPCC 보고서(AR6)에서 인간의 영향을 기후변화의 '명백한' 원인으로 간주했다는 사실을 감안할 때, 카스트리의 언급은 반과학적으로 들린다.

　생태 위기에 직면한 상황임을 감안할 때, 이 세 명의 저명한 지리학자들이 자연의 한계를 인식하지 않으려 했다는 사실은 놀랍기 그지없다. 이렇게 된 이유는 '[옮긴이: 환경주의가] 맬서스주의로 경도될 것을'

그들이 '우려했기' 때문인데, 이러한 태도는 하비가 지적 경력을 시작한 초기로 거슬러 올라간다. 하비는 1970년대에 「인구, 자원, 과학 이데올로기Population, Resources, and the Ideology of Science」라는 돋보이는 논문을 펴내면서 자연의 문제를 다루기 시작했다. 이 논문에서 하비는 인구 폭발과 자연 자원의 희소성 문제를 논의하면서 신맬서스주의를 **이데올로기**라고 비난한다(Harvey 1974). 그 당시 출판된 로마클럽의 『성장의 한계』 보고서와 폴 R. 에를리히Paul R. Ehrich와 앤 H. 에를리히Anne H. Ehrich의 『인구 폭발Population Explosion』은 과잉인구와 자원의 희소성 및 부족에 대한 엄청난 불안감을 조성했다. 두 저술에 녹아 있는 비관적인 어조에 대한 다양한 비판이 이어졌지만, 하비의 눈에는 심지어 『성장의 한계』를 비판하는 사람들조차 객관적인 자연의 한계를 지나치게 강조하는 신맬서스주의 패러다임을 공유하는 것처럼 보였다.

하비는 자연의 한계가 절대적인 것이 아니라는 데 주목하면서 이러한 흐름을 거스른다. 자원 희소성은 사회와 무관하게 선험적으로 존재하는 것이 아니라 특정한 사회적 관계하에서만 규정될 수 있다. 다시 말해, 과잉인구와 자원 희소성은 자본주의적으로 구성된 생산관계와 무관하게 존재하는 것이 아니라 사회가 무엇을 어떻게 생산하지를 명시함으로써 의미를 가지게 되는 관계적인 개념이다. 이러한 역사적 관계를 기정사실로 전제하고 사회적 생산의 합목적성과 자연에 대한 기술적 평가 방식을 불변으로 고정하면, 자원 희소성에 직면한 상황에서 변형될 수 있는 유일한 변수는 인구뿐이므로, 결국 맬서스주의에 빠지게 된다(Harvey 1974: 270). 하비는 환경주의가 아무리 과학적 사실에 호소하더라도 이러한 종류의 실수를 저지르기 십상이라고 경고했다. 이러한 과학은 서구 자본주의 사회의 기존 권력 구도와 지배 구도를 감추거나 심지어 정당화하는 이데올로기적 기능을 수행한다.

하비의 과학 이데올로기 비판은 마르크스가 맬서스의 절대적 과잉인구 이론을 비판하면서 전개한 '상대적 과잉인구' 개념을 토대로 한다. 신맬서스주의 비판을 통해 하비는 과잉인구와 자원 희소성이라는 쟁점에 대한 마르크스적 접근법을 부활시켰다. '유물론자'인 하비는 물리적인 자연의 존재를 부정하지 않았지만 신맬서스주의를 비판하는 과정에서 자연의 한계에 대한 인식을 '맬서스주의'와 섣부르게 동일시하게 되었고, 결국 어떠한 자연의 한계도 인식하지 않으려 하게 되었다.[8] 맬서스주의가 그토록 광범위한 뼈대 구조로 자리 잡게 되면 환경주의가 설 공간은 사라진다. 앞서 인용한 것처럼 심지어 하비는 '인간은 지구를 물리적으로 파괴할 수 없다'라고 주장하기에 이른다. 그러나 인류세를 통해 인간이 지구를 파괴하여 지구를 인간(과 다른 많은 생명)이 거주할 수 없는 곳으로 만들 수 있다는 사실이 충분히 입증되었다.

자연의 한계를 인식하지 않으려는 하비의 태도를 통해서 자연의 생산론을 옹호하는 마르크스주의 지리학자들이 사회-자연 관계를 급진적으로 재개념화했다고 자처함에도 불구하고 생태학의 영역에서는 매우 반동적인 입장으로 판명되는 이유를 확인할 수 있다. 여기서 다시 한번 아도르노와 호르크하이머의 『계몽의 변증법』을 참조해 보자. 도

---

8 마르크스주의 전통에서는 맬서스주의로의 경도에 대한 우려가 큰 영향력을 행사한다. 심지어 청년 마르크스조차 자연의 한계의 존재를 부정하는 생산지상주의적 관점에 빠질 정도였다(Saito 2017).

구적 이성이라는 근대적 기획의 특징은 '성찰하지 않는다'(Horkheimer and Adorno [1944] 2002: 158)는 것이다. 따라서 자연의 비동일성을 무시하고 자연을 자본주의하에서의 교환가치를 위해 통제되고 착취되는 한낱 도구로 환원한다(Cook 2011). '물상화'는 사회가 자연에 배태되어 있다는 사실과 자연의 타자성에 대한 '망각'에서 비롯되고 결국 자연에 적대하는 '제국주의'로 귀결된다(Horkheimer [1947] 2016: 76). '자연의 생산론'의 일원론은 사회적인 것과 자연적인 것의 차이를 모호하게 만들어 자연의 비동일성을 성찰하지 못하게 만드는 위험을 노정한다. 아도르노에 따르면, 자연은 다양한 방식으로 인간에게 유용할 수 있지만 비인간 자연에 고유한 합목적성은 인간에게 무심할 뿐 아니라 인간과 무관하다. 자본의 동일성 사고방식하에서, 자연은 훨씬 더 훼손된다.[9]

여기서 맬서스주의가 객관적인 자연의 한계를 인식하는 이론이 아니라는 점을 부각하는 것이 중요하다. 하비가 올바르게 주목한 것처럼 맬서스의 과잉인구 이론은 자본주의적 관계하에서 생계(민중에게 필요한 것), 자연 자원(민중이 사용할 수 있는 것), 희소성(민중이 사용할 수 있는 양)의 역사적인 특징과 사회적인 특징을 모호하게 만든다. 이러한

---

9 마르크스도 자연의 변형은 임의적일 수 없다고 강조했다. 노동의 힘은 제한적이다. 즉, 노동만으로는 자연적 실체를 생산할 수 없고 다양한 목적에 따라 자연의 형태만을 변형할 수 있을 뿐이다. 마르크스는 노동은 '자연적 실체'에 **외적 형태**(*Grundrisse*: 360; 강조는 원문)를 제공한다고 썼다. 예를 들어 노동이 목재라는 '자연적 실체'에 제공한 책상이라는 형태는 '재생산이라는 내적 법칙'을 따르지 않기 때문에 원래 실체의 '외부'에 존재한다. 내적 법칙에 따라 목재는 나무라는 특정한 형태를 계속해서 유지하지만 책상이라는 새로운 형태는 목재를 실체적으로 동일한 방식으로 재생산할 수 없기 때문에 이제 목재는 분해라는 자연력에 노출되기 시작한다. 자연적 물질대사의 힘으로부터 노동의 산물을 보호하기 위해서는 생산적인 소비를 통해 물질대사를 의도적으로 규제해야 한다. 그러나 그렇게 한다고 해서 자연의 힘을 완벽하게 극복할 수 있는 것은 아니다.

측면에서 볼 때 맬서스주의의 바탕에는 '자연의 이데올로기'가 자리 잡고 있다. 과잉인구의 문제가 떠오르는 이유는 세계의 풍요가 모든 사람을 먹이기에 불충분하기 때문이 아니라 부가 매우 불균등하게 분배되어 글로벌 북반구의 부자들에게로 쏠리기 때문이다. 따라서 하비는 자본주의적 생산관계를 근본적으로 전환하여 모두에게 보다 더 공평하고 보다 더 공정한 몫을 분배해야 한다고 요청한다. 이러한 측면에서 보면, 하비의 비판은 분명 올바르다. 그러나 그렇다고 해서 지구의 객관적인 생물 물리학적 한계를 외면해서는 안 된다. 자본이 아무리 열심히 새로운 시장을 찾아 나서고 자연에서 새로 개척할 만한 장소를 발굴해낸다 하더라도, 결국 지구의 공간에는 한계가 있다. 기술의 발전을 통해 한계를 **어느 정도** 밀어낼 수는 있겠지만 그럴수록 엔트로피는 증가하고, 활용할 수 있는 에너지는 줄어들며, 자연 자원은 고갈될 것이다. 이것은 사회적 관계 및 인간의 의지와 무관한 객관적인 사실이다. 이러한 객관적인 한계를 인식하는 사람을 '나약한 사람'으로 치부하고 '전 지구적 차원의 생태 위기라는 종말론적 전망'을 가진 사람으로 매도하는 것은 부적절하다. 자연의 한계를 인식하는 것이 곧 맬서스주의라면, 정말 그렇다면, 맬서스주의의 덫을 피할 유일한 방법은 자연의 한계 그 자체를 교조적으로 부인하는 것일 터이다. 이러한 태도가 마르크스주의적 프로메테우스주의와 결합되면 유전공학, 지구공학, 핵융합 등의 기술적 개입을 지지하는 문제적 결론으로 쉽게 변질된다.

III. 인류세에서 자본세로

문제적 결론에도 불구하고 카스트리(2001: 204)는 최소한 '자연의 생산'론에 인간중심주의라는 문제가 내재해 있음을 인식했고, '생산된 자연이 자본주의에 영향을 미치는 방식'을 탐구해야 한다고 주장했다. 이러한 맥락에서 '자본세'에 대한 제이슨 W. 무어의 논의는 최근 인류세를 중심으로 이루어진 다양한 비판적 논의가 맺은 결실을 명확하게 통합하고 스미스와 카스트리의 단점을 극복했다는 점에서 '자연의 생산'론보다 더 진전된 이론이라고 할 수 있다.

여기서 주목할 만한 점은 엥겔스의 '자연의 복수'에 대한 무어의 비판이다. 무어에 따르면 엥겔스의 이론적 한계는 자연을 '고정되어' 있는 '몰역사적'인 것으로 논의한다는 데 있다. 스미스와 하비에 동의하면서 무어는 엥겔스가 '자연의 한계를 물신화'(Moore 2015: 80)한다고 주장한다. 엥겔스의 생태학적 비판은 '사회'와 '자연'을 전적으로 독자적인 두 개의 실체로 분리하는 '데카르트적 이원론'에 사로잡혀 있기 때문에, 필연적으로 '녹색 사상에 대한 중대한 편견'(Moore 2015: 171)을 유발한다. 엥겔스의 분석은 자본주의가 자연을 파괴한다는 당연한 '결과'를 재확인할 따름이다. 엥겔스의 결론은 올바를지도 모르지만(자연이 수동적인 매개이기를 멈추고 주체성을 획득한다는 엥겔스의 주장은 오히려 무어의 관점과 일치한다), 자본주의가 환경에 해롭다는 것을 모르는 사람은 이제 없다. 따라서 무어는 인간과 자연이 생명의 그물을 통해 끊임없이 서로를 '공동-생산'하면서 생태 위기를 유발하는 세계-역사적 **과정**을 분석하는

'세계-생태론'이라는 또 다른 거창한 기획을 전개한다.

무어는 엥겔스를 비판하면서도 본인의 관점이 마르크스의 관점을 토대로 한다고 주장한다. 2장에서 논의한 것처럼 마르크스와 엥겔스를 구별하는 것은 불합리한 일이 아니다. 그러나 무어의 비판은 인간-자연 관계에 대한 엥겔스의 논의를 거부하는 것에 그치지 않고 '물질대사 균열' 개념을 주로 사용하는 존 벨라미 포스터 및 그의 동료들과도 맞선다. 마르크스주의자들 사이에서 물질대사 균열 개념이 득세하고 있을 뿐 아니라 자본주의적 세계체제하에서 인간과 자연 사이의 긴장 관계를 파악하기 위해 무어 본인조차 이 개념을 사용하곤 했다는 점을 감안할 때, 이러한 무어의 태도에 놀라지 않을 수 없다(Moore 2000, 2002).

아무튼 무어는 『생명의 그물 속 자본주의』에서 물질대사 균열 개념에 대한 입장을 크게 바꿔 이제는 그 개념을 '데카르트적 이원론'이라고 비난한다. 데카르트적 이원론은 사회가 자연에 작용한다고 추정한다. 그러나 무어는 사회와 자연을 이와 같이 엄격하게 구분하면 자연을 '통한' 자본주의적 발전의 역사적 동학, 즉 단일한 생명의 그물 속에서 사회와 자연이 변증법적으로 '공동-생산'하는 과정을 적절하게 분석할 수 없다고 주장한다. '자연은 공동-생산된다. 자본주의는 공동-생산된다. 한계는 공동-생산된다'(Moore 2015: 232). '물질대사 물신주의'는 자연의 한계를 적절하게 다룰 수 없고, '거기에 결부된 다양한 자원 결정론 및 에너지 결정론'은 이러한 '녹색 계산식'(Moore 2015: 180)의 가장 높은 단계를 나타낸다. 즉, 사회와 자연의 합은 위기이다. 이것은 엥겔스의 '자연의 복수'처럼 지나치게 경직된 주장으로 보인다. 무어에 따르면 오늘날의 생태 위기는 '자연-속-근대'의 위기이다. 즉, 그것은 사회와 자연 사이에 발생한 '메울 수 없는 균열'의 결과가 아니라 자본주의하의 전체 생명의 그물 속에서 끊임없이 (재)설정되는 유동과 흐름의 결과이다.

무어는 엥겔스와 포스터를 비판하면서도 마르크스는 비판하지 **않는다.** 오히려 무어는 본인의 해석이 마르크스의 '가치론'과 '내적 관계의 철학'(Moore 2015: 22)을 진전시키고 보다 더 생산적으로 계승한다고 방어한다. 무어는 본인의 정치경제학 비판과 생태학적 분석을 결합해야만 마르크스의 가치론의 잠재력을 완벽하게 실현할 수 있다고 주장한다. 반면 포스터의 해석은 '독점자본론'(폴 스위지와 폴 A. 바란)을 바탕으로 한 '정치경제학'과 '물질대사론'(루카치와 메자로스)을 바탕으로 한 '생태학' 사이의 '인식론적 균열'에 빠진다. '마르크스 생태학'의 존재 여부를 둘러싼 논쟁은 '존재한다'는 방향으로 의견이 모아졌다. 현재 마르크스의 정치생태학을 둘러싼 논쟁의 중심에는 자본주의하에서 인간과 자연의 관계, 그리고 인류세 시대에 그것이 안고 있는 모순을 개념화할 적절한 방법론을 탐색하는 과제가 자리 잡고 있다.

무어의 세계-생태 방법론은 사회와 자연을 엄격하게 구분하는 이분법을 완화한다. 무어에 따르면, 포스터처럼 물질대사 균열이라는 경직되고 종말론적인 구상으로 빠지지 않으려면 우선 사회가 자연에 작용하여 자연을 파괴한다는 인식론적 뼈대 구조와 결별할 필요가 있다. 바로 이것이 무어가 자연과 인간의 '공동-생산'을 부각하는 이유이다. 자연은 결코 수동적인 매개가 아니다. 사실, 자본주의의 발전은 항상 자연에 의해 좌우된다. 이와 같은 의미에서 자연은 '행위자'(Moore 2015: 196)

라는 특정한 형태의 주체성을 소유한다.[10] 예를 들어, 무어는 잉글랜드에 형성된 석탄 덕분에 영국 자본주의가 출범했다고 묘사한다. 스미스와 카스트리의 자연의 생산 접근법이 자본주의가 자연을 생산하는 방식에만 집중했다면, 무어는 거기에 더해 자본주의가 자연을 통해 생산되는 방식에도 집중한다. 따라서 무어는 '사회와 자연의 **합**'이라는 이원론적 구상을 '자연-**속**-사회 또는 사회-**속**-자연'으로 대체하고 '자본주의가 자연에 작용한다'는 발상을 자본주의가 생명의 그물을 '**통해** 발전'한다는 일원론적 도식으로 대체한다. 왜냐하면 거기에서 사회적 행위자 및 자연적 행위자로 이루어진 복잡한 네트워크 회집체가 구성되기 때문이다. 이와 같은 방식으로 무어의 일원론적 존재론은 인간중심주의를 회피하려고 시도한다. 덕분에 무어는 최소한 언뜻 보기에는 자본세라는 보다 더 적합한 뼈대 구조를 정교화할 수 있게 되었다.

무어의 일원론적 용어는 인간-자연 관계를 '혼종적'으로 이해하는 인기 있는 정치생태학 담론의 영향을 받은 것이다. 이러한 종류의 일원론은 주체성을 인간에게만 배타적으로 귀속시키는 근대적인 주체-객체 관계 관점에 도전한다. 브뤼노 라투르(1993)가 주장한 것처럼 주체성

10 무어가 본인은 '행위자'라는 용어를 단 한 번만 사용했을 뿐, 본인의 관점은 라투르의 '평평한 존재론'과 동일하지 않다고 대응할지도 모르겠다. 또한 '일원론'이라는 용어를 단 한 번만 사용했고『생명의 그물 속 자본주의』에서 '연성 이원론'이라는 용어를 사용했기 때문에(Moore 2015: 13, 85) 본인의 이론은 일원론이 **아니**라고 덧붙일지도 모르겠다. 한데 무어가 이러한 용어들을 사용한 횟수는 그다지 중요한 문제가 아니다. 결국 무어는 본인의 관점이 라투르의 평평한 존재론 및 다른 종류의 일원론과 어떻게 다른지, 그리고 데카르트적 이원론을 단호하게 거부한이후 본인의 존재론은 무엇인지 설명하지 못하기 때문이다. 무어가 정말로 '연성 이원론'을 받아들였다면, 무어의 세계-생태론과 물질대사 균열 학파 사이에는 사실상 중요한 차이가 없다.

은 반드시 '사물'에 재분배되어야만 한다. 이와 같은 새로운 이론적 뼈대 구조는 '인간중심주의'로 여겨지는 마르크스주의에 매우 비판적이어서(Latour and Lépinay 2009), 노동가치론의 재고를 요구한다. 따라서 무어가 자본주의가 가치의 생산을 위해 자연을 '노동'에 투입한다고 주장하면서 마르크스주의의 개정을 제안한 것도 납득하지 못할 일은 아니다.

> 자연의 노동/에너지는 어떻게 가치로 변형되는가? ⋯ 이러한 질문 덕분에 우리는 한편(인간 또는 자본주의)으로 과도하게 치우치고 다른 한편(자연)에는 거의 무관심한 사고방식에서 벗어나 자연-속-자본주의가 살아남을 수 있도록 지원한 장기지속 관계와 전략으로 이동하게 되었다. 그리고 자본주의는 (무엇을 의미하든) 자연을 파괴함으로써가 아니라 오이케이오스로서의 자연이 무료로 또는 매우 저렴한 비용으로 더욱더 열심히 노동하도록 강요하는 기획을 통해 살아남았다. (Moore 2015: 13)

무어에 따르면 자연의 '노동'이 직접적으로 가치를 생산하는 것이 아니라(만일 그렇다면 마르크스의 노동가치론을 부정하는 셈이다) 자연이 수행하는 무임금 노동의 수탈이 자본의 가치증식에 근본적으로 기여하는 것이다.[11] 이와 같은 의미에서, 자연은 착취당한다. 심지어 무어(2019:

---

11 '그러나 이러한 모든 탈가치화된 노동 형태와 무가치화된 노동 형태는 가치 형태(상품)의 외부에 존재한다. 그것들은 직접적으로 가치를 생산하지 않는다. 그렇지만 (매우 큼에도 불구하고) 추상적 노동으로서 가치는 무임금 노동/무료 에너지가 없이는 생산될 수 없다'(Moore 2015: 65). '자연가치론'(Yaşın 2017: 397)을 제안하는 다른 사람들은 인간 외 주체에 의해 생산된 가치에 대해 훨씬 더 명백하게 언급하지만, 이것은 단순히 중농주의로 되돌아가는 것에 불과하다.

53)는 자연을 '바이오타리아'라고 부른다.

인류세 담론의 인간중심주의를 비판하는 사람들 사이에서는 '노동'을 비인간 자연의 노동을 포함하는 개념으로 확장하려는 구상을 쉽게 찾아볼 수 있다. 스테파니아 바르카(2020: 19)는 '자본주의는 이러한 [인간중심주의적인] 합리성 모델을 채택하여 근대성이라는 관념을 인간 노동과 비인간 노동 모두로부터 가치를 추출할 능력으로 재구성했다'라고 주장한다. 인류세라는 주인 서사에 대한 비판 덕분에 '주인이 아닌 모든 타자 사이의 핵심 공통점이 폭넓게 정의되지만 여전히 설득력 있는 관념은 **노동**임을 확인할 수 있다. 여성, 노예, 프롤레타리아, 동물, 비인간 자연은 모두 다양한 지위 및 형태로 주인을 위해 노동하는 존재일 뿐이다'(Barca 2020: 6; 강조는 원문).

자연에 주체성을 재분배하고 생산과정에서 인간과 자연의 엄격한 역할 구분을 완화하는 행위로서 '노동'을 논의하는 것은 브뤼노 라투르의 행위자-네트워크 이론이 정치생태학에 침투하는 방식을 보여준다. 라투르는 '자연과 사회 사이의 엄격한 구분을 **지속적으로** 완화하여 두 개의 구분된 집합으로 되돌아갈 필요가 없게끔 해야 한다'(Latour 2004: 36)라고 주장한다. 라투르의 혼종주의에 따르면, 이제는 더 이상 사회적 현상과 자연적 현상을 구별할 수 없다. 라투르는 이미 1990년대 초에 오존층 파괴와 산불을 언급하면서 환경 파괴 쟁점은 인간의 영역과 자연의 영역으로 깔끔하게 나누어 범주화될 수 없다고 주장했다. 오존층에 생긴 구멍 및 기후변화 같은 자연적 현상은 사회적 현상(프레온가스 생산과 자동차 및 비행기의 이산화탄소 배출)과 깊이 뒤엉켜 있다. '모든 문화와 모든 자연은 매일 뒤섞인다'(Latour 1993: 2). 인류세 시대에는 모든 것이 사회와 자연의 혼종으로 변해 가는 것처럼 보이기 때문에, 인류세를 통제할 수 없는 산불과 대형 태풍 속에서 사물이 능동적 주체성을 소유하는 시대로 묘사하는 라투르의 혼종주의가 득세하게 되었다.

요컨대, 라투르주의적 일원론에 따르면 인류세는 인간과 비인간 사이의 위계적 구분이 해체되어 '행위자들'(Purdy 2015: 271–2)의 세계로 바뀌는 포스트-자연적 포스트-인간주의의 시대이다. 마르크스주의적 접근법을 취하는 사람들 사이에서도 이렇게 이해하는 사람들을 찾아볼 수 있다. 예를 들어 크리스토프 보뇌이유Christophe Bonneuil과 장바티스트 프레쏘Jean-Baptiste Fressoz는 라투르를 긍정적으로 언급하면서 인간과 자연 사이의 이원론을 극복할 수 있는 방법론에 대해 묻는다. 두 사람은 '그렇다면 자연과 사회 사이의 이원론을 극복할 방법은 무엇인가?'라고 자문한 뒤 '자연에 스며든 사회'와 '사회에 스며든 자연'으로 구성된 '내적 이중 관계'(Bonneuil and Fressoz 2016: 41)를 이해하는 것이 중요하다고 강조한다. 이와 같은 맥락에서 보뇌이유와 프레쏘는 '제이슨 무어의 생태화된 마르크스주의'를 높이 평가하면서 물질대사도 '정치적 주체성'을 가진다고 주장한다(Bonneuil and Fressoz 2016: 35–37).

심지어 라투르의 일원론적 접근법은 슬라보예 지젝에게도 영향을 미쳤다. 지젝은 생태학을 '민중의 새로운 아편'으로 규정하면서 일축했지만, 최근 전 세계적 전염병 창궐 사태를 겪고 나서는 생태 위기의 심각성을 자본주의의 모순으로서 인식하면서 기존의 입장을 번복했다. 지젝은 마르크스주의의 이원론적 '물질대사' 개념만으로는 충분하지 않다고 지적하면서 인류세에 적절한 '근본적인 철학적 변화'가 필요하다고 주장한다.

> 따라서 다가오는 생태 위기에 대처하기 위해서는 우리 인간이 자연의 일부, 그저 지구상의 자연적 생물종 가운데 하나에 불과하고 인간의 생산과정(마르크스가 말한 것처럼 자연과 인간 사이에 이루어지는 물질대사)이 자연 그 자체 내에서 이루어지는 물질대사의 일부라는 점을 강조하는 상투적인 표현을 훌쩍 넘어서는 근본적인 철학적 변화가 필요하다. (Žižek 2020a: 115)

여기서 지젝은 포스터의 물질대사 균열 개념이 현재 뒤엉켜 있는 사회적인 것과 자연적인 것을 근본적인 방식으로 적절하게 처리할 수 없다고 비판함으로써 라투르의 '회집체' 개념을 지지한다.[12] 바로 이것이 마르크스의 철학에 '충실'하다고 자칭하는 무어가 보다 더 많은 영향력을 효과적으로 확보하는 방식이다. 그럼에도 무어의 주장이 정말 올바르다면 '물질대사 균열' 개념은 더 이상 유효하지 않을 것이다. 따라서 물질대사 균열 개념과 결별하기 전에 무어의 주장을 조금 더 세심하

---

12 환경주의가 자연의 조화로운 총체성을 순진하게 전제한다는 과거 그의 비판과 거의 일치한다는 점에서 이러한 움직임은 놀라운 일이 아니다(Žižek 2008: 444). 나아가 지젝(2020b)은 이를 근거로 자연과 추상적 노동에 대한 나의 이해를 비판한다. (비슷한 주장을 펴는 다른 사람들과 마찬가지로) 지젝은 추상적 노동이 역사적으로 자본주의에 특정하다고 주장한다. 그러나 이러한 논의는 가치와 추상적 노동을 혼동한다. 가치는 순수하게 사회적이고 자본주의에 특정한 것이지만, 추상적 노동은 인간 노동의 한 가지 측면을 추상화한 것으로 인간이 노동하는 한 존재하는 것이다. 마르크스의 방법론에 따르면 추상적 노동의 초역사적인 차원을 자본주의 사회에 특정한 가치증식이라는 기능으로부터 분리하는 것은 아무런 문제가 없다.

게 살펴볼 필요가 있다.[13]

무어의 '세계-생태론' 기획은 이매뉴얼 월러스틴의 세계체제 분석을 확장한 것이다.[14] [옮긴이: 월러스틴에 따르면] 자본주의적 중심부는 자본 재생산 비용을 인위적으로 낮춘 '반半-프롤레타리아'를 창조하여 노동 외에는 별다른 생계수단이 없는 주변부로부터 저렴한 노동을 착취함으로써 더 많은 이윤을 획득한다. 저렴한 노동의 착취를 바탕으로 이루어지는 이러한 '불균등 교환'은 글로벌 북반구의 '과잉 개발'과 글로벌 남반구의 '저개발'로 나타난다. 월러스틴의 이론적 도식에서 착취의 대상은 인간 노동력이다. 그러나 여기에는 생산에 필수적인 또 다른 구성 요소, 즉 자연이 누락되어 있기 때문에 이 도식은 실제로 일어나는 불균등 교환 과정에서 하나의 측면만을 다루고 있을 따름이다. 실제로 일어나는 불균등 교환 과정에서는 '생태학적 불균등 교환'(Hornborg and Martinez-Alier 2016)도 나타난다. 따라서 주변부의 노동력뿐 아니라 자원, 식량, 에너지 같은 비인간 환경도 자본주의적 강탈에 노출된다. 다시 말해, 인간을 자본 축적을 위한 한낱 도구로 취급하는 자본주의는 필연적으로 자연을 단순한 대상으로 간주하고, [옮긴이: 이를 토대로] 월러스틴

---

13 사회와 자연의 데카르트적 이원론 극복이라는 공통적인 관심사를 가진 사람들이 일원론에 열광하는 것도 무리는 아니다. 그러나 또한 보뇌이유와 프레쏘는 '자본주의하에서 초래된 지구와 사회 사이에 이루어지는 물질대사의 파열'에 대한 마르크스의 분석을 기여로 인식하고(Bonneuil and Fressoz 2016: 176) 포스터의 물질대사 균열 분석을 본인들의 분석의 토대로 삼곤 한다. 다시 말해, 보뇌이유와 프레쏘는 가치와 생태학적 흐름의 불균등 교환을 다루는 '세계-생태론'의 맥락에서 물질대사 균열 접근법을 확장하는 것이 마르크스주의 생태학에 대한 본인들의 기여라고 생각하지만, 이러한 종합이 실제로 가능한지 여부에는 의문을 제기하지 않는다.

14 사실 '세계-생태론'이라는 용어도 월러스틴에게서 비롯된 것이다(1974: 44).

의 논의를 확장하면, 자본주의적 중심부는 자연을 수탈하고 경제발전 이면에 숨겨진 비용과 부담을 주변부로 외부화한다는 논의가 될 것이다.

무어의 주장에 따르면 '네 가지 저렴한 것', 즉 노동력, 식량, 에너지, 원료 물질의 풍부하고 저렴한 공급이야말로 자본주의의 생명줄이다. '자본주의에서 가치 법칙은 저렴한 자연의 법칙이다'(Moore 2015: 53). 무어가 '저렴한 자연'에 '노동력'을 포함시킨 것은 주목할 만하다. '저렴한 자연'은 빈민, 여성, 유색인종, 노예 같은 다수의 인간으로 구성된다. 자본은 자연 자원을 수탈할 뿐 아니라 젠더 위계, 폭력적인 식민 지배, 인간과 자연에 대한 기술적 지배를 구성하고 철저하게 활용하여 수익성을 확보하고 자본주의적 생산양식을 전 지구적으로 확장한다. 무어는 자본주의는 단순히 산업화된 자본주의적 중심부의 (남성과 백인) 노동자만을 '수탈'하여 발전한 것이 아니라고 주장한다. 오히려 자본주의는 네 가지 저렴한 것의 '무임금 노동'에 대한 수탈에 근본적으로 의존한다. 자본주의는 이와 같이 끊임없는 세계의 '사물화'(Césaire [1955] 2000: 42)를 통해 인간과 자연의 네트워크를 재조합하여 인간과 자연이 더 열심히 '노동'하도록 강제함으로써 이윤을 창출한다.[15]

이러한 배경을 바탕으로 무어는 포스터의 물질대사 균열 개념을 '데카르트적 이원론'이라고 공격하면서 본인의 포스트-데카르트적 접근법이 마르크스의 생태학적 자본주의 비판을 보다 더 생산적으로 해

---

15 에코페미니즘 전통 역시 마르크스주의 담론에서 오랜 세월 동안 재생산 노동이 주변화되어 온 역사를 이해하는 데 필수적이다. 그러나 주목할 점은 선도적인 마르크스주의 페미니스트인 실비아 페데리치(Silvia Federici 2004)가 일원론적 입장을 채택하지 않는다는 점이다. 다양한 종류의 노동이 '생산적' 노동에서 배제되어 있다 하더라도, 일원론이 꼭 필요한 것은 아니다.

석한다고 주장한다. '마르크스의 변증법적 철학의 취지는 인간/자연을 흐름들의 흐름으로 이해하는 것이다'(Moore 2015: 22). 따라서 무어는 공동-생산된 사회와 자연의 '단일한 물질대사' 속에서 끊임없이 이루어지는 물질대사 '교환'을 분석할 것을 제안한다.[16]

그러나 마르크스의 텍스트에 대한 무어의 논의는 석연지 않다. 무어가 사회적 물질대사와 자연적 물질대사 사이에 나타나는 물질대사 균열을 비판하고 그것을 단일한 물질대사 속에서 이루어지는 '물질대사 교환'으로 대체하면서 마르크스 본인이 '균열' 개념을 사용했다는 점을 언급하지 않는 것은 이상하다. 무어는 "[포스터의] 물질대사 접근법은 데카르트적 구분을 거스르는 것이 아니라 오히려 강화했다. 마르크스의 '사회적 물질대사의 상호의존적인 과정'은 '자연과 사회의 물질대사'가 되었다. 물질대사 '균열'은 자연과 사회 사이의 물질적 흐름들을 전제한 분리의 은유가 되었다"(Moore 2015: 76)라고 쓴다. '사회적 물질대사의 상호의존적인 과정'은 『자본』 3권에서 가져온 것인 반면 '자연과 사회의 물질대사'는 포스터가 정립한 것(Foster 2013)이다. 따라서 무어의 주장에 따르면 마치 포스터가 물질대사 '균열' 개념에 입각하여 물질대사를 이원론적으로 이해함으로써 마르크스의 원래 통찰, 즉 포스트-데카르트적 통찰을 왜곡한 것처럼 보인다.

그러나 무어가 언급한 구절은 마르크스의 자본주의적 생산은 '사회적 물질대사와 자연적 물질대사의 상호의존적인 과정에 메울 수 없는

---

16 또한 지젝(2020b)은 나의 접근법이 반(反)헤겔주의적이라고 주장한다. 서구 마르크스주의에 대한 나의 비판은 이러한 인상을 강화한다. 그러나 형태(Form)와 물질/소재(Stoff) 방법론은 헤겔의 본질 논리학(Wesenslogik)의 유산이다.

균열을 유발한다'에서 가져온 것으로, 마르크스 본인이 '균열' 개념을 사용했음을 보여준다. 즉, 무어는 마르크스의 원래 구절에서 생명의 그물 속 자본주의라는 본인의 일원론적 이해에 부합하는 구절을 임의적으로 취사선택한 것이다. 이것이 '임의적'인 이유는 마르크스가 물질대사를 사회적 물질대사와 자연적 물질대사라는 두 가지로 명확하게 구별하고 대비하면서, 두 가지 물질대사의 영속적인 상호작용이 자본주의하에서 파열된다고 경고했기 때문이다. 그렇다면 마르크스가 실수로 '데카르트적 구분'에 빠졌던 것인가? 아니면 본인의 방법론과 일관되게 의도적으로 표현한 것인가?

IV. '형태'와 '물질'의 비데카르트적 이원론

우선 무어는 기존의 데카르트적 이원론 개념을 마르크스의 '물질대사 균열' 개념에 적용할 수 있는지 충분히 따져보지 않은 채 섣부르게 차용한다. 사회와 자연의 데카르트적 이원론으로 빠진다는 비난은 데카르트 철학에서 '정신'과 '육체'가 아무런 상호작용을 하지 않는 것처럼, 사회가 완벽하게 자연의 외부에 남아 있는 경우에만 타당하다(Soper 1995). 이와 같은 시각에서 볼 때, 마르크스의 물질대사 개념은 애초부터 반反데카르트적이다. 왜냐하면 마르크스도, 포스터도 사회와 자연의 이와 같은 절대적인 분리를 추정하지 않았기 때문이다. 오히려 마르크스의 물질대사론의 기본 통찰은 인간은 항상 자연의 일부로서 생산한다는 것과 자본주의적 발전 과정에서 인간의 활동은 인간 외 자연과 점점 더 뒤엉킨다는 것이다. 따라서 이 질문은 다음과 같이 재구성되어야 한다. 즉, 자연의 보편적인 물질대사에 대한 일원론적 이해를 견지**했음에도 불구하고**, 사회적 물질대사와 자연적 물질대사라는 이원론적 구분을 토대로 삼았던 마르크스의 의도는 무엇인가?[17]

이전 장에서 논의한 것처럼, 자연적인 것으로부터 사회적인 것을 분리하는 동시에 인간도 자연의 일부라고 주장하는 것에는 사실상 아무런 문제가 없다. 포스터는 다음과 같이 언급한다.

> 사회가 전체로서의 지구 체계와 분리되어 있고 그것으로 환원 불가능하다고 보는 동시에 그것의 근본적인 일부라고 보는 것은 모순이 아니다. 이러한 접근법을 '이원론'이라고 부르는 것은 심장이 신체에 필수적인 부분인 동시에 고유한 특징과 기능을 갖춘 구분된 장기임을 부인하는 것이나 다름없다. (Foster and Angus 2016)

심장과 신체의 차이보다 사회와 자연의 차이가 훨씬 더 크다고 덧붙일 수 있겠다. 오히려 그것은 정신과 육체의 관계와 유사하다. 정신

---

17 마르크스는 자연의 도움 없이는 노동이 실현될 수 없다고 주장했다(*Capital* I: 134). 이러한 의미에서 세계 전체는 분명 노동과정에서 '공동-생산된다'. 물질과 에너지의 순환이라는 측면에서만 본다면 인간, 비인간 동물, 무생물이 수행하는 다양한 종류의 물질대사 사이에는 아무런 구별이 없다. 노동이 인간의 고유한 활동이라 하더라도 벌과 비버도 주변 환경과의 물질대사를 수행하고, 무생물인 무기질도 부패와 산화 같은 자연적 물질대사 과정에 노출된다. 마르크스의 유물론적 관점은 자연의 보편적인 물질대사를 아우르는 **일원론적** 관점이다. 마르크스와 포스터가 데카르트적 이원론자라는 비난은 이러한 단순한 설명만으로도 충분히 반박할 수 있다.

은, 심지어 그것이 뇌의 물질성과 연결되어 있음에도 불구하고 육체의 물질성으로 환원될 수 없는 속성을 가지고 있다. 정신을 뇌의 활동으로 환원하는 것은 조악한 유물론(Gabriel 2019)으로, 사회구성주의에 반대되는 또 다른 극단적인 형태의 동일성 사고이다. 이와 유사하게, 사회는 자연 없이 존재하지 못한다. 그러나 사회의 창발성이 물질적 토대 및 담지자와 완벽하게 분리될 수 없다 하더라도, 사회적 관계는 인간 없이는 자연에 존재하지 않는 고유한 **창발성**을 생산한다. 자본은 담지자에 기생하고 거기에 철저하게 의존하지만 담지자의 저하가 가치증식을 가로막는 장애물로 나타나기 전까지는 담지자에게 눈길조차 주지 않는다. 바로 이러한 자본의 역설적인 특징이 마르크스의 정치경제학 비판이 '순수하게 사회적인' 형태와 그 물질적 '담지자'의 구분**과** 상호연결을 강조하고 그것들의 비동일성으로 인해 나타나는 긴장을 분석하는 이유이다.[18]

따라서 데카르트적 이원론을 거부한다고 해서 마르크스가 사회적인 것과 자연적인 것을 구분하지 않는 평평한 존재론자로 전락하는 것은 아니다. 이와 관련해 헤겔(1977:9)은 '밤에는 원래 … 모든 암소가 검게 보이는 법'이라고 언급하면서 셸링을 비웃은 바 있다. 그 대신 마르크스는 자연과 다른 동물 사이에 이루어지는 물질대사와 비교해 볼 때, 자연과 인간 사이에 이루어지는 물질대사가 고유하다는 점을 강조했다. 이것이 곧 시대에 뒤떨어진 인간중심주의인 것은 아니다. 마르크스가 특

18 행위자-네트워크 이론을 비판한 카스트리(2002: 138)는 이 점을 인식한다. 하비와 스미스를 옹호하려고 시도하다가 자신의 관점을 훼손한 것은 안타까운 일이다.

정한 사회적 관계하에서 오직 인간 노동만이 **가치**를 생산한다고 주장했기 때문에, 마르크스주의 경제학에서 가치 범주는 인간중심주의적일 수밖에 없다. 이러한 인간중심주의적 노동가치론을 비판하는 비평가들은 가치를 생산하는 힘을 가진 자연이 생산에 근본적으로 기여한다는 점을 인정해야 한다고 강조하곤 한다. 그러나 여기서도 역시 질문을 역으로 던져 볼 필요가 있다. 마르크스의 물질대사론은 생산에 대한 자연의 근본적인 기여를 명확하게 인식했다. 그렇다면, 그럼에도 불구하고 마르크스가 본인의 노동가치론을 정립할 때 자연에 주체성을 재분배하지 않은 이유는 무엇이고, 자연의 '노동'을 가치를 생산하는 주체성에 포함시키지 않은 이유는 무엇인가?

여기서 '가치'가 순수하게 사회적인 차원이라는 점이 중요해진다. 그것이 **자본주의에서** 비인간 자연에 비해 인간 노동에, 보다 정확하게는 추상적 노동에 특권적인 역할을 부여하기 때문이다. 마르크스의 노동가치론은 인간중심주의적이다. 그러나 또한 마르크스는 모든 인간 노동이 가치를 생산하는 것은 아니라고 덧붙이면서 생산적 노동과 비생산적 노동을 구별한다. 사회적 관계와 물질적 조건에 따라 동일한 구체적 노동이라도 가치를 생산할 수도 있고, 그렇지 않을 수도 있다. 이러한 차이는 어디에서 비롯되는가?

가치의 생산은 상품 생산에 결부되어 있다. 그리고 마르크스는 노동의 사회적 분업의 고유한 형태인 '사적 노동'에는 가치 범주가 필요하다고 주장했다. '일반적으로 효용이 있는 물건은 독자적으로 노동을 수행하는 사적 개인 또는 개인의 집단의 노동의 산물이라는 이유만으로 상품이 된다'(*MECW* 35: 83). 사적 노동은 사회 구성원 사이에 사회적 조율이 전혀 없는 상태에서 노동이 수행되는 상황을 나타낸다. 공유된 이해관계와 개인적 결속이 없는 사적 생산자들이 다른 사람들의 산물을 획득하기 위해 시장에서 만났을 때 상품 교환이 이루어진다. 이러한 의미에서 사적 생산자들 사이의 사회적 관계는 그들의 산물 사이의 관계를 바탕으로 한다. 각자의 산물을 적절한 가격으로 교환하려고 하는 사적 생산자들은 각자의 산물의 '가치'를 비교하게 되는데, 그 과정에서 사용가치는 교환의 기준이 될 수 없다. 산물의 사용가치가 모두 달라서 비교할 수 없기 때문이다. 그 대신 사적 생산자들은 산물의 공통적인 사회적 힘을 인식하게 되는데 마르크스는 이것을 인간 노동의 모든 산물에 공통적으로 들어 있는 추상적 노동의 대상화로서 **가치**라고 불렀다. 사사키(2021: 67)가 주장하는 것처럼, '… 노동의 산물이 [교환] 관계로 들어오는 유일한 방법은 그 산물을 가치 있는 것으로 취급하는 것'이다. **오직 사적 노동만이 가치를 생산**하고 노동의 산물에 상품으로 규정된 경제적 형태를 부여한다.

　여기서 사적 생산자들은 무의식적으로 자신의 산물을 가치 있는 것으로 취급할 수밖에 없다. 사적 생산자들이 창조한 순수하게 사회적인 가치 범주는 상상에 따른 허구와 달리 막대한 객관적인 힘을 지닌다. 따라서 마르크스는 '물질의 원자를 단 하나'도 포함하고 있지 않은, 가치의 순수하게 사회적인 형태가 자연의 물질대사 과정을 지배하는 방식을 탐구했다. 자본주의적 생산양식은 상품, 화폐, 자본의 의인화인 인간 행위자가 매개하는 가치의 형식적인 논리하에 사회 전체를 포섭한다. 비자본주의 사회와 비교할 때 가치는 사회적 물질대사와 자연적 물질대사에 역사적으로 특정한 동학을 초래한다.

순수하게 사회적인 가치의 힘은 물질의 원자를 단 하나도 포함하고 있지 않지만, 인간이 자연의 일부이기 때문에 자연의 보편적인 물질대사의 물질적 조건과 깊이 뒤엉킨다. 자연이 이러한 사회적 범주가 형성되기 이전부터 이미 사회와 무관하게 존재해 왔고, 가치의 논리와 동일하지 않기 때문에, 이윤 극대화의 우선성은 자연적 물질대사 안에서 일련의 부조화를 초래한다. '균열'은 무어가 주장하는 것처럼 '은유'가 아니다. 균열은 상품과 화폐의 사회적 물질대사와 자연의 보편적인 물질대사 사이에 존재한다. 무어는 균열 개념 자체가 곧 이원론을 나타낸다고 생각하기 때문에 마르크스 본인이 균열 개념을 사용했다는 점을 애써 외면한다. 반면 마르크스의 물질대사 균열 개념은 그의 노동가치론으로부터 일관되게 추론된다. 마르크스의 관점에서 볼 때, 가치를 생산하는 노동이라는 고유한 형태는 반드시 근대 부르주아 사회의 조직 원리로서 이해되어야 한다. 그렇게 하지 않으면 실제 자본주의적 축적 과정이 '자연을 통해' 발전하는 방식을 이해할 수 없다. 가치의 논리는 저렴한 자연으로 간주되는 것과 자본이 특정 인간과 비인간을 자연이 무료로 제공하는 선물로서 사용하는 방식을 규정한다. 가치는 노동의 사회적 분업을 조직하는 고유한 방식인 사적 노동을 바탕으로 이해되어야만 한다. 이와 같은 이유로 노동력은 저렴한 자연의 형태로 환원될 수 없다. 이러한[옮긴이: 노동력을 자연으로 환원하는] 구상은 상품 생산하에서 특정하고 핵심적인 형태인 노동에 가치 범주가 필요한 이유와 필

요해지는 방식에 대한 논리를 모호하게 만들 뿐이기 때문이다.[19]

무어는 마르크스 정치경제학의 핵심을 이루는 노동의 역할을 훼손하면서 일원론을 확립한다. 따라서 무어는 '물질대사 균열'을 실제 생명의 그물에는 존재하지 않는 한낱 은유로 묵살한다. 그러나 균열을 은유로 환원한 대가는 적지 않다. 안드레아스 말름은 급진적이라고 추정되는 무어의 세계-생태론의 관점이 '언어'(Malm 2018: 181)의 수준에서만 발생하기 때문에 그다지 급진적이지 않다는 것에 주목한다. 사실 '자연-속-자본주의', '오이케이오스를 **통한** 발전' 같이 새롭게 발명하여 하이픈으로 가득한 어휘를 사용하는 무어의 어법은 '철학자들은 오직 세계를 다양한 방식으로 해석했을 뿐이다. 요점은 세계를 바꾸는 것'(MECW 5: 5)이라는 마르크스의 유명한 열한 번째 테제를 상기시킨다. 그렇게 함으로써 마르크스는 신이라는 전능하지만 소외된 존재가 실제로는 '유

---

19 무어가 '물질대사 균열'을 '자연-속-인간의 단일한 물질대사' 내에서의 '물질대사 교환'(Moore 2015: 22)으로 재개념화하는 과정에서, '노동' 범주는 별다른 역할을 수행하지 않는다. 무어의 일원론은 가치를 생산하는 특정한 범주인 노동력의 중요성을 훼손한다. 자연력이 기여한 덕분에 생산 비용이 낮아지므로 자연 역시 가치를 생산하는 것처럼 보이는 것은 사실이다. 그러나 무어는 거기에 '무임금 노동'을 포함시킴으로써 가치 개념과 가치를 생산하는 사적 노동의 역사적 특수성을 모호하게 만든다. 자연도 '노동한다'는 무어의 표현은 인간과 마찬가지로 자연에 주체성을 부여하려는 그의 경향과 일치한다. 그러나 중농주의로 후퇴할 것을 우려한 마르크스는 단 한 번도 자연이 '노동한다'라고 언급하지 않았다. 마르크스는 『자본』에서 농업에 대해 논의하면서 애덤 스미스에게 남아 있는 중농주의를 비판했다. 스미스는 『국부론』에 '농업에서도 자연은 인간과 함께 노동한다. 자연의 노동에는 비용이 들지 않음에도, 자연의 산물은 가장 값비싼 노동자의 산물과 마찬가지로 가치를 가진다'(A. Smith 1937: 344)라고 썼다. 스미스의 관점에서는 '노동하는 소'도 가치를 생산한다. 이것은 '자연의 노동'과 '생태적 잉여'를 가치를 생산하는 요소로 보는 무어의 관점과 놀라울 정도로 유사하다. 생산이라는 외피를 뒤집어씀으로써 가치는 초역사적이고 비인간중심주의적인 범주가 된다. 그 결과, 무어는 노동이 오직 자본주의에서만 가치를 생산하는 **이유**와 자본주의에서 가치 범주가 보편적이고 객관적인 범주가 되는 이유를 설명하지 못한다.

적 존재'인 인간이 자신의 무한하고 보편적인 본질을 투사한 것에 불과하다는 '진리'에 주목함으로써 민중을 계몽하려 했던 포이어바흐의 '본질철학Wesensphilosophie'을 일축했다. 마르크스는 기독교의 본질을 드러내는 것만으로는 충분하지 않다고 포이어바흐를 비판했고 '유물론적 방식'으로(Capital I: 494), 즉 민중이 이와 같은 환상을 받아들이는 '이유'와 받아들이게 되는 '방식' 및 그것이 실제로 민중의 삶을 지배하는지에 대한 문제를 제기했다(Sasaki 2021: 36). 신이 인간의 상상의 산물이라는 포이어바흐의 주장이 옳다 하더라도, 특정한 사회적 행동이 인간 위에 군림하는 신의 소외된 힘을 끊임없이 생산하고 재생산하는 방식에 대해 질문을 던져야 한다. 이러한 사회적 프락시스가 현실에서 근본적으로 수정되지 않는 한, 진정한 본질을 올바르게 인식할 것을 요구하는 것만으로는 소외를 극복할 수 없기 때문이다.

이와 유사하게, 사회와 자연의 이원론을 하이픈으로 가득한 언어를 사용하여 일원론적 표현으로 대체하는 것만으로는 충분하지 않다. 설령 무어가 본인의 일원론적 '철학적 관점'에서 세계를 '해석하기'를 바랐다 하더라도, 특정한 형태의 이원론은 현실을 형성하는 객관적인 힘을 소유**하고** 있기 때문이다. 다시 말해, 마르크스는 실수로 데카르트적 이원론에 빠졌기 때문에 사회적 물질대사와 자연적 물질대사 사이의 '균열' 문제 및 '생산적' 노동과 '비생산적' 노동 같은 다른 쟁점을 이원론적 방식으로 묘사한 것이 아니라 의식적으로 그렇게 한 것이다. 자본주의의 고유한 사회적 관계는 현실에서 소외된 힘을 행사한다. 따라서 이러한 사회적 힘을 비판적으로 분석하기 위해서는 먼저 사회적인 것과 자연적인 것을 서로 무관한 탐구 영역으로 분리하고 난 연후에 그것들의 뒤엉킴을 분석할 수밖에 없다. 바로 이것이 루카치가 옹호했던 것이다. 만일 현실이 이원론적이라면 그것을 일원론적인 방식으로 다시 묘사할 경우 자본주의에 특정적인 사회적 힘의 특정한 배치와 기능을 신비화하게 될지도 모른다. 요컨대, 무어의 의도는 비판이었으나 그의 이론은 '과학 이데올로기'로 빠질 수 있는 것이다.

'지구 한계'를 예로 들어보자. 엄청난 속도로 증가하고 있는 이산화탄소 배출은 화석연료를 바탕으로 사회적 생산을 조직하는 특정 방식과 결부되어 있는 사회적 현상이다. 특정 티핑 포인트를 넘어서면 양(+)의 되먹임 효과를 통해 예기치 못한 돌이킬 수 없는 급격한 변화가 촉발될 가능성이 있다. 기후변화 때문에 남극의 빙상이 용해되어 얼음에 갇혀 있던 메탄가스가 방출되면, 기후변화가 가속화될 것이다. 해양 산성화와 벌목은 특정 생물종의 감소 또는 멸종을 초래하고, 이것은 먹이사슬을 교란하여 다른 생물종의 감소로 이어질 것이다. 이러한 연쇄 반응은 인간 활동이 직접적으로 초래한 것도, 인간이 바꿀 수 있는 것도 아니기 때문에 '돌이킬 수 없는 것'으로 간주된다. 섭씨 0도 이상에서 얼음이 녹는다거나 조개껍질에는 탄산칼슘$CaCO_3$이 필요하다거나 이산화탄소의 흡수가 대양의 탄산염이온CO_3^{2-}을 감소시키고 중탄산이온 HCO_3^- 증가시킨다는 사실은 인간이 개입하기 이전부터 이미 그것과 무관하게 존재해 온 자연과정에 의해 규정된 것이기 때문에, 인간이 아무리 열심히 노력한다 하더라도 인간의 의지에 따라 결정할 수도 없고 바꿀 수도 없다. 자본주의적 발전이 화석연료의 상품화를 통해 자연에 영향을 미치는 것은 사실이지만, 그렇다고 해서 자연과정이 사회적인 과정이 되는 것은 아니다. 환경문제가 출현하는 이유는 바로 자연법칙이 사회 법칙과 무관하게 객관적으로 존재하기 때문이고, 화석연료의 대규모 소비를 바탕으로 사회적 물질대사를 조직하는 특정한 방식이 자연의 생물물리학적 과정에 의해 규정되는 지속 가능한 생산 조건에서 크게 벗어나기 때문, 즉 '균열'을 유발하기 때문이다.

이와 같은 이유로 안드레아스 말름(Malm 2018: 85)은 자연의 인과 사슬과 엄격하게 구별되어야만 하는 **인간** '행위자'를 바탕으로 생태 위기의 사회적 원인에 주목할 것을 요청한다. 온실가스 배출 증가는 기후변화 및 해양 산성화의 직접적인 원인으로, 자본주의에서 화석연료의 사용이라는 사회적 선택과 긴밀하게 관련된다. 예를 들어, 인간은 재생에너지 사용이라는 대안을 선택할 수 있다. 요컨대, 인간이 의식적으로 바꿀 수 있는 것과 그렇지 않은 것이 있으므로 우선 지구의 자연적 한계를 인식하고 인간을 거기에 맞춤으로써 지속 가능한 사회를 만들어야 한다.[20] 따라서 말름은 사회적인 것과 자연적인 것의 '분석적 구분'이 '**이와 같이 결합된 문제를 해결하려고 할 때 없어서는 안 될 전제**'(Malm 2018: 61; 강조는 원문)라고 주장한다. 유럽중심주의와 생산지상주의를 바탕으로 한 인류세의 [옮긴이: 주인] 서사에 대한 비판이 전적으로 유효하다 하더라도 이러한 문제에 일원론으로 대응해서는 안 된다.

---

20 이것은 자연에 대한 더 많은 기술 관료적 개입을 옹호하는 사람들에게도 마찬가지로 적용된다. 지구공학을 도입하는 방식과 규모를 결정하기 위해서는 우선 현재 지구 체계를 인식할 필요가 있기 때문이다. 또한 이것은 분리-속-통일을 전제한다. 자연의 한계를 넘어서 추가적으로 개입할 것인지 아니면 특정 한계를 존중하여 추가적인 개입을 자제할 것인지 여부를 결정하는 것은 인간의 몫이다.

생산을 조직하고 다양하고 불공정한 위계를 구성하는 자본주의적 방식을 비판적으로 탐구하기 위해서는 방법론적 이원론 또는 분석적 이원론이 꼭 필요하다.

또한 보다 더 지속 가능한 생산으로의 공정한 이행은 자신이 유발한 문제를 극복하려는 인간의 노력과 관련되기 때문에 인간중심주의적 기획이 될 수밖에 없다. '생태학의 문제는 생태계 그 자체 내부에서 비롯된 것이 아니라 사회적 동인에 의해 외부적으로 생산된 것이다. 예를 들어, 대양이 스스로를 오염시키고 있는 것이 아니라 **인간이 대양을 오염시키는 것이다**'(Longo, Clausen and Clark 2015: x; 강조는 원문). 따라서 오직 인간만이 의식적으로 균열을 메우는 조치를 취할 수 있다. 마르크스는 자유롭게 연합된 생산자들이 자연과 인간 사이에 이루어지는 물질대사를 수행하여 사적 노동과 임금 노동을 폐지하는 대안적인 방식으로 균열을 메울 것을 제안했다.

그 과정이 진행되는 동안 비인간 자연을 도구적으로 대하지 않으면서 현재의 생태 위기를 문제로 인식하려면 비-인간중심주의적인 관심이 필수적이다. 그러나 이러한 관심은 세계와 비인간 존재에 대한 **인간의** 현재 이해를 바탕으로만 이해될 수 있기 때문에 인간의 이해관계와 인간의 시각에 의해 좌우될 수밖에 없다. 즉, 이러한 관심은 '인간중심주의적'(Hailwood 2015: 20)일 수밖에 없지만, 그렇다고 그것이 반드시 인간 예외주의로 빠진다는 의미는 아니다.[21] 케이트 소퍼는 포스트-인간

---

21 무어는 이러한 관점이 '인간 예외주의의 논리에 사로잡혀 있다'(Moore 2015: 77)고 주장하지만, 꼭 그런 것은 아니다. 요점은 인간이 비인간적 시각을 획득하는 것은 불가능하다는 것이다.

주의가 사실상 인간중심주의적이고, 따라서 자기전복적이라는 관점에서 포스트-인간주의적 일원론의 위선을 비판한다.

> 그러나 포스트 인간주의 이론은 인간에 의해 그리고 인간을 위해서만 배타적으로 생산될 뿐 아니라 논의에 비추어 사상과 행동을 조정하는 인간의 특정한 능력을 통해 대응을 모색한다. 따라서 포스트 인간주의 이론은 인간의 독특한 특성에, 더 나아가 의도성과 의식적인 주체성에 대한 암묵적인 헌신에 의존하여 이론적 일관성을 유지하고 윤리에 호소한다. (Soper 2020: 22–23)

그러므로 혼종적 상황을 지적하는 것에 그쳐서는 안 되고 평평한 존재론으로 분석을 끝내서는 안 된다. 오히려 혼종성 상태와 평평한 존재론을 받아들이는 것은 기정사실화된 사회적 요인들을 드러내지 않으면서 그저 받아들이기만 하는 물신화된 이해에 빠지는 것과 같다. 사실, 사물에 주체성을 분배하는 '행위자'라는 발상은 마르크스의 '물신주의'(Hornborg 2016: 11) 비판과 양립할 수 없다. 마르크스는 『자본』의 상품에 대한 분석에서 사실상 사물의 '주체성'에 대해 논의했다. 마르크스는 자본주의에서는 사물의 관계가 인간의 관계를 대체하고, 인간 행위자는 오히려 사물의 움직임에 종속되고 사물의 움직임을 통해 구성된다고 주장했다. 사회적 관계는 '노동하는 사람 사이의 직접적인 사회적 관계가 아니라 오히려 사람 사이의 물질적[dinglich] 관계와 사물 사이의 사회적 관계로 나타난다'(*Capital* I: 166). 그러나 마르크스의 물신주의 비판의 요점은 상품-생산 사회에서 주체와 객체의 병리학적인 전도를 초래하는 고유한 인간 행위자를 드러내는 것이다. 행위자 수준에서 멈추는 것은 모든 행위자들의 외양을 동일한 방식으로 취급함으로써 자본주의적 관계와 물상화된 사물이라는 주체성의 특정한 차이를 신비화한다. 주체성을 균등하게 재분배함으로써 평평한 존재론은 마치 자본 축적 과정에서 자연의 영향이 사회적 영향만큼이나 중요한 것처럼 취급하여 자본이 환경에 미치는 사회적 영향을 모호하게 만든다.[22] 위계와 억압을 유발하고 환경을 파괴하는 존재는 결국 **인류**이다. 나아가 이러한 인간중심주의는 포스트-자본주의 사회에 대한 전망에도 영향을 미친다.

V. 자본의 탄력성과 생태 위기

도발적인 언어에도 불구하고, 자본주의적 발전과 위기에 대한 무어의 이론적 뼈대 구조는 제임스 오코너가 제안한 '자본주의의 이차 모순'을 되풀이하는 것이나 다름없다. 제임스 오코너(1998)에 따르면 자본주의하에서 생산성이 증가하고 프롤레타리아가 빈곤해짐에 따라 과잉생산이라는 경제위기가 초래되고 자본주의 체계가 불안정해지는데, 바로 이것이 자본주의의 일차 모순이다. 자본주의의 이차 모순은 자연의 '과소생산'으로 인해 발생한다. 수요 측면에서 문제에 접근한 이전의 '과소소비' 위기론들과 달리(Luxemburg [1913] 2016) 자연의 '과소생산'론

---

22 다시 말하지만, 이것은 자본이 물질적 조건에 의존하고 물질적 조건에 의해 좌우된다는 것을 부인하지 않는다.

은 생산 비용에 영향을 미치는 공급 측면의 위기로 귀결된다. 시장 경쟁하에서 생산력이 계속해서 증가함에 따라 자연은 고갈되고, 이에 따라 원료 물질, 에너지, 식량, 노동력의 가격이 상승한다. 이러한 자연의 과소생산으로 인해 이윤율이 저하되어 자본 축적이 침체된다. 갑작스러운 공급 중단과 생산 비용의 극적인 증가는 경제에 심각한 악영향을 미쳐 노동자는 해고되고 임금은 낮아진다. 위기를 맞은 사회 체계는 불안정해진다. 저렴한 자연의 종말과 '생태적 잉여'의 감소에 대한 무어의 논의는 오코너의 관점과 매우 유사해 보인다.[23]

따라서 오코너의 이론이 자본주의하에서 생태 위기를 파악하는 뼈대 구조로서 한계를 노정한다는 이전의 비판을 되짚어 보는 것이 도움이 될 것이다. 버켓(1999: 195)이 주장한 것처럼, 오코너의 이론은 생산 비용의 증가와 그에 조응하는 이윤율 저하로 인한 자본 축적의 위기라는 점에서 **자본의 위기**를 중심으로 전개된다. 오코너는 자본과 자연의 관계를 동학으로 파악하는 마르크스의 '자본의 탄력성' 개념을 과소평가한다. 즉, 자연 자원의 가격이 상승하면 이윤율이 저하되어 자본주의를 위협할 것이라는 주장이 타당하게 들리려면 자본의 매우 놀라운 탄력성을 외면해야 한다. 그러나 마르크스는 이윤율 저하로 인한 자본주의의 붕괴라는 '철칙'을 옹호하지 않았고, 다만 이윤율 저하의 법칙의 두 가지 측면이 '모순을 포함하고 있고, 이것은 모순적인 경향과 현상으로 표현된다. 경합하는 행위자들은 서로 대립하면서 동시에 기능한다'(*Capital* III: 357)라고 거듭 강조했다. 마르크스는 자본주의가 이러한 '살아 있는

---

23 이상하게도 무어는 『생명의 그물 속 자본주의』에서 오코너를 이와 무관한 맥락에서 단 한 번 언급할 뿐이다.

모순'(*Grundrisse*: 421)을 통해 발전한다고, 다시 말해 모순의 존재가 생산 및 순환 과정에서 기술의 변화와 발전을 추동한다고 확신했다.

오코너가 자본의 탄력성을 과소평가하는 경향을 보인 반면, 무어가 전개한 사회와 자연의 '공동-생산'론은 고정된 자연의 한계를 인정하지 않음으로써 그리고 자연의 탄력성을 자본의 매우 놀라운 활력의 원천으로 보다 더 분명하게 강조함으로써 오코너보다 더 나아가려는 시도로 간주될 수 있다. 사실 무어는 자본에 대한 객관적인 자연의 한계는 존재하는 것이 아니라 생명의 그물 속에서 공동-생산되는 것이라고 거듭 주장한다. 무어가 전개한 자연의 과소생산론은 맬서스주의와 자연의 사회구성주의를 모두 회피하려고 시도한다.

마르크스도 자본이 세계의 다양한 탄력성을 활용하여 보다 더 유연해진다고 주장했다.

> 생산을 위해 착취되는 (그리고 자본의 가치의 요소를 형성하지 않는) 자연적 물질, 즉 토양, 바다, 광물 광석, 산림 등은 투입된 화폐 자본을 증가시키지 않으면서 동일한 양의 노동력을 보다 더 크게 행사함으로써, 그 범위와 강도 면에서 매우 극심하게 착취될 수 있다. (*Capital* II: 432)[24]

---

24 자본이 각 구성 요소의 물질적 특징을 이용하는 방식에 따라 다양한 변화가 일어난다. 예를 들어 자본은 노동력을 집약적으로 및 광범위하게 추가 착취하여 이윤율을 증가시킬 수 있다. 이와 같은 점에서는 노동력도 탄력적이다. 수요가 급격하게 증가하는 경우, 자본은 새로운 노동자를 고용하는 대신 기존의 노동자들을 보다 더 오랜 시간 동안, 심지어 추가적인 임금을 지불하지 않으면서 노동하게 만든다. 자본은 노동자들을 보다 더 높은 강도로 활용할 수도 있다. 끊임없이 변화하는 시장 수요에 따라 다양한 과제를 수행할 수 있다는 점에서 노동자의 활동 내용은 고정된 것이 아니라 탄력적이다.

자본은 과학과 기술 모두의 도움을 받아 새로운 원료 물질과 에너지를 끊임없이 전유하여 생산성을 증가시키지만, 이때 생산 비용은 그에 비례하여 증가하지 않는다. 게다가 자본은 자연의 탄력성을 활용하여 외부성을 유발하고 중심부에서 발생한 사회적 비용의 부정적 결과를 시간적 및 공간적으로 주변부로 전가한다.

그럼에도 불구하고, 자본의 탄력성은 필연적으로 객관적인 한계에 봉착한다. 일단 이러한 자연의 한계를 넘어서고 나면 탄력성은 마치 심하게 늘어난 스프링처럼 한순간에 완전히 사라져 자본이 갈망하는 결과를 더 이상 가져오지 못하게 된다. 자연적 탄력성에 대한 자본의 의존은 그제서야 자본의 축적에 문제를 야기하는 것으로 판명된다. 자연력의 물질적 특징을 계속해서 무시하면 자연력의 품질이 저하되어 심지어 산물의 **양**이 감소할 수 있다. 자본주의가 발전할수록 이러한 난관은 증가한다. 이윤율 저하에 대응하기 위해 이윤의 덩어리를 증가시키는 과정에서 자본이 집중되면 보다 더 많은 원료 물질과 보조 물질이 필요해지기 때문이다. 자연적 생산성이 산업의 생산성 증가를 따라잡지 못하게 되면, 이러한 난관은 더욱 커진다.

> 이러한 상이한 영역에서는, 한곳에서는 노동의 생산성이 증가하고 다른 한곳에서는 감소하는 상반된 움직임이 나타난다. 예를 들어 대부분의 원료 물질이 의존하는 계절의 영향과 산림, 석탄, 철광석 등의 고갈만 떠올려 봐도 알 수 있는 일이다. (*Capital* III: 369)

자연력은 탄력적이므로 일정 기간 동안에는 이러한 수요 증가를 감당할 수 있을지 모른다. 그러나 종국에는 생산의 자연적 조건이 심각하게 저하되고 고갈된다. 이것은 필연적으로 자본 축적을 제약하는 동시에 자연에 대한 자본의 추가적인 개입을 가속화한다. 바로 이것이 자본과 자연이 '공동-생산되는' 방식이다. 그리고 무어는 이러한 자본주의적 발전의 동학을 오코너보다 더 적절하게 이해하는 것처럼 보인다.

그럼에도 불구하고 무어의 미래 예측은 엥겔스의 '자연의 복수'만큼이나 종말론적이다. 자연환경의 저하로 저렴한 자연이 종말을 맞으면 언젠가는 자본의 위기가 유발될 것이다. 그러나 자본의 막대한 탄력성을 감안할 때, 자본주의가 먼저 붕괴될 것인지 아니면 지구가 먼저 붕괴될 것인지 여전히 불확실하다. 생산 비용이 증가하고 생산의 자연적 조건이 저하되면 자본주의가 붕괴할 것이라고 생각할 만한 설득력 있는 근거는 없다. 심지어 자본은 이러한 자연재해에서조차 새로운 투자 기회를 찾아냄으로써 자연의 저하를 통해서도 이윤을 얻을 수 있기 때문에, 자본주의의 붕괴 가능성은 높지 않다(Burkett 2006: 136). 나오미 클라인(2007)이 기록한 것처럼 이러한 자본의 행태는 지난 수십 년 동안 신자유주의가 수행해 온 '재난자본주의'에서 분명하게 드러난다. 자본은 수압파쇄공법, 지구공학, 유전자조작식품GMOs, 탄소배출권 거래, 자연재해 보험 같은 새로운 사업 기회를 창출함으로써 현재의 생태 위기로부터 계속해서 이윤을 끌어낸다. 균열을 전가하려는 끊임없는 시도를 통해 자본주의는 이러한 자연의 한계를 계속해서 넘어서면서 보다 더 많은 부를 축적할 수 있다. 반면 현재의 문명 수준은 **객관적인 자연의**

한계가 특정 지점을 넘어서면 스스로를 지탱할 수 없는 수준이다. 모든 지구 한계를 넘어선다 하더라도 자본주의 체계가 유지될 수는 있겠지만, 자본 축적의 논리가 앞으로도 계속해서 인간의 삶과 생태계의 지속가능성을 고려하지 않는다면, 지구의 상당 부분은 문명이 존속하기 어려운 환경으로 변하게 될 것이다.

요컨대, 유동자본 비용의 증가가 이윤율에 가하는 압력이 이내 '획기적인 위기'를 초래할 것이라는 경험적 증거는 전혀 없다. 예를 들어, 우리는 2050년까지 탄소 순배출 제로를 실현하여 2100년까지 지구 온난화를 섭씨 1.5도 이내로 유지할 필요가 있다. 이 선을 넘어서면 다양한 효과가 결합될지도 모르고 그럼으로써 지구 온난화의 파괴적인 영향이 전 지구적 규모에서, 특히 글로벌 남반구에서 생활하는 민중에게 미치는 영향이 심화될 수 있기 때문이다. 그러나 그렇다고 해서 글로벌 북반구의 자본주의 사회들이 반드시 붕괴하리라는 법은 없다. 이 단순한 사례만으로도 자본 축적의 물질적 조건과 생활이 가능한 생태권의 유지 사이에 자리 잡은 막대한 차이가 극명하게 드러난다.[25] 무어의 '획기적인 위기' 개념은 주로 자본 축적의 위기를 다루기 때문에 생태 위기 그 자체를 주변화하는 경향을 보인다.

생태 위기의 주변화에서 비롯된 무어의 약점은 미래 사회로의 이행에 대한 그의 전망에서 표출된다. 무어는 오늘날의 전반적인 위기를 주로 자본의 시각에서 분석하기 때문에, 해방에 대한 무어의 전망과 마르

---

25   무어가 논의하지 않은 또 하나의 가능성은 녹색 기술을 통한 자본의 축적이다. 특히 한계 비용이 0
     으로 수렴하는 태양력은 저렴한 자원의 이상적인 원천이다(Rifkin 2014). 이러한 쟁점은 다음 장에
     서 부분적으로 논의할 것이다.

크스의 인간주의 사이에는 약간의 긴장이 흐른다. 마르크스의 물질대사 균열론에 따르면 생태 위기는 자유롭고 '지속 가능한 인간 발전'(Burkett 2005)의 가능성을 크게 훼손한다. 마르크스는 자본주의적 생산이 '도시 노동자의 신체적 건강과 농촌 노동자의 정신적 삶을 동시에 파괴한다' 라고 경고했다. 인간주의는 자본주의가 자연의 과소생산으로 인해 붕괴되기 전에 자본주의를 넘어 보다 더 지속 가능한 생산 형태를 확립할 필요성을 제기한다. 이와 같은 의미에서, 마르크스는 자본의 입장이 아니라 자유롭고 지속 가능한 인간 발전의 시각에서 생태 위기 문제를 논의했는데, 이는 인류의 지위를 폄훼하는 일원론은 제대로 잘 해낼 수 없는 것이다. 사실 무어는 인간 노동의 형태를 의식적으로 변경함으로써, 즉 사적 노동과 임금 노동을 초월함으로써 미래 사회를 확립하려는 마르크스의 전망 앞에서 난관에 봉착한다. 그 대신 무어는 자연을 '행위자'로 삼아 자본주의를 극복하려고 시도하는데, 바로 이것이 '바이오타리아'의 반란(예: 자연의 고갈, 자연의 격변, 자연 자원 및 에너지 가격의 상승)이다.

이전 절에서 논의한 것처럼, 마르크스의 인간중심주의는 자연의 비동일성을 무조건 지우지 않는다. 생태 위기를 적절하게 논의하려면 자연의 비동일성을 인식할 필요가 있다. 자연의 비동일성에 대한 인식은 그것이 오직 동일성과의 관계, 즉 **인간과의** 관계를 통해서만 정의될 수 있다는 점에서 '인간중심주의적'이다. 그러나 이것은 인류세 담론을 비판하는 비평가들이 우려하는 것만큼 치명적이지 않다. 오히려 이러한 종류의 인간중심주의는 생태 위기를 의미 있는 방식으로 논의하기 위해 필요하다. 기후 붕괴로 인간이 멸종한 이후에도 박테리아와 곤충은 살아남아 있을지도 모른다. 그러나 박테리아와 곤충이 존재한 다는 이유만으로 인간의 시각에서 생태 위기를 논의하지 못한다면, 그 것은 기본적으로 생태 위기의 존재 자체를 부정하는 것이나 다름없다. 인간중심주의가 없다면, 생태 위기에 대해 논의하는 것 자체가 사실상 거의 불가능할 것이다. 왜냐하면 생태 위기는 주로 인간에게 의미가 있 는 현상이기 때문이다.

VI. 좋은 인류세?

자본 축적이 위기에 직면하면 자본이 자연에 대한 개입을 멈출 것 이라고 추정할 만한 설득력 있는 근거는 없다. 예를 들어 브뤼노 라투 르는 「당신의 괴물을 사랑하라Love Your Monsters」라는 논문에서 프랑켄슈타 인 박사의 죄는 괴물을 창조한 것이 아니라 공포에 못 이겨 괴물과 결별 한 것이라고 주장한다. 그는 계속해서 다음과 같이 말한다.

우리가 돌보지 못한 것은 신의 창조물이 아니라 우리의 기술적 창조물이다. 우리는 괴물을 그 괴물의 창조자로 착각해, 우리가 자연에 저지른 죄를 우 리가 창조한 창조물 탓으로 돌린다. 그러나 우리의 죄는 기술을 창조한 것이 아니라 그것들을 사랑하고 돌보지 못한 데 있다. (Latour 2011: 22)

혼종 상황이라는 맥락을 바탕으로 라투르는 두려운 마음에 근대 기술과 생산성을 돌연 거부해서는 안 되고, 오히려 이러한 혼종화를 훨씬 더 멀리 밀고 나아가 '새로운 자연과 친밀'(Latour 2011: 22)해져야 한다고 주장한다. 라투르의 태도는 **초현대적**이다. 라투르의 일원론은 '객체의 우선성'과 '자연의 비동일성'을 외면하는 전형적인 사례이다. 이와 같은 강력한 도구주의적 태도는 인간의 자연 지배라는 프로메테우스주의적 기획을 강화한다. 이 악명 높은 사례는 인간과 자연의 비동일성과 자연의 우선성을 부인한다는 이유만으로, 일원론이 이원론보다 무조건 더 우수한 세계관을 제공하는 것은 아니라는 것을 보여주기에 충분하다.

라투르의 논문은 미국에 기반을 두고 있는 싱크 탱크이자 그가 선임연구원으로 몸담았던 혁신연구소Breakthrough Institute가 편집하는 저널을 통해 발표되었다. 따라서 라투르가 혁신연구소의 전반적인 의제에 전적으로 동의하는 것은 아니라고 부인했다고 해서(Latour 2014: 240), 그와 혁신연구소가 밀접한 관계라는 점을 확인할 수 없는 것은 아니다. 그들의 관점에 따르면 세계는 항상 격변해 왔다. 그러므로 존재한 적 없었고 앞으로도 존재하지 않을 원래 그대로의 자연을 평형 상태로 보호하려고 시도한다는 점에서 환경주의자들은 지나치게 낭만적이고 심지어 반동적이다. 따라서 라투르가 한 힘을 보탠『생태근대주의자 선언 The Ecomodernist Manifesto』은 '사회적, 경제적, 기술적 힘을 키워' 자연에 추가적으로 개입하는 것이 민주적이고 '바람직한 인류세'의 조건이라고 주장한다(Breakthrough Institute 2015). '민주적 통제'라는 발상이 지구공학, 탄소 포집 및 저장CCS, 핵융합 같은 자본 집약적인 거대 기술과 양립할 수 있는 방법이 무엇인지는 불분명하다.[26] 어쨌든, 기술 발전과 경제 발전만으로 지구를 완벽하게 재편하여 생태 위기를 극복할 수 있다면 자본주의를 구해낼 수 있을 것이다. 심지어 생태근대주의를 옹호하는 리 필립스(Leigh Phillips 2015)는 '물질대사 균열 따위는 존재하지 않는다'라고 대담하게 선언한다.

무어는 생태근대주의와 어떤 관계일까? 무어는 생태근대주의를 지지하지 않는다고 말한다. 그러면서도 그는 혁신연구소의 설립자인 테드 노드하우스Ted Nordhaus와 마이클 셸렌버거Michael Schellenberger를 마르크스주의를 휩쓸고 있는 이원론적 구상을 강력하게 비판하는 인물이라고 언급한다.

> 급진적이고 해방적인 대안은 자연의 저하를 부인하지 않는다. 전혀 아니다! 그러나 노동이 아니라 저하를 전제한 자연의 정치학은 급진적인 전망을 강력한 비판에 취약하게 만든다. 사실상 이것은 원래 그대로의 자연이 정말 존재한 적은 없었고, 우리는 기술 혁신을 통해 해결될 수 있는 수많은 환경 변화의 시대 가운데 하나를 살아가고 있을 뿐이라고 말한다. (Lynas 2011; Shellenberger and Nordhaus 2011) 추악한 체계를 지칭하는 추악한 단어인 자본세에 대한 반론은 자연의 저하를 자본주의의 노동 조직의 특정한 표현으로 이해한다. (Moore 2016: 111)

나중에 무어는 이와 유사한 구절에서 이러한 논의가 '형편없다'(Moore

---

26 기술과 포스트-자본주의의 문제는 다음 장에서 논의할 것이다.

2017a: 78)라고 덧붙여 자신의 주장을 넌지시 수정했지만,[27] 그럼에도 그는 여전히 이원론적 물질대사 균열 개념을 지지하는 사람들보다 일원론적 개념을 지지하는 생태근대주의자가 더 낫다고 생각한다.

혁신연구소에 대해 언급했다고 해서 그것이 곧 혁신연구소의 생태근대주의적 전망을 지지한다는 의미는 아니라는 반론이 제기될 수 있다. 그것이 사실일지도 모르겠다. 그러나 이러한 상황은 하비가 그레그 이스터브룩을 언급했을 때의 상황과 유사한 것으로, 바로 이런 점이 일원론의 위험성이다. 포스터는 전 지구적 생태 위기에 직면한 상황에서 혼종주의의 위험성을 올바르게 강조한다.

> 자본주의의 소외된 사회적-물질대사적 재생산으로 인해 세계가 정말로 양분된 인류세 시대에, 결국 세계는 하나이고 인간의 생산은 필연적으로 (마치 이것이 그 자체로 자연과정과 자연법칙을 초월한 것처럼) 인간-자연을 연결하는 새로운 혼종 형태를 창조한다는 진부한 말에 주목하는 것은 현재 세계가 처한 위기의 심각성을 얕잡아 보는 것이다. (Foster 2016: 407)

자연의 복수라는 엥겔스의 발상이 '자연의 한계를 물신화'한다고 비판한 무어는 이를 계기로 자연의 한계를 보다 더 탄력적으로 이해하

---

27 무어는 이 구절을 복사하여 또 다른 논문에 붙여 넣은 뒤 마지막 문장을 덧붙였다. '노동이 아니라 저하를 전제한 자연의 정치학은 급진적인 전망을 강력한 비판에 취약하게 만든다. 사실상 이러한 비평은 원래 그대로의 자연이 정말 존재한 적은 없었고, 우리는 기술 혁신을 통해 해결될 수 있는 수많은 환경 변화의 시대 가운데 하나를 살아가고 있을 뿐이라고 말한다. 물론 이러한 논의는 형편없다'(Moore 2017a: 78).

는 발상을 지지하게 되었다. 그러나 저렴한 자연의 종말이라는 무어의 예측과 기술에 대한 낙관론이 그의 이론에서 어떻게 일관되게 공존할 수 있는지는 이해하기 어렵다. 그 결과, 무어는 자본의 기술이 새로운 개척지를 열어 줄 수 없고 생태적 잉여의 하락 경향을 극복하지 못하는 **날이 오게 되면**, 저렴한 자연의 종말로 인해 자본주의가 붕괴할 것이라는 막연한 예상만 할 수 있게 되었다.

결국, 오늘날의 기후변화에 제동을 걸기 위해 자연 세계에 대한 인간의 개입과 변형이 필요하다는 것은 분명하다. 그러나 인간이 생태계 전체를 완전히 통제할 수 있다는 환상에 빠지지 않으려면 자연의 비동일성을 반드시 인식해야 한다. 그러기 위해서 인간은 자연의 환원 불가능한 타자성과 더불어 살아갈 필요가 있다. 인간이 완벽하게 파악할 수 없는 자연 고유의 합목적성이 존재하는 한, 자연은 인간의 도구주의적 목적에 저항한다.[28] 루카치적 의미의 '동일성과 비동일성의 동일성'이라는 시각에 입각해 볼 때, 인류세 시대의 자연 비판 이론에는 방법론적 이원론이 반드시 필요하다.[29] 안타깝게도 오늘날 부활한 포스트-자본주의적 담론은 이와는 정반대 방향으로 향하면서 기술의 발전을

---

28 심지어 환경주의자들 사이에서조차 일원론의 위험성이 확인된다. '다종 생태 정의'를 위해 '이종 간 의사소통'을 바탕으로 한 '돌봄'의 실천은 포스트-데카르트적 합리성을 통해 시도해 봄 직하지만, '숲 시민권(forestzenship)'(Barca 2020: 58), '바이오타리아'(Moore 2019), '혼종 노동'(Battistoni 2017: 5) 같은 일원론적 개념들은 자연의 비동일성을 지워 버릴 위험을 안고 있다. 오히려 이러한 개념들은 "비인간 자연의 **길들이기**를 비인간 자연에 대한 '돌봄'과 동일시하거나 인간의 가치관을 비인간 자연에 투영할' 위험성을 상기시킨다"(Hailwood 2015: 151).

29 다원주의는 필요하다(Malm 2018). 그러나 이 책의 연구의 목적, 즉 이원론 비판에 대한 대응에서는 일원론적 입장을 인정하지 않는 것만으로도 충분하다.

지지하고 있다. 말년의 마르크스가 자본주의하에서 이루어지는 생산력의 발전이 가지는 해방적 특징에 의문을 품게 되었다는 점을 감안할 때, 이러한 상황은 어이없기 짝이 없다.

5
유토피아 사회주의의 부활과
자본의 생산력

전통적으로 마르크스주의자들은 기술 발전에 공감한다. 그들은 생산력의 추가적인 발전만이 포스트-자본주의 생산양식에 걸맞은 물질적 조건을 마련할 수 있다고 선언하곤 한다. 말년의 헤르베르트 마르쿠제(1992)는 자본주의적 생산의 환경 파괴적인 측면을 명백하게 강조하게 되었다. 심지어 마르쿠제는 유명한 양질전화의 변증법을 통해 희소성과 빈곤을 넘어 인간을 해방하는 주요 힘으로서 기술 발전의 가능성을 낙관했다. 마르쿠제는 다음과 같이 제안했다. 생물학적 기초는

양적인 기술 발전을 질적으로 상이한 생활방식으로 바꿀 수 있는 기회를 잡을 수 있을 것이다. 그 이유는 바로 그것이 인간이 높은 수준의 물질적 및 지적 발전을 이루면 일어나는 혁명, 즉 인간이 희소성과 빈곤을 극복할 혁명이 될 것이기 때문이다. 이러한 근본적인 전환이라는 발상이 공상에 그치지 않으려면, 선진 산업사회가 생산과정에서 그 기술적 역량을 발휘할 객관적인 기초가 마련되어야만 한다. 사실상 자유는 기술과 과학의 발전에 크게 의존하기 때문이다. (Marcuse 1969: 19)

안타깝게도 기술의 발전을 통해 자유를 실현한다는 프로메테우스주의적인 꿈은 실현되지 않았다. 이를 변증법적으로 표현하자면, 변증법적 양질전화는 기술의 '발전'이 지구에 통제할 수 없는 파괴적인 힘을 행사하는 방식으로만 일어난다.

실패를 거듭해 왔음에도 불구하고 프로메테우스주의적 발상은 다시 되살아나 정치생태학에 큰 영향력을 행사하고 있다. 생태 위기의 심화로 인해 생태근대주의적 발상이 사실상 헤게모니를 장악하면서, 이제는 거대 기술 및 과학의 발전과 적용만이 적절한 규모와 속도로 기후 붕괴라는 심각한 위협에 제동을 걸 수 있는 유일한 해결책인 것처럼 보이게 되었다. 한편, 새롭게 프로메테우스주의를 옹호하는 사람들은 발전의 속도를 늦추고 규모를 축소하여 자연과 조화를 이루어야 한다는 환경주의자들의 요구는 지나치게 순진하다고 주장하면서, 환경적 프로메테우스주의는 '차악'이라고 목소리를 높인다(Symons 2019: 52).

오늘날의 마르크스주의도 이러한 상황에 직면해 있다. 예를 들어 알베르토 토스카노(Alberto Toscano 2011)는 좌파의 '프로메테우스주의적' 이상을 부활시켜 포스트-자본주의 세계를 그려 보아야 한다고 주장한다. 아론 바스타니의 '화려한 공산주의'라는 전망에도 프로메테우스주의적 정신이 반영되어 있다. '기술 덕분에 우리는 이미 신이 되었다. 따라서 우리의 야심은 프로메테우스주의적인 것임이 틀림없다. 우리는 잘 해낼 수 있을 것이다'(Bastani 2019: 189). 이러한 이상을 지지하는 사람들은 '좌파 가속주의자'로 분류되곤 하는, '후기-자본주의 유토피아주의자'이다(Benanav 2020: 11).[1] 현존 사회주의가 붕괴한 이후 수십 년간 이어져 온 마르크스주의에 대한 비관론이 낙관론으로 전환되었다. 이러한 낙관론의 특징은 인공지능AI과 로봇공학의 지원으로 실현되는 완전 자동화, 정보통신기술ICT과 사물인터넷IoT을 통한 공유경제 같은 새로운 기술의 기하급수적인 성장을 공개적으로 지지한다는 것이다. 이 새로운 기술들은 기계와의 경쟁에서 밀려난 노동자들의 대량실업을 유발하여 사회적 불안을 초래하겠지만, 유토피아 사회주의자들은 이 새로운 기술들이 '노동이 없는 포스트-자본주의 세계'를 확립할 새로운 가능성을 열어 줄 것이라고 대담하게 주장한다(Smicek and Williams 2016).

환경주의자들은 이와 같은 기술 관료적 논의들을, 마르크스주의가 과거의 실수로부터 얻은 교훈이 하나도 없다는 인상을 강화한다는 점에서, 비합리적인 이야기라며 곧바로 묵살해 버릴지 모른다. 그럼에도 나는 장기간 지속되어 온 '자본주의적 현실주의'를 넘어서려는 새로운 시도를 환영한다. 마르크스도 로버트 오언과 클로드 앙리 드 생시몽 같은 '유토피아 사회주의자들'을 그들이 기존 사회의 특정 요소를 이상화하고 당연시하는 대신 대안적인 포스트-자본주의 사회를 그려 보는 데 필요한 급진적 상상력을 확장했다는 이유로 시장과 임금노동을 사회주의의 토대로 받아들였던 피에르조제프 프루동 같은 '부르

---

1 이번 장에서 언급한 사람들 중에는 자신을 '가속주의자'라고 생각하지 않는 사람도 있기 때문에 여기에서는 '좌파 가속주의' 대신 '유토피아 사회주의'라는 용어를 사용한다. 크리스티안 푸흐스 (Christian Fuchs 2016)는 폴 메이슨의 포스트-자본주의 전망을 '유토피아 사회주의 2.0'이라는 용어로 표현한다. 오늘날의 유토피아 사회주의자들은 다양한 이론을 전개하고 있는데, 그것들은 이 책 6장과 7장에서 논의하는 포스트-자본주의에 대한 유토피아주의적 전망에 기여하는 측면이 있다.

주아 사회주의자들'보다 더 높게 평가한 바 있기 때문이다. 이와 유사하게 후기-자본주의 유토피아주의자들은 포스트-자본주의의 해방적 잠재력을 일깨우는 데 필요한 강력한 영감을 제공한다. 이러한 정치적 상상력은 장기 불황, 심각한 긴축, 경제적 불평등 증가, 자연환경의 치명적인 저하로 인해 자본주의 체계의 정당성이 점점 더 의심스러워져 가는 오늘날 절실하게 필요한 것이다.

따라서 이 장에서는 후기 자본주의 유토피아주의자들이 실천적인 측면에 기여한 점이 있음을 인정하면서, 그들의 프로메테우스주의적 주장을 마르크스 본인의 기획과의 밀접한 관련성 속에서, 특히 마르크스의 생태학적 자본주의 비판을 중심으로 비판적으로 검토한다. 마르크스는 본인이 1850년대에 정교화했고 오늘날 좌파 가속주의자들이 열정적으로 지지하는 핵심 발상 가운데 일부를 『자본』에서 포기했다. 다시 말해 마르크스는 좌파 가속주의자들의 이론적 뼈대 구조를 이루는 개념, 즉 본인이 1857년에서 1858년에 집필한 『그룬트리세』에 수록된 「기계에 관한 단편」이라는 절에서 설명한 '일반 지성' 개념을 『자본』에서 더 이상 지지하지 않게 되었다. 그 이유를 파악해 보기 위해 그 10년 동안 마르크스에게 일어났던 일을 추적하고, 이를 통해 마르크스가 자본주의하에서 생산력의 발전이 지닌 해방적 잠재력에 대해 훨씬 더 비판적으로 변했다는 점을 입증하려고 한다. 역사에 대한 마르크스의 구상에서 나타난 이러한 결정적인 변화를 표현하는 핵심 개념은 '자본의 생산력' 개념인데, 이 개념은 '협동', 그리고 '자본하에서 노동의 실질적 포섭'이라는 다른 두 가지 중요한 개념과 밀접하게 결부되어 있다. 이

세 가지 개념 **모두**를 올바르게 파악하지 못하면, 자본주의적 생산양식 하에서 이루어지는 끊임없는 기술 발전의 이중적 또는 '변증법적' 측면을 적절하게 다루는 데 필요한 기준을 수립할 수 없다. 자본주의하에서 기술의 발전이 사회주의로의 도약에 필요한 물질적 조건을 제공한다는 마르크스의 생각에는 변함이 없었지만, 그의 변증법적 방법론은 새로운 기술의 부정적이고 파괴적인 측면을 강조하는 방향에 무게가 실려 있었다. 인류세 시대에 프로메테우스주의의 부활이라는 맥락에 입각해 볼 때, 마르크스의 기술 비판은 포스트-자본주의 사회에 걸맞은 완전히 새로운 지평을 마르크스주의에 제시한다는 점에서 그 어느 때보다 더 중요하다.

이러한 요점을 명료화하기 위해 이 장에서는 우선 최근에 이루어지고 있는 프로메테우스주의적인 논의들이 새로운 기술을 자본주의를 초월할 기회로 여기는 이유를 개관한다(I절). 좌파 가속주의자들이 인정하는 것처럼, 그들의 관점은 마르크스의 『그룬트리세』에 토대를 두고 있다(II절). 다음 절에서는 1860년대에 마르크스가 정교화한 '자본의 생산력' 개념과 '실질적 포섭' 개념을 도입하여 1850년대 말에 쓰인 『그룬트리세』의 핵심 논의 가운데 일부를 상대화하려고 한다. 이 새로운 개념들은 1860년대에 마르크스가 『그룬트리세』에 남아 있던 역사에 대한 생산지상주의적 발상과 의식적으로 결별했음을 시사한다(III절). 마르크스가 프로메테우스주의와 결별했음을 확인할 수 있다는 점에서 엄청난 의의를 지니는 이러한 이론적 발전은 『그룬트리세』에서는 찾아볼 수 없고 『자본』에서는 찾아볼 수 있는 마르크스의 '협동조합'론에 반영되어 있다. 이러한 변화로 인해 마르크스가 생산력 발전의 진보적 특징에 의문을 가지게 되면서, 이 세 개념은 과거 그가 가졌던 역사 유물론적 관점과 갈등을 빚는다(IV절). 1860년대에 이루어진 마르크스의 이론적 변화를 간과하기 때문에 오늘날의 유토피아 사회주의자들은 필연적으로 1850년대에 마르크스가 전개한 프로메테우스주의로 후퇴할 수밖에 없다. 이들이 노정하는 한계점 가운데 하나는 경제구조 및 소비주의적 발상에는 도전하지 않은 채 선거 정치를 중심으로 진행되는 **정치적** 투쟁에만 편중함으로써 우리의 정치적 상상력을 계속해서 제약한다는 것이다(V절).

I. 포스트-자본주의를 위한 기회로서 완전 자동화

최근 인공지능AI, 로봇공학, 유전공학, 나노 기술이 발전하면서 대규모 기술적 실업과 경제적 불평등의 증가를 우려하는 목소리가 커지고 있다. 프레이와 오스본(Frey and Osborne 2017)은 앞으로 수십 년 사이에 대부분의 노동이 기계에 의해 대체될 수 있고 심지어 은행원, 세무 회계사, 언론인 같은 고급 전문직조차 이러한 위험에서 자유롭지 못할 것이라고 예측한다.[2] 농촌 지역에서 발생한 잉여인구를 도시에 자리 잡

---

2 베나브(Benanav 2020)는 완전 자동화의 위협이 과장되었다는 비판을 마르크스주의적 시각에서 설득력 있게 전개했다. 이러한 의미에서 좌파 가속주의는 그 경험적 기초가 튼튼하지 않다고 할 수 있다. 또한 베나브는 포스트-자본주의에 대한 유토피아주의적 전망에 어느 정도 공감하면서 탈희소 사회라는 또 다른 전망을 제안하는데, 그것은 다음에 이어지는 2개 장에서 내가 논의하는 내용과 양립할 수 있다.

은 다수의 공장이 흡수했던 산업혁명 시대와 달리, 오늘날의 근본적인 문제는 3차 산업혁명이 창조한 새로운 산업들이 선진국에서 새로운 일자리를 창출하는 것이 아니라 오히려 탈산업화를 가속화한다는 것이다. 공장 생산이 전 세계 각지로 아웃소싱되고, 이것이 디지털화와 결합되면서 전 세계 노동자들이 동일한 노동시장에 참여할 수 있게 됨에 따라, 노동자 사이의 경쟁은 그 어느 때보다 더 심화된다. 들쭉날쭉한 노동시간과 정체된 임금으로 점점 더 불안정해지는 일자리를 통해 '상대적 잉여 인구'가 막대하다는 사실을 확인할 수 있다. 마틴 포드는 일반적으로 기술의 발전은 경제발전의 핵심 요인으로 간주되지만, [옮긴이: 3차 산업혁명의 시대에는] 소수의 디지털 특권층에게 부가 극단적으로 집중되는 현상으로 인해 '기술-봉건주의'가 출현할 것이라고 예측한다(Ford 2015: 210). 또한 지배계급 입장에서는 정보 기술을 이용하여 모든 활동을 일일이 감시할 수 있고, 그렇게 수집한 빅데이터를 활용하여 사회적 행동과 갈망에 개입할 수 있다(Zuboff 2019). 정보 기술의 발전이 보다 자유롭고 민주적인 공간을 열어 줄 것이라는 예상과는 달리, '정보 기술이 뒷받침하고 빅데이터를 통해 실현되는 권위주의'가 제시하는 '미래에는 완전히 새로운 전체주의가 실현될 가능성'이 엿보인다. 바로 이것이 '새로운 디지털 레닌주의'이다(Heilmann 2016).[3]

그러나 일부 마르크스주의자들은 디지털 봉건주의라는 예상이 지나치게 비관적이라고 생각한다. 그들은 디스토피아를 우려하여 기

---

3 '레닌주의'라는 이 모호한 이미지는 사실 레닌의 발상과는 아무런 관련이 없다. 오히려 '디지털 스탈린주의'라고 부르는 것이 보다 더 적절할 것이다.

술과 과학 발전의 속도를 늦추는 것이 아니라 오히려 더욱 속도를 높여 인간 해방을 지향해야 한다고 주장한다. 또한 그들은 '인간 노동을 기계에 재통합'함으로써 포스트-자본주의라는 대안을 그려 보려고 시도하는데(Noys 2014: 12), 이러한 시도를 보면 '당신의 괴물을 사랑하라'라는 라투르의 요청이 떠오른다. 그들이 오늘날의 자본주의에서 파악한 해방적 경향을 세 가지 정도로 정리해 볼 수 있다.

1. 완전 자동화와 노동이 없는 세계

자동화로 인한 대량실업은 노동자에게 분명 바람직하지 않다. 완전 자동화를 통해 저렴한 재화와 서비스가 대규모로 생산된다 하더라도 기계 및 그 밖의 다른 불안정한 노동자들과의 냉혹한 경쟁으로 인해 노동력을 팔 수 없게 되면, 근대적인 의미의 임금 노동자는 생계수단을 획득할 수 없다. 기본적으로 노동자들은 자신들의 실존을 임금에 의존하기 때문에, 노동자들은 굶어 죽지 않기 위해 장시간 노동하는 저임금 일자리라도 받아들일 수밖에 없다.[4] 그러나 다른 시각에서 볼 때 대량실업의 위협은 현재 경제체계의 비합리성을 의미한다. 대량실업의 위

---

4 또한 임금 노동자들은 자본주의의 노동 윤리에 부응하기 위해 필사적으로 일자리를 찾고 실업자라는 낙인이 찍히지 않기 위해 저임금 및 불안정한 일자리를 받아들인다. 강력한 노동 윤리로 무장한 근대적인 의미의 임금 노동자들은 근대 이전의 농노나 노예보다 '더 생산적'이다. 사실 마르크스는 노예는 '외부에서 강제하는 경우에만 노동하는' 반면 '자유로운 노동자는 자신의 노동을 판매하는 경우에만 본인의 실존적 요건을 만족시킬 수 있다. 따라서 외부의 강제가 아니라 본인의 이익을 위해 노동한다'고 주장했다(MECW 30: 198). 근대의 노동자들은 본인의 필요를 만족시키기 위해 자발적으로 노동력을 판매한다. 따라서 그들은 보다 더 큰 책임감을 가지고 보다 더 부지런히 자본의 명령을 수행한다. 동등한 상대방인 자본가와의 계약에 '자유롭게' 서명한 임금 노동자들은 자기책임의 논리를 받아들인다.

협이 나타나고 임금이 삭감되는 **이유는** 현재의 생산성 수준이 모든 사람이 그렇게 장시간을 일하지 않아도 인간의 필요를 만족시킬 수 있을 만큼 충분히 높기 **때문이다.** 그럼에도 시장 경쟁하에서 자본가들은 끊임없이 새로운 기술을 도입할 수밖에 없고, 그에 따라 자본주의적 생산하에서 생산성은 그 어느 때보다 더 높아지게 되며, 그로 인해 모순은 더욱 심화된다. (가치의 유일한 원천은 노동이고 자본이 절대적 잉여가치 생산을 기계에 의존함으로 인해 이윤율은 더욱 저하되므로) 자본주의는 노동시간을 단축할 수 없다. 그러나 높은 실업률 역시 용납될 수 없다. 이러한 딜레마는 사회적 생산성이 아무리 높더라도 자본주의가 그것을 인간의 복리를 위해 사용할 수 없다는 것을 보여준다.

그러나 일단 자본주의의 낡은 노동 윤리를 극복하고 나면, 더 높은 생산성을 활용하여 힘들고 단조로운 노동을 최소화하거나 제거하고 모두를 위한 부와 자유시간을 동시에 증가시킬 수 있다. 따라서 가속주의자들은 노동자들이 로봇의 위협을 두려워할 것이 아니라 완전 자동화를 지지해야 한다고 주장한다. '완전 자동화는 필요 노동을 최대한 많이 줄이는 것을 목적으로 하는 유토피아적 요청이다'(Srnicek and Williams 2016: 114). 완전 자동화는 적은 양의 노동과 적은 양의 자연 자원으로 다수의 사회적 필요를 만족시킬 수 있는 조건을 마련한다. 케인스(John M. Keynes [1930] 1971)는 2030년까지 노동시간이 주당 15시간으로 줄어들 것이며, 그때가 되면 여가시간을 어떻게 보낼 것인가라는 문제가 인간 사회에서 해결해야 할 실질적인 경제문제가 될 것이라고 예측한 바 있다. 케인스의 예측은 실현되지 않았다. 그러나 그 이유는 케인스가 완전히 틀렸기 때문이 아니라 자본주의가 지속되고 있기 때문이다. 포스트-자본주의 사회로 도약하면 포스트-노동 사회는 곧바로 실현될 수 있다.

2. 한계비용 제로와 풍요로운 사회

완전 자동화만이 오늘날의 자본주의에 도전장을 내미는 것은 아니다. 제러미 리프킨은 『한계비용 제로 사회』(2014)에서 '3차 산업혁명'이 현재 시장 체계에 미친 파괴적인 영향을 설명한다. 리프킨은 정보 기술을 통해 재화와 서비스를 '무료로, 즉시, 완벽하게' 복제하고 생산할 수 있으므로 생산과정 전체가 철저하게 변형되리라고 예상하면서, 음악과 신문을 주요 사례로 제시한다. 일단 음악과 신문이 디지털화되면 녹음된 음악 또는 이미 발행된 신문을 추가로 생산할 때 발생하는 단위 비용은 제로에 가까워질 것이다. 이것은 CD와 신문을 추가로 생산할 때마다 단위 비용이 추가로 발생하는 이전의 생산 방식과 명확하게 대비된다. 리프킨은 3D 프린터와 재생에너지가 지원하는 새로운 정보 기술 덕분에 다양한 생산 부문에서 한계비용이 제로로 감소되는 경향을 보일 것이라고 자신 있게 예측한다.

한계비용 제로 사회의 특징은 그 어느 때보다 더 풍요로운 부가 무료로 제공된다는 것이다. 마르크스주의의 용어로 표현하자면, 정보 기술은 가치와 사용가치를 분리함으로써 시장 체계를 파괴한다. 완벽한 디지털 복제품은 즉시 생산되고, **따라서** 인간 노동을 소비할 필요가 **없기 때문에** 무료이다. 정보 기술은 사용가치의 양을 기하급수적으로 증가시킨다('무어의 법칙'). 따라서 노동의 산출은 더 이상 노동의 투입에 조응하지 않는다. 노동가치론에 따르면 재화와 서비스가 한계비용 없이 생산되고 분배되면 가격 메커니즘이 붕괴한다. 물질적 부와 비물질적 부는 급속하게 확산되지만, 그 가치는 끊임없이 하락한다. 이는 자본주의를 크게 위협한다. 폴 메이슨(Paul Mason 2015: 142)이 주장한 것처럼 '공짜 세계는 자본주의적일 수 없다.'

이와 유사하게 리프킨은 자본주의와 새롭게 출현하는 협업 경제의 양립 불가능성을 부각하면서 그로 인해 자본주의가 '종말'을 맞게 될 것이라고 주장한다.

> 자본주의 체계가 서서히 붕괴하고 시장 자본의 축적이 아니라 사회적 자본의 총합에 의해 경제적 복지가 측정되는 협업적 코먼스가 부상한다. 앞으로 수년 및 수십 년 동안 완전히 새로운 방식으로 경제적 가치를 측정하는 활기차고 새로운 경제 패러다임으로 전환되어 감에 따라 GDP는 꾸준히 감소할 것이다. (Rifkin 2014: 20)

완전 자동화, 재생에너지, 세포 농업, 소행성 채굴과 결합된 3차 산업혁명은 노동, 에너지, 식량, 자원의 희소성을 극복할 것이고, 그것들이 풍요롭게 된 사회에서는 가치 체계가 폐물로 전락할 것이다. 아론 바스타니는 이러한 탈희소 사회를 '완전히 자동화된 화려한 공산주의'라고 대담하게 선언한다.

따라서 정보, 노동, 에너지, 자원이 영구적으로 저렴해져서 노동과 낡은 세계의 한계가 극복되면, 인간의 모든 필요가 만족될 뿐 아니라 유용한 것과 아름다운 것 사이의 경계가 해체된다. 공산주의는 화려하다. 그렇지 않으면 공산주의가 아니다. (Bastani 2019: 56)

3. 네트워크 효과와 사적 소유의 위기

한계비용 제로 사회라는 리프킨의 논의가 시사하는 것처럼, 정보 기술의 시대에는 지식을 바탕으로 한 비물질적 생산이 핵심적인 역할을 수행한다. 이미 1990년대 초에 피터 드러커는 '이제 지식은 빠른 속도로 생산의 가장 중요한 요인이 되어 가고 있다'라고 언급하면서 이에 주목한 바 있다(Drucker 1993: 8). 드러커는 정보 기술 덕분에 자유롭고 자율적인 협업이 실현되면, 노동과정에서 위계에 따라 이루어지던 관리 방식이 사라지고 생산이 좀 더 수평적이고 민주적인 방식으로 바뀔 것이라고 예상했다. 지식경제는 '잠재적으로 무료'(Gorz 2010: 53)이기 때문에 이러한 민주적 생산은 자본을 위협한다. 지식과 정보는 광범위하게 공유되어야 하는 공공재이므로 본질적으로 배타적인 독점 소유와 양립할 수 없다. 실제로 지식과 정보는 연결된 개인들이 창출하는 네트워크 효과를 통해 출현하는 '양(+)의 외부성'을 유발한다. 네트워크를 통해 상호작용과 의사소통이 활발해질수록 생산력을 증대할 수 있는 양(+)의 외부성은 보다 더 커진다. 이와 같은 의미에서 3차 산업혁명의 주요 동인인 지식경제는 근본적으로 민주적이고, 수평적이며, 공동체적이다.

그러나 자본주의에서는 바로 이러한 지식의 공동체적 특징이 문제가 된다. 사적 소유는 자본 축적에 없어서는 안 되는 것이다. 그러나 이러한 독점은 협업적 코먼스가 사회적 협동을 통해 창조한 양(+)의 네트워크 효과를 약화시키므로, 비물질적 재화의 활용은 줄어들 수밖에 없다. 또한 정당성 문제도 제기된다. 재화와 서비스가 근본적으로 사회적 협동을 통해 생산된다면, 그것들이 누구에게 속해야 하는지 불분명할 뿐만 아니라, 소수가 특허를 통해 사회적인 특징을 지닌 산물을 독점하는 것이 마땅한지 여부에도 의문이 제기될 것이기 때문이다. 사회적 네트워크가 확장되면서 사적 소유 체계에 대한 도전이 점점 더 거세진다. 리프킨(2014)은 양(+)의 네트워크 효과가 기하급수적으로 성장함에 따라 궁극적으로 사적 소유 체계를 날려 버릴, '협업 경제'의 미래를 낙관적으로 전망한다. 물론 사적 소유 체계가 붕괴하면 자본주의도 붕괴할 것이다. 자본은 인위적으로 정보의 희소성과 배타성을 유발하여 독점적인 디지털 플랫폼과 지식을 구축하고 플랫폼 사용료 rent를 받음으로써 네트워크 효과에 대항한다(Smicek 2016). 그러나 독점 플랫폼을 구축하고 사용료를 받게 되면 이윤의 원천인 협업 경제의 발전은 거기에서 멈추게 된다. 아울러 무료 네트워크가 출현하여 어떤 사업도 이윤을 낼 수 없게 될 위험이 상존하는 상황에서는 독점을 보호하는 비용이 매우 높아진다. 따라서 자본의 딜레마는 절대로 사라지지 않는다(Hardt and Negri 2005).

포스트-자본주의에 대한 이러한 세 가지 경향을 요약하면서 메이슨은 오늘날 새로운 형태의 포스트-자본주의 사회가 출현하고 있다고 주장한다.

오늘날 주요 모순은 풍부한 재화와 정보가 무료로 제공될 가능성과 사물을 사적이고 희소적이며 상업적인 상태로 유지하려고 애쓰는 독점·은행·정부 체계 사이에서 존재한다. 모든 것은 네크워크와 위계 사이의 투쟁, 자본주의를 중심으로 형성된 낡은 사회 형태와 다음으로 도래할 사회를 예고하는 새로운 사회 형태 사이의 투쟁으로 귀결된다. (Mason 2015: xix)

메이슨이 언급하는 미래는 '맑고 밝은'(Mason 2019) 것처럼 보인다. 그러나 정말 그러한가?[5]

II. 『그룬트리세』와 '일반 지성'

케인스와 드러커가 포스트-자본주의에 대한 오늘날의 유토피아주의적 전망에 중요한 영감을 제공한 것은 사실이지만, 앞선 절에서 간략하게 서술한 세 가지 측면을 포스트-자본주의 기획에 통합한 인물은 마르크스였다. 여기서 핵심은 『그룬트리세』, 또는 보다 더 정확하게는 영어로 「기계에 관한 단편」으로 알려진 『그룬트리세』에 수록된 한 절이다.[6]

5　한편, 메이슨이 저서 『포스트 자본주의(*Postcapitalism*)』(2015)에서 열렬히 찬양한 정보 기술이 그가 『맑고 밝은 미래(*Clear Bright Future*)』(2019)에서 단호하게 옹호한 인간주의와 어떻게 양립할 수 있는지는 불분명하다.

6　이 수고의 인기는 새로운 것이 아니다. 안토니오 네그리, 마리오 트론티(Mario Tronti), 파올로 비르노(Paolo Virno) 같은 이탈리아 마르크스주의자들의 핵심 텍스트였기 때문이다. 오늘날의 유토피아 사회주의자들은 이 전통을 정보 기술의 시대에 적절한 형태로 갱신했을 뿐이다.

우선 「기계에 관한 단편」에서 마르크스는 본인의 노동가치론을 바탕으로 자본주의적 생산에는 심각한 딜레마가 있다고 주장한다. 시장 경쟁하에서 자본가들은 새로운 기계를 끊임없이 도입하고 생산력을 증대하여 추가적인 잉여가치를 획득하려고 시도한다. 그러나 생산 규모의 확장 속도가 생산성 증가 속도를 능가하지 않는 한, 이러한 기계화 과정은 필연적으로 노동자를 노동과정에서 몰아내게 된다. 어쨌든, 사회적 필요가 유한하기 때문에, 이러한 가속화된 생산의 확장은 영원히 지속될 수 없다. 따라서 자본주의가 발전함에 따라 노동과정에 고용된 노동자는 감소하는 경향을 보이게 된다. '여기서 자본은 전혀 의도하지 않게 인간 노동과 에너지를 최소한으로 소비한다'(Grundrisse. 701). 따라서 고정자본에 대한 투자가 증가하면 노동자가 생산하는 가치는 감소하는 반면, 대규모 산업 생산하에서 사회적 생산력이 증가하므로 물질적 부는 증가한다. 생산이 실제 인간 노동의 소비와 점점 더 무관해지고 사회적 부의 생산에서 노동이 가지는 의미가 감소함에 따라 가치는 더 이상 물질적 부의 척도가 될 수 없다. '그러나 대규모 산업이 발전할수록 실제 부의 창조는 노동시간 및 고용된 노동의 양보다 노동시간 동안 가동되는 주체들의 힘에 보다 더 의존하게 된다'(Grundrisse. 701). 결국 가치와 실제 물질적 부 사이의 격차는 가치의 척도가 '시대착오적'(Postone 1996: 197)이 되는 지점까지 증가한다.

다른 관점에서 생각해 보면, 생산력의 급속한 발전으로 인해 '필요 노동시간'은 상당히 줄어든다. 따라서 마르크스는 미래에는 자발적인

활동에 활용할 수 있는 '자유시간'이 증가할 것이라고 예측했다.[7]

> 노동시간의 절약[은] 자유시간, 즉 개인의 완벽한 발전을 위한 시간의 증가
> 와 같다. 이것은 결국 노동의 생산력, 즉 그 자체로 가장 큰 생산력에 반작용
> 한다. … 유휴시간이자 더 높은 활동을 위한 시간인 자유시간은 그 소유자를
> 자연스럽게 다른 주체로 변화시켰고, 그 소유자는 다른 주체로서 직접적인
> 생산과정에 참여한다. 그러므로 이러한 과정은 형성 과정에 있는 인간에 관
> 한 규율인 동시에 이미 형성된 인간, 즉 사회의 축적된 지식을 그 머릿속에
> 담고 있는 인간에 관한 실천이자 실험적인 과학, 즉 물질적으로 창조적이고
> 대상화하는 과학이다. (*Grundrisse*: 711)

이러한 논의를 통해 완전 자동화가 노동으로부터의 해방과 포스
트-노동 사회에서 개인의 완벽한 발전을 실현한다는 서르닉과 윌리
엄스(Srnicek and Williams)의 주장의 정당성을 쉽게 추론할 수 있다.

나아가 이 인용문에서 마르크스는 개인들의 결합과 상호연결을
바탕으로 한 사회적 네트워크가 고정자본 속에서 대상화된 인간 지식
이라는 형태로 '거대한 사회적 힘'이 된다고 주장함으로써 자유시간의

---

7 마르크스는 노동력의 재생산에 '필요한' 것으로 간주되는 것이 생산력의 발전에 따라 변화한다는
것을 인지했다. 그는 『그룬트리세』에 다음과 같이 썼다.

> 과거에는 사치품이었던 것이 이제는 필요한 것이 된다. 예를 들어 이른바 사치스러운 욕구였
> 던 것은 가장 자연적으로 필요한 것으로, 현실적인 모든 산업에 필요한 것으로 변한다. 모든
> 산업의 기초로부터 자연적 토대를 분리하고 그것의 생산 조건을 외부로 이전하여 일반적인
> 맥락으로 전환하는 것, 그에 따라 이전에는 불필요했던 것을 역사적으로 창조된 필요로 전환
> 하는 것이 자본의 경향이다(*Grundrisse*: 527–528).

증가가 '사회의 축적된 지식'이 가지는 사회적 특징과 밀접하게 연관되어 있음을 강조한다. 여기서 마르크스는 '일반 지성'이라는 유명한 개념을 도입하여 생산 조건이 자율적인 사회적 협업과 의사소통에 의해 매개되는 사회적 힘에 점점 더 의존한다는 것을 부각했다. '고정자본의 발전은 일반적인 사회적 지식이 어느 정도로 직접적인 생산력이 되었는지 그리고 그에 따라 사회적 삶의 과정 자체의 조건이 어느 정도로 일반 지성의 통제하에 놓이고 그것에 따라 변형되었는지를 시사한다'(*Grundrisse*: 706). 일반 지성의 힘은 자유로운 개인들이 창출한 양(+)의 네트워크 효과에서 비롯된다. 가치증식을 위해 엄격한 통제와 규제를 부과하면 이러한 사회적 힘이 훼손되므로, 자본은 협업 경제의 막대한 사회적 힘을 완벽하게 조종할 수 없다. 이와 동시에, 사회적 협업과 무료 지식이 더욱 발전하여 시장 메커니즘과 사적 소유 체계를 더욱 불안정하게 만든다.

심지어 마르크스는 새로운 생산력이 더욱 증가하면 자본이 세운 장벽을 날려 버리고 포스트-자본주의 사회가 확립된다고 선언했다.

그러므로 한편으로 그것은 과학과 자연의 모든 힘 및 사회적 결합과 교류의 힘을 불러일으켜 고용된 노동시간과는 (비교적) 무관하게 부를 창조하려고 한다. 다른 한편으로 그것은 노동시간을, 그럼으로써 창조된 거대한 사회적 힘을 측정하는 잣대로 노동시간을 사용하려 하고 이미 창조된 가치를 가치로서 유지하는 데 필요한 한계 내에 그 거대한 사회적 힘을 가두려고 한다. 사회적 개인의 발전의 두 가지 상이한 측면인 생산력과 사회적 관계는 자본에게는 한낱 수단, 즉 자본이 제한된 기초 위에서 생산하기 위한 한낱 수단에 불과하다. 그러나 사실 그것들은 이러한 기초를 하늘 높이 날려 버릴 수 있는 물질적 조건이다. (*Grundrisse*: 706)

일단 협업 경제가 자본주의를 넘어서 일반 지성을 완전히 해방시키고 나면, 자유시간과 무료 재화가 증가하여 개인의 전면적인 발전이 실현될 것이다. 따라서 최소한 『그룬트리세』 시기에는 마르크스가 '완전히 자동화된 화려한 공산주의자'(Bastani 2019)였다는 유토피아 사회주의자들의 주장은 설득력이 있어 보인다.

III. 노동의 포섭과 자본의 생산력

오늘날의 자동화 유토피아주의자들은 『그룬트리세』에 기대어 탈희소 경제가 포스트-자본주의 사회에 대한 마르크스의 최종적인 전망을 담고 있다고 주장하지만, 그 주장을 일반화하기에 앞서 조금 더 신중하게 접근할 필요가 있다. 마르크스는 『그룬트리세』를 통해 처음으로 정치경제학의 체계화를 시도했다. 그러나 여러 면에서 이론적으로 시기상조였기 때문에 마르크스는 살아생전에 『그룬트리세』를 출판하지 않았다. 『그룬트리세』에는 마르크스가 훗날 집필한 경제학 저술에서는 찾아볼 수 없는 매우 독창적인 발상이 들어 있다(Negri 1992). 그러나 마르크스가 『자본』을 집필하면서 과거 본인이 가졌던 핵심 발상 가운데 일부와 결별했다는 사실을 잊어서는 안 된다. 예를 들어 훗날 집필한 저술에서 마르크스는 '일반 지성'이라는 용어를 다시는 사용하지 않았다.[8] 따라서 1860년대 초에 이미 자본주의적 발전이라는 마르크스의 구상에 변화가 있었는지 여부에 대한 의문이 생긴다. 사실 1860년대에 마르크스는 일련의 새로운 발상을 도입했다. 그 발상들 가운데 하나는 출판되지 않았던 또 다른 수고인 『1861-1863년 경제학 수고*Economic Manuscripts of 1861-63*』에 등장하는 '형식적' 포섭과 '실질적 포섭'의 구분이었다.

'형태'와 '실질'의 구분은 마르크스의 방법론적 이원론의 전형이다. 그의 물질대사론에서 살펴본 것처럼, 마르크스의 논의는 노동과정의 물질적 측면과 그 '경제 형태 규정Formbestimmung'을 가치증식 과정으로 구별하는 것에서 시작하여, 실제 자본주의적 생산에서 그 두 가지 측면의 '분리-속-통일'을 분석한다. 다시 말해, 노동과정의 초역사적인 물질적 과정은 자본의 '가치증식 과정'이라는 고유한 자본주의적 기능을 획득한다.[9] 마르크스의 방법론에 따르면, 형식적 포섭은 '노동과정'의 경제 형태 규정을 단순히 '가치증식 과정'으로 나타내기만 할 뿐이

---

8 마테오 파스퀴넬리(Matteo Pasquinelli 2019)는 마르크스의 '일반 지성' 개념이 윌리엄 톰슨(William Thompson)의 『부의 분배 원리에 대한 탐구(*An Inquiry into the Principles of the Distribution of Wealth*)』 (1824)에서 비롯되었고, 『자본』에서 집단적 노동자(Gesamtarbeiter)로 대체되었다고 주장한다. 이 것은 가능한 일이다. 그러나 『그룬트리세』에서 『자본』에 이르는 동안 자본주의적 발전에 대한 마르크스의 관점이 상당히 변화했다는 사실을 감안할 때, 단순히 동일한 의미를 지닌 다른 단어를 선택한 것으로 볼 수는 없다.

9 G. A. 코헨(G. A. Cohen [1978] 2000: 104) 및 카세가드(2021: 5)는 이러한 방법론을 마르크스의 정치경제학 비판의 중심을 이루는 고유한 구상으로 적절하게 파악한다.

다. 즉, 자본과 임금 노동 사이에 자본주의적 생산관계가 도입되었지만, 아직 노동과정의 물질적 측면에는 큰 변화가 없는 상태를 말한다. 이러한 의미에서 '형태Form'와 '물질/소재Stoff'의 관계는 이 단계에서는 아직 서로의 외부에 존재하므로, 형식적 포섭 수준에서는 자본주의에 특유한 생산양식이 확립될 수 없다. 그러나 자본은 거기서 멈추지 않는다. 오히려 마르크스는 '자본하에서 노동과정이 포섭됨으로써 노동과정의 특징 자체가 어느 정도까지 변화하는가'를 물었다(*MECW* 30: 64). 실제로 자본주의적 발전 과정에서 자본이 노동과정을 철저하게 변혁하고 재조직함에 따라 형태Form와 물질/소재Stoff의 관계는 점점 더 뒤얽히고 뒤엉키게 된다. 노동과정의 물질적 측면은 이러한 과정, 즉 마르크스가 '실질적 포섭'이라고 부른 과정을 통해 자본주의적 생산양식에 '적합해'진다.

『1861-1863년 경제학 수고』에서는 '형식적 포섭'을 다음과 같이 정의한다.

> 실제로 역사적으로 자본은 그 형성 초기에 노동과정 일반뿐 아니라 기존 기술에서 **활용 가능한 것으로 여겨지는** 그리고 비자본주의적 생산관계를 토대로 발전해 온 특정한 실제 노동과정까지도 자신의 통제하에 둔다(자신에게 포섭한다). 자본은 실제 생산과정, 즉 특정하게 존재하는 생산양식을 찾아내지만, 처음에는 그 생산과정의 특정한 기술적 특징을 변경하지 않고 오직 **형식적으로**만 포섭한다. (*MECW* 30: 92; 강조는 추가)

자본하에서 노동의 형식적 포섭은 실제 노동과정의 특징에는 영향을 미치지 않고 단순히 자본이 '활용 가능한 것으로 여겨지는' 것을 있는 그대로 가져와서 새로운 생산관계에 도입할 뿐이다. 다시 말해, 자본주의적 생산관계는 장인정신과 길드를 바탕으로 한 보다 더 낡은 생산관계를 해체하지만, 생산의 기술적 구성은 변경하지 않은 채 그것을 자본과 임금노동이라는 새로운 사회적 관계로 대체한다. 이제 자본은 노동자를 감독하고 노동자에게 명령을 내린다. 마르크스는 형식적 포섭이란 '노동자가 노동자로서 자본 또는 자본가의 감독, 즉 명령에 복종하는 것'(MECW 30: 93)이라고 썼다. 이러한 자본의 명령은 자본의 가치를 증대하기 위해 '노동자의 의지와 노력 등에 의존하는 실제 노동과정을 가장 효과적이고 가장 정확하게 조직하는 것을 목적으로 한다'(MECW 30: 94).

자본하에서 노동이 형식적으로 포섭되는 것만으로도 노동과정에는 이미 상당한 변화가 일어난다. 구체적인 사용가치를 생산하여 인간의 필요를 만족시키는 것이 아니라 잉여가치를 생산하는 것이 생산의 일차적인 목적이 되기 때문에 노동의 지속성과 연속성이 증가한다.[10] 이러한 변화는 노동자의 신체적 조건과 정신적 조건을 상당히 저하시킨다. 그럼에도 불구하고, 자본과 임금노동 사이에 자본주의적 생산관계로서 규정된 생산 형태는 생산력의 조직을 변경하지 않기 때문에, 오

---

10 또한 마르크스는 『1861-1863년 경제학 수고』에서 노동의 집약화를 절대적 잉여가치 생산에 통합한 반면, 『자본』에서는 이 쟁점을 상대적 잉여가치와 관련해서 논의한다. 나의 관점에서 볼 때 이러한 변화는 적절하다. 이러한 수정은 노동의 집약화가 오직 노동의 실질적 포섭이 바탕이 되는 경우에만 가능하다는 마르크스의 인식을 반영한다.

직 노동일의 확장을 통해서만 '절대적 잉여가치'를 생산할 수 있다. 이와 같은 의미에서 형식적 포섭만으로는 자본주의적 생산양식에 적합한 생산체계를 창조할 수 없다.

한편, 마르크스는 「즉각적 생산과정의 결과들」에서 '자본하에서 노동의 실질적 포섭'에 대해 다음과 같이 썼다.

> 자본하에서 노동이 실질적으로 포섭됨에 따라 생산양식, 노동자의 생산성, 노동자와 자본가의 관계에서 완전한 (끊임없이 되풀이되는) 혁명이 일어난다. … 한편으로 **자본주의적 생산**은 이제 특유한 생산양식으로서 확립되고 새로운 물질적 생산양식을 출현시킨다. 다른 한편으로 이 새로운 물질적 생산양식은 그 자체로 자본주의적 관계의 발전의 토대를 형성한다. 따라서 그 적절한 형태는 노동의 생산력의 발전에 있어 특정한 단계를 전제로 한다. (*Capital* I: 1035)

협동 및 노동 분업이 존재한다 하더라도, 단순히 수많은 노동자를 하나의 공장에 모아 두는 것은 형식적 포섭에 그칠 뿐 실질적 포섭이 될 수 없다. 실질적 포섭이 이루어지기 위해서는 '생산양식 그 자체에 새로운 형태를 부여함으로써, 그것에 특유한 생산양식을 최초로 창조하는'(*MECW* 30: 92) 효과적인 생산 방식을 자본이 주도적으로 추진해야 한다. 자본은 활용 가능한 것으로 여겨지는 노동의 조건을 있는 그대로 받아들이는 대신, 질적으로 새로운 생산력과 특유한 자본주의적 생산 방식을 적극적으로 창조한다. 과학과 기술의 적용과 노동의 사회적 조직(노동자가 노동하는 방식)을 통해 노동과정 전체를 변형함으로써, 자본은 형식적 포섭에서 여전히 나타나는 Form(형태)과 Stoff(물질/소재)의 외부적 관계를 극복한다.

기계적 생산과 산업적 생산을 자본주의적 생산에 고유한 자본주의적 관계라고 생각하기 쉽지만, 이러한 관점은 실질적 포섭에 대한 논의 전체를 기술적 변화에 국한하고 만다. 대규모 산업이 특별히 자본주의적인 생산 형태를 실현하고 자본의 생산력을 극대화하는 것은 사실이다. 그러나 마르크스는 '협동'에 대한 '역사적 및 **개념적**' 분석이 실질적 포섭의 이론적 기초임을 강조했다(*Capital* I: 439; 강조는 추가). 또한 마르크스는 협동이 '자본주의적 생산양식의 근본적인 형태'(*Capital* I: 454)라고 덧붙였다. 협동은 자본의 입장에서 노동과정 전체를 조직하는 첫 번째 단계로, '생산양식 그 자체를 실질적으로 변형한다'(*MECW* I: 454). 마르크스는 다음과 같이 썼다.

> [협동]은 자본하에서 노동의 포섭이 더 이상 한낱 형식적 포섭으로 나타나는 것이 아니라 생산양식 그 자체를 변경하여 자본주의적 생산양식을 특정한 생산양식으로 만드는 첫 번째 단계이다. … 협동을 통해 이미 특정한 구분이 등장한다. 노동은 개인이 독립적으로 노동할 수 없는 조건하에서 이루어진다. 그리고 실제로 이러한 조건은 개인을 지배하는 관계로서 그리고 자본이 개별 노동자를 구속하는 끈으로서 나타난다. (*MECW* 30: 262)

협동은 '생산양식을 변경'하고 '특정한' 생산양식을 창조하기 시작한다. 형식적 포섭과 달리, 실질적 포섭은 기술적 구성 및 생산의 사회적 관계를 모두 변경한다. 실제로 자본은 개별 노동자가 노동과정에서 자율성을 가지고 혼자 힘으로 과제를 수행할 수 없도록 만들어, 자본의 명령에 예속시키는 방식으로 협동을 조직한다.

해리 브레이버먼은 이러한 과정을 '구상과 실행을 분리하는 과정'(Braverman 1998: 79)으로 묘사하고, 그것을 노동자를 자본의 감독과 명령에 예속시키는 효과적인 방법으로서 분석한다. 오케스트라에 지휘자가 있어야 하는 것과 마찬가지로 협동에는 생산관계에 관계없이 항상 조율과 조정이 필요하다. 말하자면, 그것은 초역사적인 요건이다. 그러나 자본주의하에서 이러한 지휘 기능은 '자본의 기능' 가운데 하나로 통합되어 '그 자체의 특별한 특징을 획득한다'(Capital I: 449). 그 결과, 자본주의적 명령은 '노동과정 그 자체의 수행을 위한 요건, 즉 생산의 실제 조건으로'(Capital I: 448) 발전한다. 이러한 명령은 노동자가 노동을 성공적으로 수행하는 데 있어 없어서는 안 되는 것이 된다. 그러나 이제 기본적으로 이러한 기능은 자본의 효과적인 가치증식에 의해 추동되므로 그것의 낯설고 지배적인 특징은 노동자에게 '순수하게 독재적'인 것으로 나타난다(Capital I: 450).

노동자가 오직 자본의 독재적인 지배하에서만 노동을 수행할 수 있다는 사실은 그들이 단순히 객관적인 생산수단을 박탈당했을 뿐 아니라 노동을 수행할 **주체적인** 조건, 즉 '구상'의 힘도 상실했음을 의미한다. 협동에 내재한 이러한 경향은 '노동 분업'과 '기계'의 구현으로 강화된다. 노동과정이 자본에 의해 조직되기 때문에 노동자는 노동과정 전체에 대한 지식, 기능, 통찰력을 점점 더 상실하게 된다. 자본이 노동과정을 분석하고, 구분하며, 재결합하여 그것을 단순하고, 반복적이며, 계산 가능하고, 기계적인 과제로 구성함에 따라, 숙련 노동자는 비숙련 노동자로 대체된다. 자본이 노동자의 경험 및 지식과 무관하게 노동과정을 완전히 재조직하기 때문에 노동자는 위로부터 내려오는 명령에 수동적으로 따라야 한다. 이러한 과정의 결과는 현실에서 명료하게 확인할 수 있다. 예를 들어 노동자들이 생산수단에 접근할 수 있다 하더라도, 그들은 각각의 부품이 최종 산물에서 어떻게 기능하는지 모르기 때문에 자동차 또는 컴퓨터를 조립할 수 없다. 이렇게 '주체성을 상실한 subjectlos' 노동자들은 노동을 실현할 능력을 잃어버린 상태에서 객관적인 생산수단과 대면한다. 실질적 포섭이 이와 같은 방식으로 자본에 대한 노동자의 의존을 크게 증가시키는 사이, 노동자의 능력을 실현할 객관적인 조건은 점점 더 '인간과 **무관한 낯선 힘**'으로 나타나게 된다.

　자본이 대상화된 노동, 즉 생산수단으로서 살아 있는 노동을 고용하는 한, 노동과정에서 '주체와 객체의 관계는 전도된다'(*MECW* 30: 113). 마르크스는 주체와 객체의 이러한 전도를 '사물의 의인화, 인간의 물상화'(*MECW* 34: 123)라고 불렀다. 노동이 자본에 '체화되어 있기' 때문에 노동자의 역할은 물상화된 사물의 한낱 담지자, 즉 기계와 함께 자본을 보존하고 자본의 가치를 증식하는 수단으로 축소되고(인간의 물상화 Versachlichung der Person), 물상화된 사물은 낯선 힘으로서 인간의 행동과 의지를 통제하는 주체성을 드러낸다(사물의 의인화Personification der Sache). 자본의 물상화된 힘이 노동과정에 침투함에 따라 사회적 생산력은 자본의 주도를 통해서만 증가하게 된다. 이 과정에서 노동자의 자율성과 독립성이 치명적으로 훼손되면서 노동자는 자본의 체제하에 훨씬 더 쉽게 길들여지고 규율되게 된다. 일자리 경쟁에 노출된 노동자는 자본의 엄격한 질서와 명령을 수동적으로 따른다.

자본이 노동의 수행 조건을 독점하기 때문에 그리고 **오직** 자본의 주도와 책임하에서만 생산력이 증가하기 때문에, 사회적 노동이라는 노동자의 새로운 생산력은 노동자의 생산력이 아니라 '자본의 생산력'으로 나타난다. '노동자가 부를 창조하는 한, 살아 있는 노동은 자본의 힘이 된다. 이와 유사하게 노동의 생산력의 모든 발전은 자본의 생산력의 발전이다'(*MECW* 30: 112). 요컨대, 마르크스는 [옮긴이: 다음과 같이] 썼다.

> 노동의 **사회적 생산력**에서 출현하고 노동 그 자체에 의해 상정되는 노동의 **사회적 조건**은 노동자에게 낯선 힘으로, **자본**에 속하는 힘으로 개별 노동자를 적대하고 압도하는 방식으로 자본가의 이익을 위해 지시하는 힘으로 가장 명백하게 나타난다. (*MECW* 34: 29–30)

자본하에서 협동은 개별 노동자가 행사할 수 없는 새로운 생산력을 초래한다. 그러나 자본은 협동이 맺은 결실을 무료로 제공되는 선물로서 전유한다. '노동의 사회적 생산력은 자본에 무료로 제공되는 선물로서 발전한다. … [그것은] 그 본성상 자본이 소유한 힘으로, 즉 자본에 내재한 생산력으로서 나타난다'(*Capital* I: 451).

자본주의하에서 생산력이 발전하면 노동자 개개인의 기능, 지식, 통찰력이 박탈되고 자본이라는 낯선 힘만 증가할 뿐이다. 따라서 맑고 밝은 미래는 자동적으로 열리지 않는다. 그럼에도, 오늘날의 유토피아 사회주의자들은 『그룬트리세』에만 주목하여 마르크스의 생산력 비판을 등한시하는 경향을 보인다. 그들은 '생산력' 개념을 마치 투입과 산출의 비율로서 정의되는 '생산성' 개념과 같은 개념으로 무척 협소하게 이해한다.[11] 그러나 '자본의 생산력' 개념은 마르크스의 생산력 개념이 사실상 보다 더 광범위하다는 것을 시사한다. 또한 이 개념은 인간이 무엇을, 어떻게 생산할 수 있는지의 문제와도 관련된다. 다시 말해 여기에는 기능, 지식, 힘 같은 인간의 생산 능력뿐 아니라 자연 조건도 포함된다(Cohen [1978] 2000: 55). 이러한 능력은 특히 노동의 소외를 극복하는 데 필수적인 노동자의 자율성, 자유, 독립성과 관련된다. 이러한 의미에서 생산력 개념은 양적인 개념**이자** 질적인 개념이다.[12] 예를 들어 완전 자동화를 통한 생산성의 양적인 증가는 노동 조건과 자연환경의 질적인 저하를 수반하여 개인의 완벽한 발전을 방해할 수 있다. 따라서 마르크스는 그것을 '생산력'의 진정한 발전으로 간주하지 않았다.

---

11 분명, 마르크스는 이 용어를 생산성이라는 의미로도 사용했다. 예를 들어 그는 다음과 같이 썼다.

그러나 노동의 생산성이 변화함에 따라 [생산에 필요한 노동시간도] 변화한다. 이것은 광범위한 여건에 의해 규정되는데, 특히 노동자의 평균 숙련도, 과학과 그 기술적 응용의 발전 수준, 생산과정의 사회적 조직, 생산수단의 규모와 효율성, 자연적 환경 조건에 의해 규정된다. 예를 들어 동일한 양의 노동을 투입했을 경우, 작물 재배에 유리한 계절에는 옥수수 8부셸을 수확할 수 있지만 작물 재배에 불리한 계절에는 고작 4부셸만 수확할 수 있다(*Capital* I: 130).

12 이러한 의미에서 '생산력'을 자연과 인간 사이에 이루어지는 물질대사를 의식적으로 규제하는 인간의 능력으로 정의할 수 있다.

요약하자면, 1860년대에 마르크스는 자본의 생산성 증가에는 생산과정의 물질적 측면을 조직하는 고유한 자본주의적 방식이 수반된다는 점을 강조하게 되었다. 이러한 이해에 따르면 '자본주의적 생산양식'의 확립은 생산의 '형식적'인 측면과 '물질적'인 측면 모두에서의 변형을 토대로 한다. 즉, 자본주의적 생산은 임금노동 관계에 의해 매개되는 경제적 '생산관계'와 노동과정을 조직하는 특별한 자본주의적 방식에서 출현하는 '생산력'을 기반으로 한다. 이러한 생산양식의 이중적 측면은 **순수하게 사회적**인 것과 **물질적**인 것을 분리하고 통일하여 자본주의적으로 구성된 사회적 관계하에서 인간과 자연 사이에 이루어지는 물질대사가 변형되고 재조직되는 방식을 분석하는 마르크스의 방법론과 일치한다. 실질적 포섭에 대한 논의를 통해 마르크스는 마침내 본인의 방법론적 이원론에 적절한 '생산양식'에 대한 이해를 얻게 되었다. 그러나 이 새로운 통찰은 과거 마르크스가 『정치경제학 비판을 위하여』 서문에서 정립한 '역사 유물론'에 대한 관점과 갈등을 빚었다.

IV. 자본주의적 생산양식과 역사 유물론

1860년대에 마르크스가 집필한 『자본』과 다른 경제학 수고들이 『그룬트리세』에 비해 이론적으로 보다 더 발전했다고 해서, 그 저술들 사이의 불연속성을 지나치게 강조해서는 안 된다. 사실, 마르크스의 '자본의 생산력' 개념은 이미 『그룬트리세』에도 등장한 바 있다. 예를 들어 마르크스는 다음과 같이 썼다.

> 부에 대한 무한한 충동으로서 그것[옮긴이: 자본]은 노동의 생산력의 무한한 증대를 끊임없이 추구하여 그것을 실현한다. 그러나 다른 한편으로 노동의 생산력의 모든 증가는 … 자본의 생산력 증가이고 현 시점에서는 자본의 생산력인 한에서만 노동의 생산력이다. (*Grundrisse.* 341)

또한 마르크스는 협동 및 노동 분업의 관점에서 자본의 생산력에 대해 기록했다.

> 모든 노동의 생산력, 즉 노동강도와 그에 따른 노동의 광범위한 실현의 정도를 규정하는 노동의 생산력과 마찬가지로 노동자의 연합association, 즉 노동의 생산성의 근본적인 조건으로서 협동 및 노동 분업은 자본의 생산력으로 나타난다. (*Grundrisse.* 585)

이러한 구절들을 보면 마르크스의 논의에 결정적인 변화가 없었던 것처럼 보이지만, 사실은 그렇지 않다.[13]

---

13 또한 마르크스가 『그룬트리세』에서 다음과 같이 언급한 것을 지적할 수 있다.

> 가장 단순한 형태, 즉 노동 분업과 무관한 형태는 자본이 전국에 흩어져 독립적으로 생활하는 여러 수공업 직조공과 방적공 등을 고용하는 것이다(이러한 형태는 여전히 산업과 병존한다). 그렇다면, 여기서 생산양식은 아직 자본에 의해 규정된 것이 아니라 오히려 자본이 이미 주어진 상태로 발견한 것이다(*Grundrisse.* 586).

이러한 언급을 바탕으로 마르크스가 『그룬트리세』에서 이미 '자본의 생산력' 개념을 활용하여 이러한 맥락에서 마르크스가 『그룬트리세』에서 개념화한 '생산양식' 개념이 불충분하다고 주장한 일본의 마르크스주의 학자 오노 사다오(Sadao Ohno 1983: 295)의 분석을 참고해 봄 직하다.[14] 오노에 따르면, 1850년대 마르크스의 논의는 자본과 임금노동이라는 사회적 관계로 구성되는 사회적 측면 및 형식적 측면에 주목했음에도, 생산의 물질적 측면은 충분히 담지 못했다. 오노는 이러한 불충분함을 통해 『그룬트리세』에서 마르크스의 '협동' 개념이 아직 자본주의적 생산의 기본적인 범주로서 확립되지 않았음을 확인할 수 있다고 주장한다.[15] 『그룬트리세』에서 마르크스는 협동에 대해서는 언급하지 않은 상태에서 생산양식에 대해 논의했다. '생산적 자본 또는 자본에 조응하는 생산양식은 **오직** 제조업과 대규모 산업이라는 **두 가지 형태로만** 존재할 수 있다'(*Grundrisse*: 585;

'실질적' 포섭과 '형식적' 포섭을 구별했다고 주장할 수 있다. 그러나 그러한 주장은 『그룬트리세』 이후 마르크스의 이론적 발전을 과소평가하는 것이다. 동일한 용어라도 마르크스에게 있어 중요성과 역할이 상이할 수 있기 때문에 단순히 이 용어가 등장했다는 것 자체에 주목하는 것만으로는 충분하지 않다.

14 라야 두나옙스카야(Raya Dunayevskaya 1973: 80)는 마르크스의 이론적 단절이 그가 노동일 단축 투쟁의 중요성을 부각하기 위해 『자본』 1권에 노동일을 다룬 기나긴 장을 포함시키기로 결정하면서 처음 일어났다고 주장했다. 그러나 이 주장은 설득력이 있다고 보기 어려운데, 그 이유는 마르크스가 이와 같은 장을 집필할 계획을 항상 가지고 있었기 때문이고, 이 주장을 따른다면 상대적 잉여가치 대신 절대적 잉여가치의 생산에 중점을 두게 되기 때문이다. 마르크스의 협동론이 변화하게 된 결정적인 계기는 그가 노동과정의 실제 조직에 더 많은 관심을 기울이기 시작하면서부터이다.

15 분명 마르크스는 『그룬트리세』에서 '협동' 개념을 사용했고 심지어 『철학의 빈곤』에서도 '협동' 개념을 사용했다. 이는 이번 장에서 전개한 주장과 모순되지 않는다. 협동은 분명 초역사적인 차원을 가진다. 요점은 1860년대 초 이전에는 마르크스가 협동을 자본주의적 생산의 기본적인 형태로서 명확하게 논의하지 않았다는 점이다.

강조는 추가). 1860년대 **이후**에야 비로소 마르크스는 '협동' 개념에 충분히 주목하게 되었고, 그럼으로써 '생산양식'에 대한 이해를 심화시킬 수 있었다(Ohno 1983: 296).

생산양식이란 무엇인가? 일반적으로 '생산양식'은 '생산관계'와 '생산력'으로 구성되는 것으로 이해된다. 그러나 마르크스의 방법론적 이원론에 따르면 '생산양식'은 사회적 조건 및 물질적 조건 모두에 좌우된다고 보아야 한다. 한편으로 사회적 측면은 자본과 임금노동의 사회적 관계를 토대로 한 '생산관계'에 의해 규정되는 경제의 형식적인 측면을 표현한다. 이러한 측면에서, 자본주의적 생산양식의 특징은 근본적으로 '상품 생산'과 '잉여가치 생산'으로 표현된다. 자본주의적 생산양식은 자본가가 노동자를 착취하는 사회적 관계를 전제로 하는데, 이러한 관계는 반드시 자본 축적 과정에서 끊임없이 재생산되어야만 한다. 다른 한편으로 '생산관계'에는 인간과 자연 사이에 이루어지는 물질대사를 조직하는 방식, 즉 협동, 노동 분업, 대규모 산업으로 구성되는 물질적 측면도 포함된다.

MEGA IV/17로 출판될 예정인 마르크스의 연구 노트를 통해 이 점을 확인할 수 있다.[16] 1859년 2월, 마르크스는 『정치경제학 비판을 위하여』 3장을 집필하면서 정치경제학에 대한 다양한 책의 내용을 발췌했다. 마르크스는 리처드 존스Richard Jones와 에드먼드 포터Edmund Potter의 저술

16 오노는 이 연구 노트를 활용할 수 없었지만, 여기서 나의 논의는 기본적으로 그의 발상을 따른다. 이 연구 노트가 수록된 *MEGA* IV/17은 현재 나를 포함한 일본 팀에서 편집하는 중이다. 마르크스의 연구 노트 원본을 온라인에서 활용할 수 있다. https://search.iisg.amsterdam/Record/ARCH00860/ArchiveContentList#A072e534c62

에서 발췌한 내용을 메모했고, 그들의 논의를 계기로 자본주의적 생산의 기초로서 '협동' 범주에 주목하게 되었다. 예를 들어 마르크스는 스크로프Scrope의 『정치경제학*Political Economy*』(1833)에 대한 포터의 주석에서 다음 단락을 발췌했다.

> 여기서 언급된 원칙은 일반적으로 **노동 분업**이라고 부른다. 그러나 그 근본적인 발상은 **조화**와 **협동**이지 **분업**이 아니기 때문에 이 표현에는 문제가 있다. 분업이라는 용어는 오직 그 과정, 즉 여러 가지 작업으로 세분화되어 수많은 작업자들에게 나눠지거나 분배되는 과정에만 적용된다. 따라서 그것은 **과정의 세분화**를 통해 이루어지는 **노동자의 결합**이다. (IISG Sig. B 91a: 109; 강조는 원문)[17]

여기서 마르크스는 '노동 분업'과 '협동'의 차이를 인식했고, 협동이 자본주의에서 수행하는 고유한 역할을 인식했다. 이러한 변화는 마르크스가 존스의 『국가의 정치경제학에 대한 강의 교재*Textbook of Lectures on the Political Economy of Nations*』(1852)에서 발췌하여 동일한 연구 노트에 남긴 발췌문에서도 확인할 수 있다. 여기서 마르크스는 동양의 국가에서 이루어진 협력이 피라미드와 만리장성 같은 대규모 건축물을 건설할 수 있었던 원동력이었다는 내용의 구절을 발췌했다.

---

17 훗날 마르크스는 이 구절을 『1861-1863년 경제학 수고』에서 활용했다. *MEGA* II/3: 251을 참고하라. 마르크스의 보관 자료에 대한 참조는 약어 목록(List of Abbreviations)을 참고하라.

충분한 수의 노동자가 모여 충분한 노력을 기울였다. 대양 깊은 곳에서 웅장한 산호초가 솟아올라 섬과 단단한 땅을 이루지만, 각각의 산호초는 작고, 약하고, 보잘것없을 따름이다. 아시아 군주국의 비농업 노동자들은 각자의 신체적 노력을 기울이는 것 외에는 그 과제를 수행할 다른 방법이 없었다. 그러나 **그들의 수가 곧 그들의 힘이었다.** 이러한 군중을 지휘하는 힘 덕분에 궁전과 사원, 피라미드와 거대 조각상 군집이 등장했다. 남아 있는 유적을 보면 놀라움과 당혹감을 감출 수 없다. **이와 같은 사업은 그들을 먹여살릴 수입을 한 명 또는 소수의 손에 국한시킴으로써 가능해진 것이기 때문이다.**
(IISG Sig. B 91a: 152; 강조는 원문)

요점은 사회적 노동의 가장 기본적인 형태로서의 협동은 초역사적인 반면, 자본주의는 그것을 고유한 방식으로 활용한다는 것이다. 포터와 존스 둘 다 마르크스가 협동의 초역사적 차원과 역사적 차원을 이해하는 데 기여했다.

오노는『정치경제학 비판을 위하여』가 출판된 1859년 봄/여름 이후, 마르크스가 본인의 정치경제학 기획을 새로 계획하면서 협동에 대한 새로운 통찰을 반영했다고 주장했다(Ohno and Satake 1984: 22).『그룬트리세』와는 다르게, 마르크스는 본인의 계획에 처음으로 '협동' 범주를 포함시키면서 상대적 잉여가치 생산 분석의 일환으로서 다뤘다. 마르크스는 「자본에 대한 장 작성 계획 초안Draft Plan of the Chapter on Capital」에 다음과 같이 썼다.

3) 상대적 잉여가치

    a) 민중의 협동

    b) 노동 분업

    c) 기계   (*MECW* 29: 511)

이것은 마르크스가 자본의 실질적 포섭과 관련하여 협동을 자본주의적 생산의 기본적인 형태로 규정하게 되었음을 분명하게 시사한다. 이러한 변화는 이 책에서의 탐구에 중요하다. 만일 『그룬트리세』에서 생산양식의 물질적 측면의 역할이 여전히 양가적이었다면, 즉 형태Form와 물질/소재Stoff라는 방법론적 이원론이 아직 명확하게 확립되지 않았던 것이라면 마르크스가 '실질적 포섭'과 '자본의 생산력' 분석을 간과한 것도 납득할 만하다. 노동과정의 물질적 변형과 재조직을 본인의 실질적 포섭론에 성공적으로 통합한 마르크스는 본인의 방법론적 이원론과 일치하는 방식으로 자본주의적 생산양식 분석을 발전시키게 되었다.

이것은 사소한 문제가 아니다. 『자본』에서 마르크스의 '협동조합'론이 외면당하곤 하지만, 그렇다고 해서 그 중요성을 과소평가해서는 안 된다. 그것이 전통적인 역사 유물론적 관점과의 결정적인 단절을 함의하기 때문이다. 『정치경제학 비판을 위하여』 서문을 바탕으로 한 전통적인 관점에 따르면 '생산력'과 '생산관계'라는 두 가지 요소는 서로 직접적으로 연결되어 '생산양식'을 형성한다.[18] 마르크스도 그것들

---

18   이러한 전통적인 관점이 마르크스의 텍스트를 잘못 해석한 것은 아니다. 그것은 서문에 대한 올바른 해석이다. 다만 훗날 발전한 마르크스의 관점을 간과했을 따름이다.

의 관계를 '생산관계는 주어진 물질적 생산력의 발전 단계에 조응한다 [entsprechen]'(*MECW* 29: 263)라고 표현했다.[19] 이 진술은 기본적으로 마르크스와 엥겔스가 『독일 이데올로기』에 쓴 것과 일치한다.[20] 그러나 1867년 『자본』 초판 서문에서 마르크스는 '자본주의적 생산양식과 그에 조응하는[entsprechen] … 생산관계'(*Capital* I: 90)라고 씀으로써 본인의 입장을 수정했다. 이러한 변화는 매우 사소해 보이지만, 마르크스가 『자본』 1권의 도입부를 세심하게 정립했다는 점을 감안할 때, 이러한 변화는 실질적 포섭과 협동에 관련된 마르크스의 역사관에 중요한 변화가 일어났음을 시사한다.

『정치경제학 비판을 위하여』 서문에서 마르크스는 전통적인 역사 유물론적 관점에 따라 계속해서 이렇게 주장한다.

> 특정 발전 단계에서, 사회의 물질적 생산력은 기존 생산관계와 또는 (단지 동일한 것을 법적 용어로 표현한 것일 뿐인) 지금까지 운영되어 온 뼈대 구조 내의 소유관계와 충돌하게 된다. 생산력의 발전 형태에서 이러한 관계는 질곡

---

19 이 번역은 독일어 원문에 따라 수정된 것이다.

20 마르크스와 엥겔스는 다음과 같이 썼다. '과거의 모든 역사적 단계에서 기존 생산력에 의해 규정되고, 다시 그 생산력을 규정하는 교류 형식[즉, 생산관계], 그것이 바로 시민사회이다'(*MECW* 5: 50). 그들은 계속해서 다음과 같이 주장한다. '생산력이 발전하면 생산력과 교류 수단이 출현하는 단계가 오는데, 이것은 기존 관계하에서 더 이상 생산적이지 않고 파괴적인 힘으로서 오직 폐해만을 초래한다'(*MECW* 5: 52). 여기서 마르크스와 엥겔스는 생산력이 인간 사회의 역사적 단계를 규정한다는 관점을 피력했고, 일단 '질곡'에서 벗어나면 사회주의 사회에서 생산력이 계속해서 발전할 가능성을 지지했다. 문제는 마르크스와 엥겔스가 사회주의 사회가 되어도 생산력이 자동적으로 지속 가능해지는 것은 **아니라는** 점과 생산력이 계속해서 발전하면 '파괴적인 힘'으로 변할 수 있다는 점을 인정하지 않았다는 것이다.

으로 변질된다. 그러고 나면 사회 혁명의 시대가 시작된다. 경제적 기초의 변화는 머지않아 방대한 상부구조 전체의 변혁으로 이어진다. (*MECW* 29: 263)

따라서, 전통적인 역사 유물론적 구상에서 생산력의 증가는 독립변수로서, 역사적 진보의 원동력이다. 생산력이 특정 지점에 도달한 뒤에는 생산력과 생산관계의 모순이 폭발하면서 생산관계를 변혁하여 다른 생산양식을 초래한다. 코헨(G. A. Cohen 2000: 135)이 역사 유물론을 옹호하면서 간결하게 피력한 것처럼, '생산력의 변화는 생산관계의 변화를 초래한다.' 그 결과, 생산력의 증가가 포스트-자본주의 사회를 위한 필요조건이자 충분조건이라는 공통된 추정이 등장했다. 이와 같은 추정은 역사적 진보에 대한 생산지상주의적 관점, 즉 생산력을 역사의 주요 동인으로 취급하고 자본주의적 질곡에서 생산력을 해방하려는 목적을 추구하는 관점으로 쉽게 귀결된다. 전통적인 역사 유물론적 관점은 자본주의하에서 발전된 생산력을 물신화하고 그것을 마치 프롤레타리아가 이어받아 사회주의 사회를 확립하는 데 활용할 수 있는 중립적인 힘인 것처럼 간주한다. 여기에는 자본주의적 생산양식에 '조응하는' 자본주의적 생산관계하에서 이루어지는 노동과정의 실제 물질적 변형에 대한 분석이 누락되어 있다.

『그룬트리세』에서도 동일한 문제가 등장한다. 마르크스는 『그룬트리세』에 수록된 「기계에 관한 단편」 절에서 '자본의 생산력' 개념을 언급했다. 그럼에도, 그는 노동과정의 물질적 측면에 충분히 주목하지 않음으로써 생산지상주의적 어조에서 벗어나지 못했다. 앞서 논의한 것처럼 마르크스는 새로운 기술이 '이러한 기초를 하늘 높이 날려 버린다'고 생각했다. 동일한 맥락에서, 마르크스가 과학과 기술에 의한 자연의 정복을 긍정적으로 언급한 것은 우연이 아니다.

> 이와 반대로, 대규모 산업의 생산과정에서는 사회적 지성이 자연의 힘을 정복하는 것이, 한편으로는 자동화된 과정으로 발전된 노동수단의 생산력의 전제조건인 것처럼, 다른 한편으로는 **직접적으로 존재하는 개인의 노동이 정지된 개인적 노동, 즉 사회적 노동으로 상정된다. 따라서 이러한 생산양식의 또 다른 토대는 무너진다.** (*Grundrisse*. 709; 강조는 원문)

여기서 생산력의 발전에 의해 추동되는 역사 유물론의 기본 논리 구조를 확인할 수 있다. 물질적 부의 증가로 인해 가치가 시대착오적이 된다는 발상과 결합되면서, 『그룬트리세』는 자본주의 붕괴론에 가까워진다(Heinrich 2012: 176).[21] 『그룬트리세』에서 나타난 인간의 자연 지배라는 마르크스의 잠재적인 프로메테우스주의가 환경주의와 양립할 수 없다는 점을 부인하기는 어렵다.[22]

---

21 『그룬트리세』(705)를 참고하라.
> 직접적인 형태의 노동이 부의 위대한 원천이 되지 못하게 되는 순간, 노동시간은 더 이상 부의 척도가 되지 못하고, 그에 따라 교환가치[는] 더 이상 사용가치의 [척도가 되지 못한다]. **소수의 무노동**이 인간 두뇌의 일반적인 힘을 발전시키는 조건이 되지 못하는 것처럼 **민중의 잉여 노동**은 더 이상 일반적인 부를 발전시키는 조건이 되지 못한다. 이로써 교환가치를 바탕으로 한 생산은 붕괴된다.

22 또한 이 문제는 '자본의 위대한 문명화 작용'(Löwy 2019 참고)을 지지하는 마르크스의 악명 높은 유럽중심주의와 관련된다. 이 문제는 다음 장에서 논의할 것이다.

그러나 마르크스의 프로메테우스주의를 지나치게 일반화하는 것은 금물이다(Löwy 2017: 11). 1860년대에 마르크스는 과거 본인이 전개했던 기술 관료적 생산지상주의와 의식적으로 거리를 두면서 본인의 낙관론적 역사관을 돌이켜보고, 그것의 부정적인 함의에 대해 보다 더 진지하게 성찰할 수밖에 없게 되었다. 이러한 자기비판적 성찰은 그가 자본주의적 생산에 고유한 생산과정의 물질적 측면, 특히 자본이 자본의 축적을 위해 물질적 세계(인간과 비인간)의 재조직을 주도하는 방식을 탐구하는 과정에서 이루어졌는데, 그 이유는 바로 생산력의 증가가 노동자를 자본의 명령에 보다 더 효과적으로 종속시키기 때문이다. 그렇다면 전통적인 역사 유물론적 관점에서 추정하는 것처럼 '생산관계'와 '생산력'은 간단하게 분리될 수 없다. 자본의 생산력의 발전은 자연과 인간 사이에 이루어지는 물질대사를 협동, 노동 분업, 기계의 형태로 철저하게 재조직하는 데 의존한다. 이러한 의미에서 '생산양식'은 생산의 물질적 요소의 특정한 사회적 배치를 표현한다. 바로 이러한 이유로 마르크스가『정치경제학 비판을 위하여』서문에서는 '생산력'을 독립변수로 논의한 반면,『자본』서문에서는 '자본주의적 생산양식과 그에 조응하는 … 생산관계'를 검토하는 과제를 설정한 것이다.

'생산양식'과 관련된 이러한 변화를 사소한 문헌학적 트집으로 치부할 수 있을지도 모른다. 그러나 이것은 포스트-자본주의에 대한 마르크스 전망의 전환과 관련이 있기 때문에 그 이론적 의의를 과소평가해서는 **안 된다**. 생산력의 발전이 순수하게 형식적이고 양적인 것이 아니라 노동과정의 변형과 재조직에 깊이 뿌리내리고 있는 것이라면,

생산력이 특정 수준에 도달한다 하더라도 사회주의 혁명이 [옮긴이: 자본주의적] 생산관계를 또 다른 생산관계로 쉽게 대체할 수 있으리라고 추정할 수 없다. 실질적 포섭을 통해 출현하는 '자본의 생산력'은 자본주의적 생산양식에서 물질화되고 구체화되기 때문에, 자본주의적 생산양식과 함께 사라진다. 이러한 의미에서, 생산력과 생산관계 사이의 실제 관계에 대한 전통적인 역사 유물론적 관점을 근본적으로 역전시킬 필요가 있다. **'생산관계가 생산력을 규정한다'**(Tairako 1991: 60; 강조는 원문).

'자본의 생산력'과 '실질적 포섭' 개념을 확립하면서 마르크스는 과거 본인이 『정치경제학 비판을 위하여』 서문에서 정립한 역사 유물론과 결별하게 되었다. 형태Form와 물질/소재Stoff이라는 두 가지 측면이 노동과정의 실질적 포섭으로 인해 서로 밀접하게 뒤엉키기 때문에,[23] 하나를 변경하려면 나머지 하나를 동시에 변경해야 한다. 자본의 생산력이 단순히 기계에만 의존하는 것이었다면 이렇게 복잡하게 생각할 필요 없이 사회주의에서도 자본의 생산력을 그대로 활용할 수 있을 터였다. 그러나 자본주의하에서 생산력의 발전은 협업, 협동을 비롯한 노동의 여러 사회적인 측면을 조직하는 고유한 자본주의적 방식에 단단하게 연결된다.[24] 그렇다면, 자본주의적 생산양식을 초월하기 위해서는 노동

---

23 다이라고(2017)는 사물의 물질적 측면에 경제적 형태의 효력이 미치는 것을 '사물화(Verdinglchung)'라고 부름으로써 '물상화(Versachlichung)'와 구별한다. 다이라고는 마르크스 본인의 용법에 따라 이 두 가지 개념에 접근한다.

24 이 맥락에서 마르크스가 직접적으로 언급한 것은 아니지만, 자본주의적 생산양식은 또한 과학과 기술의 도움을 받아 자연 자원과 에너지의 특정한 흐름을 수반한다. 그 흐름은 자본의 생산력을 해체하는 과정에서 변경되어야 한다.

계급이 생산수단을 재전유하여 사적 소유와 착취를 폐지하는 방법보다 훨씬 더 근본적이고 철저한 방법이 필요하다. 즉, 연합된 생산자들의 자유와 자율성을 보장하는 방식으로 생산관계를 근본적으로 재조직하여 자본의 생산력을 소멸시켜야 한다. 그렇게 하지 않으면 포스트-자본주의 사회가 도래하더라도 생태계를 파괴하는 독재적인 생산 형태가 지속될 것이다. 그러나 자본의 생산력이 사라지면 사회적 노동의 생산력 역시 감소할 것이다.

따라서 '실질적 포섭' 개념은 자본주의의 진보적 특징에 대한 마르크스의 평가가 급격하게 변화했음을 의미한다. 『자본』에서 마르크스는 더 이상 자본주의의 진보적 특징을 지지할 수 없게 되었다. 이 점을 인식한 앙드레 고르스는 다음과 같이 썼다.

> 다시 말해 자본주의라는 뼈대 구조 내에서의 생산력 발전은 절대로 공산주의로 이어지지 않을 것이다. 왜냐하면 기술, 생산관계, 생산물은 그 본성상 [옮긴이: 인간의] 필요를 지속적이고 공평하게 만족시키지 못할 뿐 아니라 사회적 생산을 일반적으로 **충분하다고** 받아들일 수 있는 수준에서 안정시키지도 못하기 때문이다. (Gorz 2018: 110–111)

메자로스도 이와 유사하게 주장하면서 "치켜세울 만한 생산적인 발전, 즉 더할 나위 없이 바람직한 이상적인 **'성장'**과 점점 더 파괴적이 되어 가는 **자본 확장**이라는 **물신주의적 절대성을 동일시하는 우를 범해서는**" 안 된다고 지적했다(Mészáros 2012: 257; 강조는 원문).

좀 더 구체적으로 자본주의적 협동과 사회주의적 협동이 양립할 수 없는 이유를 네 가지로 정리해 볼 수 있다. 첫째, 자본의 생산력은 노동자를 예속하고 통제하기 위해 창조되었기 때문에 포스트-자본주의로 적절하게 이전될 수 없다. 사회주의하에서 노동과정은 훨씬 더 민주적이고 평등하게 조직될 것이므로, 자본주의하에서 발전된 생산체계는 자본의 명령과 감독이 동반되지 않는 미래 사회에서는 효과적으로 작동하지 못할 가능성이 높다. 자유롭게 연합된 생산자들이 민주적으로 통제하는 사회에서 이와 동일한 질서를 어떻게 활용할 수 있을지 상상하기 어렵다. 오히려 자본의 주도성과 책임성이 해체되고 나면 '자본의 생산력'은 그것의 낯선 특징과 더불어 사라진다. 그러나 자본주의적 생산양식하에서 발전된 생산력이 포스트-자본주의의 물질적 기초가 되지 **못한다면**, 이것은 '자본주의적 생산양식에서 사회주의적 생산양식으로의 이행을 위해 자본주의적 기법의 꼼꼼한 보존이 필요하다'라고 전제하는 역사 유물론의 일반 테제를 훼손한다(Venable 1945: 95). 오히려 자본의 독재적인 체제를 폐지하기 위해서는 생산의 **규모를 축소해야** 할지도 모른다.[25]

　　둘째, 자본주의적 기술은 노동과정에서 '구상'과 '실행'을 재통일하려는 사회주의적 요건에 적합하지 않다.[26] 해리 브레이버먼(1998)이 주장

25　당연하게도, 이것은 전통적인 마르크스주의자들에게는 불가능한 일이었다. 그러고 나면 남은 선택지는 자본의 생산력이 사라진 이후 사회적 생산에 대한 관료적인 통제가 될 것인데, 그것은 실패한 소련의 경로로 이어졌다. 다음으로 이어지는 2개 장에서는 동일한 실패를 되풀이하지 않기 위해 생산 규모를 축소하고 생산 속도를 늦춰야 할 필요성을 중심 주제로 다룰 것이다.

26　생산지상주의의 또 다른 문제는 인간의 주체성을 예속하고 주체와 객체 사이의 전도를 강화하는

한 것처럼 '구상'과 '실행'의 분리는 자본주의적 생산양식에 **특유한** 생산관계의 조건을 구성한다. 따라서, 자본주의하에서 발전한 지식과 기술은 노동자 위에 군림하는 자본의 독재적인 지배를 실현하여 과제의 표준화와 단순화를 통해 생산과정에서 노동자의 독립성과 자율성을 약화시키는 수단으로 기능한다. 여기서 앙드레 고르스는 기술을 두 가지 유형, 즉 '열린 기술'과 '닫힌 기술'로 구별한다. 고르스에 따르면 열린

기술을 통해 양적 생산의 증가를 극대화할 수 있다는 것이다. 그 이유는 바로 풍요로움이라는 기준만으로는 포스트-자본주의가 어떤 기술을 적극적으로 사용해야 하는지 알 수 없기 때문이다. 실제로 실질적 포섭에 대한 분석은 자본의 독재적인 체제가 전체 노동과정을 재조직하여 생산성을 증대하는 과정에서 노동자의 자율성을 훼손하는 방식을 보여준다. 생태사회주의는 대항 기술을 발전시켜 감독과 명령이라는 자본주의적 기능이 사라진 이후의 사회에서 노동과정을 규제하고 조율할 수 있는 자율적인 능력을 노동자에게 부여해야 한다. 그렇게 하지 않으면 소수의 손에 권력이 집중되어 민중이 평등하긴 하지만 자유롭지는 못하게 될 위험이 있다. 자본의 지배 외부에서도 자율성이 박탈될 수 있다. 단순히 평등의 실현을 위해 국가 소유가 도입되면, 그것은 잔인한 순응주의로 귀결될 수 있다. 예를 들어, 유토피아 사회주의자들이 찬양하는 정보 기술의 발전이라는 맥락에서, 알고리즘은 사회적 협동을 효과적으로 조율하고 지휘함으로써 생산성을 상당히 증가시킬 수 있다. 그러나 노동자가 지식을 갖추지 못하고 통제할 수도 없는 상태에서 빅데이터를 바탕으로 한 알고리즘 기능이 작동할 경우, 노동자는 알고리즘의 명령에 의해 통제되고 말 것이다. 노동자는 알고리즘의 작동 방식을 알지 못하기 때문에, 이러한 명령은 노동자들에게 완전히 낯선 것이다. 가상의 택시 기사를 예로 들어 보자. 가상의 택시 기사는 그동안 쌓은 주행 경험을 바탕으로 특정한 지식을 지니고 있다. 예를 들면 이 기사는 어떤 도로를 선택하면 승객을 더 많이 태울 수 있는지 또는 특정 시간에 밀리는 도로를 피할 수 있는지 알고 있다. 바로 이러한 지식을 바탕으로 이 기사는 노동하는 동안 어느 정도의 자율성을 누릴 수 있다. 그러나 택시에 설치된 GPS가 기사들의 활동과 관련된 데이터를 수집하기 시작하면, 플랫폼 회사는 기사들이 운전하는 방식과 그들이 활용하는 도로 등의 빅데이터를 분석하여 그들의 지식을 독점할 수 있다. 플랫폼 회사들은 빅데이터를 통해 구축된 알고리즘을 바탕으로 새로운 컴퓨터 체계를 도입하여 각각의 기사에게 운행 경로를 명령할 수 있다. 자본은 자율적인 지식을 가진 경력직 기사들을 단순히 스마트폰 화면이 보여주는 경로를 따라갈 수 있는 운전면허만 있으면 되는 비경력직 기사들로 대체할 수 있다. 이것은 정보 기술의 시대에 '구상'과 '실행'을 분리하는 새로운 형태의 실질적 포섭이다. 브레이버먼의 통찰은 디지털 자본주의하에서도 여전히 유효하다.

기술은 광범위한 규모에서 '의사소통, 협동, 상호작용'을 촉진하는 기술인 반면 자본주의하의 닫힌 기술은 '사용자를 노예로 만들고' '재화 또는 서비스의 공급을 독점하는' 기술이다(Gorz 2018: 8-9).[27] 자본주의는 닫힌 기술을 발전시키는 경향을 보인다. 사회주의하에서 민주적 통제는 닫힌 기술을 열린 기술로 대체하여 완전히 상이한 생산관계를 확립할 것을 요구한다. 좌파 가속주의는 자본주의적 기술이 사회주의적 생산에 조화롭게 통합될 수 있다고 상정하지만, 보다 더 평등하고 자율적인 생산이라는 목적을 달성하기 위해서는 대부분의 닫힌 기술과 결별할 필요가 있다. 다시 말해, 열린 기술의 발전은 많은 경우 반드시 맨 밑바닥에서부터 시작해야만 한다.[28]

셋째는 지속가능성의 문제이다. 마르크스는 자본주의하에서 이루어지는 생산력의 발전이 자연의 보편적인 물질대사를 훼손하고 심지어 파괴한다고 거듭 경고했다. 자본주의적 생산양식이 가치증식의 논리에 의해 추동되는 한, 노동과정의 물질적 측면의 재조직은 일반적인 생산의 물질적 조건을 저하한다. 이러한 이유로 마르크스는 자본주의하에서 이루어지는 생산력의 증가가 '노동자를 강탈할 뿐 아니라 토양을 강탈하는 기술의 발전'에 결부되어 있다고 주장했다(*Capital* I: 638). 따

---

27 원자력과 지구공학은 '닫힌 기술'의 주요 사례이다. 이 기술들은 생태계에 대한 민주적 통제를 불가능하게 만든다. 오히려 기후 체계와 대양 체계에 돌이킬 수 없는 방식으로 개입하겠다는 정치적 결정을 내림으로써 선진국들은 인간과 자연 사이에 이루어지는 물질대사적 상호작용을 자율적으로 조직하는 방식을 회복할 미래의 가능성을 제거한다.

28 고르스는 자본주의하에서 열린 기술이 자리 잡을 가능성을 부정하지 않는다. 그러나 인터넷을 열린 기술로서 낙관적으로 바라본 고르스의 관점은 '감시 자본주의'가 득세하는 오늘날의 현실에 비춰볼 때, 순진해 보인다(Zuboff 2019).

라서『자본』3권에서 마르크스는 미래 사회는 반드시 '자연과 인간 사이에 이루어지는 물질대사를 합리적인 방식으로 지배'(Capital III: 959)해야만 한다고 요청했다. 자본의 생산력의 발전은 분명 자연과의 물질대사를 지속 가능하게 규제할 수 있는 조건을 마련하지 못한다. 다시 말해, 자본주의적 생산양식을 초월하여 생산력의 발전의 '질곡'을 극복한다 하더라도, 자본주의적 기술은 여전히 지속 불가능하고 파괴적일 것이므로 사회주의에서 사용될 수 없다.

마지막으로, 이러한 닫힌 기술과 파괴적인 기술이 안고 있는 문제는 단순히 '자본가'의 손에 있는 소유권을 국가의 손으로 (또는 공동체의 손으로) 이전한다고 해서 극복될 수 있는 것이 아니다. 이러한 의미에서 마르크스는 사회주의와 국가 소유를 동일시하고 자본주의와 사적 소유를 동일시하는 것만으로는 충분하지 않다고 생각했다. 오직 형식적 포섭만 일어난다면 비교적 쉽게 착취 체계를 폐지하고 사회주의로 이행할 수 있을 것이다. 그러나 '자본의 생산력'이 '사회적 노동의 생산력'으로 변형되어야만 한다면, 소유권의 이전만으로는 문제가 해결되지 않는다. '구상'과 '실행'의 분리가 지속된다면, 자본가계급 대신 관료계급이 일반적인 사회적 생산을 지배하게 될 것이고, 따라서 노동계급의 소외된 조건은 기본적으로 달라지는 것이 없을 것이다. 관료적 지배 하에서는 환경 파괴도 지속될 것이다. 다시 말해, 실질적 포섭은 자유로운 '사회주의적 관리'라는 난제를 제기하는데, 전통적인 역사 유물론적 관점은 이에 대해 아무런 실마리도 제공하지 않는다(Tairako 1991).

당연하게도, 이러한 네 가지 문제는 과거 현존 사회주의의 치명적인 실패가 입증하는 것처럼 쉽게 해결할 수 없는 것이다. 오늘날의 (생태)사회주의는 자본의 생산력을 미래 사회의 토대로서 단순히 활용할 수 없다. 그렇다면, 『그룬트리세』는 더 이상 포스트-자본주의의 이론적 토대가 될 수 없다. 마르크스는 과거 본인이 정립한 역사 유물론에 내재한 문제를 해결하는 데 큰 어려움을 겪었다. 나아가 마르크스는 『자본』에서조차 이러한 문제에 대한 최종적인 답을 제시할 수 없었다. 따라서 우리는 『자본』을 넘어 나아갈 필요가 있다. 그러나 『그룬트리세』에 편중하는 오늘날의 유토피아주의자들 사이에서는 바로 이러한 전통적 마르크스주의의 전제가 다시 떠오르고 있다.

V. 선거주의와 이데올로기로서의 기술

이러한 이론적 난관에도 불구하고 자동화 유토피아주의자들은 자본주의에서 출발하여 성장한 기술이 포스트-자본주의 사회를 위한 기초를 제공할 수 있다고 추정한다. 자동화 유토피아주의자들의 주장은 '자본의 생산력'에 대한 마르크스의 논의보다는 『유토피아에서 과학으로』에서 엥겔스가 전개한 관점에 더 가깝다.

… 이제 보다 더 완전하게 발전한 근대 산업은 자본주의적 생산양식이 부과하는 한계에 맞닥뜨리게 된다. 새로운 생산력은 이미 그것을 사용하는 자본주의적 양식을 넘어섰다. 그리고 생산력과 생산양식 사이의 이러한 충돌은… 사

실 우리의 외부에 객관적으로 존재하고 심지어 그것을 초래한 인간의 의지 및 행동과 무관하게 존재한다. 근대 사회주의는 사실상의 이러한 충돌을 사상에 반영한 것에 불과하다. (*MECW* 24: 307)

그러나 이것은 이 책의 2장에서 명료화한 요점과 더불어 1860년 대에 출현한 마르크스와 엥겔스의 또 다른 중요한 이론적 차이이다. 사실 이 구절에서 엥겔스는 여전히 생산력의 발전을 독립변수로 취급한다. 엥겔스는 마르크스의 실질적 포섭론과 자본의 생산력의 중요성을 완벽하게 이해하지 못했다. 따라서 엥겔스는 계속해서 다음과 같이 주장했다.

따라서 이제는 실제로 생산수단을 가동하고 실제로 상품을 생산하는 사람들이 아니라 자본가가 사회적으로 생산된 산물을 전유하게 되었다. 생산수단과 생산 그 자체가 본질적으로 사회화된 것이다. ⋯ 모든 중요한 생산 분야에서 그리고 모든 제조 국가에서 새로운 생산양식이 더 큰 지배력을 획득할수록 ⋯ 사회화된 생산과 자본주의적 전유가 양립 불가능하다는 것이 보다 더 분명하게 드러났다. (*MECW* 29: 309–310)

이것은 생산수단의 사적 소유가 폐지되고 나면, 노동자가 자본주의적 생산을 단순히 이어받아 사회주의적 생산으로 전환할 수 있다는 말처럼 들린다. 자본주의하에서 생산이 이미 '본질적으로 사회화'되었기 때문이다. 자본주의의 문제를 사적 소유의 문제로 환원함으로써 엥겔스는 사회주의하에서 생산력을 사회적으로 관리하는 데 따르는 난제를 회피했다. 엥겔스의 관점은 전통적 마르크스주의의 일반적인 관점이 되었고 심지어 오늘날에도 새로운 정보 기술과 로봇공학의 혁명적 잠재력을 부각하는, 겉보기에는 급진적으로 보이는 이론에서 되풀이되고 있다.

오늘날의 유토피아주의자들은 생산의 질적 측면과 물질적 측면, 즉 노동자의 자율성 및 독립성과 자연환경의 지속가능성에 대해 충분히 고려하지 않은 채 오직 재화와 서비스의 효율성과 풍요만을 고려한다. 시장이 추동하는 혁신을 바탕으로 풍요로운 경제를 이룩한다는 유토피아주의자들의 전망은 자본하에서 실질적 포섭을 강화하고 말 뿐 아니라 자연을 더욱 수탈하는 수단으로, 노동자를 감시하는 수단으로 쉽게 변질된다. 이러한 방식으로는 노동의 소외를 극복할 수 없기 때문에 완전히 자동화된 포스트-자본주의는 모든 사람이 전기 SUV를 몰고 다니고 2년마다 한 번씩 스마트폰을 바꾸며 배양육으로 만든 햄버거를 먹을 수 있다는 희망을 대안이랍시고 전파한다. 생태 근대화가 기존의 사치스러운 생활방식을 바꿀 필요가 전혀 없다는 확신을 심어 주기 때문에, 글로벌 북반구에서 생활하는 많은 이들은 화려한 미래라는 이러한 전망을 분명 매력적으로 받아들일 것이다. 이러한 종류의 풍요로운 미래는 현재 글로벌 북반구가 영위하는 제국적 생활양식은 전혀 문제 삼지 않은 채, 민중의 즉각적인 갈망의 충족만을 약속한다. 그러나 문제는 이러한 전망이 기존의 가치-기준과 소비주의적 이상을 지나치게 무비판적으로 받아들인다는 점이다. 그것은 자본주의에 내재한 억압적이고 불평등하며 착취적인 사회적 관계를 재생산하는 결과로 이어진다.

역설적이게도 낙관적인 기술 관료적 전망 밑에는 사실상 비관적인 '자본주의적 현실주의'가 감춰져 있다. 자본주의적 현실주의는 기존 사회적 관계에 도전하고 자본주의적 생활양식에서 근본적으로 벗어나려는 강력한 계급투쟁은 존재하지 않는다고 주장한다. 민중에게는 체계를 변혁할 힘이 없다. 따라서 자본주의적 현실주의는 행위자가 사라지면서 남게 된 공백을 기술을 가지고 메우려고 한다. 사실, 이러한 전환은 강력한 사회운동이 존재하지 않더라도 구현될 수 있다. 따라서 자본주의적 현실주의가 약속하는 편안한 생활은 매력적인 것처럼 보인다. 생산지상주의에 입각한 포스트-자본주의적 전망은 무한한 생산과 소비를 위한 거창한 해방적 기획인 것처럼 보이지만, 사실은 자본주의적 가치-기준을 지지하는 기획일 따름이다. 그것은 노동계급의 혁명적 주체성을 포기하고 기계라는 물상화된 주체성을 역사의 주체로 받아들인다. 따라서 이러한 포스트-자본주의 기획이 설득력을 가지려면, 자본의 생산력을 사회적 노동의 생산력으로 변형하여 진정으로 '개인의 완벽한 발전'을 실현할 방법을 입증해야 할 것이다.

자동화 유토피아주의자들은 생산의 문제를 피하기 때문에 '좌파 포퓰리즘'이라는 발상을 중심으로 '정치' 영역에 집중한다(Mouffe 2018). 유토피아 사회주의자들은 특히 선거 정치를 통해 사회 변화를 위한 새로운 '정치적 주체성'을 구축하는 것이 중요하다고 강조하면서 본인들은 기술 결정론자가 아니라고 주장한다.[29] 바스타니는 '선거주의'를 '완전히 자동화된 화려한 공산주의' 사회로 전환하는 방법으로서 공개적으로 옹호한다. '화려한 포퓰리즘 안에 배태된 완전히 자동화된 화려한 공산주의는 반드시 주류 선거 정치에 관여해야만 한다'(Bastani 2019: 195).[30] 여기서 바스타니는 생태근대주의적 기술의 소유권이 국가로 이전되고 나면 그것들을 사회주의로의 전환을 위해 활용할 수 있다고 추정하지만, 이는 근거가 없다.

이러한 맥락에서, 엘렌 메익신스 우드의 포스트-마르크스주의 비판은 바스타니의 선거주의에도 적용된다(E. Wood 1986: 114-115). 우드에 따

---

29 서르닉과 윌리엄스(2016: 15)가 '서민 정치'라고 칭한 것은 직접민주주의 모델을 바탕으로 한 소규모의 수평적인 모임이 특징이다. 이러한 '모임'의 목적은 시민의 정의를 현세에 즉각적으로 구현하는 것이다. 서르닉과 윌리엄스에 따르면 전형적인 서민 정치는 전 세계적 쟁점과 전 지구적 경제체제에 도전하지 않는 대신, 대면이 가능한 지역 수준에서 일어나는 '예시적 정치'를 추구한다. 이러한 정치적 야심의 축소는 소련 사회주의의 실패와 그에 조응하는 신자유주의적 상식의 형성에서 비롯된 것으로 보인다. 서르닉과 윌리엄스는 로컬푸드 운동과 월스트리트 점령 운동(Occupy Wall Street) 같은 지역운동이 해결하려고 애쓰는 쟁점이 전 지구적 자본주의 체계와 지구 생태계에 깊이 뿌리내리고 있기 때문에, 그런 운동은 실효성이 없다고 주장하면서 진보와 해방을 위한 보편적인 대항 헤게모니 기획이 절실하게 필요하다고 주장한다. 그러나 문제는 그들이 옹호하는 완전 자동화가 그러한 주체성을 훼손한다는 점이다.

30 가속주의가 공산주의적 선거주의라면 생태근대주의는 자본주의적 시장에 대한 국가 규제와 개입을 옹호하는 '사회민주주의적' 선거주의라고 할 수 있다. 따라서 또한 조너선 시먼스(Jonathan Symons 2019: 12)는 '이러한 역할을 수행할 수 있는 능력과 사회적 권한을 지닌 유일한 행위자'가 국가이기 때문에 '국가-주도 혁신'의 중요성을 옹호한다. 기후 위기를 완화하는 과정에서 중심적인 역할을 수행하는 국가의 중요성을 부정할 이유는 없지만, 생태근대주의가 국가 권력을 활용하는 유일한 방법인 것은 아니다. 여기서 '서민 정치'를 옹호하려는 것은 아니지만, 그럼에도 기술에 대한 편중은 현재 체계의 비합리적이고 착취적인 특징을 신비화하곤 한다는 점을 지적하지 않을 수 없다. 최소한 서민 정치는 글로벌 북반구에서 생활하는 이들이 현재 영위하고 있는 생활양식에 도전하면서 글로벌 남반구의 민중과 보다 더 연대할 수 있는 생활양식을 탐색한다(Brand and Wissen 2021).

르면, 좌파 포퓰리즘의 이론적 장치는 '선거 정치의 논리'에 의해 규정된다. "이 새롭고 '진정한' 사회주의는 사회를 전환하기 위한 전략이 아니라 의회에서 다수 의석을 차지하기 위한 정치 프로그램으로서 추구된다." 이러한 정치 프로그램은 자유민주주의 국가는 '중립'적이고 '보편'적이라는 이데올로기적 관점을 상정한다. 그러나 이러한 관점은 사회적 생산의 영역을 변형하지 못하는 민주주의 자체의 한계점을 간과한다. 다시 말해, 정치만으로 사회를 변화시킬 수 없다. 민주주의가 경제적 영역으로 확장하여 자본의 힘에 도전하면서 그것을 훼손하려고 하면, 극복할 수 없는 한계에 부딪힐 것이기 때문이다. 따라서 사회주의적 전략은 단순히 정치적 자율성에만 집중해서는 안 되고 사회적 생산의 영역을 변형해야 한다. '자유민주주의가 완벽하게 발전하려면 최소한, 민중 권력을 더욱 확장하여 기존 정치 제도를 완성해야 할 뿐 아니라 사회적 배치 일반을 지금까지 알려지지 않은 근본적인 방식으로 변형해야 한다'(E. Wood 1986: 150). 기술적 가속만으로는 자본이 부과한 장벽을 극복할 수 없다. 그것은 너무 제한적이어서 포스트-자본주의 사회의 확립에 필요한 사회적 배치의 근본적인 변화로 간주될 수 없다. 심지어 그것은 사회 위에 군림하는 자본의 독재적인 힘을 강화하는 수단으로 변질될 위험마저 안고 있다.

사실 자본의 생산력을 가속화하는 동시에 그것을 민주적 힘으로 전환할 수 있는 방법은 분명하지 않다. 그것은 오히려 '구상'과 '실행'의 분리를 더욱 악화시킬 가능성이 높다. 사회적 투쟁이 없는 상태에서 기술 발전을 바탕으로 대항 헤게모니를 구축하는 모델은 사회적 전환을

'위로부터' 부과하는 기획이 될 가능성이 높다. 생태 위기와 경제 위기를 효과적으로 관리하고 완화할 방법을 더 많이 알고 있다고 여겨지는 지식인, 기술 관료, 정치인들이 정책 실현을 위한 발상을 제안하면서 어떤 기술을 어떻게 사용할 것인지에 대한 의사결정 권한을 독점할 것이다. 과학적 지식은 반드시 필요하다. 그러나 그럼에도, 중앙집중화되고 거대한 닫힌 기술은 그 본성상 하향식 정책과 관리를 요구하기 때문에 민주적 통제에 적합하지 않다.[31] 심지어 생태 위기의 완화조차 위로부터 내려오는 비민주적이고 기술 관료적인 명령에 개인을 종속시키는 수단으로 활용된다. 이러한 이유로 앙드레 고르스는 프로메테우스주의적 근대주의 기획이 '정치와 근대성 모두의 부정'(Gorz 2018: 48)으로 끝나고 말 것이라고 경고했던 것이다. 20세기 전위 사회주의 모델이 실패로 끝나고 말았다는 점을 감안할 때, 이러한 위험을 과소평가해서는 안 된다.[32]

게다가 새로운 기술의 참신함은 현상 유지야말로 비합리적인 일이라는 진짜 문제를 덮어 버린다. 기술은 이러한 비합리성을 신비화하는 이데올로기로 기능한다. 다시 말해, 기술은 경제 위기와 생태 위기에 직면한 상황에서 완전히 상이한 생활방식과 공정한 사회를 상상할

---

31   이러한 정치적 결정은 기존 권력의 비대칭을 강화할 가능성이 높다. 앞서 언급한 것처럼 지구공학이 이러한 방식으로 도입되면 그것은 지구의 관리라는 명목하에 정당화되어 전체 생태계의 관리라는 목표를 내세우면서 특히 물질대사 전가를 통해 글로벌 남반구의 민중을 기술에 타율적으로 규제되는 노예로 전락시킬 것이다. 이것은 기후정의와 양립할 수 없다.

32   서르닉과 윌리엄스의 '서민 정치' 비판과 유사하게 안드레아스 말름(2020)은 '생태 레닌주의'를 옹호한다. 말름의 의도는 충분히 납득할 만하지만, 자본의 생산력 문제를 해결하지 못하기는 레닌주의도 마찬가지이다.

가능성을 은폐하고 제거한다. 위기는 비합리적인 행동을 비판적으로 성찰하여 보다 더 민주적이고 평등하며 지속 가능한, 즉 지금과 다른 미래를 그려 볼 계기로 작용한다. 그러나 닫힌 기술은 자본주의를 넘어서 나아가는 데 필요한 상상력과 창의력을 박탈한다. 기술 이데올로기는 오늘날의 자본주의에 상상력이 빈곤해진 이유 가운데 하나이고, 자동화 유토피아주의는 이러한 문제의 징후 가운데 하나이다.

자동화 유토피아주의자들의 주장에 동의하지 않음에도, 이번 장에서는 많은 지면을 이들에게 할애했다. 최소한 그들이 '풍요로움'과 '화려함'이 자본주의에 위험하다는 사실을 보여주었기 때문이다. 그들은 시장의 가격 메커니즘이 희소성을 바탕으로 하고 있고, 풍요로움이 이러한 메커니즘을 심각하게 교란하여 탈희소 경제의 가능성을 열어준다는 사실을 올바르게 파악했다. 또한 풍요로움은 신자유주의적 긴축의 반테제로서 매력적인 포스트-자본주의적 미래를 그려 보는 데도 중요하다. 그럼에도 마르크스주의 이론이 전 지구적 생태 위기의 시대에 자본주의적 소비주의와 생산지상주의에 근본적으로 도전하기 위해서는 '풍요로움'을 재정의할 필요가 있다. 풍요로움에 관한 전통적 정의는 객관적인 생태적 한계와 양립할 수 없기 때문이다. 자동화 유토피아주의자들의 이론적 한계점이 보여주는 것처럼, 마르크스의 『그룬트리세』에는 여전히 프로메테우스주의가 남아 있기 때문에, 거기에 의존해서는 이러한 과제를 충족할 수 없으며, 다른 문헌을 살펴보아야 한다. 다행히도 본인의 역사 유물론에 내재한 문제를 비판적으로 성찰한 마르크스는 1860년대 이후 포스트-자본주의에 대한 전망을 재정립하려고 시도하게 된다. 마르크스의 진지한 시도는 1870년대와 1880년대 내내 계속 이어졌다. 따라서, 인류세 시대에 '완전히 자동화된 화려한 공산주의'와는 근본적으로 상이한 방식으로 탈희소적이고 포스트-자본주의적인 미래를 그려 보기 위해서는 『자본』보다 앞서 집필된 『그룬트리세』와 『정치경제학 비판을 위하여』 같은 저술로 돌아가는 대신, 마르크스의 1868년 **이후**의 저술을 검토하는 것이 보다 더 생산적일 것이다.

III

탈성장 코뮤니즘을 향하여

6

탈성장 코뮤니스트, 마르크스
*MEGA*와 1868년 이후의 대전환

앞선 장들에서의 논의를 통해, 마르크스주의의 특징으로 알려진 생산지상주의적 접근법이 아무리 다양하더라도 그것으로는 인류세의 경제 위기와 생태 위기에 대응하기 어렵다는 것이 확인되었다. 해방이라는 대담한 주장을 내세움에도 불구하고, 기술 관료적 전망은 자본주의하에 존재하는 비민주적이고 소비주의적인 지배 관계와 예속 관계를 재생산할 뿐이다. 나아가 약탈 기술에 불과한 '자본의 생산력'은 미래 사회의 물질적 기초가 되지 못할 뿐 아니라 자연과 인간 사이에 이루어지는 물질대사적 관계를 심각하게 변형한다. 따라서 자본주의가 발전한다고 해서 자본주의적 생산양식의 모순이 극복되리라는 보장은 없다. 이것은 새로운 문제가 아니다. 1860년대에 마르크스는 『자본』을 쓰면서 이 문제를 점점 더 또렷하게 인지하게 되었다. 그러나 생산력의 발전이 보편적인 인류 역사의 일방적인 진보를 추동한다는 주장이 마르크스 역사 유물론의 철학적 기초라는 이해가 사라지지 않음에 따라, 혁명에 대한 마르크스의 전망은 자본주의의 기존 경향을 더욱 가속함으로서 코뮤니즘으로 도약할 수 있다는, 프로메테우스주의적인 전망으로 축소되는 경향을 보였다.

마르크스 본인의 언급도 이러한 인상을 강화했다. 예를 들어 1859
년『정치경제학 비판을 위하여』서문의 잘 알려진 구절에서, 마르크스
는 다음과 같이 썼다. '어떠한 사회구성체도 그것에 걸맞은 모든 생산
력이 충분히 발전하지 않는 한 결코 파괴되지 않는다. 보다 더 우수한
새로운 생산관계는 그 존재 조건이 낡은 사회의 뼈대 구조 안에서 성
숙하지 않는 한 결코 그 낡은 생산관계를 대체하지 못한다'(*MECW* 29:
263). 이러한 종류의 추정은 생산지상주의적인 것으로 이해되기 십상
이다. 그러나 생산력이 빠르게 증대되면 자본주의가 붕괴하기도 전
에 먼저 지구의 대부분이 인간이 거주할 수 없는 곳으로 변해 버릴 것
이기 때문에, 오늘날 이러한 해석은 성립할 수 없다.

마르크스주의를 업신여기곤 하는 환경주의자들의 태도는 납득할
만하다. 오늘날 역사 유물론이 인기가 없음을 감안할 때, 비록 관점이
다르다고는 하나, 축적에 대한 자본의 만족할 줄 모르는 갈망을 비판
한다는 점에서 관심사를 공유하는 두 집단이 [옮긴이: 서로 반목하는] 현
실은 안타깝기 그지없다. 이번 장에서는 프로메테우스주의적 마르
크스주의의 부적절성과 결함을 인정하면서, 적색과 녹색 사이에 흐르
는 긴장을 최종적으로 해결해 보려고 시도한다. 마르크스 본인의 텍
스트를 재고찰함으로써 오랫동안 적대해 온 녹색과 적색이 화해할 길
이 있는지, 그리고 그럼으로써 인류세 시대에 지구를 옹호하는 새로
운 인민전선Front Populaire을 구축할 수 있는 길이 있는지 재검토해 보려
고 한다. 마르크스와 엥겔스의 전집, 즉 *MEGA*를 출판하는 기획이 계

속 진행되면서 마르크스의 사고 과정을 보다 더 맥락에 맞게 재구성할 수 있게 된 덕분에, 이러한 재검토를 시도해 봄 직한 여건이 조성되었다. *MEGA* 4부로 출판되는 마르크스의 연구 노트는 이 책의 탐구에 매우 유용한 자료이다. 심지어 진지한 마르크스주의 학자들조차 이러한 연구 노트의 대부분을 '한낱' 발췌에 불과한 것으로 치부했지만, 마르크스의 편지 및 수고들과 더불어 이러한 연구 노트에는 마르크스의 출판된 저술에 완벽하게 통합되지 못한 그의 발상과 통찰이 들어 있다.[1] 『자본』1권(1867)을 출판한 이후, 마르크스는 출판한 것이 거의 없고 『자본』2권과 3권은 완성되지 못한 상태였기 때문에, 마르크스의 연구 노트는 그의 미완성 정치경제학 기획의 알려지지 않은 측면을 밝히는 데 기여하는 귀중한 문서라고 할 수 있다.

요컨대, *MEGA* 4부는 단순히 마르크스와 엥겔스의 삶에 대해 보다 더 상세한 정보를 원하는 전기 작가를 위한 것이 아니다. 오히려 *MEGA* 2부로 출판된 마르크스의 경제학 수고들과 더불어 마르크스의 자본주의 비판을 새롭고 비판적으로 탐구할 수 있는 여건을 마련한다는 점에서 이론적으로 중요한 의의를 지닌다. 사실 최근 *MEGA* 4부를 바탕으로 말년의 마르크스를 재구성하려는 참신한 시도가 이루어져 왔다(K. Anderson 2010; Heinrich 2013; Vollgraf 2016; Jones 2016; Saito 2017; Musto 2020). 이러한 시도를 통해 마르크스가 『자본』을 출판한 이후 두 가지

---

1 *MEGA* 4부의 대부분은 200여 권에 달하는 마르크스의 연구 노트가 차지한다. 반면, 엥겔스의 연구 노트는 몇 권에 불과하다. 마르크스가 『자본』 집필에 필요한 자료를 모으기 위해 대영박물관을 찾았던 이유는 비단 재정적 어려움 때문만은 아니었다. 새로운 자료를 메모하여 정리하는 연구 습관은 마르크스가 청년 시절에 이미 터득한 것이었다.

분야, 즉 자연과학과 자본주의 이전 사회 또는 비서구 사회를 매우 집중적으로 연구했음이 드러나고 있다. *MEGA* 4부를 통해 출판된 새로운 자료를 바탕으로 케빈 앤더슨(Kevin Anderson 2010)은 마르크스가 역사의 진보에 대해 과거 본인이 가졌던 유럽중심주의적 관점 및 직선적 관점과 결별했음을 입증했고, 카를-에리히 폴그라프(Carl-Erich Vollgraf 2016)는 자연과학에 대한 마르크스의 열정적인 연구는 그가 자본주의하에서 일어나는 환경 파괴를 진심으로 우려했음을 시사한다고 주장했다(1절).

마르크스를 향한 다양한 비난으로부터 그를 구해내려고 하는 마르크스주의 학자들에게야 최근 들어 마르크스가 '자민족중심주의' 사상가가 아니었음이 밝혀졌다거나 '생태주의' 사상가로서 재발견되었다거나 하는 사실이 중요하게 여겨지겠지만, 그것만으로는 마르크스가 생태학에 관심을 가졌다는 사실에 신경을 기울일 필요가 있음을 마르크스주의자가 아닌 사람들에게 납득시키기에 역부족이다. 그들에게 여전히 마르크스에 관심을 가져야 하는 이유를 납득시키기 위해, 마르크스주의 학자들은 보다 긍정적인 전망을 제공할 필요가 있다. 이번 장에서는 1870년대에 유럽중심주의 및 프로메테우스주의와 결별한 이후 마르크스가 말년에 전개한 포스트-자본주의 사회에 대한 전망을 구체적으로 묘사함으로써 이전의 문헌에서 한 발짝 더 나아간다. 마침내 자민족중심주의 및 생산지상주의를 폐기한 마르크스는 본인이 과거에 전개했던 역사 유물론 도식과 결별했다. 이는 마르크스에게 쉽지 않은 일이었다. 그럼으로써 본인의 세계관이 위기에 봉착하게 되었기 때문이다. 이러한 의미에서, 마르크스가 말년에 집중적으로 수행한 연구는 역사에 대한 본인의 유물론적 구상을 전적으로 새로운 시각에서 재구성하고 재정립하여, 대안적 사회에 대한 근본적으로 상이한 구상을 도출하려는 필사적인 시도였다(II절).

널리 알려진 것처럼, 1868년 이후 마르크스는 비서구 사회를 진지하게 집중적으로 연구하여 공동 토지 소유 체계를 바탕으로 한 비서구 사회에 혁명적 잠재력이 숨어 있음을 인식하게 되었다. 마르크스가 베라 자술리치에게 보낸 유명한 편지와 러시아의 경우 자본주의적 단계를 건너뛰고 곧바로 혁명으로 나아가야 한다는 마르크스의 요청에서 이러한 변화를 분명하게 확인할 수 있다. 이전의 연구들도 마르크스가 자술리치에게 보낸 편지와 그 편지를 보내기 위해 작성한 초안들에 주목한 바 있다(Wada 1975; Shanin 1984; J. White 2019). 그러나 이 연구들이 러시아 공동체에 대한 마르크스의 높은 평가를 서유럽에서의 혁명에 대한 희망을 포기한 나이 든 마르크스가 러시아의 혁명 운동에 강력하게 공감했다는 식으로 이해하는 한, 마르크스가 유럽중심주의적 사상가가 아니었다는 그 연구들의 결론은 '낭만적'인 것으로 이해될 수밖에 없다. 당연하게도, 낭만주의는 오늘날 말년의 마르크스에게로 돌아가는 것이 유용하다는 이유를 설득력 있게 제시하지 못한다(III절).

마르크스의 이론과 오늘날의 관련성을 입증하기 위해 포스트-자본주의 사회에 대한 마르크스의 낙관적인 전망을 정교화할 필요가 있다. 니콜라이 체르니셰프스키Nikolay Chernyshevsky와 막심 코발레프스키 Maxim Kovalevsky 같은 러시아 저술가들과의 지적 교류를 통해 러시아에 숨어 있는 혁명적 잠재력에 대해 인지하게 된 것을 계기로 마르크스는 러시아가 코뮤니즘에 이르는 경로를 다시 생각해 보았을 뿐 아니라 **서 유럽의** 코뮤니즘 사회에 대한 관점도 확장했다. 마르크스에 대한 이 전의 연구들이 이러한 점을 충분히 검토하지 못한 이유는 그 연구들 이 1868년 이후 마르크스가 생태학에 대해 가진 관심에 주목하지 않았 기 때문이다. 요컨대, 대안 사회에 대한 마르크스의 최종 전망은 마르 크스가 생의 마지막 15년 동안 몰두한 정치경제학 연구, 생태학 연구, 자본주의 이전 사회 연구를 완벽하게 종합함으로써만 발전될 수 있다. 마르크스가 자본주의 이전 사회와 자연과학을 동시에 연구해야 했던 이유를 세심하게 들여다보면, 마르크스가 자술리치에게 보낸 편지를 새롭게 해석할 놀라운 가능성이 드러난다. 즉, 결국 마르크스는 **탈성 장 코뮤니스트**가 되었다(IV절).

I. *MEGA*와 말년의 마르크스

최근 *MEGA*를 바탕으로 이루어지고 있는 말년의 마르크스를 둘 러싼 논의는 이전의 해석에 비해 독특한 통찰을 제공한다. 마르크스 의 혁명론에 대한 정형화된 설명에 따르면 자본주의하에서 경제적 불 평등이 증가하는 까닭은 노동자의 잉여 노동이 자본가에 의해 전유되 기 때문이다. 시장 경쟁에 내몰린 자본가들은 참신한 기계를 도입함 으로써 생산력을 증대하고, 그 어느 때보다 더 많은 상품을 생산하려고 한다. 그러나 심각하게 착취당한 노동자는 새로운 상품을 소비할 수 있는 여력이 없다. **자본**은 시장을 계속해서 확장하여 새로운 수요를 찾아나서지만 '새로운 시장은 무한하지 않았고, 착취가 심화될수록 과잉생산처럼 보이는 일이 실제로 일어날 가능성이 보다 더 커졌다(Lamb 2015: 48). 과잉생산은 상품 가격의 급락, 파산, 대량 실업으로 귀결되어 노동계급의 생활조건을 훨씬 더 저하시킨다. 그 결과, 보편적인 혁명 계급으로 계급의식을 발전시킨 프롤레타리아는 단결하여 자본가에 **맞서** 싸운다. '수탈하는 자들이 수탈당한다'.

이것은 1848년『공산당 선언』의 기본 논리를 매우 단순화한 것이다.『공산당 선언』의 혁명적 낙관론에는 심각한 경제 위기가 촉발한 사회주의 혁명을 통해 자본주의를 이내 초월할 수 있으리라는 마르크스와 엥겔스의 확신이 반영되어 있다. 자본주의가 더욱 발전할수록 그 어느 때보다 더 큰 경제 위기로 이어지는 길이 열릴 터였다. 따라서 마르크스가 이러한 위기가 경제적 불평등과 노동자의 생활조건의 악화를 비롯한 부정적인 부작용을 동반함에도 불구하고, 자본주의의 발전을 가속화할 필요가 있다고 생각했을 가능성이 높다. 그러나 1848년 혁명은 실패했고 자본주의는 부활했다. 1857년과 1866년의 경제 위기를 겪은 후에도 자본주의는 부활했다. 결국 경제 위기만으로 자본주의의 붕괴가 초래된 적은 없었다. 경제 위기는 다음 산업 주기를 위한 새로운 조건을 마련하기 위해 가치를 소멸시키기 때문에 사실상 자본주의적 발전에 필수적인 부분이다(Kliman 2011). 꿋꿋이 버티는 자본주의에 거듭 직면한 마르크스는 사회주의 혁명의 필연성에 대한 본인의 낙관론적 관점을 차츰 수정했다. 따라서『공산당 선언』에 담겨 있는 이야기가 아무리 이해하기 쉽고 고무적이더라도, 그것이 꼭 마르크스의 최종적인 전망을 반영한 것이라고 볼 수는 없다(Sasaki 2021). 이러한 의미에서 마르크스의 대표작인『자본』을 반드시 다뤄야만 하지만, 근본적으로『자본』은 완성되지 않은 저술이기 때문에 그것만으로는 충분하지 않다. 따라서 포스트-자본주의 사회에 대한 마르크스의 최종 전망을 이해하기 위해서『자본』을 **넘어** 나아갈 필요가 있다.

그러나 전통적인 마르크스주의는『자본』1권의 마르크스의 잉여가치와 착취론에 만족하곤 했다. 이것은 부르주아의 부당한 지배와 프롤레타리아 혁명의 정당성을 '입증하는' 역할을 수행했다.『자본』2권과 3권의 마르크스의 위기론 역시 자본주의 붕괴의 필연성을 입증하는 '증거'로 이해되었다.『자본』은 사회주의의 정당성과 필연성을 뒷받침하는 사회주의자들의 '성서'로 찬양되었다. 그러나 이러한 독해는 오늘날 설득력이 없다. 그렇다고 해서 전통적인 마르크스주의의 실패를 개탄할 필요도 없다. 한편, 냉전이 종식되면서 마르크스를 재탐독할 새로운 가능성이 열렸다. 전통적인 마르크스주의와 다르게 '마르크스를 새로 읽기neue Marx-Lektüre' 시작한 학자들은 마르크스의 정치경제학 체계가 미완성임을 솔직하게 인정하고 마르크스의 경제 수고들, 편지들, 심지어 연구 노트를 보다 더 세심하게 탐구하기 시작했다(Dellheim and Otto Wolf 2018). 그 자료들이 마르크스 살아생전에『자본』2권과 3권이 완성되지 않았음에도,『자본』1권이 출판된 이후 마르크스의 자본주의 비판이 심화되었음을 보여주기 때문이다. 그러나 과거에는 미완성이라는 마르크스의 정치경제학 비판의 특징이 과소평가되어 왔다. 엥겔스가 편집한 『자본』에서는 그 특징이 사라졌기 때문이다. 마르크스의 사후에 마르크스의 수고들을 편집한 엥겔스는 '마르크스주의'를 노동계급을 동원하기 위한 하나의 신조로 확립하려고 애썼다. 엥겔스는 노동계급에게 보편적 '세계관'을 제공하기 위해 『자본』의 체계적 특징을 지나치게 강조하는 경향을 보였다.

그 결과, 엥겔스의 편집본에서는 마르크스의 사고 과정이 모호하게 표현되곤 했다. 안타깝게도, 마르크스가 『자본』 3권의 집필을 위해 작성한 원래 수고에는 마르크스가 난관에 봉착하여 나중에 수정하려고 계획했던 구절들이 있었는데, 마르크스의 텍스트를 **한 권의 책으로** 엮은 엥겔스가 책의 가독성을 높이기 위해 그 구절들을 수정해야 했기 때문이다. 마르크스가 본인의 새로운 발상을 정립해서 그것을 하나의 저술에 담아 내지 못했기 때문에, 이러한 구절들은 대개 읽기가 어려운데다가 불필요한 반복, 모호한 표현, 문법 오류가 수반되곤 했다. 마르크스는 본인의 논의가 다시 시작되는 지점을 표시하기 위해 수고들에 'L'이라는 표식을 사용하곤 했다. 또는 나중에 보다 더 정교화해야 할 필요가 있다고 생각한 지점에는 연구 노트 여백에 줄을 그어 해당 구절들을 부각해 두었다.[2] 그러나 이러한 고투의 흔적은 엥겔스에 의해 모두 제거되었다.[3] 물론 엥겔스의 막대한 노력 덕분에 3권으로 구성된 『자

---

2 이러한 표식과 줄은 엥겔스의 편집본뿐 아니라 이 수고의 최근 영역본에서도 사라졌다.

3 이러한 표식과 줄이 사라지게 된 또 다른 이유로는 엥겔스가 마르크스의 수고를 편집할 때 아이젠가르텐이 받아 적은 텍스트를 사용한 일을 꼽을 수 있다.

본』이 (노동계급에게는 쉽게 이해되지 않았다 하더라도) 광범위한 독자들이 이해하기 쉬운 형태로 출판되었고, 그 덕분에 '마르크스주의'는 '과학적 사회주의'라는 신조가 되어 20세기 내내 막대한 정치적 영향력을 행사할 수 있었다. 엥겔스의 성취를 부정할 수는 없다. 그러나 엥겔스가 편집하여 3권으로 구성된 『자본』이 현재의 형태 그 자체로 거의 완성형이라는 인상을 풍기기 때문에 마르크스가 작성한 경제 수고들에서 어렴풋이 보이는 새로운 이론적 지평이 가려진 것도 사실이다. 그 결과, 마르크스주의자들은 1867년 이후 마르크스가 연구한 내용들은 『자본』 2권과 3권에 거의 기여하지 않았다는 이유로 무의미한 것으로 치부하곤 했다. 이러한 태도는 말년의 마르크스가 질병으로 인해 지적 능력을 상실했다는 광범위한 관점에도 반영되어 있다. 말년의 마르크스는 '청년기와 중년기만큼 왕성하게 활동할 힘이 없었다. 과로와 빈곤한 생활로 쇠약해진 그는 피곤했고 자주 아팠으며 건강에 신경을 쓰기 시작했다'(Berlin [1948] 2013: 252–253)라고 결론 내린 이사야 벌린은 그 전형적인 사례이다.

그러나 *MEGA* 2부를 통해 『자본』의 경제 수고들이, 그리고 4부를 통해 관련 연구 노트가 출판되면서, 건강 악화에도 불구하고 마르크스가 『자본』을 완성하기 위해 새로운 자료를 매우 열정적으로 연구하여 다양한 수고들을 남겼다는 사실이 분명해졌다. 심지어 1868년 이후에도 마르크스는 이윤율 저하의 법칙과 관련된 많은 이윤율 계산을 수행하여 본인의 정치경제학 체계를 개선하고 개정하려고 시도했다(*MEGA* II/4.3; *MEGA* II/14; Akashi 2021). 또한 마르크스는 1866년 공황에 직면하여 위기론(*MEGA* IV/19; Graßmann 2022)과 지대론(*MEGA* IV/18)을 재고하려고 했다. 경제 수고들을 살펴본 미하엘 하인리히(2013: 167)는 특히 주식합명회사와 철도 부설의 영향과 관련하여 『자본』1권에서 거의 고려하지 못했던 미국과 러시아가 부상하여 그 영향력이 증가하자, 마르크스가 영국을 이상적인 자본주의 모델로 상정할 수 있는지 확신하지 못하게 되었다고 주장한다. 하인리히는 이러한 새로운 경제적 상황으로 인해 마르크스가 『자본』의 논리 구조를 거의 맨바닥에서부터 재구성하는 것을 고려할 수밖에 없게 되었다고 생각한다. 마찬가지로, 마르크스의 자연과학 연구 노트를 분석한 카를-에리히 폴그라프는 마르크스가 생산과정에서 '가치를 생산하는' 자연의 기여를 인식하게 되었고, 노동가치론과 결별할 수밖에 없다는 것을 깨달았다고 결론 내린다(Vollgraf 2016: 129). 하인리히와 폴그라프는 이와 같은 이론적 재고의 규모가 막대했던 탓에 마르크스의 기획이 끝내 **완성되지 못하고 만 것이라고** 주장한다.

하인리히와 폴그라프의 주장은 1868년 이후 마르크스와 그의 기획이 직면한 이론적 위기와 개인적 위기를 과장한다(마르크스는 그들이 주장하는 바를 명시적으로 인정한 적 없다). 그러나 말년의 마르크스와 관련하여 그동안 외면해 왔던 측면에 중점을 두고 *MEGA*를 탐구한 그들의 연구 결과는 마르크스의 정치경제학 비판을 철저하게 재검토할 필요성이 있음을 올바르게 지적한다. 그럼에도, *MEGA*에 대한 이러한 논의는 독일과 일본 바깥 지역에는 대체로 알려지지 않았다. 그 결과, 심지어 『공산당 선언』을 마르크스의 최종적인 관점으로 순진하게 받아들이지 않는 학자들조차도 특히 포스트-자본주의에 대한 마르크스의 전망과 관련하여 그의 지적 여정의 종착점이 어디인지를 제대로 인식하지 못하는 경우가 많다. 이번 장에서는 인류세 시대인 오늘날 정치경제학 및 정치생태학의 흐름에 새로운 논쟁의 장을 여는 방식으로, 말년의 마르크스가 사실상 무엇을 자본주의에 대한 대안으로 그려 보았던 것인지 드러내려고 한다.

II. 역사 유물론의 해체

이전 장에서 논의한 것처럼 『1861-1863년 경제학 수고』의 '실질적 포섭' 분석에서 '자본의 생산력' 문제에 주목한 이후, 마르크스의 이론은 크게 전환되었다. 이로 인해 마르크스는 자본주의의 진보적 특징에 대한 과거 본인의 추정을 철저하게 재고하게 되었다. 마르크스는 생산력이 새로운 포스트-자본주의 사회의 물질적 기초를 자동적으로 준비하는 것이 아니라 오히려 자연의 강탈을 악화시킨다는 것을 깨달았다. 그러나 [옮긴이: 학자들이 마르크스가] '자본의 생산력' 개념[옮긴이: 그 개념에 주목했다는 사실]을 외면하는 바람에 마르크스가 자연법칙에 필적하는 '진보적 역사관'을 계속해서 순진하게 상정했다는 흔한 오해가 고스란히 남게 되었다. '마르크스는, 역사가 … 식물의 성장처럼 그 자체의 법칙에 따라 필연적으로 진행되는 발전이라는 헤겔의 관점을 채택했다'(Perry 2015: 343). [옮긴이: 이러한 관점에 따르면] 마르크스는 헤겔처럼 생산력의 변증법적 발전, 즉 처음에는 공동체와 자연환경에 파괴적인 영향을 미치지만 그럼에도 변증법적으로 인간 해방을 초래하는 발전이 추동하는 인류 역사의 직선적인 진보를 열정적으로 옹호했다.

그렇다면, 마르크스의 '역사 유물론'이 그 경제 결정론 때문에 거듭 비판받는 것도 당연하다(Popper 1967). 경제 결정론의 주요 특징은 '생산 지상주의'와 '유럽중심주의'인데, 그중에서 생산지상주의는 시장 경쟁하에서 도입된 기술적·과학적 발명 및 혁신이 빈곤을 종식시키고 노동시간을 단축할 것이라는 점에서 자본주의적 근대화를 낙관적으로 이해하고 지지한다. 즉, 지금까지 소수 지배계급만이 누릴 수 있었던 풍요로운 생활을 노동계급도 누릴 수 있게 된다. 생산력의 발전은 역사 진보의 주요 동인으로 간주되기 때문에 자본주의적 발전의 가속은 인간 해방으로 향하는 **가장 효율적인** 경로가 된다.

이와 동시에 이러한 생산지상주의적 전망은 역사의 직선적인 진보를 전제한다. 이에 따라, 생산력이 더 높은 서구 자본주의 국가의 역사는 비서구 국가 및 비자본주의 국가의 역사보다 고등한 것으로 간주된다. 따라서 자본주의 국가가 아닌 다른 국가들이 사회주의를 확립하기 위해서는 유럽과 동일한 자본주의적 산업화 경로를 따라가야**만** 한다. 서유럽의 우수성을 무비판적으로 전제하고 세계의 다른 부분에 유럽의 역사를 강요한다는 점에서 마르크스의 사상은 '유럽중심주의적'(Avineri 1969: 29)이다.

당연하게도, 생산지상주의와 유럽중심주의 모두를 옹호하지 않게 된 오늘날, 마르크스에 대한 이러한 비판 가운데 일부는 정당하다.

『공산당 선언』에는 마르크스와 엥겔스의 자민족중심주의적 생산지상주의가 드러나는 구절이 포함되어 있다. 그들은 '자연의 인간에의 예속'과 '야만 국가와 반#야만 국가'에 대해 다음과 같이 기록한다.

> 부르주아는 시골을 도시의 지배에 종속시켰다. 부르주아는 거대한 도시를 창조했고, 도시 인구를 농촌 인구보다 크게 증가시켜 상당수의 인구를 농촌 생활의 어리석음으로부터 구해냈다. 농촌을 도시에 종속시킨 부르주아는 야만 국가와 반야만 국가를 문명국가에, 소작농의 국가를 부르주아의 국가에, 동양을 서양에 종속시켰다. (*MECW* 6: 488)

마르크스와 엥겔스는 계속해서 다음과 같이 주장한다.

> 부르주아가 지배한 시간은 겨우 100년에 불과하지만, 선행하는 세대를 모두 합친 것보다 더 크고 막대한 생산력을 창조했다. 인간에게 자연의 힘을 예속하고, 기계를 도입하며, 산업과 농업에 화학을 적용한다. 증기를 이용해 항해하고, 철도를 부설하며, 전기 전신을 활용한다. 대륙 전체를 개간하여 경작하고, 강에 운하를 개통하며, 땅에서 솟아오른 것 같은 인구를 창출한다. 이전의 그 어느 세기가 이러한 생산력이 사회적 노동의 품 안에 잠들어 있을 것이라고 예감했겠는가? (*MECW* 6: 489)

새로운 기술에 매료된 마르크스는 자본주의하에서 생산력의 발전을 치켜세웠고, 자연의 예속이 세계 전체를 문명화하여 인간 해방을 실현할 것이라는 희망을 품었다. 이러한 진술에 관한 한, 마르크스가 프로메테우스주의적(Löwy 1998)이자 유럽중심주의적(Carver 1983: 80)이었다는 주장은 타당하다.[4]

그러나 마르크스가 『공산당 선언』에서 언급했던 말들을 지나치게 일반화해서는 안 된다. 나중에 마르크스가 이러한 문제적 추정을 모두 비판적으로 성찰했기 때문이다. 이 책에서 내내 주목했던 것처럼 그리고 최근 마르크스의 물질대사 균열 개념을 사용하여 활발하게 이루어지고 있는 논의에서 볼 수 있는 것처럼, 이제는 마르크스의 생태학이 존재하지 않는다고 일축하기 어려워졌다. 생태사회주의자들 중에는 리비히의 『농화학』이 시대에 뒤떨어진 19세기 과학을 바탕으로 삼고 있다는 이유로 그것이 마르크스주의 생태학에서 수행한 역할을 지나치게 강조해서는 안 된다고 경고한다(Engel-Di Mauro 2014). 그러나 마르크스가 생태학을 염두에 두고 탐구한 자연과학 연구는 리비히에서 그치지 않았다. 마르크스는 리비히의 저술에만 의존해서는 자본주의하에서 이루어지는 생태 저하를 비판하기에 충분한 과학적 토대를 마련할 수 **없다는** 것을 정확하게 인지하고 있었다. 이에 따라 1868년 이후 마르크스는 토양 고갈과 화학비료에 대한 리비히의 논의를 명백하게 **비판한** 사람들까지 탐구의 범위를 확대하면서 본인의 자연과학 연구를 심화시켜 나갔다. 지질학, 화학, 광물학, 식물학 등의 주제들을 다루는 마르크스의 연구 노트를 보면 그 너른 연구 범위에 놀라지 않을 수 없다. 이

---

4 포스터(1998: 171)는 이러한 구절들에 대한 또 다른 해석, 즉 마르크스와 엥겔스에게 보다 더 공감하는 해석을 전개한다. 포스터는 마르크스가 1840년대 이후로 줄곧 일관된 생태주의자였다고 논의하지만, 나는 1860년대에 이르러서야 비로소 마르크스가 생태주의자가 되었다고 주장한다.

러한 연구 노트는 마르크스의 생태학적 자본주의 비판이 리비히의 강탈 농업 비판을 넘어 과잉 벌목, 가축에 대한 가혹한 처우, 화석연료 허비, 멸종 같은 새로운 주제로 나아갔음을 보여준다(Saito 2017).

앞선 2장에서 이미 언급한 것처럼, 1868년에 마르크스는 토양 고갈이 문명 쇠퇴의 원인이었다는 리비히의 과장된 주장을 냉혹하게 비판한 독일 농학자 카를 프라스의 저술을 열심히 탐독했다. 『시간의 흐름에 따른 기후와 식물 세계, 둘 모두의 역사』(1847)에서 프라스는 지역의 기후를 변화시킬 수 있는 요인은 과잉 벌목이므로, 근대 유럽 문명을 위협한 진짜 요인은 토양 고갈이 아니라 과잉 벌목이라고 경고했다. 고대 문명은 [옮긴이: 과잉 벌목으로 인한] 기온 상승과 기후의 건조화가 토착 식물과 농업에 부정적인 영향을 미친 탓에 붕괴했을 터였다. 프라스는 자본주의하에서 발전된 벌목 기술과 운송 기술로 인해 이전에는 접근할 수 없었거나 이윤을 낼 수 없었던 나무까지 모두 베어 낼 수 있게 되면서 벌목의 속도가 빨라지고 규모가 커질 것을 우려했다(*MEGA* IV/18: 621).[5] 이것은 마르크스의 생태학적 이해의 결정적인 확장을 의미한다.

마르크스는 윌리엄 스탠리 제번스William Stanley Jevons에 대해서도 인지하고 있었다. 영국에서 석탄이 고갈될 것이라는 제번스의 경고는 당시 영국 의회에서 뜨거운 논쟁을 불러일으켰다. 다양한 신문과 잡지를 세심하게 살펴보고 있었던 마르크스는 그 논쟁을 접하게 되었고, 제번스의 『석탄 문제*The Coal Question*』 사본을 입수했다. 최근 *MEGA* IV/19로

---

5 오늘날 프라스는 거의 알려져 있지 않다. 그러나 미국에서 근대 환경 보존 운동이 시작되는 데 기여한 저술인 조지 퍼킨스 마시(George Perkins Marsh)의 저작 『인간과 자연(*Man and Nature*)』(1864)[국역: 홍금수 옮김, 『인간과 자연』, 한길사, 2008]에서 프라스의 강력한 영향력을 확인할 수 있다.

출판된 1869년의 연구 노트를 통해 마르크스가 석탄 문제를 논의한 제번스의 저술을 실제로 탐독했음을 확인할 수 있다.[6] 마르크스의 연구 노트에 기록된 것처럼 제번스는 석탄 매장량이 '100년 안에 고갈될 가능성'에 대해 경고했다.[7] 제번스는 '미국의 석탄이 영국의 석탄보다 질적으로 우수하고, 미국은 영국과 비교할 수 없을 만큼 수월하게 석탄에 접근할 수 있기' 때문에 영국이 미국과의 국제 경쟁에서 불리해질 수 있다고 예측했다. 마르크스는 **'석탄을 크게 절약할 수 있는** 방법이 이미 도입되[었]음에도' 석탄의 가격이 저렴하여 석탄 소비가 계속 증가하고 있음을 인식했다. 바로 이것이 '제번스의 역설'이다.

1869년의 동일한 연구 노트에서 마르크스는 생태학에 관련된 다른 주제들도 다루기 시작했다. 예를 들어 마르크스는 1865년에서 1867년 사이 대영제국Great Britain에서 유행한 우역牛疫에 대해 다룬 『이코노미스트』의 기사를 탐독했다. 당시는 육류 소비가 증가하면서 육류와 이윤을 얻기 위한 가축의 비육이 심화되던 시기였다. 마르크스는 1866년 2월 10일 자 『이코노미스트』에서 다음과 같은 내용을 발췌했다.

---

6   *MEGA* 4부는 이제 온라인에서 활용할 수 있다. 제번스의 책에서 발췌한 내용이 포함된 「1868년 런던 (London. 1868)」 노트는 다음 웹사이트에서 활용할 수 있다. https://megadigital.bbaw.de/exzerpte/detail. xql?id=M0004847&sec=1

7   영국 자본주의에서 저렴한 석탄의 중요성을 강조하면서 제번스는 리비히를 언급했다. '리비히 남작은 문명은 **힘의 경제**라고 말한다. 그리고 우리의 힘은 석탄이다'(Jevons 1865: 105; 강조는 원문).

이 나라에서는 해마다 소비되는 육류의 양이 증가하고 있다.
다음 수치는 육류 거래가 얼마나 급속하게 증대하고 있는지를 보여준다.

11월 30일까지 11개월간 수입된 살아 있는 동물의 수			
	1863년	1864년	1865년
거세한 수소, 황소, 암소	89,518	141,778	196,030
송아지	36,930	44,678	48,926
양, 어린양	380,259	412,469	763,084
돼지, 거세한 수퇘지	24,311	68,777	117,766

(*MEGA* IV/19)

마르크스는 암소 비육에 집착하는 근대 육종 체계와 '우역'의 관계
를 다룬 다음 구절을 발췌했다.

쿠스메이커 씨Mr. Cousmaker는 '육종 체계에만 전념해서는 안 됩니다. … 가축
의 육종에 비육까지 접목해야 합니다'라고 말했다. '이웃들은 맹위를 떨친
우역으로 피해를 입었지만, 그는 우역을 피했다. 8월과 9월에 그의 교구에
서 소 270마리가 사라졌다. 그는 몇 년 동안 가축을 사들이지 않았는데, 그
것이 그가 우역을 피할 수 있었던 이유 가운데 하나였다. 그는 번식과 비
육을 병행했고, 정육점에 소고기를 내다 팔 때와 품종 변경을 위해 2년에
한 번씩 1년생 황소를 사들이는 것을 제외하고는 절대로 소를 사거나 팔지
않았다….' (*MEGA* IV/19)

이미 1864년에 마르크스는 더 빠른 성장과 지방의 과도한 축적을
위해 동물을 닫힌 공간에 가둔 채 옴짝달싹 못하게 만드는 근대 축산업
으로 인해 동물이 질병에 점점 더 취약해진다는 레옹스 드 라베르뉴

Léonce de Lavergne와 빌헬름 함Wilhelm Hamm의 주장을 연구했다. 마르크스는 동물 복지에 공감을 표하면서 이러한 '개선'을 크게 비판했다. 영국 육종가 로버트 베이크웰Robert Bakewell이 발전시킨 '선발 육종 체계'에 대한 레옹스 드 라베르뉴의 열정적인 보고서를 읽은 마르크스는 연구 노트에 '조숙, 병약, 부실한 골격, 과도한 지방과 살. 이 모든 특징이 인위적으로 만들어진 것이라고 생각하니, 역겹기 그지없다!'(*MEGA* IV/18: 234)라고 썼다.[8] 1868년 연구 노트를 통해 마르크스가 우역에서 산업적 육류 생산이 유발한 물질대사 균열의 또 다른 끔찍한 징후를 보게 되었음을 알 수 있다. 산업적 육류 생산으로 인해 개별 동물의 복지만 희생되고 만 것이 아니라 우역 바이러스가 확산되면서 전국에 전염병이 창궐하게 되었다.[9]

　　나아가 마르크스는 생태학적 문제가 다방면으로 확산된다는 사실을 분명하게 인식했다. 한편으로 엄청난 수의 소를 키우는 일은 토양 고갈과도 결부되어 있다.

8　조엘 코벨(2001: 80)은 마르크스가 자연의 내재적 가치를 인식했다는 것에 의문을 품는다. 코벨에 따르면 마르크스는 자연을 한낱 인간의 도구로 취급했다. 그러나 이러한 종류의 비판은 마르크스의 연구 노트에 기록된 언명을 통해 논박될 수 있다. 그 대신 코벨은 야콥 뵈메(Jakob Böhme)가 제안한 자연의 가치에 대한 미학적 직관을 지지하는데, 이것은 관념론과 낭만주의로의 후퇴를 의미한다. 바로 이것이 인간중심주의를 넘어서려고 시도하는 심층생태학(Næss 1973)의 사례에서 잘 드러나는 환경주의 내부의 전형적인 경향이다.

9　『자본』 2권의 집필을 위해 쓴 수고에서 또한 마르크스는 윌리엄 월터 굿(William Walter Good)의 『정치적, 농업적, 상업적 오류(*Political, Agricultural and Commercial Fallacies*)』(1866)를 인용하면서 축산업이 끊임없이 받는, 사육 기간 단축이라는 압박의 또 다른 사례를 제시했다. 즉, 생산 기간 단축에는 생물학적인 한계가 있으므로 결국 미성숙한 동물을 조기에 도살하게 된다(*Capital* II: 313). 마르크스는 세심한 '선발' 육종 '체계'를 통해 사육 기간 단축을 시도한 로버트 베이크웰을 언급하면서 이윤을 위해 사육되는 동물들이 점점 더 병약해지는 현실을 탄식했다(*MEGA* IV/18: 232)..

매우 넓고 매우 척박한 초지가 있다. 여기서는 해마다 방목이 이루어진다. 어린 소를 사육하고 [옮긴이: 이곳에서 생산된] 유제품을 판매하지만 토양으로 돌아가는 것은 아무 것도 없다. 아일랜드 농민은 이 체계가 토양의 완전한 고갈로 인해 끝나고 말 것임을 조만간 경험하게 될 것이다. (*MEGA* IV/19)

대도시의 노동계급이 소비하는 식량에 포함된 토양 양분은 인간이 소화시킨 뒤 토양으로 돌아가는 것이 아니라 하수가 되어 화장실을 통해 강으로 흘러 들어갔다. 이것은 도시의 생활조건 저하와 결부되어 있었다.

위원들은 '단 한 곳의 제조업체에서만 무려 1톤에서 2톤의 옥살산을 사용하여 밀집 끈을 표백한다는 사실을 알게 되어 당혹스러웠지만, 강물에 함유되어 있는 석회의 탄산염 및 황산염과 혼합됨으로써 옥살산의 유독성이 완전히 사라진다는 사실을 감안하면 어느 정도 안심이 됩니다'라고 말했다. 뿐만 아니라 강은 양모 세척으로 인해 오염된다. 양모 세척을 위한 용액에는 비소가 포함되어 있으므로 또 다른 유독한 성분이 이 새로운 마녀의 가마솥에 추가되는 것이다. 그러나 이러한 직접적인 유독성 물질 외에도 강은 해트필드Hatfield, 하트퍼드Hertford, 웨어Ware, 엔필드Enfield, 바네트Barnet, 토트넘Tottenham에서 배출하는 하수에 의해서도 오염된다. (*MEGA* IV/19)

당시 수로의 악취는 심각한 쟁점이었다. 모든 도시가 강의 상류를 끼고 있는 도시를 탓했다. 템스강의 하수는 1830년대에 발생하여 20

년 넘게 지속된 콜레라 전염의 원인으로 알려졌다. 심지어 1860년대가 되어서도 여전히 이와 유사한 문제가 발생했다. 『이코노미스트』의 기사를 바탕으로 작성한 내용이기는 하지만, 1868년 연구 노트를 통해 마르크스가 근대 식량 생산이 유발한 수질 오염, 토양 고갈, 전염성 질병 같은 복잡한 생태학적 문제에 접근해 가는 과정을 확인할 수 있다. 1864년 리비히를 수용한 마르크스가 오로지 토양 고갈 문제에만 집중했다는 점을 감안할 때, 이러한 통찰은 뚜렷한 진전을 의미한다.

말년의 마르크스가 작성한 연구 노트에서 드러나는 연구 목적은 과거 마르크스가 가졌던 낙관론과 매우 상이하다. 마르크스는 자본주의하에서 이루어지는 생산력의 증가를 더 이상 치켜세우지 않게 되었다. 그 대신 마르크스는 자본주의하에서는 생산력의 지속 가능한 발전이 가능하지 않음을 인식하게 되었다. 자본주의는 단기적인 이윤과 끝없는 자본 축적을 위해 인간과 자연에 대한 집약적이고 광범위한 허비와 약탈을 강화하여 보다 더 복잡하고 광범위한 생태학적 문제들을 유발할 뿐이기 때문이다. 물질대사 균열을 메우기 위해서는 상이한 경제체계가 필요하다는 것이 1860년대에 마르크스가 '생태사회주의'와 관련해 깨달은 근본적인 통찰이다.

1860년대에 마르크스가 '생태사회주의'에 공감했다는 사실로 미루어 볼 때, 그가 과거 본인이 전개했던 관점을 상당히 수정한 것으로 보인다. 그러나 이러한 이론적 변화는 보다 더 심오한 변화의 시작에 불과하다. 마르크스가 생산지상주의와 단호하게 결별하면서 '역사 유물론'이라고 부르는 그의 보다 더 너른 세계관이 흔들렸기 때문이다. 생산지상주의와 결별한 마르크스는 더 높은 생산력 그 자체만으로는 서구 자본주의의 역사적 단계가 비서구 사회 및 비자본주의 사회의 역사적 단계보다 고등하다는 것을 입증할 수 없다는 사실을 틀림없이 인식했을 것이다. 파괴적인 기술의 발전을 자유롭고 지속 가능한 인간 발전으로 나아가는 종류의 '발전'으로 간주할 수 있는지 여부는 전혀 명확하지 않았다. 사실 『자본』에서 마르크스는 자연을 수탈하는 자본의 힘의 특징을 '강도Raub'에 빗대어 표현했다. 인류 역사에 대한 본인의 관점을 구성하는 필수적인 요소였던 생산지상주의를 포기한 마르크스는 동일한 동전의 나머지 한 면에 해당하는 본인의 유럽중심주의적 편향에 대해서도 다시 고려하지 않을 수 없었다. 나아가 그 결과, 마르크스가 생산지상주의와 유럽중심주의를 모두 폐기했다면, 그가 전통적으로 이해되어 온 '역사 유물론'과도 완전히 결별했음이 틀림없을 것이다. 그럴 경우, 모든 것을 원점에서부터 다시 시작해야 할 터였고 그것은 고령의 마르크스에게 분명 괴로운 과제였을 것이다. 그러나 세계사 및 비서구/자본주의 이전 사회에 대한 마르크스의 연구가 입증한 것처럼, 그는 본인의 기획을 포기하지 않았다.

마르크스가 역사 유물론을 의식적으로 폐기한 이후 포스트-자본주의에 대한 그의 전망에 일어난 변화를 재구성해 보기 전에 먼저 그의 유럽중심주의 문제를 간략하게 개관해 보는 것이 유용할 듯하다. 이와 관련하여 제기된 가장 유명한 비판은 에드워드 사이드가 제기한 것으로, 사이드는 마르크스가 비유럽인을 야만적이고 열등한 존재로 취급하여 그들에 대한 서구의 지배를 정당화하는 전형적인 '오리엔탈리스트'

라고 표현했다. 사이드는 1853년 『뉴욕 데일리 트리뷴』에 게재된 영국의 인도 식민 지배에 대한 마르크스의 논평에 대해 다음과 같이 썼다.

> 기사를 거듭할수록 그는 영국이 아시아를 파괴하는 와중에도 그곳에서 진정한 사회 혁명을 가능하게 만들고 있다는 발상을 점점 더 확신하게 되었다. … 따라서 마르크스의 경제 분석은 그의 인간적인 측면, 즉 민중의 불행에 대한 공감을 분명하게 드러냄에도 불구하고 전형적인 오리엔탈리즘에 입각한 탐구에 완벽하게 부합한다. 그러나 마르크스의 사회-경제론이 이러한 고전적이고 표준적인 이미지에 잠식됨에 따라 결국 낭만적인 오리엔탈리즘적 관점이 승리하게 된다. (Said 1979: 153–154)

사실 마르크스는 「영국의 인도 지배」라는 제목의 기사들 가운데 하나에서 다음과 같이 썼다.

> 잉글랜드는 가장 사악한 이해관계에 따라 자신의 이해관계를 어리석은 방식으로 관철하는 와중에, 힌두스탄Hindostan에서 사회 혁명을 일으켰다. 그러나 문제는 그것이 아니라 아시아의 사회적 상태를 근본적으로 변혁하지 않고도 인류가 자신의 운명을 성취할 수 있을 것인가 하는 것이다. 만일 그렇지 않다면, 어떠한 범죄를 저질렀든 관계없이 잉글랜드는 이러한 혁명을 일으키려는 역사의 무의식적인 도구에 불과했다고 할 수 있다. (*MECW* 12: 132)

분명 마르크스는 당시 영국이 인도를 식민 지배하는 과정에서 잔

인한 행동을 일삼았음을 인정했지만, 그의 어조는 다소 양가적이다. 마르크스는 영국 식민주의가 인도의 마을을 '파괴'하는 동시에 서구 자본주의에서 시작된 철도, 증기 엔진, 관개 체계 같은 새로운 기술을 도입하여 아시아 사회를 '재생'하는 '이중 임무를 완수해야 한다'고 주장했다. 마르크스는 식민지로 전락하기 이전, 인도의 마을 공동체가 외부 세계와 단절된 상태에서 [옮긴이: 발전이] 지체되었고, 기술 개발 및 상품 생산에 주목하지 못했다고 추정했다. 따라서 그는 공동 토지 소유 체계를 해체하여 사적 토지 소유 체계로 대체하고, 근대적인 산업화를 통해 카스트제도를 해체한다는 측면에서 영국 식민주의의 진보적인 역할을 강조했다. 마르크스는 또 다른 기사인 「영국의 인도 지배의 미래 결과The Future Results of British Rule in India」에서 아시아 사회는 정체되고 수동적인 사회라고 주장했고, '인도 사회에는 역사가 전혀 없다'라고까지 주장했다(*MECW* 12: 217). 마르크스는 '변하지 않는 비유럽 사회의 본성을 역사의 진보를 지연시키고 사회주의를 심각하게 위협하는 요인으로 받아들였다'(Avineri 1969: 21). 이러한 이유로 마르크스는 인도인들에게는 외부로부터의 강제, 즉 유럽 사회의 제국주의적 개입이 필요하다고 주장했다. 마르크스는 인도인의 고통을 사회주의적 해방으로 향하는 인류의 일반적인 진보에 필요악으로 받아들였던 것처럼 보인다. 이렇게 볼 때, [옮긴이: 마르크스가] 오리엔탈리스트라는 사이드의 비판은 적절해 보인다.

그러나 마르크스의 유럽중심주의에 대한 이러한 비난들을 지나치게 섣부르게 받아들이기 전에 먼저 그것들에 대한 몇몇 반박을 짚어 보는 것이 좋을 것이다(Ghosh 1984; Pradella 2016). 1850년대 말에 이미 마르크스가 본인의 반反식민주의적 입장과 노예제 폐지론적 입장을 보다 더 힘주어 표현하면서 인도인의 주체성을 인정했었다는 주장을 통해, 사이드의 비판에 대응할 수 있다(Jani 2002: 94). 예를 들어 마르크스는 1857년 영국의 식민 지배에 저항하는 인도인들이 일으킨 반란[옮긴이: 세포이 항쟁]에 대해 쓴 글에서 독자들에게 '피정복자들을 매우 학대하는 외국 정복자들을 몰아내려는 시도가 정당한 행동인지 여부'를 물었다(MECW 15: 341). 이러한 언급은 한 번에 그치지 않았다. 영국의 인도 식민 지배든, 폴란드 봉기든, 미국 남북전쟁이든, 아일랜드 문제든 관계없이 마르크스는 항상 압제에 시달리는 민중의 편에 서서 제국주의의 잔인성과 자본주의하에서 이루어지는 노예제를 확고하게 비난했다(K. Anderson 2010).

그렇다고 해서 마르크스가 유럽중심주의와 완전히 멀어졌다는 의미는 아니다. 사실상 노예제 폐지론과 관련된 마르크스의 언급이 이미 1840년대에도 발견되기 때문이다. 『철학의 빈곤』[옮긴이: 1847년]에서 마르크스는 '직접 노예제는 기계, 신용 등과 마찬가지로 부르주아 산업의 중심축'(MECW 6: 167)이라고 쓴 바 있다.[10] 다시 말해, 마르크스

---

10 티에리 드라푸(Thierry Drapeau 2017)는 영국 제국주의를 규탄하고 노동계급이 영국의 해외 지배에 반대하는 저항운동을 지원해야 한다고 주장한 어니스트 존스(Ernest Jones)에게 영감을 받은 마르크스가 1853년에 이미 반식민주의와 노예제 폐지론을 반자본주의의 필수적인 구성 요소로 삼았다고 주장한다. 드라푸는 존스의 영향을 받은 마르크스가 본인의 유명한 기사인 「영국의 인도 지배의 미래 결과」에서 '부르주아 문명에 내재한 야만'의 사례로서 영국의 인도 지배를 비난했다고 주장한다. 그러나 드라푸는 영국 제국주의의 진보적인 특징에 대한 마르크스의 언급(본문에 인용)에 대해서는 설득력 있는 설명을 제시하지 못한다. 나아가 엥겔스는 1847년 폴

는 영국 제국주의를 증오하고 그것에 분노했지만, 비서구 사회를 수동적이고 정적이라고 생각한 것은 그것과는 별개의 문제였다. 여기에서 마르크스의 오리엔탈리스트적 면모를 확인할 수 있다.

결과적으로, 마르크스가 인류 역사 전체의 진보라는 관점에서 식민 지배를 받아들였을 가능성이 높다. 마르크스가 자본주의하에서 이루어지는 생산력의 발전이 가지는 파괴적인 특징에 주목하기 시작한 1860년대에도 여전히 이와 유사한 '오리엔탈리즘'적인 언명이 발견되기 때문이다. 예를 들어 『1861-1863년 경제학 수고』에서 마르크스는 장 샤를 레오나르 드 시스몽디Jean Charles Léonard de Sismondi를 다음과 같이 비판했다.

> 시스몽디가 그러한 것처럼, 이러한 목적으로 개인의 복지에 반대하는 것은 개인의 복지를 보호하기 위해 생물종의 발전을 막아야 한다고 주장하는 것이나 다름없다. 이러한 논리에 따라 예를 들자면, 어떤 경우에도 일부 개인이 스러지는 전쟁을 벌여서는 안 된다. 시스몽디는 오직 이러한 모순을 은폐하거나 부인하는 경제학자들에게 맞설 때만 올바르다. 이러한 교훈적인 성찰은 무익할 뿐 아니라, 처음에는 종으로서의 인간 능력의 발전이 대부분의 개인과 인간 계급 전체의 희생으로 이루어지더라도, 결국에는 이러한 모순을 극복하고 개인의 발전을 이룬다는 사실을 이해하지 못하고 있음을 드러낸다. **따라서 개인의 희생을 바탕으로 역사가 진보하고 난 이후에야**

란드에 대한 연설에서 '한 국가가 자유로워지는 동시에 다른 국가들을 계속해서 억압할 수는 없다'라고 훨씬 더 명백하게 주장했다(*MECW* 6: 389). 1850년대 초 리처드 존스[옮긴이: 문맥상 어니스트 존스의 오기로 추정됨]와의 협업이 마르크스에게 그토록 극적인 영향을 미쳤다면, 엥겔스는 이미 1840년대에 마르크스의 반식민주의적 관점에 훨씬 더 강력한 영향을 미쳤을 것이다.

비로소 개성이 더욱 발전할 수 있다….(*MECW* 31: 347–348; 강조는 추가)

개인을 희생시키더라도 생산력을 증대하라! 전 세계의 시장과 자본주의는 인간 해방을 위한 것이다! [옮긴이:이러한 주장들을 보면] 마르크스가 신자유주의적 세계화의 이론가인 것처럼 보인다.

게다가 『자본』 1권에서도 아시아 사회가 정체되었다고 계속해서 언급하기 때문에, [옮긴이: 그 무렵에] 마르크스가 유럽중심주의와 정말 결별한 것인지는 분명하지 않다. '이러한 단순성은 **아시아 사회의 부동성**이라는 수수께끼를 해결할 열쇠를 제공한다'(*Capital* I: 479; 강조는 추가). 1850년대에 마르크스는 이러한 수동성과 부동성을 근거로 삼아 아시아에 외부로부터의 개입, 즉 유럽의 개입이 필요하다고 지적했다. 비서구 사회는 노동력과 자연 자원을 공급함으로써 서구 자본주의의 풍요로움에 근본적으로 기여했음에도, 역사적 주체성을 전혀 인정받지 못했던 것이다.

게다가 악명 높게도 마르크스는 『자본』 초판 서문에 '산업적으로 보다 더 발전된 국가는 보다 덜 발전된 국가에게 자신의 미래상을 보여 줄 뿐'(*Capital* I: 91)이라고 썼다. 역사 발전에 대한 이러한 일방적인 관점은 유럽사의 궤적을 나머지 세계에 무비판적으로 투사한다는 점에서, 마르크스의 유럽중심주의를 드러내는 또 다른 특징이라고 할 수 있다. 특정한 것을 폭력적으로 보편화함으로써 식민 지배를 정당화하는 이러한 유럽중심주의적 뼈대 구조는 유럽 자본주의의 헤게모니라는 시각에 입각해 지역의 특수한 사회적 관계를 등한시하면서 비서구 사회를 환원주의적으로 분석하는 경향이 있다. 따라서 마르크스가 자본의 보편적 논리에 저항하는 세력에 대해 충분히 주목하지 않은 채 자본주의적 발전의 보편화 경향만을 강조했다면, 그것은 '모순'(Chakrabarty 2000: 65)이라고 할 수 있다. 따라서 디페시 차크라바르티는 특정한 사례들의 우연성과 불연속성을 드러내는 방식으로 마르크스의 역사관을 철저하게 재구성할 필요가 있다고 주장한다. 이러한 우연성과 불연속성은 자본주의적 발전의 보편 법칙으로는 설명될 수 없지만 자본의 세계화 과정에서 유럽 국가와 비유럽 국가 모두의 역사에 근본적인 영향을 미쳤기 때문이다.

차크라바르티는 '마르크스는 이 문제를 충분히 생각하지 않았다'(Chakrabarty 2000: 67)라고 결론 내렸지만, 꼭 그런 것만은 아니다.[11] 적어도 1860년대 중반에 마르크스는 비서구 사회를 침범해 나간 서구 사회의 파괴적인 특징과 자본의 보편화의 한계에 대해 훨씬 더 비판적으로 성찰하기 시작했기 때문이다. [옮긴이: 이 시기에] 마르크스는 '이중 임무'를 강조하는 대신 주변부 지역이 자본주의 세계체계에 비대칭적으로 예속되어 약속된 근대화 과정을 성취하지 못하고 있는 현실을 문제 삼았다. 1860년대에 나타난 마르크스의 어조 변화는 그가 자본주의 일반의 진보적 특징을 재고할 때 활용한 '자본의 생산력'이라는 새로운 개념과 관련하여 이해되어야 한다. 그 결과, 생태학에 대한 논의와 마

---

11 마르크스가 출판된 저술에서 이러한 점들을 정교화하지 않은 것은 사실이지만, 여기서 논의한 것처럼 나는 [옮긴이: 차크라바르티의 결론에] 동의하지 않는다. 한편 마르크스의 역사가 '역사 1'과 '역사 2'로 구성된다는 차크라바르티의 논의에는 동의한다. 여기서 논의한 것처럼 이러한 구상은 마르크스 방법론의 핵심을 구성한다.

찬가지로 1868년 이후 비서구 사회에 대한 마르크스의 논의에 결정적인 변화가 나타났다. 이러한 변화는 잉글랜드의 식민 지배에 저항하는 아일랜드인들에게 동조하는 마르크스의 모습에서 분명하게 드러난다. 엥겔스에게 보낸 1869년 12월 10일 자 편지에 마르크스는 이렇게 썼다.

> 잉글랜드 노동계급이 부상하여 아일랜드 정권을 전복할 수 있으리라고 오래전부터 생각해 왔네.『뉴욕 트리뷴*New York Tribune*』에서도 줄곧 이 관점을 견지해 왔었지. 그런데 **보다 더 깊이 연구해 보니 이제는 그 정반대가 맞다는 확신이 드네.** 잉글랜드 노동계급은 아일랜드를 제거하기 전에는 절대로 아무것도 달성할 수 없을 거야. 그 지렛대는 반드시 아일랜드에서 활용되어야만 하네. 바로 이것이 아일랜드 문제가 사회운동 일반에 그토록 중요한 이유라네. (*MECW* 43: 398; 강조는 추가)

이 편지에서 마르크스는 본인이 1850년대에 전개했던 관점을 변경했음을 분명하게 인정했다. 그는 잉글랜드가 또 다른 지역의 역사를 발전시키는 진보적인 역할을 수행한다는 언급은 배제한 채, 식민 지배를 받는 아일랜드가 잉글랜드 자본주의 및 제국주의에 저항하는 싸움에서 선도적이고 **능동적인** 역할을 수행한다고 주장했다. 이것은 마르크스가 유럽중심주의의 논리와 처음으로 명백하게 단절했음을 의미한다. 아일랜드가 서유럽에 위치해 있음에도, 이러한 단절의 근간에는 『자본』1권이 출판된 **직후** 마르크스가 자연과학뿐 아니라 비서구 사회 및 자본주의 이전 사회에 대해 집중적으로 연구하기 시작했다는 사실이 자리 잡고 있었다.

프로메테우스주의 및 자민족중심주의에 관련된 마르크스의 이론역시 비슷한 시기에 전환되었으라고 추정하는 것이 합리적일 것이다. 이러한 이중 변화는 마르크스가 역사 유물론과 결별했음을 시사한다. 1868년 3월에 [옮긴이: 엥겔스에게] 보낸 편지, 즉 프라스의 저술에 '사회주의적 경향'이 있다고 평가한 편지에서 마르크스가 마우러의 저술 역시 똑같이 사회주의적 경향을 보인다고 평가했음을 상기해 보자(2장을 참고하라). 당시 마르크스는 프라스의 생태학적 탐구와 마우러의 게르만 민족 공동체의 역사에 대한 분석을 동시에 탐독하고 있었다. 자연과학과 자본주의 이전/비서구 사회라는 두 가지 연구 주제는 말년의 마르크스와 밀접하게 관련된다.

게르만 민족 공동체와 그 지속가능성에 관심을 가지게 된 마르크스는 비자본주의적 농업과 토지 소유 체계에 특히 중점을 두고 다양한 비서구 사회 및 자본주의 이전 사회를 연구하는 데 보다 더 많은 시간을 할애하기 시작했다. 1868년 이후 마르크스는 고대 로마, 인도, 알제리, 라틴 아메리카, 북아메리카의 이로쿼이족, 러시아 농촌 공동체에 대한 책을 탐독했다. 마르크스의 관점 변화는 특히 러시아와 관련하여 명확하게 기록되어 있다.

1860년대 말에도 여전히 마르크스는 제정 러시아뿐 아니라 미하일 바쿠닌 같은 러시아 혁명가를 거리낌없이 폄하했다.『자본』1권 초판에서 마르크스는 러시아 소작농 공동체와 토지 개혁에 대한 광범위한 저술을 남긴 독일 역사가 아우구스트 폰 학스타우젠과 러시아 인민주의 자이자 슬라브주의자인 알렉산드르 이바노비치 게르첸을 싸잡아 조롱했다.[12]

> 유럽 대륙에 영향을 미친 자본주의적 생산이 지금까지와 마찬가지로 계속해서 발전하여 과로, 노동 분업, 기계에 대한 종속, 여성과 아동의 신체 손상, 비참한 삶을 유발하여 인류를 약화시키고 그것이 국가의 군비 경쟁, 국가 부채, 세금, 정교화된 전쟁 등과 맞물린다면, 그렇다면, 반半러시아인이자 완벽한 모스크바인인 게르첸이 간절히 예언한 일, 즉 채찍으로 유럽을 재건하고 칼미크인Kalmyk의 혈통을 강제로 주입하는 일이 불가피해질지도 모른다(한편, 이 문학가 나부랭이[옮긴이: 게르첸]는 '러시아' 코뮤니즘을 러시아에서 발견한 것이 아니라 프로이센의 추밀 고문관인 학스타우젠의 저술에서 발견했다고 언급했다). (MEGA II/5: 625)[13]

이때만 해도 마르크스는 러시아 공동체에 숨어 있는 혁명적 잠재력을 전혀 인식하지 못하여 게르첸의 낭만적 낙관주의를 묵살했다. 당시 러시아에는 여전히 '미르' 또는 오브시치나라고 부르는 농촌 공동체가 존재했고 이를 바탕으로 제정 러시아에 맞서 사회주의 혁명을 일으키려는 '나로드니키'라는 집단도 존재했다. 이러한 러시아 인민주의

---

12 마르크스는 학스타우젠을 매우 부정적으로 평가했다. 1858년에 마르크스는 "우리는 존경하옵는 추밀 고문관인 학스타우젠이 [러시아] '당국'과 이러한 당국이 길들인 소작농에게 홀딱 속아 넘어갔다는 사실을 알게 될 것이다"(MECW 40: 346)라고 썼다.

13 이 영어 번역은 J. 화이트(J. White 2019: 8)에서 발췌한 것이다.

자들에게 가장 결정적인 영향을 미친 것은 학스타우젠의 저술이었다. 그럼에도 마르크스는 엥겔스에게 보낸 1868년 11월 7일 자 편지에서도 '[러시아 공동체 체계의] 모든 것은, 아주 사소한 부분까지도 원시 게르만 민족 공동체 체계와 완전히 동일하네. … 이 쓸모 없는 것들이 모두 무너지고 있네'(*MECW* 43: 154)라고 썼다. 1868년 3월에 마우러를 집중적으로 연구했음에도, 당시의 마르크스는 (학스타우젠([1847-1852] 1972)이 게르만 민족 공동체와 종종 비교한[14]) 러시아 공동체의 원시 공산제가 서구 자본주의의 침략에 저항하는 공간이 되기는커녕 존속조차 어려울 것이라고 생각했다.

그러나 러시아 인민주의 혁명 운동을 접하게 되면서, 러시아를 향한 마르크스의 태도는 차츰 변해 갔다. 러시아 인민주의 혁명 운동가들은 『자본』을 러시아어로 번역하기를 바랐을 뿐 아니라 마르크스에게 러시아에 대한 저술을 추천해 주었다. 그들의 권유에 따라 마르크스는 러시아 사회에 대한 정보를 직접 습득하기 위해 1869년 11월에 러시아어를 배우기도 했다. 1870년 여름, 마르크스는 니콜라이 체르니셰프스키의 『밀의 정치경제학 개요』를 긍정적으로 탐독했다. 체르니셰프스키는 학스타우젠의 저술뿐 아니라 러시아 혁명에서 오브시치나의 의의를 옹호했던 나로드니키의 주요 인물 가운데 한 명이었다. 체르니셰프스키의 저술에 매우 깊은 인상을 받은 마르크스는 그의 정치적 유언인 『수신인 없는 편지들』을 독일어로 번역하려고 시도하기도 했다(IISG Sign.

---

14 학스타우젠은 러시아 공동체가 게르만 민족 공동체와 다르다고 추정하면서도, 분석하는 내내 이 두 가지 유형의 공동체의 유사성을 강조했다.

B112: 131–152). 체르니셰프스키가 마르크스에게 미친 영향을 보여주는 또 다른 사례로는 1873년 출판된 [옮긴이:『자본』 1권] 2판에서 게르첸과 학스타우젠을 폄하하는 구절이 사라졌다는 것을 꼽을 수 있다. 그 대신 마르크스는 [옮긴이:『자본』 1권] 2판 후기에서 체르니셰프스키의 『밀의 정치경제학 개요』를 '… 위대한 러시아 학자이자 비평가인 N. 체르니셰프스키가 이미 탁월한 방식으로 조명한 사건'(*Capital* I: 98)이라고 치켜세웠다. 이러한 수정은 마르크스가 러시아 사회에 숨어 있는 혁명적 잠재력에 대해 아직 완벽하게 확신하지 못했다 하더라도 1868년과 1872년 사이에 러시아에 대한 그의 태도가 어느 정도 변화했음을 함의한다(J. White 2019: 12).

또한 마르크스는 본인의 새로운 연구 결과를 프랑스어판『자본』에 통합했다. 다니엘손에게 보낸 1878년 11월 15일 자 편지에서 마르크스는 새로운 프랑스어판의 중요성을 강조하면서 러시아어 번역본 2판의 '번역가는 항상 독일어판 2판을 프랑스어판과 세심하게 비교해야 합니다. 프랑스어판에서 다수의 중요한 변경과 추가가 이루어졌기 때문입니다'(*MECW* 45: 343)라고 제안했다. 예를 들어 마르크스는 프랑스어판『자본』(1872-1875)의 '본원적 축적'에 대한 장에 한 문장을 추가함으로써 분석의 범위를 서유럽으로 명백하게 제한했다.

> 그러므로 자본주의 체계의 중심부에는 생산자와 생산수단의 완전한 분리가 자리 잡고 있다. … 이러한 모든 발전의 토대는 농업 생산자에 대한 수탈이다. 지금까지는 이러한 철저한 수탈이 잉글랜드에서만 이루어져 왔지만 …

서유럽의 다른 모든 국가들도 동일한 과정을 거치고 있다. (*MEGA* II/7: 634; 강조는 추가)[15]

[옮긴이: 다니엘손에게 보낸] 이 편지에서 마르크스가 언급한 내용을 감안할 때, 비서구 사회 연구에 몰두한 결과 마르크스가 [옮긴이: 『자본』의 프랑스어판에서] 이 구절을 매우 의식적으로 수정했음이 분명하다.

막심 코발레프스키가 런던에 있는 마르크스를 방문한 직후인 1878년 11월 15일 자 편지[옮긴이: 다니엘손에게 보낸 편지]에서 마르크스는 『자본』을 둘러싸고 러시아에서 벌어진 논쟁에 대해 이렇게 썼다.

치체린Tschischerin과 다른 사람들이 나를 상대로 벌인 논쟁과 관련하여, 1877년 당신이 나에게 보내준 자료(지베르Sieber의 논문 한 편과 미하일로프 Michailoff[옮긴이: 미하일로프스키Mikhailovsky를 지칭하는 것으로 보임]의 것으로 여겨지는 다른 한 편. 둘 다 『조국 연보』에 실린 글로, 백과사전이나 편찬하면 딱 어울릴 법한 괴짜 주코프스키 씨Mr. Joukowski[옮긴이: 유리 주코프스키Y. G. Zhukovsky를 지칭하는 것으로 보임]에 대한 반론)를 제외하고는 아는 것이 전혀 없습니다. 여기 계신 코발레프스키 교수가 『자본』에 관한 다소 활발한 논쟁이 있었다고 알려 주셨습니다. (*MECW* 45: 343–344)

1872년 3월 출판된 『자본』의 러시아어 번역본은 한 해에만 3천 부가 판매되는 등 큰 성공을 거두었다. 이 편지에서 마르크스가 언급한,

---

15 이러한 수정 사항은 표준적인 영역본에는 반영되지 않았다.

그리고 코발레프스키가 그 규모를 과장한 것으로 보이는 논쟁은 러시아 나로드니키인 니콜라이 미하일로프스키Nikolay K. Mikhailovsky가 시작한 논쟁으로, 러시아가 자본주의 단계를 거치지 않고도 사회주의를 확립할 수 있는지에 관한 논쟁이었다. 이 논쟁에서 『자본』 초판 서문의 한 구절이 문제로 떠올랐다. '산업적으로 보다 더 발전된 국가는 보다 덜 발전된 국가에게 자신의 미래상을 보여줄 뿐이다'(Capital I: 91). 핵심 질문은 이러한 설명을 러시아에도 적용할 수 있느냐는 것이었다.

미하일로프스키는 1872년에 『자본』에 대해 긍정적으로 논평했고 그 중요성을 줄곧 마음에 새겨 왔음에도, 결국에는 마르크스의 역사-철학 이론을 러시아에서 적용할 수 있는지에 대해 의문을 제기했다. 1877년 11월 『조국 연보Otechestvenniye Zapiski』에 실린 '주코프스키 씨의 법정 앞에 선 카를 마르크스'라는 논문에서 미하일로프스키는 주코프스키에 맞서 『자본』의 일반적인 이론적 타당성을 옹호하면서도 러시아가 노동의 사회화를 성취하기 위해 자본주의적 발전 과정을 거쳐야만 하는 것인지에 대해서는 의구심을 표명했다. 미하일로프스키는 『자본』 초판에서 마르크스가 게르첸을 폄하한 것을 언급하면서 제정 러시아 당국의 정책과 러시아에 침투한 자본주의가 초래한 치명적인 결과에 시달리는 소작농을 구해내려는 러시아인들의 필사적인 시도를 묵살하는 마르크스의 태도를 문제시했다. 마르크스의 『자본』을 열정적으로 옹호한 니콜라이 지베르가 동일한 저널을 통해 미하일로프스키에게 답하면서 논쟁이 이어졌다. 지베르는 마르크스의 역사 묘사는 보편적으로 적용 가능한 것으로, 러시아도 예외가 아니라고 주장했다(J. White 2019: 33).

요약하자면, 마르크스는 당시 러시아인들이 제기한 비판을 통해 유럽중심주의적인 '보편' 법칙을 비서구 사회에 허위로 강요했다는 비판에 이미 노출된 상황이었고, 20세기에도 이와 비슷한 비판이 20세기에 여러 차례 되풀이될 터였다. 1878년 11월, 마르크스는 『조국 연보』 편집부에 편지를 보내 미하일로프스키에 대응하려고 했다.[16] 그 편지에서 마르크스는 본인이 게르첸의 범슬라브주의를 인정하지 않았다고 해서 그것이 곧 사회주의로 향하는 러시아의 고유한 경로를 즉각적으로 부정하는 것은 아니라고 분명하게 언급했다. 마르크스는 『자본』 2판 후기에서 체르니셰프스키에 대해 논의한 점과 프랑스어판에서 본원적 축적의 논의 범위를 서유럽으로 제한한 점을 근거로 미하일로프스키가 『자본』의 논리 구조를 곡해했다고 주장했다(MECW 24: 199). 마르크스는 미하일로프스키가 자신의 관점을 왜곡했다고 계속해서 불평했다.

그[옮긴이: 미하일로프스키]에게는 **서유럽**에서 자본주의가 탄생하는 과정을 간략하게 다룬 나의 역사 개관을 각 민족이 처해 있는 역사적 환경과 무관하게 모든 민족이 결국에는 이러한 구성체, 즉 사회적 노동의 생산력이 비약적으로 발전하여 개별 생산자의 가장 온전한 발전을 보장하는 경제적 구성체를 확립하게 된다는 일반적인 역사-철학적 발전론으로 왜곡할 필요

---

16 마르크스가 『조국 연보』 편집부 앞으로 써 두었지만 [옮긴이: 부치지 못한] 편지는 일반적으로 미하일로프스키의 논문이 게재된 직후인 1877년 11월에 작성된 것으로 추정된다. 그러나 다니엘손에게 보낸 1878년 11월 15일 자 편지에 등장하는 '미하일로프[옮긴이: 미하일로프스키를 지칭하는 것으로 보임]의 것으로 여겨지는 다른 한 편'이라는 표현은 그때까지도 마르크스가 미하일로프스키의 주장이 무엇인지 제대로 알지 못하고 있었음을 시사한다.

가 있었다고 봅니다. (*MECW* 24: 200; 강조는 추가)

마르크스는 봉건제에서 자본주의로 이행한 유럽의 경험을 바탕으로 사적 소유 체계와 공동 소유 체계라는, 미리 주어진 도식 안에 각 사회를 묶어 내는 동질화 접근법 대신 각 사회에 특정한 역사적 맥락을 연구하는 것이 중요하다고 강조했다. '따라서 현저하게 유사한 사건들이라 하더라도 상이한 역사적 환경에서 발생했을 경우 그 결과는 매우 이질적이었다.' 예를 들어, 공동 토지 소유 체계의 해체라는 동일한 사건이 초래하는 결과는 역사적 및 사회적 맥락에 따라 달라진다.

이러한 방식으로 마르크스는 본인의 관점이 사실상 미하일로프스키의 관점에 가깝다고 주장했다. 그러나 마르크스가 본인의 '진정한' 의도를 정당화하기 위해『자본』 2판을 근거로 삼은 것은 부당한 일이다. 러시아어 번역본의 바탕이 된『자본』초판에서는 이러한 관점을 확인할 수 없기 때문이다. 즉, 미하일로프스키가『자본』을 곡해한 것이 아니라 1868년 이후 마르크스의 관점이 달라진 것이다(Wada 1975: 110). 어쨌든, [옮긴이: 자술리치에게 편지를 보내기 위해 작성한] 초안에서 마르크스는 본인이 내린 잠정적인 결론을 다음과 같이 표현했다. '내가 도달한 결론은 다음과 같습니다. 러시아가 1861년 이후 걸어왔던 경로를 계속해서 걸어간다면 러시아는 지금까지 역사가 한 국가에게 제공한 가장 훌륭한 기회를 놓치고 자본주의 체계의 모든 치명적인 변천을 경험하게 될 것입니다'(*MECW* 24: 199). 자본주의가 형성되는 과정에서 서유럽은 소작농이 프롤레타리아로 전환되는 과정을 거쳤지만, 다른 지역에서도 꼭 그래야 하는 것은 아니었다. 대량의 프롤레타리아가 존재하지 않는다면, 러시아가 [옮긴이: 서유럽과] 동일한 자본주의적 발전 법칙을 따를 필요가 없을 터였다. 그것을 피할 수 있는 기회가 아직 남아 있었으므로, 마르크스는 러시아에서 즉각적인 봉기를 옹호했다.

이 편지는 실제로 발송된 것이 아니라 마르크스의 사후인 1883년에 엥겔스가 발견한 것이다. 마르크스는 아마 본인의 미하일로프스키 비판이 취약하다는 것을 인지했을 것이다. 또한 본인의 비판이 러시아 인민주의자들에게 부정적인 영향을 미칠 수 있을 뿐 아니라 러시아에서 본인의 관점을 열정적으로 지지하는 지베르와도 갈등을 빚게 될지 모른다는 점도 우려했을 것이다. 그러나 마르크스는 1880년대에 이 문제로 복귀하게 될 터였다.

III. 말년의 마르크스와 코뮤니즘에 대한 새로운 발상

1879년에서 1881년 사이, 마르크스는 비서구 사회를 연구하고 러시아 혁명을 둘러싼 논쟁에 관여했다. 그것은 이른바 『민족학 노트 *Ethnological Notebooks*』에 기록되어 있다. 1879년 9월, 마르크스는 인도 사회의 분석에 지면의 대부분을 할애한 막심 코발레프스키의 『공동 토지 소유 체계: 그 쇠퇴의 원인, 과정, 결과*Common Landownership: The Causes, Course and Consequences of Its Decline*』(1879)를 탐독했다. 이후 몇 년 동안 마르크스는 루이스 H. 모건Lewis H. Morgan의 『고대 사회』뿐 아니라 제임스 머니James Money

의 『자바 또는 식민지 관리법*Java, or How to Manage a Colony*』(1861), 존 피어John Phear의 『인도와 실론의 아리아인 마을*The Aryan Village in India and Ceylon*』(1880), 역사가 헨리 메인Henry Maine의 『제도의 초기 역사에 대한 강의*Lectures on the Early History of Institutions*』(1875)도 탐독했다. 이러한 책들을 탐독하면서 마르크스는 유럽인들의 식민지로 전락하기 이전의 기나긴 세월 동안 비유럽인들이 소유권을 규제했던 방식을 연구했다.

예를 들어 마르크스는 인도 농촌 공동체의 끈질긴 활력에 대한 코발레프스키의 묘사를 세심하게 따라갔다. 코발레프스키는 끈질긴 활력의 원천을 '튼튼한 공동체적 유대라는 인도인의 특징'(Harstick 1977: 37–38)에서 찾는다. 많은 농촌 공동체가 체계적인 몰살과 강탈로 인해 약화되었음에도, 코발레프스키는 '농촌 공동체가 완전히 사라지지는 않았다'라고 주장했다. 이 연구 노트에서 마르크스는 '농촌 공동체의 대규모 생존'을 부각했다.[17] 코발레프스키는 농촌 공동체의 해체 원인을 '자연적 원인'과 '인간적 원인'으로 구별했다. 이러한 공동체들이 종국에는 쇠퇴하고 말 터였다면, 공동 소유 체계는 역사의 일시적인 현상으로 간주될 수 있을 터였다. 그러나 코발레프스키는 인도의 농촌 공동체가 영국의 식민 지배하에서 쇠퇴되었다는 점에 착안하여 그것의 인간적 원인에 특별히 주목했다. 영국의 식민 지배가 인도 공동체에 미친 부정적인 영향을 본인의 언어로 요약한 마르크스는 인도 농촌 공동체가 해체되는 과정에서 영국의 식민 지배가 적극적인 역할을 수행했다는 사실을 눈여겨보지 않았다는 이유로 코발레프스키의 스승인 헨리 메인을

---

17 이러한 구절들은 크래더(Krader 1975)의 저술에 실린 발췌문의 영어 번역본에서는 찾아볼 수 없다.

비판했다.

> 영국령 인도 관리들과 그들을 지원하는 **H. 메인 경** 같은 공보관들은 (고대의
> 형태를 영국식으로 살뜰히 보살폈음에도) 펀자브에서 공동 소유 체계가
> 쇠퇴한 이유를 경제발전의 한낱 결과라고 묘사한다. 그러나 그들이야말로
> 그 발전을 (적극적으로 주도하여) 위험을 자초한 **주요 당사자**이다(p. 184).
> (Krader 1975: 394)

이 구절에서 마르크스는 인도 농촌 공동체의 해체를 옹호하는 메인
을 코발레프스키보다 훨씬 더 강하게 비판하기 위해 코발레프스키의
원래 표현을 수정했다(Wada 1975: 145). 인도 농촌 공동체의 해체는 '자연
적' 발전 과정에서 필연적으로 등장한 것이 아니었다. 한편 마르크스
는 인도 공동체가 영국의 침략에 적극적으로 저항하여 영국의 인도 지
배를 '위협'할 가능성에 관심을 가졌다. 이러한 가능성은 나중에 마르
크스가 자술리치에게 보낸 편지에서도 러시아와 관련하여 되풀이될 터
였다.

비자본주의 사회에 대한 다양한 저술을 탐독하면서 마르크스는
과거 본인이 전개한 동질화 접근법의 결함에 대해 성찰했고, 비서구
사회를 단순히 '봉건적' 생산양식 또는 '아시아적' 생산양식이라는 단일
한 유럽적 범주 아래 포괄하는 대신 비서구 사회들 사이의 특수성과
차이점 및 그들의 역사적 변화에 주목하기 시작했다. 이러한 변화는 유
럽중심주의적 역사 구상을, 마치 그 범주들이 비유럽 지역에도 보편적

으로 적용될 있는 범주인 양 [옮긴이: 비유럽 지역에] 강요했던 유럽 역사
가들을 마르크스가 명백하게 비판했다는 사실에서 드러난다. 예를 들
어 마르크스는 인도의 '마을 구성'의 특징을 '봉건적'이라고 표현한 존
피어를 '당나귀Esel'(Krader 1974: 256)라고 조롱했다.[18] 여기서 마르크스의
논평은 과거 그가 「영국의 인도 지배」에서 진술했던 내용과 근본적으로
다르다. 「영국의 인도 지배」에서 마르크스는 오리엔탈리즘적 뼈대 구조
를 인도의 정적이고 수동적인 사회에 적용하면서 경제발전이라는 명
목으로 인도 사회의 해체를 기꺼이 허용했지만,[19] 이제는 유럽 사회의
우수성을 치켜세우거나 유럽 사회가 역사 진보라는 명목으로 아시아
를 식민 지배하는 행위를 정당화하지 않게 되었다. 따라서 콜야 린드너
(Kolja Lindner 2010: 34)는 『민족학 노트』에서 '마르크스는 유럽중심주의
적 발전 구상과 결별한다'라고 결론 내린다. 이와 유사하게 케빈 앤더슨
(2010: 237)은 말년의 마르크스가 '다중적이고 비환원주의적인 역사론
을 창조하여 비서구 사회의 복잡성과 차이점을 분석하면서 단일한 발
전 또는 혁명 모델에 결부되기를 거부하게 되었다'라고 주장한다. 마르
크스가 출판된 저술에서 이러한 주제를 상세하게 정교화한 것은 아니
었지만, 그가 '유럽을 지방화해 나가는'(Chakrabarty 2010) 과정을 파악하

---

18 이 점에서 마르크스는 코발레프스키와 거리를 두었다. 코발레프스키도 '서유럽적 의미의 봉건제'
    를 인도에 적용했기 때문이다. 마르크스는 인도에는 봉건제의 필수적인 구성 요소인 '농노제'가
    존재하지 않는다는 사실을 코발레프스키가 간과하고 있다는 것에 주목했다(Krader 1975: 383).

19 따라서 한스-페터 하르스틱(Hans-Peter Harstick)은 'Im ganzen plädiert Marx für eine differenzierte Betrachtung
    der asiatischen und europäischen Geschichte und zielt seine Argumentation gegen eine zu starke Generalisierung des
    Feudalismusbegriffs und überhaupt gegen die simple Übertragung von am Modell Westeuropas entwickelten Struk-
    turbegriffen auf indische oder asiatische Verhältnisse'(Harstick 1977: 13)라고 썼다.

기란 그리 어려운 일이 아니다.

마르크스가 본인의 경제 결정론과 역사주의를 내세워 세계 전체를 자본주의적 발전의 보편 법칙으로 환원한 것이 사실이라면, 그가 이토록 많은 시간을 할애하여 비서구 사회 및 자본주의 이전 사회를 연구할 이유가 없었을 것이다. 오히려 마르크스는 자본주의적 발전의 보편 법칙이 존재한다고 해서, 그것이 특수성과 우연성을 부정하는 것은 아니라는 점을 분명하게 인정했고 그것들을 일반적인 역사-철학적 발전론에 포섭하기를 거부했다. '이러한 각각의 진화 과정을 개별적으로 연구하고 비교한다면 이 현상의 핵심을 쉽게 발견할 수 있겠지만, 초-역사적supra-historical이라는 특징을 최고의 미덕으로 삼는 일반적인 역사-철학론이라는 만능 공식을 사용해서는 절대로 그럴 수 없을 것이다'(MECW 24: 201). 실제 세계는 우연성과 특수성으로 가득하므로, 유럽적 범주를 사용해서는 그것들은 결코 적절하게 분석할 수 없다. 그러나 마르크스의 요점은 '상품', '화폐', '자본' 같은 보편적인 경제 범주는 인간의 의식 및 각 지역의 역사적 특수성과 관계없이 자본주의 사회에 객관적으로 존재한다는 것이다. 이러한 경제적 '형태'는 자본주의적 생산양식이 존재하는 한 인간이 어디에 있든, 어떤 문화적, 지리학적 배경을 가지고 있든 관계없이 보편적이다. 여기서도 세계의 구체적인 물질적 현실에서 '경제적 형태'를 추상화하는 마르크스의 방법론적 이원론을 확인할 수 있다. 이러한 보편적인 이론적 뼈대 구조가 존재하지 않는다면 과학적 탐구는 고립된 특정한 사실로 구성된 상대주의적이고 경험주의적인 현실 이해로 빠지게 되어 자본주의적 발전의 역사적 동학을 드러낼 수 없게 된다.

물론 마르크스의 탐구는 거기에서 끝나지 않았다. 그는 또한 이러한 경제적 형태가 노동이라는 매개를 통해 특정한 현실과 뒤얽혀 있는 방식을 분석했다. 이러한 분석에는 필연적으로 다양한 우연성과 불연속성을 지닌 각 사회의 차이점과 특수성에 세심하게 주목할 필요가 뒤따른다. 따라서 마르크스는 각 사회에 대해 세심한 연구를 통해 자본주의적 발전의 보편 법칙과 각 사회의 특정한 구도 사이의 모순을 드러내고, 그 모순이 어떻게 자연과 인간 사이에 이루어지는 지속 가능한 물질대사적 상호작용의 조건을 저하할 뿐 아니라 자본주의 체계가 전 지구적으로 확장하는 과정에서 자본주의 체계를 파열할 가능성을 유발하는지 파악하려고 했다. 그러나 이러한 종류의 분석은 자본주의적 발전의 일반적인 사회적 동학을 올바르게 파악한 **이후에야** 비로소 가능하다. 그리고 그것은 사실상 마르크스의 정치경제학 비판의 본래 과제에서 벗어난다. 그러나 이러한 분석이 『자본』의 범위를 벗어나는 것이라고 해서, 그것이 마르크스에게 중요하지 않았다는 의미는 아니다.

코발레프스키를 집중적으로 연구한 이후인 1881년, 마르크스는 러시아 혁명가 베라 자술리치의 요청으로 인해 갑작스레 그리고 예기치 못하게 역사 유물론의 쟁점으로 돌아갈 수밖에 없었다. 러시아에서 벌어진 논쟁에 흥미를 느낀 자술리치는 마르크스 본인의 견해를 러시아에 알리기로 마음먹고 1881년 2월 16일 편지를 보내 그 진정한 의도가 무엇인지 마르크스에게 직접 물었다.

우리[옮긴이: 러시아] 농촌 공동체가 장차 어떻게 될 것인지, 그리고 세계의 모든 국가가 자본주의적 생산의 모든 국면을 거치는 것이 역사적 필연이라는 그 이론에 대한 귀하의 의견을 들려주신다면 매우 감사하겠습니다. (Shanin 1983[1984]: 99)

그 편지[옮긴이: 자술리치에게 보낸 답장]와 그 편지를 보내기 위해 작성한 초안들을 통해『자본』1권 출판 이후 14년 동안 마르크스의 관점이 변화해 나간 과정을 확인할 수 있다. 즉, 마르크스는 유럽중심주의적 역사관을 분명하게 거부하고 포스트-자본주의 사회에 대해 새롭게 전망하게 되었다.

마르크스가 자술리치에게 실제로 보낸 답장은 매우 짧다. 그 이유는 부분적으로 마르크스가 자술리치가 속한 분파인 흑토 재분할Black Repartition파와는 다른 입장을 표방하는 러시아 인민주의 분파 인민의 의지People's Will파를 지지하고 있었기 때문이다. 마르크스는 자술리치에게 답장을 보내는 것이 인민의 의지 분파에 도움이 되지 않을 것임을 알고 있었다. 따라서 마르크스는『조국 연보』편집부 앞으로 써 두었지만 [옮긴이: 부치지 못한] 편지의 요점, 즉,『자본』에서 피력한 자본주의적 발전 법칙의 "'역사적 필연성'은 서유럽 국가들로 명백히 제한된다"(Shanin 1983[1984]: 100)라는 요점을 그대로 되풀이하는 수준의 답장을 자술리치에게 보냈다. 그럼에도 마르크스는 그 답장을 보내기 위해 사실상 세 가지 초안을 작성했다. 이는 자술리치가 제기한 질문이 마르크스에게 꽤나 인상적이었음을 시사한다. 동유럽으로부터 온 자술리치의 질문이 『자본』 1권의 문제점을 짚고 있다는 점에서 이는 놀라운 일이 아니다. 자술리치는 이러한 유럽중심주의적 역사관이 정말 마르크스 본인의 관점이 맞는지 물었다. 따라서 마르크스는 이 기회를 이용하여 러시아 및 다른 비자본주의 국가를 집중적으로 연구하면서 터득한 지식을 바탕으로 본인의 발상을 정립하게 되었다.

[옮긴이: 자술리치에게 편지를 보내기 위해 작성한] 두 번째 초안[20]에서 마르크스는 프랑스어판을 인용하면서 미하일로프스키에 대응할 요량으로 [옮긴이: 『조국 연보』 편집부 앞으로 써 두었지만 부치지 못한] 편지 초안의 요점을 그대로 되풀이했다.

> '그것(농업 생산자에 대한 수탈)은 [오]직 잉글랜드에서만 철저한 방식으로 이루어져 왔지만 … [옮긴이: 이제는] 서유럽의 다른 모든 국가들도 동일한 과정을 거치고 있다'(앞선 인용문 참조loc. cit.). 따라서 [이 구절에서] [옮긴이: 보시는 것처럼] 저는 [질문하신 발전 과정의] '역사적 필연성'을 '서유럽 국가들'로 분명하게 제한했습니다. (Shanin 1983[1984]: 100)

그러나 [옮긴이: 자술리치에게 편지를 보내기 위해 작성한] 이 [옮긴이: 두 번째] 초안에서 마르크스는 러시아 혁명의 가능성을 언급하는 대신 '러시아 공동체의 존속을 위협하는 것은 역사적 필연성이나 이론이 아니라 국가의 압제와 소작농의 희생을 바탕으로 힘을 키운 자본가 침략자

---

20 여기에서는 [옮긴이: 자술리치에게 편지를 보내기 위해 작성한] 세 가지 초안이 실제로는 두 번째 초안, 첫 번째 초안, 세 번째 초안 순으로 쓰였다는 히나다(Hinada 1975)의 주장을 따른다.

들의 착취'(Shanin 1983[1984]: 104-105)라고 결론 내린다. 그러나 러시아 사회에 대한 마르크스의 관점 변화는 자본주의가 러시아를 침범해 들어옴에 따라 급속하게 파괴되어 가는 상황이었음에도, 공동 소유 체계는 협동체적이고 연합된 노동을 토대로 작동한다는 점에서 '경제적으로 우수'(Shanin 1983[1984]: 104; 강조는 추가)하다고 언급하는 지점에서 명확하게 확인할 수 있다.

[옮긴이: 자술리치에게 편지를 보내기 위해 작성한] 첫 번째 초안에서 마르크스는 러시아는 '자본주의 체제의 노예가 된 국가들에 비해 우수한 요소'(Shanin 1983[1984]: 106)를 간직하고 있다는 요점을 다시 한번 기록했다. 두 번째 초안과 비교하여 인상적인 것은 마르크스가 '고대의 형태'를 간직한 러시아 농촌 공동체에 대해 보다 더 상세하게 논의했다는 것이다.[21] 마르크스는 '고대'라는 용어를 부정적인 의미로 받아들여서는 안 된다고 경고했다. "'고대'라는 단어에 지레 겁을 먹을 필요는 없다"(Shanin 1983[1984]: 107). 또한 마르크스는 게오르크 L. 마우러를 언급하면서 게르만 부족의 '고대 공동체'와 '이차 공동체'를 구별했다. 마르크스는 고대 공동체는 집단적으로 생산하고 그 산물을 구성원들이 직접 나눠 가지는 반면, 보다 더 새로운 (이차) 공동체는 집단이 토지를 소유하지만, 토지를 구성원들에게 할당하고 분배함으로써 구성원들이 각자 맺은 결실을 각자 소유하는 것이 이 두 가지 유형의 공동체의 핵심 차이점 가운데 하나라고 주장했다. '이차 공동체'는 집단주의와 개인

---

21 마르크스는 '아시아 또는 인도의 소유 형태가 모든 곳에서 시작을 의미한다'(*MECW* 42: 547)라고 주장했지만, 여기서 본인의 관점을 바로잡았다.

주의로 '이원화'됨으로써 쇠퇴할 위험을 안고 있지만, 한편으로는 지나치게 강력한 공동체의 유대를 해체하여 '개성을 발전'(Shanin 1983[1984]: 109)시킬 가능성도 품고 있었다. 마르크스는 개인주의가 집단주의를 압도하여 공동체의 해체로 이어질 것인지 아니면 노동의 사회화 과정에서 집단적 규제가 살아남아 사회주의적 경로를 열어 줄 것인지 여부는 각 공동체의 '역사적 맥락'에 달려 있다고 주장했다.

　　마르크스의 견해에 따르면 역사적 맥락은 러시아 농업 공동체에 유리하게 작용했다. "러시아는 유럽에서 국가 규모의 '농업 공동체'를 오늘날까지 유지해 온 유일한 국가이다"(Shanin 1983[1984]: 110). 서유럽의 경우 '끝없는 외부의 침략과 내전으로 인해 농업 공동체가 스러졌다'(Shanin 1983[1984]: 107)고 인정한 마르크스는 19세기 말 러시아 공동체를 둘러싼 역사적 환경이 사뭇 상이하고 독특했다는 점에 주목했다. 인도와 다르게 러시아 공동체는 식민 지배에 예속되지 않은 상태에서 서구 자본주의와 공존했다. 나아가 '지방화된 소우주'처럼 고립된 공동체로 존재하면서 나약해졌음에도, 서구 자본주의하에서 발전한 기술, 통신 및 운송 수단이 맺은 긍정적인 결실을 받아들임으로써 이러한 고립을 극복하고 집단적 노동을 실현할 수 있을 터였다. 따라서 마르크스는 러시아에 남아 있는 농촌 공동체와 공동 소유 체계를 지구 전체를 에워싸게 될 자본주의적 근대화 및 세계화의 밀물 아래 스러지게 내버려두어서는 안 된다고 주장했다. 러시아 농촌 공동체의 활력은 자본주의의 가차없고 무제한적인 확장에 맞서는 저항의 토대가 될 수 있기 때문이었다. 마르크스는 러시아에는 자본주의라는 역사적 단계를 거치지 않은 상태에서 코뮤니즘으로 이행할 수 있는 잠재력이 있다고 단언했다. 러시아는 [옮긴이: 식민 지배에 예속되어] 조공을 바쳐야 하는 신세로 전락하지 않은 상태에서 '세계시장을 지배하는 서구의 [자본주의적] 생산과 **같은 시대에** 존재한 덕분에 자본주의 체계가 맺은 긍정적인 결실을 공동체에 받아들일 수 있다'(Shanin 1983[1984]: 110).

마르크스는 자본주의 이전 농촌 공동체의 조건을 고스란히 보존하는 것이 아니라 '러시아가 딛고 있는 현재의 기초를 바탕으로' 서구 자본주의가 맺은 긍정적인 결실을 적극적으로 흡수하여 공동체를 발전시킬 것을 주문했다. 그런 뒤에야 비로소 러시아는 이러한 서구와의 조우를 러시아의 코뮤니즘을 확립할 기회로 삼을 수 있을 터였다. 그러나 미르가 이미 쇠퇴하기 시작한 참이었기 때문에 남은 시간이 그리 많지 않았다. 따라서 마르크스는 즉각적인 러시아 혁명을 옹호했다. '적시에 혁명이 일어나 구속받지 않는 농촌 공동체의 등장을 보장하는 데 온 힘을 쏟는다면 그 공동체는 이내 러시아 사회를 재생하는 요소로 그리고 자본주의 체제의 노예가 된 국가들을 능가하는 요소로 발전할 것이다'(Shanin 1983[1984]: 116–117).

자본주의적 근대화라는 파괴적인 과정을 거치지 않은 상태에서 현존하는 공동 소유 체계를 바탕으로 사회주의로 도약함으로써 자신만의 역사를 써 내려가는 러시아 농촌 공동체의 힘을 명백하게 인정했다는 점을 감안할 때, 1881년에 이미 마르크스의 역사관이 변화했음을 확인할 수 있다. 마르크스는 자본주의적 확장에 저항하는 비서구 사회의 능동성에 집중하여 러시아 혁명의 가능성을 확인했다. [옮긴이: 자술리치에게] 보내지 않은 [옮긴이: 첫번째] 초안에서 마르크스가 내린 결론은 임의적인 것이 아니었다. 실제로 마르크스는 엥겔스와 함께 러시아어판 『공산당 선언』 2판 서문에서 이와 동일한 관점을 표현했다.

> 비록 원시 공동체의 토지 소유 형태 가운데 하나인 러시아의 오브시치나가 막대하게 침식되었음에도 고등한 소유 형태인 코뮤니즘적인 공동 소유 형태로 직접 편입될 수 있겠는가? 또는 서구의 역사적 발전이 거친 것과 동일한 해체 과정을 반드시 먼저 거쳐야만 할 것인가? 오늘날 가능한 답은 오직 한 가지뿐이다. 러시아 혁명이 서구의 프롤레타리아 혁명을 위한 신호가 된다면 그 두 사회는 서로를 보완할 것이다. 그렇다면 러시아 소작농 공동체의 토지 소유 체계는 코뮤니즘의 발전을 위한 출발점으로 기능할 수 있을 것이다. (Shanin 1983[1984]: 139)

이러한 진술은 러시아 독자들을 염두에 둔 한낱 입에 발린 말이 아니다. 러시아어판 『공산당 선언』을 위해 새로 쓴 서문에서 이토록 명료하게 언급하지 않았다면, 마르크스가 유럽중심주의적 역사관을 계속해서 견지하고 있는 것인지 여부에 대한 궁금증만 증폭시키고 말았을 것이다. 따라서 마르크스와 엥겔스는 러시아 공동체가 자본주의적 단계를 거치지 않을 가능성이 있다는 점을 짚었을 뿐 아니라 심지어 '서구의 프롤레타리아 혁명의 신호'가 되어 코뮤니즘적 발전을 **주도할** 것을 그 공동체에 요구했다. 마르크스와 엥겔스는 러시아 사회가 능동

적으로 역사를 추동하는 원동력이 될 수 있음을 인식했다.[22]

이러한 논의를 러시아로 제한할 필요는 없다. 당시 마르크스가 집중적으로 연구했던 아시아, 아프리카, 라틴 아메리카 지역에 현존하는 다른 농업 공동체에도 동일한 논리를 적용할 수 있기 때문이다. 마르크스는 아시아 공동체를 전쟁과 침략으로 인한 파괴에서 마지막까지 살아남은 농경 공동체로 이해했다(Shanin 1983[1984]: 108).[23] 여전히 '이중 임무'를 치켜세웠던 1850년대와 다르게, [옮긴이: 자술리치에게 편지를 보내기 위해 작성한] 세 번째 초안에서 마르크스는 훨씬 더 명백하게 인도 토착 농업의 파괴를 비롯하여 영국이 인도에서 자행한 '파괴 행위'(Shanin 1983[1984]: 118)를 비난했다. '잉글랜드인들은 동인도에서 이렇게 시도했지만, 토착 농업을 망치고 기근의 횟수와 강도만 증가시켰을 뿐이

22 와다 하루키(Wada 1975: 206)는 마르크스와 엥겔스의 차이점을 부각했다. 마르크스는 러시아 혁명의 가능성에 대해 엥겔스보다 더 열정적이었다. 1875년에 엥겔스는 다음과 같이 썼다.

러시아 소작농이 부르주아 소농이라는 중간 단계를 거칠 필요 없이 … 이러한 사회 형태를 고등한 형태로 끌어올릴 가능성이 있다는 것은 부인할 수 없다. 그러나 이것은 공동 소유 체계가 완전히 해체되기 전에 서유럽에서 프롤레타리아 혁명이 성공적으로 수행되어 러시아 소작농이 이러한 이행을 이루는 데 필요한 전제조건을, 특히 그들에게 필요한 물질적인 조건을 마련할 수 있을 때만 가능할 것이다(MECW 24: 48).

러시아어판 서문을 엥겔스가 썼음에도, 러시아어판 『공산당 선언』에 대한 주도권은 러시아에 있었다. 와다는 여기서 마르크스가 개입한 증거를 발견한다. 마르크스와 엥겔스는 당시 러시아가 비서구적 경로를 따라 사회주의로 이행할 수 있다는 관점을 분명하게 공유했지만, 엥겔스는 러시아 혁명의 성공 조건으로 서구의 프롤레타리아 혁명의 필요성을 강조했다. 또한 마르크스 사후에 엥겔스는 러시아에서 농업 공동체를 바탕으로 혁명이 일어날 수 있는 시기는 이미 지나갔다고 판단했다.

23 마르크스는 "아시아, 아프가니스탄 등에서도 '농촌 공동체'를 찾아볼 수 있지만, 어디에서 발견되든 그것은 가장 최근의 유형으로 나타난다. 말하자면 고대의 사회 구성체의 마지막 형태라고 할 수 있다"(Shanin 1984: 119)라고 썼다.

다'(Shanin 1983[1984]: 121). 이것은 식민 지배하에서 파괴되고 있던 '우수한 요소'에 대한 마르크스의 인식과 관련이 있다. 물론 정도의 차이는 있겠지만, 전 세계에 남아 있는 다양한 고대 공동체는 동일한 잠재력을 가지고 있었다. 마르크스는 고대 공동체가 자본주의에 **적극적으로** 저항할 수 있고 저항해야 한다는 것을 그리고 그들이야말로 인류 역사의 새로운 단계로서 사회주의를 확립할 **주체**라는 것을 옹호하게 되었다. 다시 말해, 고대 공동체는 더 이상 자본주의에 저항하고 새로운 사회를 창조할 주체성이 없는 역사의 수동적인 객체가 아니었다. 말년의 마르크스의 사상이 이렇게 변화해 갔음을 감안해 보면, 마르크스가 전형적인 '오리엔탈리스트'라는 사이드의 비난은 정당화될 수 없다.

IV. 코뮤니즘에 대한 마르크스의 전망의 전환

그러나 이것이 이야기의 끝은 아니다. 마지막 절에서는 와다 하루키(Haruki Wada 1975), 케빈 앤더슨(2010), 콜야 린드너(2010) 덕분에 최소한 마르크스주의 학자들 사이에서 오늘날 공유되는 말년의 마르크스에 대한 이해를 상세히 소개하려고 한다. 이러한 추세에도, 일부 학자들은 마르크스 말년의 사상을 재해석하여 오늘날의 자본주의와 마르크스의 이론적 관련성을 입증하려는 이러한 시도들을 거부한다. 마르크스 탄생 200주년에 맞춰 최근 출판된 마르크스 전기에서 영국 역사가 개러스 스테드먼 존스(Gareth Stedman Jones 2016: 569)는 앤더슨 및 린드너처럼 말년의 마르크스의 사상에 나타난 '놀라운 변화'를 지적한다. 그러나 마르크스의 논의가 19세기에 한해서만 타당하다고 평가한다는 점에서 스테드먼 존스의 평가는 대체로 부정적이다.

스테드먼 존스는 마르크스가 게오르크 루트비히 폰 마우러의 저술을 접한 1868년이라는 중요한 연도에 주목하는 몇 안 되는 사람 가운데 하나이기 때문에, 이 책에서 수행하고 있는 분석에서 논의해 봄 직하다. 그러나 스테드먼 존스는 마우러도, 마우러의 저술을 수용한 마르크스도 모두 묵살한다. 스테드먼 존스가 마우러의 저술을 논의한 의도는 퓌스텔 드 쿨랑주Fustel de Coulanges가 『토지 소유의 기원Origin of Property in Land』(1889)에서 마우러를 논박한 내용을 언급하는, 전기의 결론부에서 분명하게 드러난다. 스테드먼 존스에 따르면, 쿨랑주는 게르만 부족을 낭만적이고 민족주의적으로 이상화한 마우러의 주장을 성공적으로 일축했다. 그러나 그보다 먼저 마우러는 실증적 연구가 아니라 '고전적 또는 성서적' 사변, 즉 카이사르의 『갈리아 전쟁기』와 타키투스의 『게르마니아』를 바탕으로 역사적 사실과 허구를 혼동했기 때문에 '마르크스가 사망할 무렵'에는 이미 '시대에 뒤떨어진 인물'이 되었다(Jones 2016: 592). 스테드먼 존스에 따르면 마르크스가 마우러와 헨리 L. 모건Henry L. Morgan[옮긴이: 문맥상 루이스 H. 모건의 오기로 추정됨]에게 매력을 느꼈다는 것은 시인이 되기를 꿈꿨던 청년 마르크스가 강하게 품었던 '낭만주의'가 1870년대 서구에서 혁명의 물결이 가라앉으면서, 특히 파리 코뮌이 피비린내 나는 패배로 끝난 이후 되살아났음을 함의한다. 스테드먼 존스는 농경 공동체에 대한 마르크스의 관심은 '19세기의 환상'을 반영한 것이기 때문에, 마르크스의 '낭만적인' 결론은 오늘날 받아들일 수 없는 것이라고 결론 내린다(Jones 2016: 568). 요컨대, 비서구 사회 및 자본주의 이전 사회에 대한 마르크스의 분석은 그의 향수에서 비롯된 것으로, 타자를 맹목적으로 숭배하는 오리엔탈리즘적 허구에 불과하다.[24]

여기서 비서구 사회의 혁명적 가능성을 모색하는 것이 그저 나이든 사람의 향수에서 비롯된 '낭만주의'에 불과한가?라는 의문이 떠오른다. 이러한 종류의 비판은 새로운 것은 아니다. 앞서 살펴본 것처럼 많은 학자들이 나이 든 마르크스가 심각한 질병으로 인해 본인의 지적 능력과 서구에서의 혁명에 대한 희망을 상실했다고 주장해 왔기 때문

---

24 전혀 그렇지 않다. 마르크스는 막심 M. 코발레프스키에게 지대한 영감을 받았다. 코발레프스키는 마우러와 모건보다 젊은 세대였고[옮긴이: 마우러(1790–1872) / 모건(1818–1881) / 마르크스(1818–1883) / 코발레프스키(1851–1916)] '시대에 뒤떨어진' 문헌학적 연구에만 중점을 두지도 않았다. 스테드먼 존스는 마르크스가 코발레프스키에 대해 작성한 광범위한 연구 노트의 중요성을 의도적으로 등한시하면서 그의 저술을 단 하나의 짧은 단락에서만 언급한다. 이것은 불공평하다. 게다가 콜야 린드너(2101: 36)가 주장하는 것처럼, 러시아 농촌 공동체에 대한 마르크스의 분석 가운데 일부가 잘못된 정보를 바탕으로 하고 있다 하더라도, 그의 개념적 접근법의 관련성이 아예 사라지는 것은 아니다. 예를 들어 마르크스가『그룬트리세』의「자본주의적 생산에 선행하는 형태들」절에서 설명한 내용도 아시아, 로마, 게르만 민족 사회에 대한 부정확한 역사적 추정이라고 비판을 받아 왔다. 이론적 목적이 명확하다면, 역사적 사실과 관련하여 일부 오류가 있다 하더라도 마르크스의 통찰을 포기할 필요는 없다. 엘렌 메익신스 우드는 다음과 같이 주장했다.

사실 마르크스는 역사적 관찰에서 심각한 오류를 범했다. 그렇게 된 이유는 마르크스의 역량이 부족한 탓이라기보다는『그룬트리세』를 집필할 당시 역사학계의 상황과 관련이 있다. 그러나 이와 같이 결함이 있는 지식을 기초로 마르크스가 구성한 체계는 마르크스가 생각했던 역사유물론의 약점이 아니라 강점을 드러낸다. 이를 통해 마르크스는 기존 학계의 한계점을 넘어서게 되었다(E. Wood 2008: 79).

그러나 말년의 마르크스는 한발 더 나아갔다. 마르크스는 단순히 자본주의의 특수성을 인식하기 위해서만이 아니라 이러한 비서구 공동체의 혁명적 활력을 이해하기 위해서도 이러한 지역을 연구했다. 덕분에 마르크스는 서구에서의 혁명적 경로에 대해서도 역시 재고하게 되었다.

이다. '그러나 그의 생애에서 마지막 10년 동안에 대해서는 보여줄 만한 것이 거의 없다. 그 시기에 마르크스는 건강 악화로 인해 쇠퇴하고 무능력해졌다'(Carr 1934: 279). 이러한 이유로 에릭 홉스봄(Eric Hobsbawm 2011: 162–163)은 말년의 마르크스를 이런 식으로 반동적으로 표현하는 사람들의 위험성을 부각할 수밖에 없었다. '나이 든 마르크스에게서 청년 마르크스가 품었던 혁명적 열정을 찾아볼 수 없다는 관점은 마르크스의 이론에는 애착을 보이지만 마르크스주의의 혁명적 실천과는 결별하고 싶은 비평가들이 항상 선호하는 관점이다.' 마르크스를 오늘날의 세계에 대한 실천적 함의가 전혀 없는, 19세기의 역사와 이론에만 국한시켜 논의하려는 태도는 마르크스를 학문적 담론 안에서만 안전하게 논의하는 방법일 따름이다.

마르크스가 낭만주의로 후퇴했다는 스테드먼 존스의 주장은 말년의 마르크스가 러시아 공동체를 이상화한 것이 틀렸다는 전제하에서만 타당한데, 이것은 명백히 사실이 아니다. 우선 러시아 사회에 대한 마르크스의 연구는 마우러의 분석보다 더 경험적인 분석을 포함하여 **러시아인**들이 수행한 다양한 연구를 바탕으로 한 것이었고, 그 과정에서 마르크스는 빈곤하고 자유롭지 못한 경향이 있는 이러한 공동체들에 자본주의가 침범하면서 그들이 급속하게 쇠퇴하고 있다는 점을 인식하게 되었다.[25] 둘째 진정한 모순이 자본주의의 주변부에서 보다 더 많이 표출된다면, 러시아의 특수성에 주목하면서 러시아에서 사회

---

25 1881년에 마르크스는 본인이 중요하다고 생각한 도서 115권을 기재한 참고문헌 목록을 만들었는데, 그의 서가에는 러시아어 도서가 67권이나 있었다.

혁명이 일어날 가능성을 진지하게 연구하는 것에는 아무런 문제가 없다. 마지막으로 파리 코뮌은 붕괴했지만 서구 사회의 혁명적 희망은 아직 남아 있던 1868년에도 마르크스는 잉글랜드에서의 혁명은 아일랜드인들이 해방되었을 때만 일어날 수 있다는 점을 강조했다. 당시 마르크스가 자본주의적 중심부에서의 혁명 운동만으로는 자본주의를 전복하는 데 충분하지 않다고 분명하게 강조했기 때문에 단순히 마르크스가 질병에 시달렸고, 서유럽의 냉혹한 현실에 대해 실망했다는 사실만으로는 1870년대와 1880년대에 마르크스가 비서구 사회 연구에 몰두한 이유를 설명할 수 없다.

그러나 케빈 앤더슨(2010)처럼 마르크스가 일방적인 역사관에서 다중적인 역사관으로 이동했다는 논리로 스테드먼 존스의 비판에 대응하는 것은 적절하지 않다. 스테드먼 존스는 이러한 이행을 부정하는 대신 그것을 일종의 낭만주의로 치부하여 묵살하기 때문이다. 게다가 이미 수십년 전부터 와다 하루키(1975)와 테오도르 샤닌(Teodor Shanin 1984)이 러시아 혁명의 가능성에 대한 마르크스의 태도가 그의 말년에 크게 바뀌었다는 점에 주목해 왔기 때문에, 이러한 주장은 그리 새롭지 않다. 나아가 마르크스는 다양한 비서구 사회를 연구했던 1850년대 말에 이미 반식민주의적 입장과 노예제 폐지론적 입장을 강화했다 (Ghosh 1984). 이러한 사실을 감안해 보면, 마르크스가 20년도 넘은 뒤에야 마침내 비유럽중심주의적이고 다원적인 역사관을 가지게 되었다는 앤더슨의 주장은 마르크스의 지적 능력을 과소평가한 것이다. 안타깝게도 이러한 과소평가는 1868년 이후로는 마르크스가 성취한 것이 그리 많지 않다는 인상을 강화하기 때문에 스테드먼 존스의 비판에 설득력을 더한다. 스테드먼 존스의 주장을 반박하려면 우리는 오늘날의 세계와 말년의 마르크스의 이론적 관련성을 입증해야 한다. 그러려면 마르크스가 과거 본인이 전개한 일방적인 역사관과 결별했다는 것을 보여주는 것만으로는 충분하지 않다. 오늘날에는 이러한 환원주의적 관점을 채택하는 사람이 거의 없기 때문이다. 한마디로 말해, 마르크스가 자술리치에게 보낸 편지에서 확인할 수 있는 새로운 이론적 범위가 스테드먼 존스와 앤더슨이 추정하는 것보다 더 광범위하다는 것을 입증해야 한다. 사실, 이 새로운 이론적 범위를 적절하게 파악하고 나면 스테드먼 존스의 마르크스의 낭만주의 비판은 사소해 보이게 되는데, 그 이유는 그렇게 해석하기 위해 스테드먼 존스가 치러야 했던 대가가 더 크기 때문이다. 즉, 1868년 이후 말년의 마르크스가 몰두했던 이론적 연구들의 혁명적 특징을 묵살함으로써 스테드먼 존스는 포스트-자본주의에 대한 마르크스의 최종 전망을 인식하지 못하게 되었다.

나아가 앤더슨이 마르크스주의의 오래된 도그마를 단호하게 거부한다 하더라도, 그의 논의들이 모두 유럽중심주의적/일방적 대 탈식민주의적/다중적 역사관을 중심으로 전개된다는 것은 부인할 수 없다. 어떤 의미에서, 앤더슨의 논의들은 여전히 역사 유물론이라는 매우 전통적인 패러다임에 국한되어 있으면서 논의의 범위를 축소한다. 직설적으로 말하자면 마르크스의 일차적 관심은 역사법칙의 확립이 **아니**었다. 다시 말해, 자본주의 이전 사회 및 비서구 사회 연구에 몰두한 마르크스의 주요 이론적 과제는 본인이 확립한 법칙의 적용 가능성을 시험하는 것이 **아니었다**. 역사 유물론이 '철칙'이라는 발상은 마르크스주의자들이 마르크스 사후에 강화한 발상일 뿐이다. 1880년대에 마르크스가 추진한 기획의 진정한 쟁점이 무엇이었는지를 재검토하려면 역사 유물론이라는 패러다임과 결별해야 한다. 그러기 위해서는 유럽중심주의 **및** 생산지상주의 모두에 도전해야 한다.

마르크스의 연구 노트에 대한 앤더슨의 선구적인 탐구의 결론이 무엇인지 알 만해 보인다면, 그리고 스테드먼 존스의 대응이 마르크스에 대한 정형화된 비판을 되풀이하고 만다면, 그 이유는 그들이 마르크스의 역사 유물론의 **한** 측면, 즉 '유럽중심주의'만을 다루고 다른 측면, 즉 '생산지상주의'는 외면하기 때문이다.[26] 따라서 보다 통합적으로 접근할 필요가 여전히 남아 있다.

이것이 결정적인 지점이다. 유럽중심주의와 생산지상주의를 **모두** 살펴보지 않으면 말년의 마르크스에 대한 완전히 새로운 해석이 설득력을 얻을 수 없다. 즉, 코뮤니즘으로 향하는 경로가 다원화된 것이 아니라 마르크스가 과거 [옮긴이: 본인이 전개한] 역사 유물론의 이론적 결함과 편파성을 의식적으로 성찰한 결과, 1880년대에 **코뮤니즘에 대한 마르크스의 발상** 그 자체가 크게 변한 것이다. 자본주의의 초월과 코뮤니즘의 확립이 마르크스 평생의 주요 이론적 및 실천적 과제였던 것으

---

26 앤더슨과 스테드먼 존스뿐 아니라 콜야 린더너(2010)와 마르셀로 무스토(2020)도 비서구 사회를 연구한 마르크스에 대해 논의할 때 생태학적 쟁점에 대한 마르크스의 접근법에 대해서는 주목하지 않는다. 그 결과, 그들은 모두 마르크스의 연구 노트가 가지는 이론적 중요성을 탈식민주의 연구가 제기하는 문제와 비판에 대응하기 위한 도구로 축소하는 경향을 보인다.

로 보이지만, 마르크스가 자술리치에게 보낸 편지를 다룬 기존 문헌에서는 이 문제가 전혀 논의되지 않았다. 실제로 마르크스는 1881년에 이 기회를 이용하여 그동안 농촌 공동체를 집중적으로 연구하면서 터득한 지식을 바탕으로 비계급 사회에 대한 본인의 전망을 정립했다.[27]

『자본』 2권과 3권의 출판이 상당히 지연되었다는 점에서도 코뮤니즘에 대한 마르크스의 발상이 말년에 전환되었을 가능성을 엿볼 수 있다. 심지어 엥겔스가 『자본』 2권과 3권의 최대한 빠른 완성을 강력하게 바랐음에도, 마르크스는 자연과학과 자본주의 이전 사회에 대한 연구를 꾸준히 이어 갔다. 마르크스가 『자본』을 완성하는 대신 이러한 주제에 그토록 많은 시간을 할애한 이유는 오랫동안 수수께끼로 남아 있었다. 어쩌면 이러한 행보는 압박감과 건강 악화에 시달린 마르크스가 『자본』 집필이라는 고통스러운 작업에서 벗어나려고 시도한 흔적일지 모른다. 예를 들어 뤼도 쿠이베르스(Ludo Cuyvers, 2020: 33)는 마르크스의 관심사 변경을 '변덕'이라고 다소 부정적으로 논평했다. '마르크스는 완벽주의자였다. 거기에 광범위한 지식에 대한 변덕스러운 관심이 더해져 『자본』이 미완성으로 남게 되었을 가능성이 높다. 이로써 1870년대에 마르크스가 러시아어, 수학, 지질학, 민족지학 등을 연구한 이유

---

27 이러한 의미에서, 스테드먼 존스의 추정과 달리, 마르크스가 러시아 공동체의 활력을 자본에 맞서는 저항의 장소로서 인식한 것과 공동체적 사회를 '이상화'하는 것은 전혀 다른 일이다. 사실 자술리치에게 보낸 편지에서 마르크스는 서구 국가들이 농경 공동체로 복귀할 것을 요구하지도 않았고, 그들의 농촌 생활을 무비판적으로 지지하지도 않았다. 마르크스는 항상 전통적인 공동체의 배타적이고 가부장적이며 보수적인 특징에 대해 우려했다. 내가 알기로는, 마르크스가 자술리치에게 보낸 편지의 실제 내용이 서유럽에서의 포스트-자본주의 사회에 대한 마르크스의 구상과 관련이 있다고 주장한 사람은 후쿠토미 마사미(1970: 172)뿐이다. 그러나 그는 이것에 대해 상세하게 설명하지 않았다.

도 설명된다.' 그러나 쿠이베르스가 이러한 연구 노트의 실질적인 내용을 탐구하지 않았기 때문에 이러한 설명은 설득력이 떨어진다. 오히려 이 책에서는 이러한 행보가, 건강이 심히 나빠졌음에도 지적 능력과 열정을 완전히 잃은 것은 아니었던 마르크스가 『**자본**』**을 완성하기 위해** 새로운 지식을 터득하려고 노력했던 흔적이라고 주장한다.[28]

마르크스 정치경제학의 중심축으로 자리 잡은 물질대사론에서 이러한 수수께끼를 해결할 단서를 찾을 수 있다. 다시 말해, 생태학과 자본주의 이전/비서구 사회에 대한 마르크스의 집중적인 연구는 그의 물질대사론을 심화시키는 데 있어 없어서는 안 되는 것이었다. 마르크스는 비서구/자본주의 이전 농촌 공동체가 인간과 자연 사이에 이루어지는 물질대사를 [옮긴이: 서구 사회 및 자본주의 사회와] 상이한 방식으로 조직한다는 점에서 그들[옮긴이: 비서구/자본주의 이전 농촌 공동체]이 지닌 활력의 원천을 찾으려고 시도했다. 마르크스의 물질대사론의 시각에서 볼 때, 비서구/자본주의 이전 사회에 대한 마르크스의 연구를 공동 소유 체계, 농업, 노동이라는 측면에서만 논의하는 것으로는 충분하지 않다. 대신 농업이 마르크스의 생태학적 물질대사 균열론의 주요 분야였다는 점에 주목해야 한다. 다시 말해, 비서구 사회에 대한 마르크

---

28 앞서 언급한 것처럼 마르크스는 『자본』 2권의 집필을 위한 수고를 썼다. 그것들은 이제 *MEGA* II/4.3과 II/11에서 확인할 수 있다. 마르크스는 『자본』 2권의 집필을 위해 8개의 수고를 준비했고 1881년 상반기에 쓴 마지막 수고는 자술리치에게 보낸 편지의 종이와 동일한 종이를 활용하여 작성했다. 내용의 측면에서 볼 때, 마르크스는 여덟 번째 수고에서 『자본』 2권에 남아 있는 문제들, 특히 재생산 도식과 관련된 문제들을 대체로 해결했다(*MEGA* II/11). 스테드먼 존스(2016)는 이 수고에 대해 언급하지 않음으로써 이미 1880년대에 마르크스가 지적 능력을 완전히 상실했고 낭만적 향수에 빠졌다는 인상을 주려고 한다.

스의 연구에서 쟁점은 한낱 식민 지배를 통한 공동 소유 체계의 해체가 아니라 그것이 지니는 생태학적 함의이다. 사실 생태학에 대한 관심이 커지면서 마르크스는 자연환경의 강탈을 자본주의의 핵심 모순의 징후로서 이해하게 되었다. 마르크스는 전 지구적 규모에서 강탈 프락시스를 강화하고 물질대사 균열을 심화시키는 자본의 생산력의 발전의 비합리성에 대해 의식적으로 성찰했다. 또한 마르크스는 자본주의 이전/비서구 사회에서 인간과 자연 사이에 이루어지는 물질대사적 상호작용을 사회적으로 조직하는 근본적으로 상이한 방식을 생태학적 시각에서 연구했다.

바로 이 개념을 매개로 이 두 가지 연구 분야가 서로 밀접하게 연결되어 있음이 드러난다. 또한 여기서 말년의 마르크스가 자본주의 이전/비서구 사회에 대한 연구를 시작한 이유를 상기해 볼 필요가 있다. 마르크스는 1868년 초 카를 프라스의 생태학 저술을 탐독한 것을 계기로 마우러의 게르만 민족 공동체 분석을 다루게 되었다. 게르만 민족의 '마르크 협동체Markgenossenschaft'와 그들이 영위한 지속 가능한 농업에 대한 프라스의 논의는 마우러의 분석을 토대로 삼은 것이었다. 다시 말해, **생태학과 자본주의 이전 사회라는 쟁점들은 애초부터 연결되어 있었던 것이다.** 그 이전에도 이미 마르크스는 생태학에 관심을 가지고 있었지만, 프라스의 저술을 탐독한 것을 계기로 그 범위가 확장되었다. 따라서 마르크스는 프라스의 과잉 벌목 비판이 '사회주의적 경향'을 보인다고 평가했을 뿐 아니라 생태학적 시각에서 자본주의 이전 사회에서 이루어지는 구체적인 물질대사적 상호작용 방식에 보다 더 주목하게 되었다.[29] 이제 마르크스는 그들의 협동체적 생산과 그에 조응하는 공동 소유 체계가 이러한 사회에서 환경과 인간 사이에 이루어지는 물질대사적 상호작용을 보다 더 지속 가능하게 만든다는 것을 인식했다. 사실 마르크스는 게르만 민족 공동체의 급진적 '평등주의'를 언급하면서 마우러의『마르크, 호프, 도르프, 슈타트의 헌법 및 공권력의 역사에 대한 소개』도 똑같이 '사회주의적 경향'을 보인다고 평가했다.

> 두 번째 반응은 중세 시대를 넘어 각 민족의 원시 시대를 살펴보는 것인데, 이는 사회주의적 경향이라고 할 수 있네. 그러나 이 학자들은 그 둘 사이에 어떤 연관성이 있는지 전혀 알지 못하지. 따라서 그들은 가장 오래된 것에서 가장 새로운 것을 발견했다는 사실에 놀라움을 금치 못하는데, 어느 정도냐면 아마 평등주의자인 프루동조차 경악을 금치 못했을 것이네. (*MECW* 42: 557)

마우러와 프라스가 똑같이 '사회주의적 경향'을 보인다고 평가함으로써 마르크스는 지속가능성과 사회적 평등의 연관성을 시사했다. 그렇다면 그것들은 어떻게 관련되는가?

마우러에 따르면 '마르크 협동체'는 유목 생활에서 농경 생활로 넘어가는 과도기에 나타났다.[30] 유스투스 뫼저Justus Möser는 사적 소유

---

29 눈에 띄는 것은 리비히도 본인이 전개한 강탈 프락시스 비판에서 자본주의 이전 사회를 논의했다는 점이다(Liebig 1862). 그러나 1864년 당시 그것에 주목하지 않았던 마르크스는 관련된 절에 발췌를 남기지 않았다. 이는 1868년 이후가 되어서야 비로소 마르크스의 관심이 확장되었음을 시사한다(Saito 2017).

30 이후 1870년대에 마르크스는 마우러의 저술을 두 차례에 걸쳐 발췌했다. 이것은 마르크스에게 마

체계가 마르크Mark의 토대였다고 주장한 반면, 마르크스가 연구 노트에 기록한 것처럼 마우러는 게르만 민족의 소유 형태가 근본적으로 공동체적임을 강조했다.

> 협동체와 무관한 개별적인 토지는 … 애초부터 존재하지 않았다. 오히려 **가족 및 부족 협동체**는 영구적인 정착이 이루어지기 이전부터 이미 존재했다. **즉, 그것들은 이미 그러한 방식으로 정착해 있었던 것이지** 정착이 이루어진 이후에 생겨난 것이 아니었다. (*MEGA* IV/18: 544, 강조는 원문)

게르만 부족은 토지를 공동의 것으로 취급했기 때문에 특정 개인이 토지를 소유하는 일은 없었다. 게르만 부족은 토지가 맺은 결실을 동등하게 분배하여 소수의 손에 부가 집중되는 일이 없도록 토지의 주기적인 할당을 신중하게 조정했다.

> 경작 가능한 들판의 일부만이 분배의 대상이었다. 처음에는 구성원을 먹이는 데 필요한 만큼만 분배되었다. 경작할 수 없거나 경작할 필요가 없는 다른 모든 토지는 분배되지 않은 채 공동체의 것으로 남았다. 여기에는 무엇보다 **숲, 목초지, 황야, 황무지 등**이 포함되었다(p. 84). 갈리아Gaul와 다른 정복된 속주의 경우에도 이미 경작되고 경운된 토지만이 분배의 대상이었다. 반면, 많은 **들판**과 **숲** 등은 분배되지 않은 채 공동체의 것(silva indivisa, silva

우려가 얼마나 중요한 인물이었는지를 시사한다. 출판되지는 않았지만, 마르크스의 관심사 변화를 보다 더 상세하게 추적하기 위해서는 이러한 말년의 연구 노트를 탐구할 필요가 있을 것이다.

communis)으로 남았다. p. 87. (*MEGA* IV/18: 554; 강조는 원문)

마르크스는 마우러의 『마르크, 호프, 도르프, 슈타트의 헌법 및 공권력의 역사에 대한 소개』에서 마르크 협동체가 목초지를 확보해 공동 방목했을 뿐 아니라 구성원에게 토지를 분배하기 위해 추첨제를 도입했다고 설명하는 구절들을 세심하게 추적했다.

이러한 모든 공동체에서 정원, 들판, 초원, 목초지, 숲이 있는 마르크 마을은 이미 카이사르 시대에도 그러했던 것처럼 협동체 구성원에게 [옮긴이: 토지를] 분배하지 않는 공동체였다. 개인에게 공동의 마르크를 여러 해 동안 분배하는 경우에는 경작과 이용을 위해서만 분배했다. 정원, 들판, 초원에 대한 각자의 몫은 추첨을 통해 분배되었고 전체 몫이라고 불렸다. 사용 허가가 만료된 해에는 분배된 모든 토지가 공동체에게로 되돌아갔고 그런 다음 재측정되어 개인에게 다시 분배되었다. 그들은 목초지를 공동으로 사용했고 숲에서 수확한 결실로 공동체의 필요를 만족시키고 세금을 충당했다. 그리고도 남은 것은 각자에게 할당된 토지의 비율에 따라 모든 구성원에게 분배되었다. (6, 7). (*MEGA* IV/18: 545)

이것은 부의 집중으로 인해 구성원 사이에 지배와 예속 관계가 형성되는 일을 방지하는 효과적인 방법이었다. 토지를 공동의 것으로 취급하는 방식은 노예 노동을 기반으로 작동했던 고대 로마의 대토지 소유 체계인 라티푼디움Latifundium과 명확하게 대비된다. 한편, 마우러는 로마법의 영향을 받으면서 이러한 추첨제가 차츰 사적 소유 체계로 대체되어 가는 과정도 추적했다(Maurer 1865: 98).

이와 동시에, 토지는 누구에게도 속하지 않은 것이었다. 따라서 공동체는 특정한 개인이 토지를 임의적으로 사용하거나 그것의 산물을 판매하지 못하도록 제재하여 사회적 생산의 지속가능성을 보장했다. 마우러는 프라스가 저서『농업 위기와 그 해결책*Ackerbaukrisen und ihre Heilmittel*』에서 언급한『도르프 헌법의 역사*Geschichte der Dorfverfassung*』의 해당 구절들에서 마르크 협동체의 폐쇄적 특징에 대해 기록했다.

> 자유 공동체와 장원 공동체는 마을 공유지에서 목재를 반출하여 공유지 외부에 판매하는 것을 금지했다. … 이와 동일한 이유로 마을 공유지의 주택, 헛간, 창고, 그 밖의 다른 건물을 판매하는 것도 허락하지 않았다. … 거름 또는 분뇨, 짚, 건초, 다른 사료 및 빗자루와 마을에서 생산한 다른 산물의 반출도 … 마을에서 잡은 생선과 게의 판매도 동일하게 금지했다. … 마찬가지로 마을에서 기른 과일과 동물은 최대한 그 마을 내에서 소비하거나 최소한 산물의 가공이 그 마을 내에서 이루어져야 했다. 따라서 마을에서 살찌운 돼지는 마을 외부에 판매할 수 없었다. … 이와 동일한 이유로 마을에서 재배한 작물과 포도주도 마을 그 자체에서 갈아서 굽고, 먹고, 마셔야 했다. 이것은 많은 마을에서 차지권借地權으로 이어졌다. (Maurer 1865: 313–316)[31]

---

31 1876년 마르크스는 마우러의『도르프 헌법의 역사』도 탐독했다. 마우러의 저술에 대한 마르크스의 관심을 보다 더 구체적으로 논의하기 위해서는 이러한 발췌를 검토할 필요가 있을 것이다.

유스투스 폰 리비히의 주장에 익숙한 사람이라면, 이토록 강력한 공동 토지 규제 체계가 토양 양분의 순환을 보장하여 '보충의 법칙'을 지킴으로써 지속 가능한 농업을 실현했으리라는 점을 곧바로 알아차렸을 것이다. 따라서 프라스(1866: 209)는 마우러의 분석을 바탕으로 '최초로 형성된 게르만 민족의 마을은' 토양을 강탈하는 대신 '항상 지력地力을 증대할 필요의 법칙을 따랐다'라고 결론 내렸다. 이렇게 마우러와 프라스는 공동체의 규제가 사실상 지속가능성과 사회적 공평 모두를 토대로 성립되었다는 점에 의견을 같이했다. 마르크스는 1868년 3월 연구 노트에서 이 두 가지 측면을 긴밀하게 연결했다. 즉, 그것들의 근간에는 게르만 민족 공동체 내에서 인간과 자연 사이에 이루어지는, 따라서 자본주의적 생산양식과는 근본적으로 상이한 물질대사적 관계가 자리 잡고 있었다.

마르크스는 프라스와 마우러가 똑같이 '사회주의적 경향'을 보인다고 평가했다. 이것은 '사회적 공평'과 '지속가능성'이 마르크스의 사회주의 기획의 핵심으로서 매우 중요하다는 것을 시사한다. 이러한 통찰은 말년의 마르크스를 이해하는 데 필수적이다. 분명 마르크스는 프라스와 마우러의 저술을 탐독하기 전부터 이미 자본주의 이전 공동체가 근대 사회보다 더 평등했다는 것을 잘 알고 있었다. 마르크스는 원시 공동체 사회를 심지어 '토착 공산제'(*Capital* III: 970)라고 표현하기도 했다. 그러나 마르크스 그것의 생태학적 차원을 충분히 고려하지 않았고, 그 배타적이고 안정적인 특징을 묵살하곤 했다. 1868년 이후, 생태학적 인식이 심화되면서 마르크스는 '토착 공산제'를 재평가하게 되었고, 1880년에서 1881년에는 모건의 '생존형 공산제communism in living'를 수용하기에 이른다.[32]

1868년 3월, 엥겔스에게 보낸 동일한 편지에서 마르크스는 '가장 오래된 것에서 가장 새로운 것'을 발견했다고 언급하면서 놀라움을 표했다(*MECW* 42: 557). 스테드먼 존스에게는 이것이 단순히 마르크스의 낭만주의를 드러내는 또 다른 징후에 불과하다. 그러나 이 진술은 1868년 3월에 이루어졌다. 『자본』 1권을 출판하고 불과 몇 달도 채 지나지 않은 시점에 마르크스가 갑작스레 '낭만적'으로 변한 이유는 무엇인가? 마르크스는 사회주의 혁명의 가능성에 대해 큰 열정을 품고 필생의 역작을 출판했을 것이지만, 지속가능성과 사회적 공평의 상호 연결성에 주목하게 되면서 이야기가 사뭇 달라졌을 것이다. 바로 이것이 1868년 이후 마르크스가 자본주의 이전 사회와 자연과학을 동시에 연구하기 시작한 분명한 이유이다. 이것을 염두에 두면 1870년대에 마르크스가 러시아 농업 공동체를 연구하면서 '가장 오래된 것에서 가장 새로운 것'을 발견하고는 다시 한번 놀랐으리라고 쉬이 짐작할 수 있다. 실제로 1876년에 마르크스는 마우러의 『마르크, 호프, 도르프, 슈타트의 헌법 및 공권력의 역사에 대한 소개』와 그의 다른 저서 두 권을 다시 탐독했다.[33]

자술리치에게 편지를 보내기 위해 작성된 세 번째 초안에서 마르

---

32 다이라고 도모나가(2016)가 주목한 것처럼, 마우러의 저술을 탐독한 뒤로 게르만 민족 공동체의 소유 체계에 대한 마르크스의 구상이 『그룬트리세』와 달라졌다. 이러한 전환을 생태학적 시각에서 재검토할 필요가 있다.

33 이러한 발췌들은 *MEGA* IV/24로 출판될 예정이다.

크스는 1868년 3월의 편지에 기록한 게르만 민족 공동체의 영속성에 대해 동일한 요점을 되풀이하면서 마우러를 다시 언급한다.

> 그러나 보다 더 중요한 것은, 이러한 '농업 공동체'의 뚜렷한 흔적이 그것으로부터 출현한 새로운 공동체에 너무나 선명하게 새겨져 있기 때문에, 마우러가 새로운 공동체에 대해 해석하는 동시에 기존의 공동체를 재구성할 수 있었다는 점입니다. 경작 가능한 토지는 생산자들이 사적으로 소유하는 반면 숲, 목초지, 불모지 등은 여전히 공동의 것으로 남겨 둔 이 새로운 공동체는 게르만 민족이 정복한 모든 나라에 도입되었습니다. 그것의 원형으로부터 차용한 특정한 특징들 덕분에, 이 공동체는 중세 시대 내내 민중의 삶과 자유의 유일한 중심이 되었습니다. (Shanin 1983[1984]: 118–119)

농업 공동체들의 '**자연적 활력**'(Shanin 1983[1984]: 118)은 매우 강력해서 다른 공동체들이 전쟁과 침략으로 인해 붕괴되어 사라지는 와중에도, 이러한 농업 공동체들은 마르크스 시대의 독일에서 '새로운 공동체'로서 오랫동안 살아남았다.[34] 러시아의 '농업 공동체'는 그것보다 더튼튼하므로, 사회주의 혁명을 위한 기초가 될 수 있을 터였다.

---

34 마우러는 이러한 농업 공동체의 일부 측면이 19세기까지도 남아 있었다고 주장했다.

> Folgt aus dem zu Cäsars Zeiten bei allen Germanen, insbes. auch den Sueven 25 geltenden jährlichen Wechsel des Besitzes u. den jedes Jahr neuerdings wieder vorgenommenen Anweisungen v. Grund u. Boden (Cäsar IV, I, VI, 22.), noch zu Tacitus Zeit (Germ. c. 26. arva (das Ackerland) per annos mutant \ wechseln sie jährlich, et superest ager (u. Gemeindeland bleibt übrig, d.h. eine gemeine, unvertheilte Mark.)), in Deutschland hier 30 u. da bis auf unsre Tage fortgedauert. (*MEGA* IV/18: 544)

그러나 이것은 이야기의 한 부분에 불과하다는 점에 유의해야 한다. 마르크스는 비서구의 활력을 활용하여 서유럽 사회를 포스트-자본주의 사회로 도약시킬 방법에 관심을 가졌다. 마르크스가 농촌 공동체와 자연과학을 오랫동안 연구한 주요 목적은 이러한 비서구 공동체에 숨어 있는 혁명적 잠재력이 아니라 **그것이 서유럽에 가지는 의미**라고 해도 과언이 아니다. 자술리치가 갑작스레 질문을 던졌기 때문에 마르크스는 '순수한 이론에서 러시아의 현실로 내려와'(Shanin 1983 [1984]: 112) 자술리치에게 보내는 편지에서 러시아 혁명의 경로에 대해 직접적으로 언급할 수밖에 없었다. 그러나 마르크스가 자본주의 이전/비서구 사회를 연구한 원래 목적은 그 사회들이 품고 있는 '자연적 활력'에서 영감을 얻어 서유럽의 포스트-자본주의 사회를 그려 보는 것이었다. 이것이 모순적으로 들릴지도 모르지만, 이러한 요점을 이해하기 위해서는 마르크스가 자술리치에게 보낸 편지를 생태학적 관점에서 분석해 보아야 한다.

앞서 논의한 것처럼 자본주의적 발전이 초래한 생태 저하로 인해 1860년대에 마르크스는 과거 본인이 전개한 이론적 도식을 비판적으로 재고할 수밖에 없었다. 물질대사 균열은 자본주의가 공동 생산 형태와 공동 소유 형태를 파괴한 결과 '자연적 활력'이 저하되는 징후에 불과하다. 이러한 의미에서 계급 형성과 환경 저하의 근본 원인은 동일하다. 이로 인해 마르크스는 서유럽의 생산력이 '더 높다'고 해서 서유럽이 비서구/자본주의 이전 사회보다 우수하다고 보는 것이 맞는지 의문을 품게 되었다. 마르크스가 자술리치에게 보낸 편지에서 자본주의 이전 공동체가 경제적으로 우수하다는 표현을 사용했다는 점에서도 그가 의문을 가졌음을 확인할 수 있다. 예를 들어 마르크 협동체는 서구 자본주의 사회에 비해 생산력이 훨씬 낮지만, 자연과의 물질대사적 상호작용을 훨씬 더 의식적으로 규제하여 동시에 사회적 공평과 토양 비옥도를 동시에 확보한다는 점에서 [옮긴이: 서구 자본주의 사회]보다 더 '우수하다.' 바로 이것이 마르크 협동체가 오랫동안 유지해 온 자연적 활력의 원천이었다. 자본의 생산력은 포스트-자본주의 사회를 위한 기초가 될 수 없기 때문에 마르크스는 서구 사회가 이러한 농업 공동체로부터 물질대사를 조직하는 상이한 방법을 배울 필요가 있다고 주장하게 되었다. 이러한 태도는 마르크스가 과거 본인이 전개했던 유럽중심주의와 완전히 결별했음을 의미한다.

이러한 학습 과정을 거치면서 서구 자본주의에 대한 마르크스의 분석과 포스트-자본주의 사회에 대한 그의 전망은 날이 갈수록 크게 변화했다. 자술리치에게 보낸 편지에서 마르크스가 서유럽 자본주의의 '위기'를 지적했다는 점에서 이러한 이론적 수정의 단서를 감지할 수 있다.

오늘날 [자본주의는] 서유럽과 미국 모두에서 과학, 민중, 그리고 그것이 유발한 바로 그 생산력과 충돌하는 사회 체계에 직면해 있습니다. 요컨대, 위기에 처해 있습니다. (Shanin 1983[1984]: 106)

마르크스가 노동계급의 운동뿐 아니라 '과학' 및 '생산력'과 관련해서 자본주의의 위기를 논의했다는 점은 주목할 만하다. 마르크스-

레닌주의는 이러한 위기의 의미를 거의 자연스럽게 생산지상주의적 방식으로, 즉 과학과 기술의 추가적인 발전이 결과적으로 자본주의를 하늘 높이 날려 버리고 자본주의의 위기를 종식할 것이라는 의미로 독해했다. 그러나 『자본』에 담겨 있는 마르크스의 생태학을 고려하면, 이 구절에 대한 생산지상주의적 방식의 독해는 더 이상 설득력이 없다.

자술리치에게 보낸 편지에 담긴 이 구절을 생산지상주의를 **비판한** 마르크스의 시각에 입각해서 탐독한다면, 그 의미는 정반대가 될 것이다. 생산력의 지속 가능한 발전을 가로막는 장애물이 되었다는 '과학'의 냉혹한 비판에 직면한 자본주의는 영속적인 위기에 처해 있다. 예를 들어 리비히와 프라스는 자본주의하에서 새로운 기술은 자연의 강탈을 강화할 뿐이라고 주장했다. [옮긴이: 기술의] 지속 불가능한 특징은 리비히와 프라스가 말하는 근대 과학의 '합리적인' 적용과 거리가 멀다. 이러한 생태 과학자들은 진보적인 사회체계로서 자본주의의 정당성에 의문을 제기했다. 다시 말해 그들은 자연을 예속하고 조작하려는 근대 프로메테우스적 기획이 실패했음을 드러냈다. 반대로, 자연과학이 이러한 자본주의적 목적에 복무하게 되면 필연적으로 '착취적'이고 '낭비적'인 것으로 판명된다.

『자본』 3권에서 마르크스가 주장하는 것처럼, 지구는 공동의 것이므로 지구를 비합리적인 방식으로 다루는 행위는 용납될 수 없다. '가장 즉각적인 금전적 이윤을 지향하는 자본주의적 생산의 정신 전체는 연달아 이어지는 인간 세대에게 필요한 영구적인 삶의 조건 일체에 관심을 기울여야 하는 농업과 모순된다'(*Capital* III: 754). 토지의 사적 소유를 포함하는 자본주의적 사적 소유 체계는 사적 개인에게 속한 것의 임의적인 사용을 정당화한다. 나아가 원자화된 개인의 이기적인 잘못으로 유발된 피해는 사회 전체에 불균등한 방식으로 번질 수 있다. 이와 달리 마르크스는 '연합된 생산자들이 자연과 인간 사이에 이루어지는 물질대사를 합리적인 방식으로 지배'(*Capital* III: 959)할 것을 요구했다. 또한 이것은 리비히와 프라스가 요청했던 것으로, 그것은 자본주의의 위기를 증폭시킬 것이다.

이러한 위기는 어떻게 끝나는가? [옮긴이: 자술리치에게 편지를 보내기 위해 작성한] 첫 번째 초안에서 마르크스는 자본주의의 위기는 "스스로 소멸됨으로써, **즉 근대 사회가 집단 소유와 집단 생산이라는 '고대의' 고등한 형태로 복귀함으로써** 종식될 것"(Shanin 1983[1984] 107; 강조는 추가)이라고 계속해서 주장했다. 여기서도 '가장 오래된 것이 가장 새로운 것이다.' 마르크스는 자본주의적 발전을 최대한 멀리 밀고 나아간 뒤에야 비로소 코뮤니즘이 확립될 수 있다고 주장하지 않았다. 놀랍게도 이제 마르크스는 서유럽이 자본주의 이전 사회로 '복귀'해야 한다고 주장하게 되었다. 이것이 낭만주의인가? [옮긴이: 여기서 던져야 할] 진정한 질문은 비서구 사회로부터 정확히 무엇을 통합해야 서유럽이 고대의 유형이라는 고등한 형태로 '복귀'할 수 있는가?일 것이다.

마침내 말년의 마르크스의 이론적 핵심에 다가서게 되었다. 앞서 살펴본 것처럼 1870년대에 '지속가능성'과 '사회적 공평'의 상호관계에 대해 고찰한 마르크스는 자술리치의 질문을 계기로 서유럽과 미국에서 자연과 인간 사이에 이루어지는 물질대사를 합리적으로 규제할 수 있는 새로운 방식을 정립하게 되었다. 그럼으로써 마르크스는 서구 사회가 보다 더 우수하다는 본인의 전제를 생태학을 근거로 수정했다. 이제 마르크스는 서구 사회가 코뮤니즘을 확립하는 과정에서 고대 공동체의 우수한 요소를 부활시켜야 한다고 주장하게 되었다. 다시 말해, 중요한 것은 역사적 과정의 다원화나 유럽의 지방화가 아니라 마르크스가 코뮤니즘 그 자체에 대한 본인의 전망을 이와 같이 상당히 수정했다는 것이다.

'고등한 형태'로 복귀한다는 표현은 루이스 헨리 모건의 『고대 사회』의 영향을 받은 것이다.[35] 모건은 근대 서구 사회는 '한낱 소유 이력'을 쌓는 것을 주요 목표로 삼게 되었다고 주장했다. 또한 모건은 '고등한 형태', 즉 보다 더 민주적이고 공동체적인 삶으로 복귀하여 자유, 평등, 박애를 복원할 것을 옹호했다. 마르크스는 다음 구절을 언급했다.

> 그럼에도, 인간의 지성이 **소유를 지배할** 수 있는 경지에 도달할 때가 올 것이다. … **한낱 소유 이력**을 쌓는 것이 인류의 **최종적인 운명은 아니다. 문명이** 시작된 **이후 흘러간 시간**은 과거 인간이 존재해 온 기간에 비하면 (아주 작은) 단편에 불과하고, **아직 오지 않은 시대의 단편**에 불과하다. **소유를 목적** **이자 목표로 삼는 삶에는 자기파괴적인 요소가 들어 있기 때문에 사회의 해**

---

35 안제이 발리츠키(Andrzej Walicki 1969: 189)에 따르면 마르크스가 자술리치에게 보낸 편지의 내용은 체르니셰프스키의 주장과도 궤를 같이한다. '마르크스의 논리는 니콜라이 체르니셰프스키가 『공동 토지 소유 체계에 대한 철학적 편견 비판(*Critique of Philosophical Prejudices against the Communal Ownership of the Land*)』에서 전개한 논리와 매우 흡사하다'. 와다 하루키(1975)는 이것[옮긴이: 체르니셰프스키의 저술]을 마르크스에게 영감을 제공하는 또 다른 중요한 원천으로 요약한 바 있다.

체는 이러한 삶의 형태를 종식시킬 가능성이 높다. ⋯ 그것(고등한 사회 계획)은 **고대 씨족의 자유, 평등, 박애를 고등한 형태로 부활시키게 될 것이다.** (Krader 1974: 139; 강조는 원문)

모건은 고등한 형태의 사회가 어떤 모습이어야 하는지 상세하게 정교화하지는 않았지만, 자본주의 사회와 반대의 사회를 지칭하는 용어로 '생존형 공산제'라는 용어를 거듭 사용했고, 특히 이로쿼이족의 다부다처 가족에 초점을 맞췄다.[36] 마르크스가 그것이 러시아 농촌 공동체와 유사하다는 논평을 괄호를 활용하여 덧붙였다는 점은 주목할 만하다.

생존형 공산제는 **혈연 가족의 필요**에서 비롯된 것처럼 보인다. 이것은 **형제 자매혼**punaluan**으로, 그리고 아메리카 선주민의 **대우혼**syndyasmian**으로 이어졌다. 그 관행은 [옮긴이: 유럽인들이] 아메리카 선주민을 발견할 당시에도 남아 있었다. (그리고 **남 슬로보니아 민족**South Slavonians**에게도**? 그리고 심지어 어느 정도는 **러시아인에게도**?) (Krader 1974: 115; 강조는 원문)

마르크스는 다시 괄호를 사용하여 논평을 끼워 넣음으로써 동일한

---

36 이러한 맥락에서 학스타우젠은 저서 『상황(*Zustand*)』에서 러시아 농업 공동체를 당시 현존했던 코뮤니즘과 비교하기도 했다[옮긴이: 『러시아의 국내 상황, 국민 생활, 특히 농촌 제도에 관한 연구(*Studien über die innern Zustände, das Volksleben und insbesondere die ländlichen Einrichtungen Russlands*)』를 의미하는 것으로 추정됨]. 체르니셰프스키는 이 책에 대한 서평과 1870년대 러시아 공동체에서 혁명이 일어날 가능성에 대한 논평을 통해 마르크스가 학스타우젠에 주목하는 데 강력한 영향을 미쳤다.

요점을 되풀이했는데, 이는 마르크스가 1861년 러시아의 농노제 폐지에 대한 학스타우젠의 분석에 영향을 받았음을 시사한다.

> **[남 슬로보니아 민족과 어느 정도는** 농노 해방 전후의 **러시아 소작농처럼]
> 공동 가구**家口**를 형성하여 생존형 공산제의 원칙을 실천.** 이러한 사실은 **가
> 족이라는 허약한 조직만으로는** 삶의 고난을 오롯이 감당할 수 없었음을 드
> 러낸다. (Krader 1974: 116, 강조는 원문)

혹독한 자연환경으로 인해 러시아인들은 만인의 만인에 대한 투쟁을 바탕으로 한 다윈주의적 자연선택 대신 상호부조에 의존할 수밖에 없었는데, 이는 나중에 표트르 크로폿킨이 전개한 관점이었다.

토지와 소유를 공동체적으로 규제함으로써 생존형 공산제는 기본적으로 동일한 생산의 순환을 매년 되풀이했다. 즉, 오랫동안 지속되어 온 전통적인 생산 방식은 **경제성장이 없는 안정적이고 순환적인 경제**를 실현했는데, 마르크스는 이것을 역사가 없는 원시 사회의 퇴행적 부동성이라고 묵살한 바 있다. 농업 공동체의 이러한 정상상태 경제의 원칙은 끝없는 자본 축적과 경제 성장을 추구하는 자본주의와 근본적으로 상이하다. 마르스크는 모건의 『고대 사회』에서 게르만 민족 공동체에 대한 카이사르의 묘사에 주목하면서 이 점을 인지하게 되었다.

그들은 농업에 대한 열의가 없고 주로 우유, 치즈, 육류 위주로 식사를 한다. 아무도 일정량의 토지나 부동산을 자기의 것으로 가지지 않는다. 수령首領과

족장은 매년 부족과 씨족이 모두 모인 자리에서 각자에게 적합해 보이는 토지를 적합해 보이는 만큼 구성원들에게 할당하고 이듬해에는 다른 장소의 토지를 할당한다. 이러한 관행을 유지하는 데는 여러 가지 이유가 있다. 구성원들이 땅에 얽매여 전사가 되려는 열정을 버리고 농업에 안주하려는 유혹에 빠지게 될지 모른다는 공포, 더 넓은 땅을 차지하려는 욕망을 품게 되어 보다 더 힘 있는 구성원이 더 약한 구성원을 내쫓아 버리게 될지 모른다는 공포, 한파와 폭염을 피하는 데 더 많은 신경을 쓰게 될지 모른다는 공포, 돈을 차지하기 위해 당파를 형성하여 분쟁을 일으키게 될지 모른다는 공포 등등. 그들의 목적은 평범한 구성원이나 가장 많은 힘을 가진 구성원이나 모두 동등한 부를 소유한다는 점을 모든 구성원에게 인식시킴으로써, 모든 구성원들이 만족할 수 있는 공동체를 유지하는 것이다. (Krader 1974 : 413)[37]

사람들이 스스로를 재생산하기 위해서는 공동체의 규제와 제한이 필요했고, 마르크스가 언급한 것처럼 기술이 [옮긴이: 정체된 상태로] '꿈쩍조차 하지 않았기' 때문에 생산력은 매우 더디게 발전했다. '생존을 도모하는 야만인의 기술은 놀라울 정도로 지속적이다'(Krader 1974: 143). 그러나 그들이 '야만적'이었고 과학에 '무지'했기 때문에 생산력의 수준

---

37 다음 단락에서 카이사르가 주장하는 것처럼 그들은 공동체 외부 사람들에게 공동체의 힘을 과시하기 위해 불모지조차 의도적으로 유지했다.

국경을 초토화된 상태로 내버려두어 주변에 최대한 넓은 사막을 보유하고 있는 것이야말로 여러 부족에게 가장 큰 영광이다. 그들은 이웃들을 쫓아낸 뒤, 아무도 그 땅에 정착하지 못하게 만듦으로써 자신들의 위력을 만천하에 드러낼 수 있다고 생각한다. 더불어 그 땅이 갑작스러운 습격에 대비할 완충지대가 되어 주기 때문에, 그들은 보다 더 안전해졌다고 생각한다.

이 낮은 수준에 머물러 있었던 것은 아니었다. 이러한 공동체들은 더 장시간 노동하여 생산력을 증대할 수 있었음에도 불구하고, **의도적으로** 그러한 상황을 회피하는 방식으로 지배와 예속 관계를 유발하는 권력의 집중을 막기 위해 노력했다(Clastres 1989).

자술리치에게 보낸 편지에서 고대의 유형으로 복귀해야 한다는 마르크스의 요구는 경솔하고 임의적인 것이 아니었다. 1880년대에 마르크스는 경제성장이 없는 공동체의 지속적인 안정성이 인간과 자연 사이에 이루어지는 지속 가능하고 평등한 물질대사적 상호작용을 실현하는 근본적인 기초임을 인식했다. 이것은 1850년대 및 그 이후 출판된 『자본』 1권에서 아시아 공동체를 정체된 부동 상태라고 부정적으로 언급한 마르크스의 논평과 분명하게 대비된다. 이로써 마르크스가 과거 본인이 전개했던 역사 유물론과 결별하는 과정에서 전혀 무관해 보이는 두 가지 분야(자연과학과 공동체)의 연구에 몰두하게 되었음을 이해할 수 있다. 14년간의 연구를 통해 마르크스는 정상상태 경제를 바탕으로 실현되는 지속가능성과 평등이 자본주의에 저항하는 힘의 원천이라고 결론 내렸다. 따라서 러시아 공동체가 자본주의 단계를 건너뛰고 코뮤니즘에 도달한다고 해도 전혀 이상하지 않을 터였다. 또한 자본주의의 위기를 해결하기 위해 서구 사회가 의식적으로 '복귀'해야 하는 고대의 유형이라는 고등한 형태는 지속가능성과 평등을 실현하는 정상상태 경제이다. 요컨대, 포스트-자본주의에 대한 마르크스의 최종 전망은 **탈성장 코뮤니즘**이다.

마르크스가 요구하는 것처럼 서구 사회가 자본주의를 극복하고 비자본주의 사회로 '복귀'하기 위해서는 비서구 사회로부터 정상상태 경제라는 새로운 원칙을 배우고, 그것을 서구 사회에 통합하려고 진심으로 노력해야 한다는 것을 의미한다. 마르크스가 생산지상주의를 거부한다고 해서 그것이 곧 '시골로의 복귀'를 낭만적으로 옹호하는 것은 **아니다.** 사실 마르크스는 러시아 공동체가 자본주의적 발전이 맺은 긍정적인 결실을 받아들여야 한다고 거듭 덧붙였다. 자본의 생산력에 대한 비판이 곧 모든 기술의 거부를 의미하는 것은 아니다. 서유럽은 과거 자신이 이룩해 온 발전과 결별하는 것이 아니라 자본주의적 발전이 맺은 결실과 비서구 사회의 정상상태 경제의 원칙을 서구 사회에 결합함으로써 고대 공동체라는 고등한 단계로서의 코뮤니즘으로 도약할 수 있을 것이다. 탈성장 코뮤니즘으로서 이러한 생존형 공산제를 부활시켜야 한다는 발상은 20세기 전통적인 마르크스주의의 생산지상주의적 접근법과는 완전히 상이한 발상이지만, '자본의 생산력'의 추가적인 발전이 포스트-자본주의 사회의 확립으로 이어지는 것은 아니라는 마르크스의 인식과는 일맥상통하는 발상이다.

탈성장 코뮤니즘이라는 발상은 청년 마르크스의 프로메테우스주의와 정반대의 발상일 뿐 아니라 리비히의 강탈 농업 비판을 수용한 마르크스가 『자본』에서 전개한 '생태사회주의' 입장과도 전혀 다르다. 생태사회주의는 일단 **자본주의적** 생산이 극복되면 지속 가능한 경제성장을 계속해서 추구할 가능성을 배제하지 않지만, 탈성장 코뮤니즘은 성장이 지속 가능하지 않을 뿐 아니라 심지어 사회주의에서조차 바람직하지 않다고 주장한다. 따라서 탈성장 코뮤니즘은 포스트-자본주의에 대한 엥겔스의 전망과도 상이하다. 엥겔스는 일단 자본주의를 초월하면, 생태사회주의는 노동계급을 위한 생산력을 완벽하게 해방할 수 있을 것이라고 생각했다. [옮긴이: 엥겔스에 따르면] 사회주의에서는 '생산력 발전의 속도가 끊임없이 빨라지고 … 생산 그 자체가 사실상 **무제한으로 증가**'(*MECW* 25: 269; 강조는 추가)할 터였다. 반면 1881년 마르크스는 끝없는 성장에 대한 지지를 철회하고 '생존형 공산제' 원칙을 바탕으로 사회적 평등과 지속가능성의 필요성을 지적했다. 이러한 대전환은 알튀세르가 주장한 인식론적 단절에 필적한다(Althusser 2005).

생산지상주의 및 유럽중심주의와 완전히 결별한 이후에야 비로소 마르크스는 정상상태 경제의 원칙을 미래 사회의 기초로서 온전하게 받아들일 수 있었다. 마르크스가 나로드니키를 열정적으로 지지했음을 감안할 때, 그가 생애 마지막 단계에서 단서를 남긴 탈성장 코뮤니즘은 임의적인 해석이 아니었다. 게다가 '끝없는 성장'이라는 발상은 인간의 경제활동에는 별다른 제한이 없다는 듯, GDP의 성장만을 추구하는 헤게모니하에 있었던 20세기에 속하는 발상이다(Schmelzer 2017). 19세기에는 오히려 미래의 기술 발전을 기대하는 낙관적인 분위기 속에서 끝없는 성장의 불가능성을 절실하게 느꼈던 시대였다. 예를 들어 리카도와 맬서스는 수확체감의 법칙에 대해 논의하면서 극복할 수 없는 자연적 한계를 인지했다. 보다 더 널리 알려진 사례로는 선진 자본주의에서 이윤율 저하로 인해 '[옮긴이: 성장이] 결과적으로 정체될 것'임을 인식한 존 스튜어트 밀(John Stuart Mill 1849: 326)의 사례를 꼽을 수 있다.[38] 나아가

---

38 밀을 강도 높게 비판했던 마르크스는 밀이 전개한 '정체 상태'에 대해 전혀 논의하지 않았다. 여

표트르 크로폿킨과 엘리제 르클뤼Eliseé Reclus 같은 무정부주의적 코뮤니스트들과 윌리엄 모리스 같은 생태사회주의자들도 끝없는 물질적 소비를 바탕으로 하지 않는 미래 사회를 그려 보았다(Ross 2015: 104).[39] 이러한 의미에서 파리 코뮌과 비서구 사회의 농촌 공동체에 대한 마르크스의 높은 평가는 예외적인 것이 아니다.[40]

그러나 마르크스가 탈성장 코뮤니스트일 가능성은 그와 긴밀하게 협업했던 엥겔스조차 인식하지 못했던 것이다. 20세기 소련의 국가사회주의와 서유럽의 사회민주주의도 사회적 생산과 재생산을 공동체적 형태를 통해 규제해야 한다는 주장을 묵살하면서 근대화와 경제성장을 추구했다. 그 결과, 어이없게도 마르크스의 역사관은 환경적 쟁점을 등한시하고 다른 해방적 상상력을 은폐하면서 끝없는 GDP 성장을 추구하는 자본주의적 목표와 매우 유사한 직선적이고 생산지상주의적

기서 [옮긴이: 밀의 사례를 제시한] 것은 정상상태 경제라는 발상이 고전 정치경제학에 있어 완전히 낯선 발상이 아니었다는 것을 보여주려는 의도에 불과하다. 체르니셰프스키의 『밀의 정치경제학 개요』도 정상상태 경제에 대한 밀의 논의를 다루지 않는다. 따라서 1870년에 마르크스가 『밀의 정치경제학 개요』에 몰두했다고 해서 자본주의의 미래에 대한 밀의 예측을 바라보는 마르크스의 관점이 바뀌었을 가능성은 낮다.

39 포스트-자본주의적 상상력과 관련하여 로스(Ross 2015: 77)가 부각했지만 이 책에서 상세하게 분석하지 못한 한 가지는 마르크스의 사고를 '매우 창조적으로 자극'했던 파리 코뮌이다. 파리 코뮌과 마주했던 마르크스의 경험이 어떻게 그의 인식 틀을 바꾸고 새로운 가능성의 장을 열어 주었는지에 대해 보다 더 세심하게 검토할 필요가 있다. 나아가 로스는 마르크스가 러시아 오브시치나에 매력을 느낀 이유를 거기에서 파리 코뮌에서 확인한 원시 공산제의 흔적을 발견했기 때문이라고 주장한다.

40 크리스틴 로스(Kristin Ross 2015: 104)는 '무정부주의적 코뮤니즘' 개념을 제안하는데, 그것은 이 책에서 탈성장 코뮤니즘이라고 부르는 것과 매우 유사하다.

인 역사관으로 환원되었다.[41] 여전히 많은 이들이 마르크스주의와 탈성장이 양립할 수 없다고 생각하는(Schwartzman 1996) 가운데, 마르크스주의자들은 추가적인 성장을 통해 노동계급의 생활조건을 개선할 필요성에 대한 생각에 머물러 있는 형편이다. 심지어 미카엘 뢰비(2020)가 쓴 것처럼 풍요로움에 대한 이러한 순진한 전망과 명확하게 거리를 두는 생태마르크스주의자들조차 탈성장이라는 발상을 받아들이기를 망설인다. "가혹한 긴축 정책 및 이와 유사한 조치들을 반길 사람들은 거의 없기 때문에, 그들 가운데 일부는 … 일종의 '생태 독재'라는 발상을 만지작거린다."[42]

그러나 존 벨라미 포스터는 루이스 멈포드Lewis Mumford의 '기초 공산주의basic communism'를 언급하면서 고소득 국가가 생태 붕괴를 피하기 위해서는 정상상태 경제로 이행해야 한다고 지적했다.

그러므로 사회, 특히 부유한 국가들은 반드시 정상상태 경제를 향해 나아가야만 한다. 그러기 위해서는 순純자본 형성이 없는 경제, 즉 태양 예산을 준수하는 경제로의 이행이 필요하다. 발전, 특히 부유한 국가들에서 일어나는 경제발전은 반드시 새로운 형태, 즉 지속 가능한 인간 발전을 강조하는

---

41 로스(2015: 78)가 주목한 것처럼, 마르크스는 1872년 출판된 독일어판 『공산당 선언』 2판에서 '노동계급이 기성 국가 기구를 단순 장악하는 것만으로는, 그것을 자신들의 목적대로 휘두를 수 없다'(MECW 23: 175)라고 덧붙였다. 이러한 언명은 파리 코뮌에 대한 경험을 계기로 마르크스가 과거 본인이 전개한 국가 중앙집권화 전략을 재고하게 되었음을 시사한다.

42 한 가지 예외는 탈성장과 마르크스주의 경제학을 공개적으로 지지한 막스 코흐(Max Koch 2019)이다. 그러나 코흐는 마르크스의 끝없는 자본 축적 비판을 단순히 본인의 탈성장론의 영감으로 삼을 뿐, 탈성장론이 마르크스 본인의 관점과 양립할 수 있는지 여부에 대해서는 묻지 않는다.

질적이고 집단적이며 문화적인 형태를 띠어야 하는데, 이는 사회주의에 대한 마르크스의 원래 관점과 일맥상통하는 것이다. (Foster 2015: 9)

그러나, 마르크스의 생태학의 일관성을 이토록 열렬하게 옹호하는 포스터조차 정상상태 경제가 포스트-자본주의에 대한 마르크스 본인의 관점과 양립 가능한지 여부에 대해서는 명확하게 밝히지 않는다. 말년의 마르크스의 이론적 잠재력을 이해함으로써 자본주의의 대안에 대한 마르크스의 전망을 확장할 수 있는 새로운 경로를 드러낼 수 있을 것이다. 따라서 마지막 장은 탈성장 코뮤니즘의 시각에서 『자본』을 재고찰해 봄으로써 마르크스의 미완성 자본주의 비판을 『자본』 너머로 밀고 나아가 인류세 시대에 탈희소 경제를 그려 보려고 한다.

7
탈성장 코뮤니즘에서 풍요로운 부*

『역사의 개념에 대하여』의 '부록'(또는 여록餘錄)에서 발터 벤야민 (Walter Benjamin 2003: 393)은 마르크스의 노동 구상을 '자연 착취적'이라고 비판한 바 있다. 널리 알려진 것처럼, 프로메테우스주의적 혁명론을 극복하려고 시도하면서 벤야민은 다음과 같이 썼다.

> 마르크스는 혁명이 세계사의 기관차라고 말하지만, 결코 그렇지 않을 것이다. 오히려 혁명은 이 기차의 승객인 인류가 비상 제동장치를 작동하려는 시도일 것이다. (Benjamin 2003: 402)

오늘날 '비상 제동장치'라는 은유는 그 어느 때보다 더 중요하다. 생태학적 재앙에 직면한 상황에서 환경주의는 인류에 대한 끝없는 착취와 자연의 강탈을 종식시키기 위해 무제한의 경제성장을 끝내야 한다는

---

* 7장의 일부는 「경제적 재앙과 생태학적 재앙의 원인으로서의 본원적 축적(Primitive Accumuation as the Cause of Economic and Ecological Disaster)」, in *Rethinking Alternatives with Marx*, ed. Marcello Musto (New York: Palgrave, 2021), 93-112를 토대로 한다. 이 책에 수록하기 위해 상당한 수정, 확대, 개정을 거쳤고, 허락하에 게재한다.

근본적인 체계 변화를 요구하기 시작했다. 요컨대, 오늘날의 비상 제동 장치에는 탈성장에 대한 요구가 숨어 있다.[1]

그러나 마르크스주의는 탈성장에 대한 요구에 적절하게 대응할 수 없었다. 심지어 생산지상주의에 비판적인 생태마르크스주의자들조차 탈성장이라는 발상이 비효율적일 뿐 아니라 정치적으로 매력적이지 않다는 생각에, 그 발상을 받아들이기를 주저한다. 그 대신 그들은 자본주의하에서 시장 경쟁이라는 무정부 상태를 극복하여 사회주의가 도래하면 보다 더 지속 가능하게 성장할 수 있을 것이라는 가능성에 매달린다(Vergara-Camus 2019). 따라서 생태사회주의라는 발상이 녹색과 적색 사이에 오랫동안 지속되어 온 적대를 완화한 이후에도 생태사회주의와 탈성장 사이에 흐르는 긴장은 여전한 형편이다. 그러나 이제 변화의 바람이 불고 있다. 탈성장을 옹호하는 주요 인물 가운데 하나인 세르주 라투슈(Serge Latouche 2019: 65)는 생태사회주의라는 발상을 탈성장의 토대로 받아들이고 '생태사회주의 기획이 다음 시대를 위한 목표에 부합하는 정치적 전망을 제시'해야 한다고 주장했다. 탈성장은 자본주의와 사회주의 모두에 대한 대안을 제시하는 제3의 경로로 생각되곤 한다. 이러한 사실을 감안할 때,[2] 최근 몇 년 사이 탈성장 지지자들 사이에서 반자본주의

---

1 또한 전 세계를 휩쓴 코로나19를 계기로 인간의 생명을 보호하기 위해 경제활동에 대한 비상 제동 장치를 당길 가능성이 입증되었다. 명확한 문제는 그것이 끊임없는 경제성장을 전제하는 경제체계하에서 심각한 교란을 유발했다는 것이었다.

2 라투슈(2006)는 탈성장의 특징을 이렇게 표현하곤 했다. 게다가 아래에서 논의하는 것처럼, 허먼 E. 데일리(Herman E. Daly 1992[1991])가 마르크스의 사회주의를 지지하려면 아직 한참 멀었다. 팀 잭슨(Tim Jackson 2021)의 어조에서도 변화가 감지되지만, 그가 사회주의 또는 코뮤니즘을 지지하기까지는 아직 갈 길이 먼 것으로 보인다.

적 입장이 뚜렷하게 드러나고 있다는 사실은 놀랍지 않을 수 없다. 그리고 이러한 변화를 계기로 시장경제와의 양립 가능성에 대한 입장이 모호하다고 탈성장을 비판해 온 마르크스주의자들과 대화를 나눌 수 있는 새로운 장이 열릴 것으로 기대된다. 따라서 한 발 더 나아가, '성장 없는 사회주의'(Kallis 2017)와 '생태사회주의적 탈성장'(Löwy et al. 2022)이 포스트-자본주의에 대한 마르크스 본인의 전망과 양립할 수 있는지 여부를 검토해 봄 직하다.

이번 장에서는, 이전 장에서 확인한 마르크스의 최종 발상, 즉 '탈성장 코뮤니즘'을 바탕으로 적색과 녹색 사이의 오랜 적대를 완벽하게 지양하고 인류세 시대에 마르크스의 이론적 유산을 부활시킬 새로운 공간을 창조하려고 시도한다. 마르크스가 탈성장 코뮤니즘을 정교화하지 못했기 때문에 탈성장 코뮤니즘의 시각에서 『자본』이라는 미완성 기획을 **돌이켜** 살펴보고 그 내용을 갱신할 필요가 있다. 즉, 『자본』 너머로 나아가 포스트-자본주의에 대한 마르크스의 최종 전망을 구체화하려고 시도해야 한다. 이러한 재구성의 핵심은 『자본』 1권의 가장 유명한 구절들 가운데 하나에서 논의된 '부정의 부정'이다. 마르크스가 『자본』 2판과 3판 사이에 이 구절을 수정했다는 사실은, 그가 이 구절에 주의를 기울였음을 입증한다.

이 장은 마르크스의 '본원적 축적'론을 자연과 인간 사이에 이루어지는 물질대사적 상호작용의 근본적인 변형에 대한 첫 번째 부정으로 제시하면서 시작한다. 본원적 축적에 대한 이전의 문헌이 그것이 인간의 삶에 미치는 파괴적인 영향에 집중하는 경향을 보인다면, 마르크스의 물질대사론은 그것이 자연에 미치는 부정적인 영향까지 다루는 측면이 있다. 자본의 본원적 축적을 논의하는 마르크스 이론의 범위를 완벽하게 이해하고 나면, 인간과 자연의 원래 통일을 보다 더 높은 차원에서 재확립하는 두 번째 부정을 생태학적 시각에서 보다 더 구체적으로 그려 볼 수 있다(I절). 또한 마르크스의 본원적 축적론은 자본주의가 생산력을 끊임없이 증가시켜 결국 풍요로운 부를 창조하는 것이 아니라 오히려 **희소성**을 끊임없이 증가시키는 사회체계임을 보여준다. 이러한 역설적인 관점을 이해하기 위해서는 『자본』 1권을 여는 구절에 등장하는 마르크스의 '부' 개념을 재고찰할 필요가 있다. 마르크스의 정치경제학 비판은 그 시작부터 자본주의적 범주에 속하는 부의 협소한 구상이 현실의 다양한 측면을 단순한 가치의 논리로 환원하여, 사회와 자연의 풍요를 파괴한다는 문제를 드러낸다(II절). 마르크스는 자본주의적 부의 협소한 구상이 필연적으로 자연과 인간 사이에 이루어지는 물질대사의 지속가능한 발전을 위한 물질적 조건과 양립할 수 없다고 주장했다. 자본주의적 부의 범주에 대한 이러한 비판을 통해 '풍요로움'에 대한 마르크스주의적 이해를 소비주의적이지 않고 생산지상주의적이지 않은 방식으로 재설정할 것이다. 부의 개념을 이렇게 재정립 및 재발명함으로써, 풍요로움과 부에 관련된 다양한 구절들을 완전히 새롭고 보다 더 일관된 방식으로 다시 고려할 수 있게 된다. 여기에는 『고타 강령 비판』에서 마르크스가 논의한 풍요로운 '공동의 부genossenschaftlicher Reichtum'가 포함된다. 이 구절이 마르크스의 저술에서 코뮤니즘을 묘사하는 가장 유명한 부분에 정교화되어 있음에도, 생태사회주의자들은 그것이 프로메테우스주의적인 것처럼 보인다는 이유로, 이 널리 알려진 구절을 은폐하곤 했다. 그러나 '부의 역설'을 올바르게 이해한다면, 이 구절을 생산지상주의적이지 않은 방식으로 해석할 수 있을 것이다(III절). 이러한 새로운 해석을 통해 결국 『자본』에서 마르크스가 답하지 못했던 근본적인 문제, 즉 포스트-자본주의 사회에서 환경과 인간 사이에 이루어지는 물질대사적 상호작용에 존재하는 '메울 수 없는 균열'을 메울 방법의 문제를 해결할 수 있다. 경제성장이 없는 탈희소 미래 사회를 의미하는 탈성장 코뮤니즘의 목적은 생산력을 증대할 필요가 없는 상태에서 '필연성의 왕국'을 축소하고 '자유의 왕국'을 확장하는 것이다(IV절).

I. 경제적 재앙과 생태학적 재앙의 원인으로서의 본원적 축적

마르크스는 자본주의적 발전의 전제조건인 자본의 '본원적 축적'이라는 역사적 과정의 전형적인 사례로 잉글랜드의 '인클로저' 운동을 꼽았다. 애덤 스미스는 돈을 저축하고 그것을 증대하기 위해 세심하게 투자했던 근면한 자본가들이 자본주의 경제를 형성했다고 주장했지만, 마르크스는 자본의 본원적 축적은 '생산자를 생산수단으로부터' 강제로 '떼어놓는'(*Capital* I: 875) 유혈이 낭자한 폭력적인 분리 과정이었다고 주장했다. 데이비드 하비(2005: 149)가 간결하게 요약한 것처럼 본원적 축적에는 '토지 수탈이 수반되었다. 말하자면, 토지에 울타리를 치고 그곳에서 생활하는 민중을 몰아내어 무토지 프롤레타리아로 전락시킨 다음 그 토지를 자본 축적이라는 사유화 과정의 핵심으로 편입시켰다'. 소수가 토지를 독점하면서, 생산수단과 생계수단을 잃어버린 소작농은 불안정한 임금 노동자로 전락했다. 그들이 생계에 필요한 돈을 획득할 수 있는 유일한 수단은 자신의 노동력을 판매하는 것뿐이었다. 오늘날까지 이어지고 있는 이러한 본원적 수탈의 과정은 '이러한 분리를 유지할 뿐 아니라 재생산함으로써 그 규모를 키워'(*Capital* I: 874) 노동계급의 불행을 증가시킨다.

폭력적인 과정이 직접 생산자들에게 미치는 파괴적인 영향과 그들의 생활조건을 악화시키는 방식을 부각하는 것은 중요하다. 그러나 마르크스가 '노동'을 인간과 자연 사이에 이루어지는 끊임없는 물질대사를 의식적으로 매개하는 활동으로 정의했다는 사실을 잊어서는 안 된다.[3] 이러한 시각에서 볼 때, 본원적 축적은 원래 통일되어 있었던 생산자와 생산의 객관적인 조건을 분리함으로써 노동자의 삶과 그들이 자연과 맺는 관계를 근본적으로 변형한다.[4] 사실 『그룬트리세』에서 마르크스는 자본의 본원적 축적으로 인해 인간과 자연 사이에 역사적으로 특유한 틈이 생겨나게 되었음을 부각했다. 마르크스는 다음과 같이 썼다.

살아 움직이는 인간과 자연 사이에 이루어지는 물질대사 교환[Stoffwechsel]이라는 자연적이고 무기적인 조건의 통일, 즉 인간의 자연 전유는 역사적 과정의 결과도 아니고 설명이 필요한 것도 아니다. [옮긴이: 설명이 필요한 것

---

3   하비(2004)는 마르크스의 본원적 축적 개념을 '강탈을 통한 축적'으로 확장하여 신자유주의를 분석한다. 하비는 노동계급으로부터 부를 빼앗아 자본가 계급에 넘겨주는 정치적 기획에 집중하지만, 반면 자연의 문제는 거의 다루지 않는다(4장을 참고하라).

4   이것은 『1844 경제학 철학 수고』 이후 마르크스의 일관된 입장이다. 사이토(2017)를 참고하라.

은] 오히려 인간 실존의 무기적 조건과 살아 움직이는 존재 사이의 분리,
즉 오직 임금 노동과 자본의 관계 속에서만 완벽하게 상정되는 분리이다.
(*Grundrisse.* 489)

마르크스가 언급한 것처럼 자본주의 이전 사회에서 인간은 자연
과의 '통일'을 유지했다. 분명 주인과 영주는 노예와 농노를 지배하고 착
취했다. 노예와 농노는 자유롭지 않았고 심지어 사물처럼 취급되었다. 다
시 말해, 그들은 소와 같은 생산과 재생산의 객관적인 조건의 일부로 환
원되었다. 그러나 분명 노예와 농노에게 자유가 없없음에도 불구하고, 자
연과 그들 사이에 이루어지는 물질대사에는 틈이 없었다. 소가 굶어 죽는
일이 없었던 것처럼 자본주의 이전 사회에서는 노예와 농노의 기본적인
필요가 거의 충족되었다. 요컨대, 그들의 존재가 소처럼 무기적 자연의
일부로 환원됨으로써, 어이없게도 마르크스가 '노동자와 노동자의 조건
사이의 원래 통일'이라고 부른 것이 실현되었다(*MECW* 33: 340).

원래 통일되어 있었던 것의 이와 같은 해체는 노동력을 상품화하여
철저한 상품 생산을 실현하는 전제조건이다. 생계수단의 압도적 다수가
상품이 되지 않으면 아무도 자신의 노동을 상품으로 판매하려 들지 않을
것이기 때문이다.[5] 이러한 역사적 과정의 근간에 인간과 자연 사이에 이

---

[5] '보호받지 못하는(vogelfrei)' 프롤레타리아가 자동적으로 부지런한 노동자가 되는 것은 아니었다. 처
벌과 규율을 통해 그들을 자본의 명령에 예속시키기까지 오랜 시간이 소요되었다. 이러한 의미에
서 본원적 축적은 일회성 과정이 아니라 반드시 반복되어야만 한다. 그러나 일단 자본의 체계가 공
고하게 확립되고 나면 상황은 그것에 매우 유리하게 돌아가는 것처럼 보인다. 객관적인 생존을 기
본적으로 보장받았던 노예와 농노가 직접적이고 개인적인 지배하에서 오직 공포에 의해서만 노동
했던 반면 자본주의 사회의 노동자는 '자유롭게' 일한다. 즉, 외부로부터의 물리적 폭력이라는 위협

루어지는 물질대사의 '분리'가 자리 잡고 있다.⁶ 자연으로부터 소외된 결과, 자연과 인간 사이에 이루어지는 상호작용의 매개로서의 노동은 완전히 상이한 방식으로 수행되게 되었고, 생산과정 전체는 자본의 가치증식 극대화라는 목적을 위해 철저하게 재조직되게 되었다. 그 결과 인간 노동의 소비와 자연과 인간 사이에 이루어지는 물질대사 교환도 완전히 상이한 형태를 취하게 되었다. 이러한 변형은 경제적 영역뿐 아니라 생태적 영역에도 강력한 영향력을 행사한다. 노동의 매개로 인해 자본주의하에서 상이하게 조직된 사회적 노동과 그에 조응하는 인간과 자연 사이에서 이루어지는 물질대사의 재조직은 모든 종류의 부에 해를 끼친다. 따라서 사미르 아민(Samir Amin 2018: 85)은 『자본』에서 마르크스는 자본주의적 축적이 모든 부의 기반, 즉 인간과 자연환경의 파괴를 토대로 한다고 단언하면서 본인의 급진적인 비판을 마무리한다'라고 언급한다. 스테파니아 바르카도 본원적 축적을 통한 생활조건의 저하와 자연환경의

이 없음에도, 보다 더 생산적으로 일한다.

> 이러한 노동은 노예의 노동에 비해 보다 더 집약적이고 보다 더 부단하게 이루어지기 때문에 보다 더 생산적이다. 노예는 오직 외부적인 공포라는 자극하에서만 노동할 뿐, 자신에게 속하지 않은 자신의 존재를 위해서는 노동하지 않는다. 반면 자유로운 노동자는 자신의 **필요**에 의해 움직인다. 자유로운 자기결정, 즉 자유에 대한 의식은 자유로운 노동자를 노예보다 훨씬 더 나은 노동자로 만든다. **책임감**도 마찬가지다(*MECW* 34: 98–99; 강조는 원문).

6 임금노동과 노예제를 대조할 때, 그것들 사이의 유사성을 배제해서는 안 된다. 마르크스는 '임금 노예제'라는 표현을 사용하여 이 점을 부각했다. 한 구절에서는 임금노동 체계가 '은폐된 노예제'에 불과하다고 주장하기도 한다.

> 잉글랜드에서는 면직물 산업으로 인해 아동 노예제가 도입된 반면, 미국에서는 면화 산업으로 인해 대체로 가부장적인 형태를 띠었던 이전의 노예제가 상업적 착취 체계로 전환되었다. 사실 유럽의 임금노동이라는, 은폐된 노예제가 실현되기 위해서는 신세계의 무조건적 노예제라는 발판이 필요했다(*Capital* I: 925).

저하 사이에 밀접한 상호관계를 지적한다. '역사 유물론적 시각에서 볼 때, 노동계급 또는 프롤레타리아와 물질대사 균열은 인간을 그들의 생계 수단으로부터 폭력적으로 분리하는 고유하고 전 지구적인 과정으로부터 비롯되는데, 이는 생물권을 교란한다. 따라서 생태 위기는 계급 형성의 직접적인 결과이다'(Barca 2020: 42).

[옮긴이: 인간을] 자연으로부터 소외시키는 자본주의하에서의 분리를 넘어 미래 사회로 나아가 '원래 통일'을 재확립해야 한다는 마르크스의 주장은 그의 물질대사론과 일맥상통한다. '원래 통일은 오직 자본이 창조한 물질적 기초 위에서만 그리고 이러한 창조 과정에서 노동계급과 사회 전체가 겪게 되는 혁명이라는 수단을 통해서만 재확립될 수 있다(MECW 33: 340). 게다가 『자본』 1권에서 마르크스가 언급한 '부정의 부정'은 인간과 자연 사이에 이루어지는 물질대사 교환에서 적대적인 분리를 극복하는 과정으로서 '원래 통일'의 재구성에 논리적으로 조응한다. 그러나 코뮤니즘에서 무엇을 재확립해야 하는지 명료화하기 위해서는 먼저 자본주의가 형성되는 과정에서 인간과 자연의 '원래 통일'이 해체되면서 무엇이 파괴되었는지 보다 더 세심하게 파악할 필요가 있다. 솔직히 말해, 자본주의하에서 사회와 자연의 '부'는 심히 빈곤해졌다. 자본주의하에서 생산력이 막대하게 증대되었기 때문에, 자본주의가 부를 파괴한다는 주장이 역설적으로 들릴 수 있다. 실제로 우리 사회는 상품으로 가득 차 있지만, 이러한 풍요 속 빈곤이야말로 '부의 역설'을 이루는 구성 요소이다(Foster and Clark 2020: 152).

Ⅱ. 마르크스의 '부' 개념과 『자본』의 진정한 출발점

이러한 역설을 이해하려면 우선 마르크스주의적 '부'의 범주를 적절하게 이해할 필요가 있다. 이때 유용한 기준점은 『자본』 1권의 도입부이다. '상품'에 대한 분석으로 시작하는 논리적 방식으로 쓰였음에도, 『자본』의 도입부에 묘사된 내용은 자본의 본원적 축적이라는 역사적 과정을 전제한다. 이러한 역사적 전제를 염두에 두면 [옮긴이: 『자본』 1권을] 여는 구절에 이미 인간과 자연 사이에 이루어지는 물질대사 교환에 역사적으로 자리 잡은 틈이 자본주의의 근본적인 모순을 유발한다는 단서가 숨어 있음을 인식할 수 있다.

마르크스는 상품에 대한 논의를 다음과 같이 시작한다.

> 자본주의적 생산양식이 지배하는 사회의 부는 '방대한 상품의 집적'으로 나타나고 개별 상품은 그것의 기본적인 형태로 나타난다. 따라서 우리의 연구는 상품에 대한 분석으로 시작한다. (*Capital* I: 125)

『자본』은 분명 '상품에 대한 분석'으로 시작하지만, 존 홀로웨이는 그 진정한 시작점에 주목해야 한다고 주장한다. 첫 번째 문장의 주어는 '상품'이 아니라 사회의 '부Reichtum'이다(Holloway 2015: 5). 동사도 중요하다. 자본주의에서 사회의 부는 '방대한 상품의 집적'으로 '나타난다erscheint.' 동사 '나타난다'는 부와 상품이 사실상 '동일하지(being=Wesen)' 않다는 것을 함의한다. 실제로 비자본주의 사회에서 부의 대부분은 그것이 시장 교환에 의해 매개되지 않는 상태에서 생산되고 분배되며 소비되는 한 상품으로 '나타나지' 않는다. 오직 특정한 사회적 관계하에서만 사회의 부가 상품으로 '나타나는데', 마르크스주의에서는 이를 노동의 산물이 '상품의 형태'를 취한다고 표현한다. 본질Wesen과 현상Erscheinung을 구별한 마르크스는 『자본』의 도입부에서부터 바로 물질/소재Stoff와 형태Form의 분석적 이원론이라는 본인의 방법론에 충실한 방식으로 논의를 진행한다. 이러한 관점에 따르면 '부'는 노동의 산물의 물질적 측면인 반면 '상품'은 그것의 경제적 형태 규정으로서 나타난다.

자본주의에서는 동일한 것처럼 보이지만 실제로는 동일하지 않은 부와 상품 사이에 근본적인 긴장이 흐른다. 칼 폴라니(Karl Polanyi [1944] 2001)는 '토지', '노동', '화폐'는 절대로 완전하게 상품화되어서 시장의 명령에 종속되어서는 안 되는 '허구적 상품'이라고 경고한 바 있다. 그렇지 않으면, 그것들이 상품 교환의 논리에 따라 적절하게 기능하지 못함에 따라 사회적 재생산이 심각하게 위협받을 것이라고 폴라니는 말한다. 이 세 가지 범주는 자본주의하에서 완벽하게 상품화될 수 없는 '부'의 전형적인 형태로 볼 수 있다. 그러나 마르크스의 '부' 개념은 폴라니의 '부' 개념보다 훨씬 더 넓을 뿐 아니라 다른 종류의 노동 산물까지 포함하는 개념이다. 오늘날에는 '부'의 이미지가 자본주의적 형태로 축소되곤 하여 부유한 reich 상태란 보통 많은 돈과 부동산의 소유를 의미하기 때문에, 처음에는 마르크스의 의도를 파악하기 어려울 수 있다. 그러나 부를 꼭 이러한 방식으로 이해할 필요는 없다. 홀로웨이(2015: 5)가 주장한 것처럼 독일어 용어 Reichtum(부)은 (독일어 reich(부유한)가 '풍요로운'을 의미하기 때문에) '풍요'

로 번역될 수 있다. 물론 '풍요롭다'는 것이 큰 금전적 부의 소유를 의미할 수도 있을 것이다. 그러나 풍요롭다는 것은 풍부한 맛과 냄새, 삶과 자연에 대한 풍부한 경험 같은 더 넓은 의미를 가진다. 따라서 그것의 명사형인 Reichtum(부)은 그것에 부과된 자본주의적 제약을 제거하고 본다면 금전적 부보다 더 넓은 풍요의 범주로서 이해될 수 있다.

이것은 임의적인 주장이 아니다. 『그룬트리세』에서 마르크스는 비자본주의적 부의 막대한 가능성에 대해 다음과 같이 썼다.

> 그러나 사실상 제한적인 부르주아적 형태가 벗겨지고 나면, 부는 보편적 교환을 통해 창조되는 개인의 보편적인 필요, 능력, 쾌락, 생산력 등이 아니고 무엇이겠는가? 이른바 자연의 힘과 인간 본성의 힘을 모두 아우르는 자연의 힘을 완전히 지배하는 인간의 발전인가? 이전의 역사적 발전 이외에 아무런 전제가 없는 상태에서 인간의 창조적 잠재력이 절대적으로 발휘되는 것, 즉 모든 인간 능력의 발전을 사전에 규정된 척도로 측정하는 것이 아니라 그 자체로 목적으로 삼는 총체적인 발전인가? … 부르주아 경제학, 그리고 그에 조응하는 생산의 시대에는 이러한 인간 내용의 완전한 발현이 완전한 공허로, 이러한 보편적인 객관화가 완전한 소외로, 모든 제한적이고 편파적인 목적의 해체가 목적 그 자체로서의 인간을 완전히 외부적인 목적에 희생시키는 것으로 나타난다. (*Grundrisse*. 488)

마르크스는 문화, 기능, 자유시간, 지식의 풍요를 사회의 부로 간주했다. 다시 말해 사회의 부 또는 풍요는 그 어느 때보다 더 많이 생산된 상품의 양과 그것들의 금전적 표현으로 측정되는 것이 아니라 인간 존재의 잠재력의 완벽하고 끊임없는 발전과 실현으로 측정된다. 그러나 자본주의하에서 인간의 능력과 창조적인 잠재력의 완벽하고 전면적인 발전은 심각하게 제약되는데, 이는 그것들이 항상 '사전에 규정된 척도', 즉 이윤 창출에 대한 유용성에 의해 측정되기 때문이다. 자본주의적 생산은 오로지 자본의 가치증식만을 위해 생산자들에게 '전적으로 외부적인 목적'을 강요함으로써 인간 활동을 '완전히 소외'시키고 '고갈시켜' 사회적 부를 희생시킨다. 마르크스는 이러한 자본의 경향으로 인해 '집적된 상품은 방대하게' 축적되는 반면 **사회적 부는 빈곤해진다고** 비판했다. 마르크스는 이러한 자본의 경향에 맞서 인간의 창조적 잠재력을 완벽하게 실현하기 위해서는 상품으로서의 부에 덧씌워진 '부르주아적 형태'를 벗겨 내야 한다고 주장했다.

사회의 부는 사회적 부에만 국한되지 않는다. 마르크스는 생산과 재생산의 자연적 및 물질적 조건을 규정하기 위해 '자연적 부natürlicher Reichtum'라는 표현도 사용했다. 예를 들어 마르크스는 『자본』 1권에 이렇게 썼다.

> 외부적 자연조건은 경제적 관점에서 크게 두 가지 범주로 나눌 수 있다. 즉,
> (1) 생계수단으로서의 자연적 부, 즉 비옥한 토양, 물고기가 바글거리는 물 등.
> (2) 노동의 도구로서의 자연적 부, 즉 폭포, 항해할 수 있는 강, 목재, 금속, 석탄 등. (*Capital* I: 535)

토지, 물, 숲의 형태로 존재하는 자연의 풍요는 생계수단과 생산수단으로서 인간의 번성과 건강한 삶을 위해 없어서는 안 되는 것이다. 지구가 제공하는 풍부하고 질 좋은 자연적 부는 분명 모든 사회의 근본적인 '부'로 간주될 수 있다. '지구는 그 가장 깊은 곳으로부터 사용가치가 용솟음치는 저수지이다'(*MECW* 31: 465). 이러한 진술은 자연이 생산과정에 근본적으로 기여한다는 마르크스의 인식과 일맥상통한다. '노동이 모든 부의 원천인 것은 아니다. 자연은 노동과 마찬가지로 사용가치의 원천이고 (물질적 부는 분명 그런 것들로 구성된다!)'(*MECW* 24: 81).

그러나 사회적 부와 자연적 부가 상품화되면서 '부'와 '상품' 사이에 흐르는 긴장이 증가하는데, 상품은 노동의 산물의 가치에만 편중하고 '사전에 규정된 척도'가 적절하게 작동하지 않아 가치가 없는 것은 등한시하기 때문이다. 이러한 긴장은 자연이라는 측면에서도 여실히 드러난다. 한편으로 자본은 자연적 힘을 '공짜 선물'로서 철저하게 착취한다. '비용이 들지 않는 요소로서 생산에 투입되는 자연적 요소는 그것들이 생산에서 어떤 역할을 수행하든 관계없이 자본의 구성 요소가 아니라 자본이 무료로 사용하는 자연력으로서 투입된다'(*Capital* III: 879). 자연은 노동과정으로 들어가 노동자와 함께 상품의 생산을 돕지만 노동의 산물이 아니므로 가치증식 과정에는 들어가지 않는다. 자본은 무료인 자연의 힘을 최대한 많이 활용하려고 한다. 자본은 자연을 끊임없는 가치증식을 위해 사용함으로서 자연의 풍요로움을 더욱 허비하고 파괴한다. 그럼에도 자연은 여전히 부와 가치의 물질적 '담지자'로 남아 있다. 세상에는 자본이 스스로 창조하지 못하는(자본은 지식과 문화를 창조하지 못하고 토지와 물도 창조하지 못한다) 부는 자본의 목적과 무관하고 양립할 수 없는 고유한 특징과 동학을 지니기 때문이다. 그 결과, 자신의 물질적 실체를 간과하는 자본의 가치증식 논리하에서 사용가치가 교환가치에 종속됨에 따라 이러한 모순은 물질대사 균열로서 표출된다.

반면 야생 상태로 남은 자연은 가치가 없기 때문에, 자연은 점점 더 상품화된다. 그러나 자연의 상품화는 풍요로운 사회적 부와 자연적 부를 해체하는 방식으로 이루어진다. 인클로저 운동은 공유지를 해체하여 토지를 상품화하고 거기에 의존하여 생활하는 민중을 몰아냈다. 토지를 돌보던 소작농이 쫓겨나자 자연은 황폐해졌다. 자본주의의 논리를 따르는 농민은 토양을 돌보지 않고 오로지 단기적인 이윤만을 모색한다. 마르크스는 『자본』 1권, 특히 프랑스어판에서 다양한 보고서를 인용하여 스코틀랜드에서 가장 비옥한 토지가 인클로저 이후 완전히 황폐해졌다는 사실을 지적했다. 이러한 토지는 사실상 보다 더 많은 이윤을 낼 수 있는 용도로 사용하기 위해 의도적으로 황폐화된 것이었다.

> 따라서 스코틀랜드의 통계에 따르면, 그 대부분이 풍요롭고 우수한 목초지로 묘사되는 방대한 초지가 경작되지도 않고 개량되지도 않은 상태로 방치되어 있다가 1년 중 극히 짧은 기간 동안만 소수가 즐기는 오락에 사용된다.
> (*Capital* I: 894)

18세기에 일어난 제2차 인클로저를 통해 민중의 생활조건이 전반적으로 빈곤해진 것에서 미루어 짐작할 수 있는 것처럼, 이러한 토지 사용의 변화는 시골 민중의 일상생활에 방대한 영향을 미쳤던 것으로 보인다. 노퍽에서 4경작제를 바탕으로 농업 혁명이 일어나 밀 생산이 크게 증대되었지만, 소작농들은 도토리를 먹여 돼지를 기르고 버섯, 목재, 열매를 채집하며 새를 잡곤 했던 공유지와 숲에 접근할 권한을 상실했다. 시골에서는 소작농이 강에 접근하여 물고기를 잡고 깨끗한 물을 얻을 수 있었지만, 도시로 내몰리고 난 뒤에는 이러한 자연적 부에 거의 접근하지 못하게 되었고 육류도 거의 섭취하지 못하게 되었다. 시골을 떠나지 않은 경우에도 과거 공유지에서 일상적으로 수행하던 활동은 이제 무단 침입과 절도 같은 범죄가 되었다. 나아가 인클로저는 자본주의의 논리를 따르는 소수의 농민의 손에 토지를 집중시켰다. 이들이 농번기에만 소작농을 고용하고 그 이후에는 해고함에 따라 농촌 마을은 사라졌고, 마을 사람들이 가꾸던 소규모 텃밭이 사라짐에 따라 저녁 식탁에서 신선한 채소가 자취를 감추게 되었다. 시장에서 판매되는 채소를 누가 어떻게 재배했는지 더 이상 분명하게 알 수 없게 됨에 따라, 예를 들어 소와 가금류의 배설물이 묻어 있을지도 몰랐으므로 조리하지 않고서는 채소를 먹을 수 없게 되어 신선한 샐러드가 식단에서 사라졌다.

게다가 도시에서 생계를 건사하기 위해서는 모든 가족 구성원이 공장에서 일해야 했다. 공유지에 접근할 수 있는 권한을 상실하면서, 모든 생계수단을 시장에서 구입해야만 했기 때문에 각 가정의 재정적인 부담이 크게 증가했다. 아이들은 어릴 때부터 공장에서 일하기 시작했기 때문에 학교에 다닐 수 없었다. 과거에는 집에서 또는 농촌의 마을 축제와 기념 행사를 통해 무료로 호화로운 식사를 즐기면서 기본적인 요리 기술을 습득했지만, 도시의 민중은 그럴 수 없었다. 약간의 요리 기술을 습득했다 하더라도 도시의 노동계급 가족은 더 이상 값비싼 육류와 다른 재료를 구입할 수 없었다. 그들이 구입할 수 있는 것은 거리에서 파는 저렴한 감자뿐이었다. 그 결과, 농촌 마을에서 구할 수 있는 재료를 기반으로 발전해 온 전통적인 잉글랜드의 조리법은 대도시에서 생활하는 노동계급 가족에게 무용지물이 되었다.

마지막으로 잉글랜드의 음식 문화는 불순물이 섞인 식재료로 인해 무너졌다.『자본』1권에서 마르크스는 이러한 관행을 기록하면서 아서 힐 하살Arthur Hill Hassall의『불순물 감지법Adulterations Detected』을 바탕으로 명반, 비누, 진주 재, 백악白堊 등을 빵에 섞어 넣는 행위에 대해 설명했다. 불순물을 섞는 행위는 생산 비용을 줄이고 가난한 노동계급에게 저렴한 식량을 제공하는 방법으로서 매우 광범위하게 퍼져 나갔다. 노동자는 '명반, 모래, 빵에 섞음 직한 다른 무기질 성분은 말할 것도 없고 일정량의 인간 땀에다 고름, 거미줄, 죽은 바퀴벌레, 부패한 독일 효모가 뒤범벅된 빵을 매일 먹어야 했다'(Capital I: 359). 문제는 빵으로 그치지 않았다. 하살은 우유, 버터, 채소, 맥주에도 다양한 불순물이 섞여 있다고 보고했다(Hassall 1861). 이러한 식품들이 저렴했기 때문에 가난한 노동계급은 그것이 건강에 해롭고 안전하지 않다는 것을 알면서도 배고픈 위장을 채우기 위해 어쩔 수 없이 이러한 식품에 의존할 수밖에 없었다.

요컨대, 세계가 점점 더 상품화되어 감에 따라 문화, 기능, 지식은 빈곤해졌고, 노동계급 가족의 재정적 부담은 증가했으며, 자연적 부의 품질은 떨어져 갔다. 그러나 동일한 상황도 자본의 시각에서 보면 매우 다르게 보인다. 역설적이게도 노동자들이 시장의 상품에 점점 더 의존하게 됨에 따라 생산력의 잠재력이 전면적으로 해방되는, 바로 이러한 방식으로 자본주의가 출범했던 것이다.

'로더데일의 역설'의 바탕에는 부와 상품 사이에 흐르는 이러한 긴장이 깔려 있다(Daly 1998: 22). 제8대 로더데일 백작인 제임스 메이틀랜드 James Maitland는 '공공의 부'와 '사적 풍요' 사이의 반비례 관계, 즉 하나가 증가하면 나머지 하나는 감소하는 관계를 지적했다. 로더데일에 따르면 이것은 '사적 풍요'의 총합을 '국부'라고 생각했던 애덤 스미스가 간과한 역설이다. 로더데일은 '공공의 부'라는 세 번째 개념을 도입함으로써 이 점을 입증했다.

로더데일은 '공공의 부'를 '유용하거나 마음에 드는 것으로서 인간이 갈망하는 모든 것'으로 정의했고, '사적 풍요'는 거기에 '어느 정도 희소성을 지닌 것'이라는 특징을 추가하여 정의했다(Lauderdale 1819: 57–58). 두 개념의 차이는 '희소성'에 있다. 마르크스주의의 용어로 표현하면 '공공의 부'는 자연에 풍부하게 존재할 뿐 아니라 자기의 필요를 만족시키기기 위해 그것을 사용하기를 바라는 누구나 활용할 수 있는 것이기 때문에 '사용가치'는 지니지만 '가치'는 지니지 않는다. 공공의 부에는 공기, 공유지, 숲, 강물이 포함된다. 그러나 '공공의 부'가 희소해지면 '사적 풍요'로 변질될 수 있다. 로더데일은 희소성이 반드시 자연 자원의 고갈에서 생기는 것은 아니라고 주장했다. 희소성은 출입을 제한하고 토지에서 민중을 강제로 몰아내는 방식으로 **의도적으로 유발되곤** 한다. 다시 말해 토지, 물, 식량은 인위적으로 희소해져 금전적인 용어로 표현되는 소유자의 '사적 풍요'(및 개인적 풍요의 총합으로 구성되는 국부)를 증대하는 역할을 수행할 수 있다. 로더데일이 주장했던 것처럼 여기에서 명백한 문제는 사적 풍요의 증가가 필연적으로 사회의 희소성을 증가시켜 민중 대다수에게 무료로 제공되던 풍요로운 공공의 부를 축소시킨다는 것이다. 자본의 본원적 축적에서 살펴본 것처럼 출입 제한으로 인해 접근할 수 없게 된 공유지와 숲이 소작농에게 희소한 것으로 변질되면서 민중의 불행이 증가하고 자연환경이 파괴된 반면, 이렇게 인위적으로 희소성을 유발하는 과정에서 소수의 사적 풍요는 크게 증대되었다.

경작 가능한 토지와 활용 가능한 물이 희소한 경우처럼 분명 인간과 무관한 '자연적' 희소성은 분명 존재한다. 그러나 자본주의하에서의 희소성은 그와 다르게 '사회적'이다. 한편 사회적 희소성은 '인위적' 희소성이기도 한데, 사회의 풍요와 자연적 부는 그것들이 원래 가치를 지니지 않았고 공동체의 구성원이라면 누구나 접근할 수 있었다는 점에서 풍요로웠기 때문이다. 공유지의 파괴로 인해 경제적 및 생태학적 의미에서 다수에게 치명적인 상황이 초래된다 하더라도 희소성을 **유발하기** 위해서는 공유지를 파괴할 수밖에 없다. 로더데일은 높은 시장 가격을 유지하기 위해 섭취 가능한 산물을 의도적으로 폐기하고 경작 가능한 토지를 고의로 불모지로 만들어 시장 공급을 제한한 사례들을 제시했다. 여기서 부와 상품 사이에 흐르는 근본적인 긴장이 표출된다. 그리고 바로 이것이 자본주의 체계의 역사적 특수성을 나타내는 '부의 역설'이다(Foster and Clark 2009).

이러한 의미에서 '풍요로움'과 '희소성'의 대립에 대해 논의해야 한다. 자본주의가 생산력을 아무리 많이 증대한다 하더라도 이러한 부의 역설은 사라지지 않는다. 오히려 인위적인 희소성을 끊임없이 유발함으로써 부의 역설은 더욱 심화된다. 이와 동시에, 이러한 종류의 희소성을 극복하기 위해 생산력을 극대화할 필요는 없다. 탈희소 사회의 토대는 인위적인 희소성을 초월하고 자본주의 이전 사회에 존재했던 공유지의 풍요로움을 보다 더 큰 규모로 다시 구축하는 데서 찾을 수 있다. 마르크스의 탈성장 코뮤니즘의 목적은 물질대사의 '메울 수 없는' 균열을 메우고 '부정의 부정'을 통해 로더데일의 역설을 넘어섬으로써 사회적 부와 자연적 부의 '풍요로움'을 소비주의적이지 않은 방식으로 복원하는 것이다.

III. 부정의 부정과 코뮤니즘에서의 풍요로움

첫 번째 부정으로서 자본의 본원적 축적은 그 소유자의 노동에 기반한 개인 소유를 해체한다. 반면 코뮤니즘의 목적은 '부정의 부정'을 통해 '수탈하는 자들을 수탈하고' 인간과 자연의 원래 통일을 재확립하는 것이다. 마르크스는 『자본』 1권에 등장하는 유명한 구절에서 이렇게 썼다.

그러나 자본주의적 생산은 자연과정의 불가피성으로 인해 그 자체의 부정을 낳는다. 이것은 부정의 부정이다. 그것은 사적 소유를 재확립하는 것이아니라 자본주의 시대의 성취, 즉 협동과 토지 및 노동에 의해 생산된 생산

수단의 공동 소유를 토대로 개인 소유를 확립한다. (*Capital* I: 929)

흥미로운 것은 이 구절이 마르크스가 가지고 있던 『자본』 2판 사본에 본인이 직접 기록한 논평을 바탕으로 3판에서 수정된 구절이라는 점이다. 마르크스는 이 구절을 사망하기 직전인 1880년대에 수정했다. 2판에서 마르크스는 여전히 다음과 같이 썼다.

이것은 부정의 부정이다. 그것은 자본주의 시대의 성취, 즉 자유로운 노동자의 협동과 토지 및 노동에 의해 생산된 생산수단의 공동 소유를 토대로 개인소유를 재확립한다. (*MEGA* II/6: 683)

마르크스는 3판에서 이 구절을 수정하여 '사적 소유'와 '개인 소유'를 보다 더 명백하게 구분했다. 이러한 변화는 무엇을 함의하는가?

1871년 출판된 『프랑스 내전』에서 마르크스는 동일한 논리를 바탕으로 코뮤니즘에서의 개인 소유 문제를 다시 전개했는데, 이것은 '수탈하는 자들에 대한 수탈'이라는 표현에서 분명하게 드러난다.

… [옮긴이: 파리] 코뮌은 다수의 노동을 소수의 부로 만드는 계급-소유를 폐지하려고 했다. 코뮌의 목적은 수탈하는 자들에 대한 수탈이었다. 코뮌은 생산수단, 토지, 자본, 즉 지금은 주로 노동을 노예화하고 착취하는 수단으로 전락한 것들을 자유롭고 연합된 노동의 한낱 도구로 바꿈으로써 개인소유를 기정사실화하려고 했다. … 만일 협동조합적 생산[genossenschaftliche

Produktion]이 허위와 올무에 그치지 않고 자본주의 체계를 대체한다면, 만일 연합된 협동조합이 공동 계획에 따라 국가 생산을 규제하여, 따라서 그것을 자신의 통제하에 두고 자본주의적 생산에 필연적인 끊임없는 무정부 상태와 주기적인 격변을 종식시킨다면, 여러분, 이것이 코뮤니즘, 즉 '실현 가능한' 코뮤니즘이 아니고 무엇이겠습니까? (*MECW* 22: 335)

파리 코뮌은 부정의 부정을 통해 '개인 소유를 기정사실화하려는' 시도였다. 인용된 구절의 후반부에서 설명하는 것처럼 '협동조합적 생산'의 목적은 공동 계획과 생산수단의 공동 통제를 통한 사회적 생산의 규제이다. 이러한 방식으로 협동조합적 생산은 민주적이고 공동체적인 관리를 통해 구성원들에게 각자의 몫을 분배하는데, 바로 이것이 '개인 소유'를 복원하는 방식이다. 어떤 의미에서, 개인 소유는 '협동체적 genossenschaftlich' 소유와 동등한데, 마르크스는 이것을 '실현 가능한 코뮤니즘'이라고 생각했다. 여기서 마르크스는 '개인 소유' 개념과 '사적 소유' 개념을 명확하게 구분하여 정립한 것으로 보인다. 이것은 『자본』 3판에서 관련된 표현을 수정하는 계기가 되었다.[7]

그러나 파리 코뮌만이 이렇게 수정하게 된 유일한 이유는 아니었다. 1880년대에 마르크스가 『자본』 3판의 출판을 대비해 포스트-자본주의

7　마르크스는 『자본』 2판에서 사적 소유와 개인 소유를 완벽하게 구분하지 않았다. 25장에서 개인 소유가 완전히 상이한 의미로 등장하기 때문이다(*MEGA* II/6: 685). 따라서 마르크스는 1875년의 프랑스어판에서 그것을 '사적 소유'로 수정했다(*MEGA* II/7: 682). 엥겔스는 독일어판 3판에 이러한 수정을 반영하지 않았다. 이는 이 개념들의 차이에 대해 엥겔스가 마르크스만큼 민감하지 않았음을 함의한다.

사회에 관련된 구절을 수정해 두었다는 사실을 감안해 볼 때, 이것을 마르크스가 자술리치에게 보낸 편지에서 정교화한 농촌 공동체에 대한 관점과 관련하여 검토할 필요가 있다. [옮긴이: 자술리치에게 답하기 위해] 이 주제로 되돌아온 마르크스는 자술리치에게 보낸 편지에 다음과 같이 썼다.

> 유럽과 미[합중국]에서 그 정점에 도달한 민족들은 자본주의적 생산을 협동조합적 생산[la production coopéerative]으로, 그리고 자본주의적 소유를 고대의 소유 유형이라는 고등한 형태, 즉 코뮤니즘적 소유로 대체함으로써 그 사슬을 끊으려 할 뿐입니다. (Shanin 1984: 102)

여기서 다시 한번, 마르크스는 발전된 자본주의 사회가 자본주의 하의 사적 소유 체계를 초월한 이후 '고대의 유형이라는 고등한 형태'로 복귀해야 한다고 주장한다. 어떤 의미에서, 마르크스의 주장은 『프랑스 내전』에서보다 더 나아간 것이었다. 『프랑스 내전』에서 마르크스가 요구한 '연합된 협동조합'이 이제 고대 공동체에 내재되어 있는 정상상태 경제의 원칙을 통해 실현되어야 하는 것으로 구체화되었기 때문이다. '코뮤니즘적 소유'는 '협동조합적genossenschaftliche' 생산을 바탕으로 할 뿐 아니라 마우러가 말하는 '마르크 협동체Markgenossenschaft'적 의미에서 공동 소유 형태를 부활시키려고 하는 것이다. 이전 장에서 논의한 것처럼 고대 공동체의 특징은 집단주의와 개인주의라는 '이원론'이다. 이러한 이원론을 서유럽에서 복원하려면, 고립된 농촌 공동체의 소규모 생산 방식으로 돌아가는 것이 아니라 자본주의하에서 발전된 대규모 생산을 협동조합적 생산으로 전환해야 한다. 사적 소유는 개인 소유로 전환되지만, 그 내용은 고대의 유형이라는 고등한 형태의 '협동체적genossenschaftliche' 소유라는 것이 보다 더 적절한 표현일 것이다. 사실 이러한 이해는 마르크스가 『고타 강령 비판』에서 코뮤니즘을 묘사하면서 사용한 '공동의/협동체적/공동체의 부genossenschaftlicher Reichtum'라는 유명한 표현을 해석하는 데 있어 결정적인 역할을 할 것이다.

『자본』의 '부정의 부정'에 대한 구절에서 주목해 봄 직한 또 다른 중요한 용어가 있다. 위의 인용문에서 사용된 '토지'라는 용어는 독일어로 Erde인데, 이 단어는 '지구'를 의미하기도 한다. 사실 마르크스는 토지 이외의 다른 자연 자원을 지칭할 때도 이러한 표현을 사용했다. 마르크스는 지구(자연 자원)를 반드시 '공동으로' 통제해야만 한다고 주장했다. 즉, 미래 세대의 이익을 고려하여 그것을 신중하게 사용해야만 한다는 의미이다. 마르크스는 『자본』 3권에서 Erde를 용어를 '지구'라는 의미로 사용하여 다음과 같이 썼다.

고등한 경제적 사회 구성체의 입장에서 볼 때, 특정한 개인이 지구를 사적으로 소유하는 것은 한 인간이 다른 인간을 사적으로 소유하는 것만큼이나 불합리해 보일 것이다. 심지어 사회 전체, 한 국가 또는 동시에 현존하는 모든 사회를 하나로 모은다 하더라도, 그들이 지구의 소유자인 것은 아니다. 그들은 단순히 지구의 점유자이자 수혜자일 뿐이므로, 선량한 가장으로서, 지구를 개선하여 다음 세대에게 물려주어야 한다. (*Capital* III: 911)

지구는 현재 세대가 이전 세대로부터 물려받은 것이다. 따라서 현재 세대는 지구를 온전한 상태로 다음 세대에게 넘겨주어야 한다. 그러나 자본주의는 그렇게 할 수 없다. 이윤 창출, 사적 소유, 무정부적인 경쟁을 바탕으로 하는 자본주의 체계는 사적 풍요의 끝없는 증대에만 편중하기 때문이다. 따라서 사회적 부와 자연적 부를 풍부하게 만들기 위해서는 지속가능성의 시각이 반드시 필요하다. 자본의 상품화 논리에 맞서 코뮤니즘은 부의 **공동화**共同化를 모색한다. 그러나 이러한 진술을 세계의 풍요를 누리려는 인간의 갈망을 아무런 제약 없이 완벽하게 실현해야 한다는 말로 이해해서는 절대로 안 된다. 마르크스는 자연적 부의 활용가능성이 필연적으로 제한될 수밖에 없을 뿐 아니라 무한한 인간의 갈망을 만족시키기 위해 임의적으로 활용될 수 없다는 것을 정확하게 인식하고 있었다. 바로 이것이 '부정의 부정'이 희소성 그 자체가 아니라 인위적인 희소성을 초월하는 것인 이유이다.

이러한 생태사회주의적 통찰은 물질적 풍요로움이 거의 무한해짐에 따라 노동계급도 자연적 한계 없이 호화로운 생활을 똑같이 누릴 수 있다고 가정하는, 대중적인 사회주의 사회 전망과 반드시 대비되어야만 한다. 『자기소유, 자유, 평등Self-Ownership, Freedom and Equality』에서 G. A. 코헨은 코뮤니즘하에서의 풍요로움을 이러한 방식으로 묘사한다. 코헨의 좌파 자유지상주의적 해석에 따르면 평등한 사회에 대한 마르크스의 전망은 여전히 '특정한 급진적인 부르주아적 가치관'에 사로잡혀 있다(Cohen 1995: 116). 마르크스는 '산업이 발전하면 모든 사람이 풍요롭고 만족스러운 생활을 영위하는 데 필요한 모든 것을 풍부하게 공급할 수 있을 것이라고 확신'했다(Cohen 1995: 10). 무한한 물질적 풍요로움은 모든 사람에게 물질적 평등을 보장하는 조건이지만, 미래 사회의 자연의 한계를 부정하는 이러한 생산지상주의적 접근법은 인간 의지와 무관하게 존재하는 지구 한계와 절대로 양립할 수 없다. 따라서 코헨은 '마르크스의 과장되고 환경 친화적이지 않은 유물론적 낙관론은 더 이상 유지될 수' 없으므로, '풍요로움이라는 전망을 포기'(Cohen 1995: 10)해야 한다고 결론 내린다.

사회주의 사회가 사회 경제적 평등에 대한 사치스럽고 생산지상주의적인 전망을 거부할 필요성을 강조하는 코헨의 주장은 분명 올바르다. 그러나 이러한 것들을 거부한다고 해서, 마르크스가 자본주의 비판에서 제시한 '풍요로움에 대한 전망'과 결별해야 한다는 의미는 아니다. 만일 마르크스가 그토록 순진하게 '부르주아적 가치관'을 지지했다면 마르크스의 정치경제학 비판은 사실상 비일관적이고 부실한 것이었을 것이다. 이러한 혼동을 피하기 위해서는 '희소성'이라는 범주를 본질적으로 사회-역사적인 범주로 이해해야 한다. 마르크스에 따르면 희소성에는 두 가지 측면, 즉 사회적인 측면과 자연적인 측면이 있다. 자연적 희소성은 기술이 아무리 많이 발전하더라도 완전히 극복할 수 없다. 반면 자본주의하에서 자본이 한없이 확장되면 사회적 희소성은 증가한다. 따라서 자본주의하에서는 모든 것이 본질적으로 희소하다. '특정 조건하에서 모순적으로 **과잉생산되는** 순간에도 **자본은 항상** 극복할 수 없을 정도로 **희소**하다. 그것은 내적 체계 규정의 문제로서, **절대 사라지지 않는다.** 이 점은 아무리 강조해도 지나치지 않다'(Mészáros 2012: 304; 강조는 원문). 자본이 스스로 부과한 희소성을 극복하기 위해 보다 더 발전할수록 체계 전체는 보다 더 파괴적이 된다. 그러나 자본이 만들어 낸 풍요로움으로는 자본 그 자체가 유발하는 인위적인 희소성을 절대로 제거할 수 없다. 바로 이것이 자본주의에서 부의 근본적인 역설이다.

코헨은 마르크스가 자본주의 사회의 풍요로움을 바탕으로 포스트-자본주의 사회의 풍요로움을 그려 보았다고 추정한다. 즉, 그가 자연적 희소성을 넘어 모두를 위한 '사적 풍요'의 풍요로움 추구했다는 것이다. 그렇다면 그것은 부의 부르주아적 형태를 '벗겨내야 한다'라는『그룬트리세』에서의 주장과 일관성을 잃고 만다. 따라서 차라리 포스트-자본주의 사회에서 극복되어야 하는 것은 희소성 그 자체가 아니라 **'자본을 축적하는 사회에 특정한 희소성**의 객관적인 조건'(Mészáros 2012: 269; 강조는 원문)이라고 추정하는 편이 훨씬 더 타당할 것이다. 그럼에도『그룬트리세』에는 양가성이 남아 있다.『그룬트리세』에서 마르크스가 '이른바 **자연의 힘**과 인간 본성**의 힘**을 모두 아우르는 자연의 힘을 완전히 **지배하는** 인간의 발전'(*Grundrisse*. 488; 강조는 추가)이라고 명확하게 주장했기 때문이다. 이러한 진술은 마르크스가 부르주의적 가치관을 순진하게 지지했다는 것을 입증하는 강력한 증거로 쉽게 제시될 수 있는데, 마르크스가 '자본의 위대한 문명화 작용'(*Grundrisse*. 409)을 치켜세우기도 했다는 점에서 특히 더 그러하다.[8]

그러나 이전 장들에서 논의한 것처럼 마르크스의 자연론은 1860년대에 보다 더 섬세해졌다. 따라서『자본』에 내재된 생태사회주의적인 측

---

8 존 벨라미 포스터(2008: 96)는『그룬트리세』에서 마르크스의 생태학적 자본주의 비판을 찾아볼 수 있음을 부각했지만, 당시 마르크스가 온전한 생태학적 의식을 지니고 있었는지 여부는 그리 분명하지 않다.『그룬트리세』에서 생산지상주의적 진술을 비교적 쉽게 찾아볼 수 있기 때문이다.

면을 염두에 두고 마르크스의 풍요로움 개념에 대한 코헨의 비판을 재검토해 볼 필요가 있다. 코헨은 풍요로움에 대한 마르크스의 생산지상주의적 전망의 증거로 『고타 강령 비판』에 등장하는 유명할 구절을 언급한다. 여기서 마르크스는 미래 코뮤니즘 사회에 대해 다음과 같이 썼다.

> 코뮤니즘 사회라는 고등한 국면, 즉 개인이 노동 분업에 노예처럼 종속되지 않고, 그에 따라 정신노동과 육체노동 사이의 대립이 사라지고, 노동이 생계의 수단일 뿐 아니라 삶의 주요 욕구가 되며, 개인의 전면적인 발전과 함께 생산력이 증대되어 **공동의/협동체적/공동체의 부**[genossenschaftlicher Reichtum]**의 모든 원천이 보다 더 풍부하게 흘러나오게 될** 때, 비로소 부르주아적 권리라는 협소한 지평을 완전히 극복할 수 있고 사회는 그 깃발에 다음과 같이 쓸 수 있다. 각자는 그의 능력에 따라, 각자에게는 그의 필요에 따라! (*MECW* 24: 87; 강조는 추가)

코헨만 그런 것은 아니다. 이와 유사하게 허먼 데일리(Herman Daly 1991: 196)는 "유물론적 결정론자인 마르크스에게 '경제성장은 새로운 사회주의적 인간의 출현을 위한 객관적인 조건인 압도적인 물질적 풍요로움을 제공하는 데 결정적이다. 성장을 가로막는 환경적 한계는 '역사적 필연성'에 위배될 수 있다"라고 주장했다. 사실 『고타 강령 비판』의 이 구절은 『그룬트리세』에서 전개한 순진한 주장, 즉 생산력이 발전하고 인간의 절대적인 자연 지배가 지속되면 무한한 부를 얻을 수 있다는 주장과 동일한 것처럼 보인다. 이 구절이 마르크스가 미래 사회에 대해 직접적으로 논의하는 몇 안 되는 사례 가운데 하나임에도, 포스터와 버켓 같은 생태사회주의자들이 이 유명한 구절을 언급하지 않는 것은 우연이 아니다.

그러나 마르크스의 『자본』이 생태사회주의적 배경을 가지고 있음을 감안하면, 이 구절을 인간의 자연 지배를 통해 미래 사회에서 풍요로운 부를 성취한다는 생산지상주의를 찬양하는 내용으로 해석하는 것은 타당하지 않다. 게다가 코헨의 주장대로 마르크스가 좌파 자유지상주의 및 그것의 자기-소유 원칙을 옹호했다고 하더라도, 그것으로는 마르크스가 코뮤니즘에서 이러한 풍요로운 부를 통해 '부르주아적 권리라는 협소한 지평'을 완전히 극복할 수 있다고 생각한 이유를 설명하지 못한다.[9] 마르크스가 인간과 자연 사이에 이루어지는 물질대사 교환이 자본 축적의 압력에서 자유로운, 자유롭게 연합된 생산자들에 의해 보다 더 합리적으로 규제되어야 한다고 요청한 이유는 자연의 보편적 물질대사가 사회주의에서조차 사회적으로 초월할 수 없는 다양한 생물 물리학적 과정으로 구성된다는 사실을 인지했기 때문이었다. 끈질기게 지속되는 자연적 희소성은 포스트-자본주의 사회에서조차 사회적 부와 자연적 부에 대한 보다 더 의식적인 규제를 요구한다.

따라서 마르크스가 '풍요로움'이라는 구상을 통해 인간의 무한한 모든 갈망을 충족시키려고 했다는 주장은 설득력이 떨어진다.[10] 차라리

---

9   [옮긴이: 마르크스가] '좌파 자유지상주의자'였다는 주장은 1868년 이후 자본주의 이전 공동체에 대해 집중적으로 연구한 마르크스의 행보와도 모순된다.

10   에르네스트 만델(1992: 206)이 '풍요로움'을 '수요의 포화'로 정의했다는 점을 상기하는 것이 도움이 된다. 만델은 '부유한 국가에서는 백만장자뿐 아니라 민중을 위한 재화도 대부분 이미 이러한 범주에 들어가 있다'라고 주장한다. 이미 풍요롭지만, 자본주의하에서는 그 풍요로움 느끼지 못한다.

풍요로운 **공동의 부**를 토대로 하는 상이한 종류의 풍요로운 부를 연상하는 편이 더 나을 것이다. 여기서 '로더데일의 역설', 즉 희소성을 인위적으로 유발하는 자본주의적 과정을 상기할 필요가 있다. 부정의 부정으로서 사적 풍요의 인위적인 희소성을 초월하려면 금전적인 교환의 매개가 없는 상태에서 누구나 활용할 수 있는 풍요로운 공동의 부를 재확립해야 한다. 여기서 핵심은 자연적 희소성을 부정하지 않고도 공동체의 풍요로움을 복원할 수 있다는 것이다.

이 구절에서 마르크스가 genossenschaftlicher Reichtum(공동의/협동체적/공동체의 부)을 그 원천에서 흘러나오는 포스트-자본주의적 풍요로움의 형태로 언급했다는 점에 주목해야 한다. 마르크스가 이 용어를 단 한 번만 사용했다고 해서 그것의 의의를 과소평가해서는 안 된다. 이 표현을 마르크스의 『정치경제학 비판을 위하여』(1859)를 여는 문장과 대조해보자. 『자본』과 마찬가지로 『정치경제학 비판을 위하여』도 상품에 대한 분석으로 시작한다. 거기에서 마르크스는 '부르주아적 부[der bürgerliche Reichtum]는 언뜻 보기에 방대한 상품의 축적으로 나타나는데, 그 단위는 하나의 상품이다'(*MECW* 29: 269)라고 썼다. 여기서 마르크스는 상품을 '부르주아적 부'로 규정하고 그것을 포스트-자본주의적 부, 즉 상품으로서 나타나지 않는 '공동의 부'[der genossenschaftliche Reichtum]와 대비한다. 공동의 부는 연합된 생산자들에 의해 민주적으로 관리되고 그들의 능력에 따라 생산되며 그들의 필요에 따라 분배된다. 이것은 『프랑스 내전』에서 논의한, '협동조합적[genossenschaftliche] 생산'을 토대로 '개인 소유'를 복원하는 방법과 정확히 일치한다. 마르크스는 자연의 한계에 제약을 받지 않으면서 무한한 양의 부를 생산할 수 있으리라고는 생각하지 않았다.

그러나 일단 자본주의가 극복되면 모두가 먹고사는 데 지장이 없을 정도의 부는 충분히 얻을 수 있으리라고 확신했다. 다시 말해 풍요로움은 기술적인 한계의 문제가 아니라 사회적 관계의 문제이다. 이러한 통찰은 '부르주아적 부'라는 인위적인 희소성을 넘어 풍요로운 공동체의 부를 재확립하는 데 반드시 필요하다.

크리스틴 로스는 이러한 종류의 풍요로운 공동의 부를 '공동체적 화려함'(Ross 2015: 127)이라고 부르면서 '폐기, 비축, 사유화를 통해 자본주의가 유발하는 희소성의 종식'을 요구한다. 이와 유사하게 제이슨 히켈(Jason Hickel 2019)은 그것을 '근본적인 풍요로움'이라고 부르는데, 공동의 부에 내재한 이러한 형태의 풍요로움은 생산성의 지속적인 증대와 상품의 끝없는 대량 소비에 기반한 부르주아적 형태의 물질적 부와 **근본적으로** 상이하기 때문이다. '공동체적 화려함'과 '근본적인 풍요로움'은 소비주의적 방식으로 풍요로운 사적 소유에 무제한적으로 접근한다는 의미가 아니다. 그렇지 않다면 코뮤니즘 사회는 단순히 부르주아적 형태의 사적 풍요를 보존하면서 자연환경을 더욱 저하시키는 데 기여하고 말 것이다. 본원적 축적은 '인위적인 희소성'을 유발한다. 따라서 '부정의 부정'은 로더데일의 역설의 순서를 뒤집어 사적 풍요를 희생하는 대신 누구나 동등하게 접근할 수 있는 '근본적으로 풍요로운' 공동의 부의 회복을 지향한다. 다시 말해, 풍요로운 공동의 부는 사회의 모든 구성원에게 부와 부담 모두를 보다 평등하고 공정하게 분배하는, 공유와 협동에 관한 것이다. 이 점을 인식할 때만이 '부르주아적 권리라는 협소한 지평을 완전히 극복할' 수 있다.

요점은 5장에서 논의한 좌파 가속주의자들이 포스트-자본주의 사회에 대한 희망을 전례 없는 기술적 돌파구에 걸고 있는 것과 달리 마르크스와 토머스 모어, 에티엔 카베Étienne Cabet, 표트르 크로폿킨 같은 탈희소 사회이론가들은 노동의 폐지나 노동으로부터의 해방을 위해 생산의 완전 자동화를 옹호하지 않았다는 점이다(Benanav 2020: 83). 이러한 의미에서 볼 때 마르크스가 『고타 강령 비판』에서 언급한 생산력의 발전은 '한낱' 생산성의 증가를 의미하는 것이 아니다. 왜냐하면 생산력은 양적인 측면과 질적인 측면을 모두 지니고 있기 때문이다. 예를 들어 코뮤니즘이라는 고등한 국면에서는 '개인을 노동 분업에 노예처럼 종속'시키고 정신노동과 육체노동을 대립'시키는, 즉 '구상'과 '실행'의 분리를 바탕으로 하는 자본의 생산력이 사라지고 노동이 '개인이 전면적으로 발전'하는 기회로서 보다 더 매력적인 것으로 여겨지게 될 뿐 아니라 '삶의 주요 욕구'로 자리매김하게 될 것이다. 노동과정을 이러한 방식으로 재조직하면 과도한 노동 분업이 폐지되고 노동이 보다 더 민주적이고 보다 더 매력적인 것이 되면서 생산성이 감소할 수도 있다. 그러나 그럼에도 그것은 개별 노동자의 자유롭고 자율적인 활동을 보장한다는 점에서 사회적 노동의 생산력의 '발전'으로 간주될 것이다.

이러한 이해를 바탕으로 유명한 선언, 즉 '각자는 그의 능력에 따라, 각자에게는 그의 필요에 따라!'라는 선언도 생산지상주의적이지 않은 방식으로 해석할 수 있다. 마르크스는 개인이 자연적으로 타고난 재능과 사회적으로 습득한 능력의 차이가 사회적 및 경제적 불평등으로 나타나는 것이 아니라 서로 보완하고 대체할 수 있다는 차원에서 개인의 고유한 특성으로 인식되는 사회를 그려 보았다. 개인이 전면적으로 발전하더라도 여전히 잘하지 못하는 것은 다른 사람들이 수행하면 되고, 자신이 잘하는 것으로는 다른 사람을 도울 수 있다. 모두가 하기를 꺼리는 일, 즉 불쾌하고 지루한 일이지만 완전히 없앨 수 없는 일은 모두가 보다 더 공정한 방식으로 분담할 수 있다. 이러한 의미에서 코뮤니즘은 평등을 위해 사람들에게 순응과 획일화를 강요하지 않을 것이다. 자본주의에서는 능력 및 기량의 차이, 경제적 불평등, 불쾌한 작업을 특정한 사회집단에 떠넘기는 관행이 모두 연결되어 있지만, 코뮤니즘하에서는 이러한 연결 고리를 끊어 내는 사회 조직과 제도가 구축될 것이다

　　탈성장 코뮤니즘의 시각에서 『고타 강령 비판』을 대안적으로 해석하고 나면, '부정의 부정'의 의미를 분명하게 이해할 수 있다. 즉, 인클로저를 폐지하여 모두가 누릴 수 있는 공유지를 확장해 나가는 것이다. 마르크스는 미래의 연합된 생산양식을 지칭하기 위해 'genossenschaftlich'라는 용어를 사용했다. 이것을 단순히 '협동체적'으로 번역할 수도 있겠지만, 그 의미가 마르크 협동체Markgenossenschaften라는 고대의 형태에 점차 다가간다는 점을 감안할 때, genossenschaftlich라는 용어에는 '공동체적'이라는 의미가 내포되어 있다고 보아도 무방할 것이다. 이것은 고립된 자본주의 이전 공동체의 소규모 생산 방식으로 되돌아가지 않으면서 고등한 형태의 공동체의 부의 복원을 의미한다. 이것은 자본주의하에서 사회화된 생산을 전제하지만, 오히려 사회적 계획과 규제를 통해 무한한 경제성장을 억제하고 사치스러운 소비를 부추기는 부문의 생산량을 줄일 것이다. 그 대신 기본 서비스와 공적 지출을 늘림으로써 공동체의 부가

확장되면, 민중은 보다 더 장시간 노동하거나 승진을 통해 더 많은 소득을 얻으려고 끊임없이 애쓰지 않아도 기본적인 욕구를 충족할 수 있게 될 것이다. 요컨대, 끝없는 경쟁 압력은 줄어들고 시장 외부에서 자유롭게 선택할 가능성은 늘어날 것이다.

이와 같은 방식으로 마르크스가 '자유'의 왕국과 '필연성'의 왕국을 구별한 『자본』 3권의 유명한 논의를 재고찰할 수 있다.

> 이러한 자연적 필연성의 왕국은 인간의 발전과 더불어 확장된다. 왜냐하면 인간의 필요 역시 확장되기 때문이고 이것들을 만족시키는 생산력도 동시에 확장되기 때문이다. 이러한 자연적 필연성의 왕국에서 자유는 오직 사회화된 인간, 즉 연합된 생산자들이 자연과 인간 사이에 이루어지는 물질대사를 합리적인 방식으로 지배함으로써, 자연의 맹목적인 힘에 지배당하는 대신 그것을 인간의 집단적인 통제하에 두고, 인간 본성에 가장 어울리고 적절한 조건에서 에너지를 가장 적게 소비하면서 자연과 인간 사이에 이루어지는 물질대사의 규제를 달성하는 것에만 있다. 그러나 인간의 자연 지배는 항상 필연성의 왕국으로 남아 있다. 진정한 자유의 왕국, 즉 인간의 힘의 발전이 목적 그 자체가 되는 왕국은, 오직 필연성의 왕국을 토대로만 번성할 수 있음에도 불구하고, 그것을 넘어선 곳에서 시작된다. 그 기본적인 전제조건은 노동일의 단축이다. (*Capital* III: 959)

『고타 강령 비판』에 등장하는 구절처럼 이 구절은 마르크스가 완전 자동화를 통한 생산력의 무제한 성장을 지지하고, 자연을 절대적으로 지배하여 노동일을 단축함으로써 자유의 왕국을 확장해야 한다고 촉구하는 구절로 해석되어 왔다.

다시 한번 말하지만, 이러한 해석은 마르크스의 『자본』에 내재된 생태사회주의적 특징과 양립할 수 없다. 근본적인 풍요로움과 탈성장 코뮤니즘의 시각에서 볼 때, '자유의 왕국'의 확장은 생산력의 지속적인 증대에만 의존할 필요가 없다. 일단 자본주의의 인위적인 희소성이 극복되고 나면, 오히려 공동의 부가 확장될 것이다. 이제 돈을 벌어야만 한다는 끊임없는 압력으로부터 자유로워진 민중은 삶의 질이 저하될 것을 염려하지 않으면서 보다 더 적게 노동하는 매력적인 선택을 하게 될 것이다. 제이슨 히켈(2019: 66)은 이 점을 분명하게 지적한다. '인위적인 희소성의 압력에서 해방되면 생산성을 계속해서 증가시키기 위해 경쟁해야 한다는 강박은 사라질 것이다. 계속해서 증가하기만 하는 생산, 소비, 생태계 파괴라는 거대한 흐름에 시간과 에너지를 쏟아부을 필요도 없어질 것이다.' 시장 경쟁과 끝없는 자본 축적이라는 압력이 사라지면 자유롭게 연합된 노동과 협동조합적 생산을 통해 노동일이 3시간에서 6시간으로 단축될 것이다. 그러고 나면 민중은 여가, 운동, 학습, 사랑 같이 소비주의적이지 않은 활동에 충분한 시간을 쓸 수 있을 것이다. 다시 말해 생산력의 증대를 통해서가 아니라 공동체적 화려함을 복원함으로써 필연성의 왕국을 줄일 수 있다. 그러면 민중은 임금 노동 체계에 예속되지 않고도 보다 더 안정적으로 생활할 수 있을 것이다.

탈성장 코뮤니즘은 보다 더 적게 생산함으로써 자유시간을 늘릴 뿐 아니라 자연환경에 가해지는 부담도 줄일 것이다. 소득과 자원을 보다 더 공정하게 (재)분배하면 생산력을 증대하지 않고도 자유의 왕국의 확장을 위한 전제조건인 노동일 단축을 달성할 수 있을 것이다. 게다가 광고, 마케팅, 컨설팅, 재무 같은 부문에서의 불필요한 생산을 축소하는 방식으로도 불필요한 노동을 제거하고 과도한 생산과 소비를 줄일 수 있을 것이다. 끊임없는 광고 노출, 계획적 진부화, 끝없는 시장 경쟁으로부터 해방된 민중은 보다 더 자율적으로 생산과 소비를 제한하게 될 것이다(Kallis 2020). 마르크스는 인간이 환경과 인간 사이에 이루어지는 물질대사적 상호작용을 의식적으로 조직할 수 있다고 주장했다. 이는 인간이 자신의 사회적 필요를 의식적으로 성찰하고, 필요하다면 그것을 제한할 수 있음을 의미한다. 이러한 자율적인 제한은 복리와 지속가능성의 시각에서 볼 때 사실상 **불필요한** 사물과 활동으로 넘쳐나는 현재의 '필연성의 왕국'의 규모를 의식적으로 축소하는 데 기여할 것이다. 그것들은 '개인의 전면적인 발전'이 아니라 오직 자본 축적과 경제성장을 위해서만 '필요'하기 때문이다. 자본이 우리를 끝없는 소비로 몰아가는 상황, 특히 '자본의 사회적 및 물질대사적 재생산 양식이라는 관점에서 **스스로** 생산을 **제한할 수 있는** 수준이 어느 정도인지 **전혀 알 수 없는**'(Mészáros 2012: 257; 강조는 원문) 상황에서, 이러한 자율적인 제한은 진정으로 혁명적인 잠재력을 지닌다.

뿐만 아니라 케이트 소퍼(2020)가 주장하는 것처럼, 전례 없는 기술 발전 덕분에 현재의 생활 방식이 완벽하게 지속 가능해진다 하더라도, 그 세계가 곧 인간의 잠재력을 온전하게 실현하고 인간의 행복한 삶을 보장하는 바람직한 세계인 것은 아닐 것이다. 왜냐하면 [옮긴이: 자본주의 사회는 경쟁적으로 노동하고 소비하라고 압박하면서 시장 외부에서 만족스러운 경험을 쌓을 기회와 보다 더 의미 있는 삶을 누릴 기회를 박탈하는 경향이 있기 때문이다. 포스트-자본주의는 완전히 상이한 가치-기준과 사회적 행동의 기준을 마련하고, 충족감과 복리의 의미를 새롭게 정의하여 중상류 계급이 되기를 원하는 민중의 광범위한 열망을 대체해야 한다. 한편 케이트 소퍼가 제시하는 포스트-성장 사회에서의 '대안적 쾌락주의'가 긴축이나 빈곤을 의미한다고 볼 수는 없는데, 그것이 GDP에 반영되지 않는 다양한 비상업적 활동의 확장을 추구하기 때문이다. 이제 민중은 상이한 욕구를 가지게 될 것이다. 민중은 파괴적이고 사치스러우며 낭비적인 산물을 원하는 대신, 보다 더 건강하고 보다 더 연대적이며 보다 더 민주적인 생활 방식을 갈망하게 될 것이다. 이러한 방식으로 **탈성장 코뮤니즘은 생산성 증대에 의존하지 않고, 오히려 생산 규모를 축소함으로써 '자유의 왕국'을 확장한다.** 바로 이것이 '부정의 부정'을 통해 20세기 현존 사회주의의 실패를 되풀이하지 않으면서 근본적으로 풍요로운 '공동의 부'를 재구성하고 자유롭고 지속 가능한 인간 발전의 기회를 확대하는 방법이다.

IV. 물질대사 균열을 메우는 방법으로서 공동의 노동

탈성장 코뮤니즘이라는 마르크스의 발상은 근본적으로 풍요로운 공동의 부genossenschaftlicher Reichtum를 토대로 한다. 탈성장 코뮤니즘하에서 상품과 화폐의 인위적인 희소성이 폐지되면, 사회적 부와 자연적 부를 다른 사람들과 공유함으로써 풍요로운 공동의 부가 증대될 수 있기 때문에 무제한적으로 성장할 필요가 없다. 이것은 1868년 이후 마르크스가 『자본』 3권에서 '메울 수 없다'고 표현한 물질대사 균열을 메울 방법을 찾아내기 위해 애쓴 과정을 재구성하는 데 있어 중요한 통찰력을 제공한다. 카를-에리히 폴그라프는 여기서 마르크스가 사용한 언어는 미래의 낙관주의가 끼어들 여지를 주지 않는 '종말론적 은유'로 가득하지만, 만일 마르크스가 『자본』 3권을 완성할 수 있었다면 최종 수고에서는 다른 표현을 사용했을 것이라고 판단한다(Vollgraf 2016: 130). 폴그라프의 우려는 『자본』 3권에서 '자유롭게 연합된 생산자들'이 '자연과 인간 사이에 이루어지는 물질대사를 합리적인 방식으로 지배함으로써, 자연의 맹목적인 힘에 지배당하는 대신 그것을 인간의 집단적인 통제하에 둘' 수 있는 방법에 대한 마르크스의 설명을 찾아볼 수 없다는 사실에서 생겨난다. 여기서 마르크스의 침묵은 미완성이라는 『자본』의 특징을 드러낸다.

생산지상주의적 해석에 따르면, 자연의 맹목적인 힘에 지배당하는 대신' '에너지를 가장 적게 소비하면서 [자연과 인간 사이에 이루어지는 물질대사를 규제]'한다는 마르크스의 후속 언명은 기술을 집약적이고 광범위하게 사용하여 자연 현상을 조작한다는 의미로 이해된다. 물론 노동을 성공적으로 수행하기 위해서는 자연법칙에 대한 합리적인 규제가 필수적이다. 그러나 자연과 인간 사이에 이루어지는 물질대사가 '맹목적인 힘'에 의해 지배받게 된 이유는 자연과학 지식의 결여뿐 아니라 자본주의하에 존재하는 물상화된 사회적 관계 때문이라는 점을 상기해야 한다. 바로 이러한 이유로 마르크스는 자본주의하에서의 노동은 심지어 오늘날 주어진 기술 수준에서조차 '인간 본성에 가장 어울리고 적절한 조건에서' 수행될 수 없다고 생각했다. 자본의 낯선 사회적 힘은 매우 강력해서 자연법칙의 인식만으로는 인간이 인간과 환경 사이에 이루어지는 물질대사를 '합리적인'(즉, 지속 가능한) 방식으로 규제할 수 없으므로, 결국 무한한 자본 축적을 위한 에너지와 자원을 낭비하게 된다. 이러한 시각에서 볼 때, 자본주의하에서 자연과 인간 사이에 이루어지는 물질대사는 '에너지를 가장 적게 소비하면서' 사회적 필요를 만족시키지 못하기 때문에 비합리적인 것으로 판명된다. 따라서 물상화된 사물의 맹목적인 힘의 지배가 지속되는 한, 물질대사 균열을 '메우지 못할' 것이다.

그러나 사회주의하에서 생산수단과 생계수단을 의식적으로 규제하면 자연과의 물질대사 교환을 보다 더 합리적으로 수행할 수 있다는 주장의 근거가 무엇인지에 대한 의문은 아직 풀리지 않았다. 『자본』에 그 근거가 명확하게 제시되어 있는 것도 아니고 사회주의의 지속가능성을 당연하게 여길 만한 다른 근거도 없는 형편이기 때문이다. 사회주의 사회라고 하더라도, 모든 종류의 인간 욕구를 충족하기 위해 생산력을 계속해서 끌어올린다면 그것은 환경 참사에 불과할 것이다. 즉, 보다 더 평등한 사회라고 해서 자동적으로 보다 더 지속 가능하게 되는 것은 아니다. 지구는 생물 물리학적 제약을 지닌 반면 사회적 요구는 무제한에 가깝다. 따라서 마르크스는 서구 사회에서 정상상태 경제의 원칙을 복원해야 한다는 것을 인정하게 되었다. 이러한 맥락에서 볼 때, 탈성장 코뮤니즘에 입각해서 『자본』을 돌이켜 재고찰함으로써 보다 더 지속 가능한 미래를 구상해 보는 것도 의미 있는 일이겠다.[11] 자본주의적 생산에 비해 코뮤니즘이 물질대사 균열을 메울 가능성이 보다 더 높다고 주장하는 데는 최소한 다섯 가지 근거가 있다.

첫째, [옮긴이: 코뮤니즘 사회에서는] 사회적 생산의 목적이 이윤에서 사용가치로 이동한다. 자본주의적 생산은 이윤 극대화를 끝없이 모색하면서 계속해서 확장한다. 자본은 오직 산물의 판매에 필요한 경우에 한해서만 사용가치에 관심을 가진다. 이렇게 사용가치를 등한시함에 따라 사회적 재생산에 필수적이지 않은 산물 또는 인간과 환경에 파괴적인 산물(예: SUV, 패스트 패션, 공장형으로 생산된 육류)이라 하더라도 잘 팔리기만 한다면 대량생산되는 반면, 이윤이 생기지 않는 재화와 서비스는 아무리 필수적인 것이라 하더라도 과소생산된다. 마르크스의 요점은 가치 법칙을 폐지함으로써 사회적 생산이 무한한 경제성장이라는 끝없는 압력에서 벗어나 사용가치를 더 많이 생산하는 데 그리고 그 품질을 끌어올리는 데 집중하게 될 수 있다는 것이다. 현재 자본주의하에서 저개발된 일부 필수적인 부문의 생산은 (성장이 아니라) 개선이 필요하다. 그러기 위해서는, 즉 더 나은 교육, 돌봄 노동, 예술, 스포츠, 대중교통을 제공하기 위해서는 이들 부문에 돈과 자원을 재분배해야 한다. 이 부분들은 무한한 성장을 목표로 삼지 않기 때문에 오늘날에도 이미 정상상태 경제를

---

11 자본의 물상화된 힘을 폐지한다고 해서 그것만으로 지속 가능한 생산의 실현이 보장되는 것은 아니다. 자본주의에서든 사회주의에서든, 생산은 물질적인 과정이고 화석연료의 연소가 기후에 미치는 영향은 동일하기 때문이다. 요점은 비자본주의 사회가 일단 끝없는 경쟁과 무한한 자본 축적의 압력에서 해방되면, 생산과 소비를 보다 더 의식적으로 통제할 여지가 더 확대될 것이라는 점이다.

실현하고 있다. 예를 들어 연평균 3퍼센트 성장률을 보이는 대학이 있을 수 있겠는가? 교육의 질적 개선은 GDP로 측정할 수 있는 것이 아니다.

다른 시각에서 보면 이러한 부문들은 생산성 향상에 적합하지 않다.[12] 필수 노동의 대부분은 완전 자동화가 불가능하다. 그 결과, 여전히 노동 집약적인 이러한 필수노동은 기계화를 통해 점점 더 자본 집약적이 되어가는 다른 산업 부문과 같은 방식으로 생산성을 증대할 수 없다는 의미로, '비생산적'인 부문으로 취급되곤 한다. 새로운 기계의 도입으로 생산을 두 배 혹은 세 배로 늘릴 수 있는 산업 부문도 있겠지만, 간호와 교육 같은 돌봄 노동은 이와 동일한 방식으로 생산성을 늘릴 수 없다. 많은 경우 이러한 돌봄 부문은 사용가치를 희생하고 사고 및 혹사 위험을 증가시키지 않고는 생산성을 증대할 수 없다. 따라서 돌봄 노동은 그 특성상 생산력을 증대하는 데 있어 태생적인 한계를 안고 있고, 이는 '보몰Baumol의 비용질병'으로 알려진 문제를 유발한다. 사회가 기본적인 사용가치를 생산하는 필수적인 노동에 중점을 두면 둘수록 경제 전체의 성장 속도는 더욱 둔화될 가능성이 높다.

둘째, 마르크스는 『자본』에서 자유의 왕국을 위한 '기본적인 전제조건은 노동일의 단축'이라고 진술했다. 그러나 자본주의하에서 생산력이 크게 발전했음에도, 20세기와 21세기 내내 노동시간은 감소하지 않았다. 오히려 불안정한 저임금 일자리가 증가하여 민중은 더 장시간 노동할 수밖에 없게 되었다. 또한 자본의 가치 증식을 위한 대량생산은

---

12 바로 이러한 이유로 자본주의하에서 이러한 부문은 제대로 발전하지 못할 수밖에 없고, 따라서 저임금 노동과 장시간 노동이라는 특징을 가지게 되는 것이다.

광고, 마케팅, 재무, 컨설팅 같은 비필수적인 일자리를 증가시킨다. 마르크스는 자본주의가 발전하면 필연적으로 증가하는 이러한 불필요한 일자리에 대해 다음과 같이 썼다.

> 자본주의적 생산양식은 각각의 개별 사업체에게 절약을 강요하는 한편, 무정부적인 경쟁 체계를 통해 가장 극심한 낭비를 초래한다. 현재는 필수적이지만 그 자체로는 불필요한 수많은 기능을 창출한다는 것은 말할 것도 없다. (*Capital* I: 667)

그저 이윤을 창출할 목적으로 생산되는 필수적이지 않은 재화의 생산을 줄임으로써 불필요한 노동을 크게 줄일 수 있다. 다시 말해, 불필요한 노동을 제거하고 남은 일을 모두가 나눠 맡음으로써 '필연성의 왕국'을 축소하고 '자유의 왕국'을 확장할 수 있다.

자본주의적 생산의 역설은 개별 노동자의 노동력의 재생산에 조응하는 '필수노동시간'이 사실상 불필요한 산물을 엄청나게 생산하는 데 사용된다는 것이다. 다시 말해, 사회적 및 생태학적 시각에서 볼 때, 필수노동의 대부분은 이미 **불필요한** 노동이다. 이것은 노동자 자신조차 사회에 무의미하다는 것을 알고 있는 일자리를 의미하는 '불쉿 잡'(Graeber 2018) 현상에서 광범위하게 표출된다. 사회주의에서 이러한 무의미한 일자리가 사라지면 사회의 번영과 사회 구성원의 복리에 부정적인 영향을 미치지 않을까? 그렇지는 않을 것이다. 이러한 일자리는 무의미할 뿐 아니라 애초부터 사용가치를 생산하지 않았기 때문이다. 오히려 복리가 개선

될 수도 있다. 삶의 대부분의 시간을 무의미한 일을 하며 보내는 것은 정신건강에 해롭기 때문이다. 한편 이러한 일자리가 유발하는 과도한 광고, 협박성 소송, 높은 빈도의 무역 같은 무의미한 일이 사라지게 될 것이고 여기에 투입되는 많은 에너지와 자원 및 돌봄 노동자의 지원을 아끼게 될 것이다. 불쉿 잡이 사라지면 사회적 노동 시간이 줄어들고 미래에 비현실적인 기술이 나타나기를 기다릴 필요 없이 환경적 영향이 즉시 줄어들 것이다.

물론, 자연재해, 전쟁, 기근에 대비하기 위해 어느 정도의 잉여 노동과 잉여 산물은 필요하겠지만,[13] 사회적 생산의 목적이 무한한 자본 축적의 압력에서 해방되고 나면, 막대하고 심지어 낭비적인 수준의 잉여 산물을 생산할 필요는 사라질 것이다. 과잉 산물의 제거는 정상상태 경제에 대한 마르크스의 통찰에 완벽하게 부합한다. 이것은 탈희소 경제에서 자유의 왕국이 진정으로 꽃피우기 위한 '기본적인 전제조건'으로 간주된다. 사실 유토피아주의자들은 탈희소 경제에서 전형적인 주당 노동시간을 15시간에서 25시간으로 추정하는데, 그러기 위해 노동과정을 완전 자동화해야 하는 것은 아니다(Benanav 2020). 오히려 필수적인 작업을 사회의 모든 구성원이 나눠 맡음으로써 이러한 포스트-노동 사회를 실현할 수 있을 것이다. 그러나 노동시간을 줄이는 이러한 방식은 이윤 창출 및 경제성장의 원칙과 양립할 수 없다.

셋째, 탈성장 코뮤니즘은 노동자의 자율성을 증가시키고 노동의

---

13 따라서 마르크스는 어느 사회에서나 항상 잉여 노동과 잉여 산물이 존재해 왔음을 부각했다. 그러나 그것들이 거의 무한하게 확장되는 사회는 자본주의 사회뿐이다.

내용을 보다 매력적으로 만들기 위해 남아 있는 필연성의 왕국을 변혁한다. 포스트-혁명 사회에서도 필연성의 왕국은 필연적으로 남아 있을 것이기 때문에 노동의 변혁은 반드시 필요하다. 노동의 초역사적인 필연성을 비관적으로 생각할 필요는 없다. 위에서 살펴본 것처럼 마르크스는 '개인을 노동 분업에 노예처럼 종속시키고 그럼으로써 발생한 정신노동과 육체노동 사이의 대립의 폐지를 옹호하면서 노동을 통한 '개인의 전면적인 발전'을 높이 평가했다.[14] 노동은 '삶의 주요 욕구'(*MECW* 24: 87)가 된다. 여기서 마르크스는 해방된 노동을 '보다 더 낙관적으로 바라보았다'(Klagge 1986: 776).

협동과 노동 분업은 자본하에서 노동의 실질적 포섭을 통해 노동자에 대한 지배와 규율을 강화한다. 자본주의하에서 생산력은 시장 경쟁으로 인해 빠르게 증대되지만, 결국 '자본의 독재'(*Capital* I: 793)를 확립하고 말 뿐이다. 이러한 맥락에서 볼 때, 탈성장 코뮤니즘을 위한 첫 번째 단계는 노동자를 다른 사람들과 자율적으로 협업하여 완전한 산물을 생산해내지 못하는 불완전한 존재로 전락시키는 과도한 노동 분업을 폐지하는 것이다. 노동을 생산지상주의적이지 않은 방식으로 이해하여 노동을 변혁하려는 마르크스의 전략은 완전 자동화를 통해 인간을 노동에서 해방시키는 전략과 확연하게 다르다.[15] 마르크스의 견해에 따르면 자본

---

14 '노동'에는 재생산 노동이 포함되어야 한다. 즉, 노동을 임금 노동이라는 자본주의적 범주로 축소해서는 안 된다.

15 여기서 전개한 입장은 추상적 노동의 폐지(Postone 1996)와는 다른 것이다. 그 물질적 특징을 감안할 때 추상적 노동은 자본주의적 특유한 것이 아니고 따라서 사적 노동을 통해 가치를 초월할 수 있다 하더라도 완전히 폐지될 수 없다. 포스트-자본주의 사회에서도 구체적 노동과 추상적 노동이 모두

주의적 생산의 문제는 어떠한 기능이나 자율성이 없는 상태에서 단순한 과제를 지루하게 반복하다 보면 노동의 내용이 사라진다는 것인데, 완전 자동화는 노동을 '삶의 주요 욕구'로 만들기는커녕 오히려 이러한 경향을 강화할 가능성이 있기 때문이다. 이러한 노동의 소외를 끝내기 위해 마르크스는 '개인을 노동 분업에 노예처럼 종속'시켜서는 안 된다고 주장한다. 노동 분업을 해체하고 노동과정에서 노동자의 자율성과 독립성을 박탈하는 기계를 몰아내면 경제의 속도는 둔화되겠지만, 개인의 자아 실현의 토대가 되는 보다 더 매력적인 노동이 창조될 것이다.[16]

마르크스가 '노동을 매력적인 것'으로 만들어 '개인의 자아를 실현'할 필요성(*Grundrisse*. 611)에 주목했다고 해서 그것이 곧 한때 샤를 푸리에가 옹호했던 것처럼 노동이, 심지어 포스트-자본주의 사회에서조차, '놀이'가 된다는 의미는 아니다. 사실 마르크스는 '푸리에는 천진난만한 그리셋[옮긴이: 프랑스의 여공]마냥 생각하는지 모르지만, 그것은 결코 한낱 재미나 오락이 된다는 의미가 아니'라고 경고했다. 마르크스는 계속해서 다음과 같이 주장했다.

> … 진정 자유로운 노동(예: 작곡)은 동시에 가장 지독한 진지함이자 가장 극심한 노력 그 자체이다. 물질적 생산 노동은 오직 (1) 그것의 사회적 특징이 전

남아 있을 것이지만, 가치가 더 이상 사회적 재생산을 조직하는 원리가 아닐 것이기 때문에 추상적 노동의 지속이 실질적 추상에 의한 지배로 이어지지는 않을 것이다.

16　따라서 생산과정에서 모두의 자율성을 보장하기 위해 경제의 속도를 둔화시키는 일은 노동시간 단축에 한계로 작용한다. 이로 인해 노동의 내용을 매력적인 것으로 전환하는 일이 더욱 중요해진다. 이와 동시에, 그것은 모두가 보다 더 자유롭고 보다 더 자율적으로 일할 수 있도록 지원할 새로운 기술의 도입 가능성을 배제하지 않는다.

제될 때에만 그리고 (2) 그것이 과학적인 동시에 일반적인 특징을 지니는 경우에만 이러한 특징을 얻을 수 있다. (*Grundrisse*. 611–612)

마르크스는 특정 종류의 노동은 포스트-자본주의에서도 계속해서 존재할 것이고 이러한 노동은 단조롭고 지루하기 때문에 괴롭고 고통스러울 것이라고 인정했다. 이러한 종류의 노동은 새로운 기술의 도움을 받아 줄일 필요가 있다. 또는 더럽거나 불쾌한 작업을 권력이 보다 더 적은 민중에게 떠넘기는 것이 아니라 작업 교대를 통해 공정하게 분배하는 정의로운 사회가 되어야 한다.[17] 과도한 노동 분업을 공정한 작업 교대와 협업 작업의 평등한 분배로 대체한다면 노동의 '일반적인 특징'을 보호하는 과정에서 생산과정의 속도는 둔화되겠지만, 탈성장 코뮤니즘에서는 이것을 반길 것이다.

넷째, 탈성장 코뮤니즘에서 이윤을 추구하는 시장 경쟁을 폐지하면 경제의 속도도 둔화될 것이다.

시장의 강제가 사라지면 필연성의 왕국은 자유의 왕국에서 유발된 혁신을 수용함으로써 서서히 변화될 것이다. 이러한 혁신이 현실에 구현되기까지는 오랜 시간이 소요될지 모른다. 시장 경쟁이 아니라 다양한 위원회들이 변화를 빠르게 구현할 것인지 여부를 조율하여 결정할 것이기 때문이다. (Benanav 2020: 92)

---

17 노동을 분배하는 또 다른 방법은 보상의 방법을 바꾸는 것이다. 자본주의에서 고도로 숙련된 노동의 특징은 경제적 불평등을 유발하는 높은 소득이다. 탈성장 코뮤니즘에서는 이러한 일자리에 대한 보상이 더 높은 급여가 아니라 더 짧은 노동 시간이 될 것이다.

또한 이 맥락에서 아론 베나나브는 이러한 포스트-자본주의 체계에서는 '사전에 설정된 성장 궤적이 없을' 것이라고 인식한다.[18]

마지막으로 『고타 강령 비판』에서 마르크스가 요구한 '정신노동과 육체노동 사이 대립'의 폐지는 엄청난 의의를 가진다. 이러한 대립의 초월을 물질적 노동과 비물질적 노동의 구분을 없애는 것과 혼동해서는 안 된다. 마르크스의 정신노동과 육체노동 개념은 오히려 해리 브레이버먼의 '구상'과 '실행' 개념에 각각 조응한다(Braverman 1998). 자본의 독재라는 문제는 노동자의 주체적인 '구상'의 힘을 완전히 박탈하는 데 있다. 따라서 노동자는 자신의 의지 및 갈망과 무관하게 무엇을, 어떻게, 얼마나 생산할 것인지를 규정하는 자본의 명령에 종속된다. 이러한 실질적 포섭의 결과 노동자는 자본의 명령과 지시에 따라 단순히 생산을 실행하기만 할 뿐이다. 반대로 구상과 실행을 재통일하려면, 시장 교환 내에서의 형식적 평등을 넘어 생산과정에서 생산자들이 실질적으로 평등할 수 있는 환경을 조성해야 한다. 이러한 시각에서 마르크스는 공동 생산 방식에 대해 다음과 같이 썼다.

공동 생산 방식이라는 특징에 따라 산물은 처음부터 공동체적이고 일반적인 것으로 만들어질 것이다. 생산에서 원래 이루어지는 교환, 즉 **교환가치의 교환이 아니라 활동의 교환**은 **공동체적 필요와 공동체적 목적**에 따라 결정

---

18 탈성장 경제에서 이러한 궤적이 필연적인 것이 아니라는 점을 덧붙여야 한다. 자유롭게 연합된 생산자들이 끊임없는 이윤 창출의 압력에서 벗어나면, 보다 더 혁신적이고 독창적인 발상을 제안할 수 있다고 생각해 볼 수 있다. 예를 들어 학술기관에 소속된 연구자들은 이윤 추구가 아니라 지적 호기심과 지적 즐거움에서 출발하여 획기적인 발견을 이끌어내 왔다.

될 것이다. 그 과정에서 개인들은 처음부터 공동체적 산물의 세계에 참여하게 될 것이다. (*Grundrisse*: 171; 강조는 원문)

여기서 핵심은 무엇을, 어떻게, 얼마나 생산할 것인지를 결정하는 과정에 노동자가 적극적으로 참여한다는 것이다. 이러한 민주적인 생산은 자본주의적 생산의 '독재적인' 특징과 정면으로 대립한다. 연합된 생산자들은 소수의 의지를 억지로 따르는 것이 아니라 보다 더 적극적으로 의사결정 과정에 참여한다. 위계적 통제는 연합된 생산자들에게 보다 더 많은 자율성을 부여해야 한다는 마르크스의 전망과 양립할 수 없다. 그러나 위계가 없는 상태에서 다양한 견해를 조율하여 합의에 도달하려면 보다 더 많은 시간이 소요될 수밖에 없다. 자본주의하에서는 소수의 손에 권력이 집중된 상태에서 비민주적이고 하향식 생산과정을 통해 생산력이 증대되기 때문에 작업장에서 민주적으로 의사결정을 하게 되면 전체 생산과정의 속도가 둔화되는 것을 피할 수 없다. 이것을 용납할 수 없었던 소련은 사회적 생산을 관료적인 방식으로 통제했다. 집단적인 의사결정 과정을 통해 노동자들에게는 자신들이 생산하는 산물의 필요성, 평등한 계급·젠더·인종 관계, 환경적 영향에 대해 보다 더 깊이 성찰할 수 있는 여지가 보다 더 넓어질 것이다. 따라서 요르고스 칼리스(Giorgos Kallis 2017: 12)는 '자본주의는 그 속도를 둔화시키는 모든 것을 배제하거나 파괴한다. 따라서 진정한 민주적 사회주의가 자본주의의 속도로 성장하기란 불가능하다'라고 결론 내린다.

마르크스가 사회주의의 조건으로서 요청했던 이 다섯 가지 전환을 고려하다 보면, 탈성장이 없이는 그것들을 성취할 방법이 없겠다는 생각이 든다. 또한 이 다섯 가지 전환은 자본주의보다 탈성장 코뮤니즘이 물질대사 균열을 메울 가능성이 더 높은 이유를 설명하는 데 도움이 된다. 나아가 단순히 사회주의에서 이루어진다는 이유만으로 녹색 경제성장이 실현되는 것은 아니다. 경제성장이 생산과 소비라는 생물 물리학적 과정을 토대로 하는 한, **어떤 사회에서든** 일정 지점을 지나고 나면 성장은 더 이상 지속 가능하지 않다. 다시 말해, 마르크스의 생태사회주의는 탈성장 생태사회주의로서 구체화될 필요가 있다. 바로 이것이 1868년 이후 마르크스가 자연과학과 자본주의 이전 사회를 진지하게 연구한 이후 도달했던 결론이기 때문이다.

지금쯤이면 사회주의가 탈성장 경제로의 사회적 이행을 촉진한다는 것이 분명하게 보일 것이다. 가치증식이라는 자본의 난폭한 시도를 규제함으로써 노동일을 단축하고 환경에 미치는 영향을 줄일 수 있는 기회가 더욱 확대될 것이다. 또한 시장 경쟁에서 자유로워진 노동자들에게 보다 더 많은 자율성을 부여하면, 이를 계기로 그들은 노동과 소비의 의미를 성찰해 보게 될 것이다. 과도한 생산과 오염을 유발하는 생산을 금지하고 지구 한계 내에서 기본적인 사회적 필요를 만족시키기 위해서는 사회계획이 반드시 필요하다. 이러한 전환은 보다 더 지속 가능하고 보다 더 평등한 경제를 창조하기 위해 경제의 속도를 둔화시키고 경제의 규모를 축소할 가능성을 강화한다. 비록 20세기에는 제대로 인정받지 못했지만, 탈성장 코뮤니즘이라는 마르크스의 발상은 인류세 시대에 인간의 생존 가능성을 높인다는 점에서 오늘날 그 어느 때보다 더 중요하다.

결론

　　조지프 슘페터(Joseph Schumpeter 1951: 293)는 '자본주의는 과정이다. 정체된 자본주의란 형용모순일 수 있다'라고 말한 바 있다. 탈성장은 기본적으로 반자본주의 기획이기 때문에 자본주의와 양립할 수 없다. 그럼에도 불구하고, 과거에는 마르크스주의가 주로 프로메테우스적인 것으로 추정되었기 때문에 탈성장론과 마르크스주의 사이에 지적인 대화가 거의 오가지 못했다. 변화가 절실하게 필요한 상황에서, 지난 20년간 정치생태학계에서 일어난 이론적 및 실천적 진보를 반영하기라도 하듯 다행히도 '생태사회주의적 탈성장'(Löwy et al. 2022)을 옹호하는 사람들이 나타나기 시작했다.

　　최근 들어 마르크스주의 학자들, 특히 '물질대사 균열' 개념을 사용하는 생태사회주의자들을 중심으로 자본 축적의 역사적 동학과 그것의 모순을 생태학적 시각에서 비판적으로 이해하려는 시도가 활발하게 이루어진 덕분에 오늘날 마르크스의 생태학은 그 존재를 부인할 수 없는, 기정사실이 되었다. 물질대사 균열 개념은 탈성장론을 포함하여 환경주의 및 정치생태학의 다른 전통에 마르크스주의가 비판적으로 관여할 여지를 열어 주었다. 이러한 맥락에서, 최근 일어난 탈성장론의 부흥은 탈희소 경제에 대한 마르크스의 전망을 재검토하고 갱신할 커다란 기회를 제공한다. *MEGA*를 새롭게 탐구한 결과로부터 영감을 받은 이 책 역시 말년의 마르크스를 '탈성장 코뮤니스트'로 재해석함으로써 마르크스주의를 생산지상주의적 '사회주의'로부터 해방시키려는 시도 가운데 하나이다.

포스트-자본주의 사회에 대한 마르크스의 전망을 긍정적인 입장에서 정교화한 이 책은 마르크스의 연구 노트에 담겨 있는 마르크스의 생태학을 발굴하여 탐구하는 작업의 유용성을 의심하는 사람들에게 답하려는 시도이기도 하다. 물론 마르크스의 생태학이 존재한다는 사실만으로 그의 통찰이 오늘날에도 유용하다거나 그의 정치경제학을 연구해야 할 필요성이 정당화되는 것은 아니다. 따라서 비평가들은 경제적 및 생태학적 상황이 마르크스 당대와 완전히 다를 뿐 아니라 그 과학적 지식의 수준 또한 비교할 수 없을 만큼 높아진 21세기의 세계에 마르크스의 생태학을 적용하는 것이 타당한지 우려하거나 마르크스의 자본주의 비판을 '녹색화'하는 작업은 '마르크스 이론에 존재하는 깊은 결함과 한계점을 왜곡하고 무시한 채 오늘날의' 관심사를 마르크스의 텍스트에 덧씌우는 것에 불과하다고 비판한다. 심지어 어떤 비평가들은 마르크스의 이론이 '폐기 처분된 것이나 다름없다'는 이유로, "이미 주변화된 마르크스주의 이론에서 '생태학적 마르크스'를 기대하는 것은 그저 환상일 뿐"(Boggs 2020: 83)이라고 결론 내린다.

사실 마르크스는 여러 측면에서 일관성이 있었다기보다는 양가적이었다. 이는 놀라운 일이 아니다. 마르크스의 발상은 필연적으로 본인의 개인적인 경험, 19세기 서유럽의 사회 경제적 구조, 그 시대를 휩쓸었던 가치 기준과 규범에 의해 제한될 수밖에 없었기 때문이다. 따라서 마르크스의 저술에 등장하는 생산지상주의적이고 유럽중심주의적인 언명을 비판할 수는 있지만 그 역사적, 이론적, 정치적 맥락과 마르크스의 의도를 충분하게 고려하지 않은 채 이러한 일부 언명을 근거로 마르크스의 이론적 기여를 통째로 거부하는 것은 환원주의적인 접근일 것이다. 이러한 환원주의가 특히 문제시되는 이유는 마르크스가 과거 본인이 전개했던 잘못된 추정을 되짚어 본 뒤 보다 더 정교화된 관점을 발전시키곤 했기 때문이다. 이 책에서 내내 논의했던 것처럼, 1860년대 이후 마르크스는 과거 본인이 전개했던 생산지상주의적이고 유럽중심주의적인 입장을 분명하게 수정했다. 따라서 살아생전 마르크스의 이론적 발전 과정을 세심하게 추적함으로써, 마르크스 이론의 올바름을 교조적으로 옹호하거나 청년 마르크스의 미성숙한 관점을 지나치게 일반화함으로써 그 유용성을 맹목적으로 부정하는 비생산적인 논쟁을 피할 수 있다. 전자의 태도는 명백히 부적절한 반면 후자의 거부는 안타까운 일인데, 그 까닭은 마르크스가 자본주의 체계를 체계적으로 비판하는 이론을 발전시킨 몇 안 되는 이론가 가운데 하나임이 분명하기 때문이다. 마르크스의 지적 유산을 지나치게 섣부르게 부정한다면, 특히 끝없는 자본 축적이 환경 위기의 명백한 원인으로 지목되는 오늘날, 자본주의 비판이 점점 더 어려워지게 되고, 이는 '자본주의적 현실주의'를 재생산하고 강화하는 결과로 이어진다.

그러나 *MEGA*를 통해 과거에는 출판되지 않았던 카를 마르크스의 저술을 탐구하는 작업이 그의 세계관을 인류세 시대가 겪고 있는 환경 참사를 완벽하게 예언한 전지전능한 세계관으로 신격화하려는 또 하나의 시도가 **아니**라는 점에 유의해야 한다. 마찬가지로, 이전에 펴냈던『마르크스의 생태사회주의: 자본, 자연, 미완의 정치경제학 비판』에서 마르크스의 연구 노트를 광범위하게 탐구한 목적 역시 마르크스가 생태학적 쟁점에 관심을 가졌다는 '한낱' 사실을 입증함으로써 마르크스를 구해내려는 것이 아니었다. 이러한 문헌학적 논쟁은『자본』을 성서처럼 떠받드는 마르크스주의 학자들에게나 의미가 있는 일일 것이다. 이 책의 논의는 마르크스의 정치경제학 기획이 본질적으로 미완성으로 남았다는 점과『자본』이 모든 것을 설명할 수 있는 것은 아니라는 점을 다시 한번 분명하게 밝힐 것이다.[1]

마르크스의 생태학적 기획을 오늘날 인류세 시대의 상황에 직접 적용할 수는 없을 것이다. 그러나 마르크스의 연구 노트는 마르크스가 최근의 과학적 탐구의 결과를 본인의 정치경제학 비판에 통합할 수 있었다면 그 비판을 어떤 방향으로 발전시켜 나갔을 것인지 추측해 볼 수 있는 유용한 단서를 제공한다. 이것은 오늘날의 마르크스주의자들에게 남겨진 과제이다. 그럼으로써, 소련의 붕괴 이후 **포스트-자본주의에 대한 완전히 새로운 전망**을 제시할 수 있을 것이기 때문이다. 이러한 의미에서『마르크스의 생태사회주의』는『자본』을 **넘어서 나아가** 인류세 시대에 다른 환경주의의 흐름과 새로운 대화의 장을 열고 포스트-자본주의적 미

---

1 마르크스의 생태학이 시대에 뒤떨어진 19세기의 과학에 지나치게 의존한다는 인상은 마르크스가
『자본』에서 유스투스 폰 리비히를 수용했다는 사실에만 치중한 결과이다. 그러나 리비히의 강탈농업
체계 비판을 절대적인 것으로 여길 필요는 없다. 마르크스가『자본』2판에서 리비히의 강탈농업 비
판에 대한 본인의 과대평가를 수정했기 때문이다(Saito 2017).

래를 보다 더 올바르게 그려 보기 위한 준비 작업이었다. 그러나 『자본』을 넘어서 나아간다는 말이 곧 『자본』을 부인한다는 의미는 아니다. 『자본』에 나타난 마르크스의 생태학적 자본주의 비판은 자본주의하에서 일어나는 생태 파괴를 비판적으로 이해하는 데 없어서는 안 될 방법론적 기초를 제공한다. 이러한 방법론을 통해 지구 체계, 토양 및 해양 생태계, 기후 변화에 대한 보다 더 최근의 과학적 발견을 활용하여 마르크스의 생태사회주의적 자본주의 비판을 보완할 수 있다. 그럼으로써 탈성장 코뮤니즘이라는 발상이 더욱 공고해질 것이다.

안타깝게도 마르크스는 탈성장 코뮤니즘이라는 발상을 정교화하지 못했다. 생의 마지막날까지도 마르크스는 특히 생산력의 발전과 관련이 있는 다양한 이론적 비일관성 및 한계점과 씨름했다. 결국 마르크스는 1870년대에 집필한 『자본』 2권과 3권에서 과거 본인이 전개했던 주장들을 완벽하게 수정 및 확장하는 데 실패했고, 그로 인해 여전히 생산지상주의자이자 유럽중심주의적인 사상가였다는 인상을 남기게 되었다. 이러한 부정적인 인상은 마르크스의 사후에 더 커졌는데, 부분적으로는 마르크스주의의 창시자인 엥겔스조차 마르크스가 『자본』을 넘어서 모색했던 것이 무엇인지 완벽하게 이해하지 못했기 때문이다. 그렇다고 해서 마르크스주의의 역사에서 엥겔스가 이룩한 위대한 업적을 부인하려는 것은 아니다. 엥겔스가 마르크스의 이론을 재구성하지 않았다면, 20세기 마르크스주의의 어마어마한 성공은 불가능했을 것이기 때문이다.

그럼에도, 엥겔스가 성공한 주된 이유는 구체적인 사회적 및 정치적 사건을 날카롭게 분석했다는 것과 마르크스의 이론을 '단순화'했다는 데서 찾을 수 있다. 엥겔스는 마르크스의 기획이 노동계급의 근시안적인 이익을 훌쩍 넘어설 만큼 광범위하다는 점을 인식했고, 그로 인해 노동자들이 마르크스의 이론을 수용하기 어려울 것이라고 생각했다. 따라서 엥겔스는 불충분한 이해를 바탕으로 마르크스의 이론을 단순히 '변형하려' 한 것이 아니라 마르크스 이론의 핵심 요소들을 당시의 사회주의 운동과 노동운동에 적합하고 양립 가능할 수 있는 방식으로 '재구성' 하려는 이론적 노력을 기울인 것이었다. 엥겔스는 '마르크스주의'를 근대화라는 주요 자본주의적 이데올로기에 맞서는 대항 이데올로기로서 노동계급에게 포괄적인 지적 방향성을 제공하는 이론으로 이해했다. 그러나 그 과정에서 엥겔스는 '합리주의', '실증주의', '진보적 역사관', '생산지상주의', '유럽중심주의' 같은 마르크스 이론의 일부 측면을 지나치게 강조하게 되었다.

엥겔스의 성공 비결이 근대화 과정에 대한 그의 무비판적 평가에 바탕하고 있었다는 점에서, '마르크스주의'는 근대 자본주의 사회를 넘어 나아가는 데 꼭 필요한 이론적 지평을 제공하지 못했다. 이매뉴얼 월러스틴(1979)이 주목했던 것처럼, 마르크스주의는 자본주의적 세계체계의 '중심부'에서는 자본주의 경제의 개혁과 대의민주주의를 요구하는 사회민주주의로, 사회주의 혁명이 성공한 '반半주변부'와 '주변부'에서는 비민주적인 '국가 자본주의'의 형태로 변질되어 산업화와 근대화를 정당화하는 이데올로기로서 기능했다.[2] 그 결과, '현존 사회주의 국가들'

---

2 최근 브랑코 밀라노비치(Branko Milanović 2019)는 중국에 대해 동일한 주장을 전개한 바 있다. 이러한 의미에서, 그가 '정치적 자본주의'라고 논의한 것은 마르크스주의에 새로운 개념이 아니다.

은 주권국가들로 구성된 세계 자본주의 체계에 갇힌 채 옴짝달싹 못하게 되었다.

이러한 의미에서 엥겔스의 이론적 개입이 '마르크스주의'의 정치적인 교조화와 마르크스의 이론의 '변형'의 원흉으로 간주되는 것도 무리는 아니다. 엥겔스가 마르크스와 많은 관점을 공유했던 것은 사실이지만, 두 사람 사이에는 이론적 차이가 있었다. 어쨌든 두 사람이 본질적으로 같은 사람일 수는 없는 노릇이므로, 이것은 놀라운 일이 아니다. 엥겔스의 철학적 기획은 말년의 마르크스가 기울인 이론적 노력과 완벽하게 양립할 수 없었다. 따라서 『자본』을 넘어서 나아가기 위해서는 마르크스와 엥겔스를 구별하는 작업이 반드시 필요하다.

이 책에서 논의한 것처럼, 1920년대에 이미 엥겔스를 비판하면서 서구 마르크스주의의 형성에 기여한 죄르지 루카치를 이 맥락에서 다시 살펴봄 직하다. 루카치의 엥겔스 비판은 그의 경솔한 표현으로 인해 심각한 오해를 불러일으켰고, 다른 마르크스주의자들로부터 일관성이 없고 양가적이라고 비판받았다. 그럼에도 불구하고, 루카치는 후대의 서구 마르크스주의자들과 다르게 마르크스의 '물질대사' 개념을 통합했다. 루카치는 자본주의하에서 인간과 자연 사이의 긴장 관계를 논의할 수 있는 마르크스주의적 방법론을 성공적으로 발전시켰다. 『추수주의와 변증법』에서 정교화된 루카치의 ('존재론적 이원론'이 아니라) '방법론적 이원론'은 마르크스 본인의 정치경제학 방법론에 충실하다. 또한 루카치의 헤겔주의적 개념인 '동일성과 비동일성의 동일성'은 인류세 시대에도 자본 축적의 역사적 동학과 그것의 한계점을 비판적으로 이해하는 데 근본적으로 기여한다.

　마르크스의 이원론적 방법론은 포스트-데카르트적 존재론을 바탕으로 인간과 자연의 관계를 논의하는, 최근 득세한 담론에 대한 대안을 제시한다는 점에서 인류세 시대에 매우 중대한 의의를 가진다. 다양한 형태의 이원론은 자연적인 것과 사회적인 것의 뒤엉킴이 특징인 인류세가 직면한 다방면의 위기에 대응하기에 분명 부적절하다. 그러나 평평한 존재론이나 다른 형태의 일원론만이 데카르트적 이원론의 유일한 대안인 것은 아니다. 사회와 자연의 분석적 구분이 반드시 데카르트적 이원론을 의미하는 것은 아니므로, 마르크스주의가 데카르트적 이원론에 기반하고 있다는 일원론자들의 비판은 보다 더 생산적인 '이원론적' 접근법의 가능성을 선험적으로 배제한다는 점에서 허수아비 논법이다. 제이슨 W. 무어는 이러한 허수아비 논법을 사용하여 물질대사 균열 접근법에 반론을 제기한다. 그러나 '물질/소재Stoff'와 '형태Form'라는 마르크스의 고유한 구상을 토대로 하는 마르크스의 방법론적 이원론은 자본주의적 생산의 역사적 특수성과 지속 가능한 생산을 위한 물질적 조건과의 모순을 파악하는 데 필수적이다. 사회적인 것과 자연적인 것은 현실에서 깊이 뒤얽혀 있고 원래 그대로의 자연은 더 이상 존재하지 않지만, 그럼에도 불구하고 사회적인 것과 자연적인 것의 분석적인 구분은 필요하다.

　알프 호른보리와 안드레아스 말름이 이미 브뤼노 라투르와 제이슨 무어에 맞서 이러한 분석적 이원론의 타당성을 옹호한 바 있지만, 이 책은 거기에서 한발 더 나아가 마르크스의 방법론적 이원론이 포스트-자본주의에 대한 전망이라는 이론적 함의를 지닌다는 것을 입증하려고 한다.[3] 최근 『그룬트리세』를 바탕으로 부활한 포스트-자본주의가 지구의 관리라는 명목하에 여전히 생산지상주의적 태도를 버리지 못하는 것과 달리, 사실상 마르크스는 1860년대 초에 본인의 방법론적 이원론과 일치하는 방식으로 자본의 생산력에 대한 이해를 변경했다. 형태와 물질/소재가 뒤얽혀 있음에 주목한 말년의 마르크스는 자본의 생산력이 소멸되면 민주적 사회주의에서 보다 더 자율적이고 보다 더 지속 가능한 방식으로 생산을 추구하게 되면서 사회적 생산성이 감소할 수 있음을 인지하게 되었다. 완전 자동화를 바탕으로 하는 좌파 가속주의와 분명하게 대비되는 이러한 인식을 통해 마르크스는 포스트-자본주의에 대한 완전히 새로운 전망을 제시한다. 1870년대의 마르크스는 탈회소 사회가 생산력의 기술 관료적 발전에 토대를 둘 필요가 없다고 생각하게 되었다. 『고타 강령 비판』에 등장하는 풍요로운 '공동의/공동체의 부genossenschaftlicher Reichtum' 개념을 통해 탈성장을 포스트-자본주의 사회에 대한 마르크스의 전망에 통합할 수 있었음에도, 이러한 가능성은 매우 오랫동안 완전히 외면당해 왔다. 이러한 맥락에서 이 책의 마지막 장에서는 『자본』을 재고찰하여 탈성장 코뮤니즘이라는 마르크스의 전망이 우리의 귀중한 지구를 희생하여 무한한 경제성장을 추구하는 자본의 체제를 넘어 보다 더 평등하고 보다 더 지속 가능한 사회를 확립할 가능성을 높일 수 있는 이유를 명백하게 밝힘으로써, 진정으로 『자본』을 넘어 나아가려고 했다.

오늘날의 정치에서 '탈성장 코뮤니즘'의 인기는 그리 높지 않다. 그

---

3 이제 호른보리(2020)도 탈성장론을 옹호하게 되었지만 포스트-자본주의적 미래에 대한 그의 전망은 여전히 추상적이다. 말름(2021)은 이 점과 관련하여 여전히 침묵을 지키고 있다.

러나 '탈성장 코뮤니즘'은 점점 더 득세하고 있는 녹색 자본주의적 전망 뿐 아니라 기술 관료적 생태사회주의와도 다르다는 점을 부각하고 싶다. 생태사회주의라 하더라도 녹색 자본주의처럼 성장 지향적이라면 결코 지속 가능하지 않을 것이다. 생태사회주의의 한 변종인 탈성장 코뮤니 즘은 경제성장이 없는 탈희소 사회를 지향하는 가운데, 자본이 유발한 인 위적인 희소성에 맞서 풍요로운 공동의 부를 복원하려고 한다. 그렇다면 마르크스주의는 마르크스의 가치론, 물상화론, 계급론, 사회주의론을 부정하지 않으면서, '생태사회주의적 탈성장'에 입각하여 철저하게 재해 석될 필요가 있다. 소련의 붕괴 이후, 마르크스의 포스트-자본주의론을 이토록 대담하게 갱신하는 작업은 비마르크스주의적 환경주의와의 대 화를 활성화하고 인류세 시대에 인간 생존의 가능성을 모색하는 데 필 수적이다. 탈성장 코뮤니즘이라는 정치적 기획이 그저 '환상'에 그치고 말 것인지 여부는 역사가 판단할 것이다.

참고문헌

Adamiak, Richard. 1974. 'Marx, Engels and Dühring'. *Journal of the History of Ideas* 35 (1): 98–112.

Adorno, Theodor W. [1966] 1990. *Negative Dialectics*. London: Routledge. [국역: 홍승용 옮김, 『부정변증법』, 한길사, 1999]

_____. 1974. *Philosophische Terminologie zur Einleitung*. Vol. 2. Frankfurt am Main: Suhrkamp.

Akashi, Hideto. 2016. 'The Elasticity of Capital and Ecological Crisis'. *Marx-Engels-Jahrbuch* 2015/16 (1): 45–58.

_____. 2021. 'Rate of Profit, Cost Price and Turnover of Capital: An Examination of the Manuscript for Capital in MEGA II/4.3'. *Marxism 21* 18 (3): 140–176.

Althusser, Louis. 2001. *Lenin and Philosophy and Other Essays*. New York: Monthly Review Press. [국역: 이진수 옮김, 『레닌과 철학』, 백의, 1991]

_____. 2005. *For Marx*. London: Verso. [국역: 서관모 옮김, 『마르크스를 위하여』, 후마니타스, 2017]

Amin, Samir. 2018. *Modern Imperialism, Monopoly Finance Capital and Marx's Law of Value*. New York: Monthly Review Press.

Anderson, Kevin B. 2010. *Marx at the Margins: On Nationalism, Ethnicity and Non-Western Societies*. Chicago: Chicago University Press. [국역: 정구현, 정성진 옮김, 『마르크스의 주변부 연구: 민족주의, 종족, 비서구 사회』, 한울아카데미, 2020]

Anderson, Perry. 1976. *Considerations on Western Marxism*. London: NLB. [국역: 류현 옮김, 『서구 마르크스주의 읽기』, 이매진, 2003]

Anguélov, Stéfan. 1980. 'Reflection and Practice'. In *Contemporary East European Marxism*, edited by Edward D'Angelo, David H. DeGrood, Pasquale N. Russo and William W. Stein, 1:125–134. Amsterdam: B. R. Grüner Publishing Co.

Arato, Andrew, and Paul Breines. 1979. *The Young Lukács and the Origins of Western Marxism*. London: Pluto Press.

Arboleda, Martin. 2020. *Planetary Mine: Territories of Extraction under Late Capitalism*. London: Verso.

Aronoff, Kate, Alyssa Battistoni, Daniel Aldana Cohen and Thea Riofrancos. 2019. *A Planet to Win: Why We Need a Green New Deal*. London: Verso.

Avineri, Shlomo. 1969. *Karl Marx on Colonialism and Modernization: His Despatches and Other Writings on China, India, Mexico, the Middle East and North Africa*. New York: Anchor Books.

_____. 1970. *The Social and Political Thought of Karl Marx*. Cambridge: Cambridge University Press. [국역: 이홍구 옮김,『칼 마르크스의 사회사상과 정치사상』, 까치, 1983]

Badiou, Alain. 2008. 'Live Badiou: Interview with Alain Badiou'. In *Alain Badiou: Live Theory*, edited by Oliver Feltham, 136–139. London: Continuum. [국역: 박성훈 옮김,『알랭 바디우: 라이브 이론』, 책세상, 2022]

Ball, Terence. 1979. 'Marx and Darwin: A Reconsideration'. *Political Theory* 7 (4): 469–483.

Barca, Stephania. 2020. *Forces of Reproduction: Notes for a Counter-Hegemonic Anthropocene*. Oxford: Oxford University Press.

Bastani, Aaron. 2019. *Fully Automated Luxury Communism: A Manifesto*. London: Verso. [국역: 김민수, 윤종은 옮김,『완전히 자동화된 화려한 공산주의: 21세기 공산주의 선언』, 황소걸음, 2020]

Battistoni, Alyssa. 2017. 'Bringing in the Work of Nature: From Natural Capital to Hybrid Labor'. *Political Theory* 45 (1): 5–31.

Beck, Ulrich. 1992. *Risk Society: Towards a New Modernity*. London: Sage. [국역: 홍성태 옮김,『위험사회』, 새물결, 2006]

Benanav, Aaron. 2020. *Automation and the Future of Work*. London: Verso. [국역: 윤종은 옮김,『자동화와 노동의 미래: 탈희소성 사회는 어떻게 실현되는가?』, 책세상, 2022]

Benjamin, Walter. 2003. *Selected Writings: 1938–1940*. Cambridge, MA: The Belknap Press of Harvard University Press.

Benton, Ted. 1989. 'Marxism and Natural Limits: An Ecological Critique and Reconstruction'. *New Left Review* I/178 (November/December): 51–86.

Berlin, Isaiah. [1948] 2013. *Karl Marx*. Princeton: Princeton University Press. [국역: 안규남 옮김, 『칼 마르크스 - 그의 생애와 시대』, 미디어북스, 2012]

Blackledge, Paul. 2020. 'Engels vs Marx? Two Hundred Years of Frederick Engels'. *Monthly Review* 72 (1): 21–39.

Boggs, Carl. 2020. 'Was Karl Marx an Ecosocialist?'. *Fast Capitalism* 17 (2): 67–94.

Bonneuil, Christoph, and Jean-Baptiste Fressoz. 2016. *The Shock of The Anthropocene: The Earth, History and Us*. London: Verso.

Boyd, William, W. Scott Prudham and Rachel A. Schurman. 2001. 'Industrial Dynamics and the Problem of Nature'. *Society and Natural Resources* 14 (7): 555–570.

Brand, Ulrich, and Markus Wissen. 2021. *Imperial Mode of Living*. London: Verso. [국역: 이신철 옮김, 『제국적 생활양식을 넘어서: 전 지구적 자본주의 시대의 인간과 자연에 대한 착취』, 에코리브르, 2020]

Brassier, Ray. 2014. 'Prometheanism and Its Critics'. In *#Accelerate: The Accelerationist Reader*, edited by Robin Mackay and Armen Avanessian, 467–487. Falmouth: Urbanomic. [국역: 김효진 옮김, 『#가속하라: 가속주의자 독본』, 갈무리, 2023]

Braverman, Harry. 1998. *Labour and Monopoly Capital: The Degradation of Work in the Twentieth Century*. 25th anniversary edition. New York: Monthly Review Press. [국역: 이한주, 강남훈 옮김, 『노동과 독점자본: 20세기에서의 노동의 쇠퇴』, 까치, 1998]

Breakthrough Institute. 2015. *The Ecomodernist Manifesto*. http://www.ecomodernism.org/. 2022년 9월 7일 접속[옮긴이: 2026년 1월 19일 접속 가능]

Brock, William H. 1997. *Justus von Liebig: The Chemical Gatekeeper*. Cambridge: Cambridge University Press.

Brownhill, Leigh, Salvatore Engel-Di Mauro, Terran Giacomini, Ana Isla, Michael Löwy and Terisa E. Turner, eds. 2022. *The Routledge Handbook of Ecosocialism*. London: Routledge.

Buck-Morss, Susan. 1977. *The Origin of Negative Dialectics: Theodor W. Adorno, Walter Benjamin and the Frankfurt Institute*. New York: The Free Press.

Burkett, Paul. 1999. *Marx and Nature: A Red and Green Perspective*. New York: Palgrave.

_____. [2001] 2013. 'Lukács on Science: A New Act in the Tragedy'. *Historical Materialism* 21 (3): 3–15.

_____. 2005. 'Marx's Vision of Sustainable Human Development'. *Monthly Review* 57 (5): 34–62.

_____. 2006. *Marxism and Ecological Economics: Toward a Red and Green Political Economy*. Leiden: Brill.

Carr, E. H. 1934. *Karl Marx: A Study in Fanaticism*. New York: J. M. Dent & Sons.

Carver, Terrell. 1983. *Marx and Engels: The Intellectual Relationship*. Brighton: Wheatsheaf.

Cassegård, Carl. 2017. 'Eco-Marxism and the Critical Theory of Nature: Two Perspectives on Ecology and Dialectics'. *Distinktion* 18 (3): 314–332.

_____. 2021. *Toward a Critical Theory of Nature: Capital, Ecology and Dialectics*. New York: Bloomsbury.

Castree, Noel. 2001. 'Socializing Nature: Theory, Practice and Politics'. In *Social Nature: Theory, Practice and Politics*, edited by Noel Castree and Bruce Braun, 1–21. Malden, MA: Blackwell Publishers.

_____. 2002. 'False Antitheses? Marxism, Nature and Actor–Networks'. *Antipode* 34 (1): 111–146.

_____. 2005. *Nature*. London: Routledge.

_____. 2013. *Making Sense of Nature*. London: Routledge.

Césaire, Aimé. [1955] 2000. *Discourse on Colonialism*. New York: Monthly Review Press. [국역: 이석호 옮김,『식민주의에 대한 담론』, 그린비, 2011]

Chakrabarty, Dipesh. 2009. 'The Climate of History: Four Theses'. *Critical Inquiry* 35 (2): 197–222.

_____. 2010. *Provincializing Europe: Postcolonial Thought and Historical Difference*. Princeton: Princeton University Press. [국역: 김택현, 안준범 옮김,『유럽을 지방화하기: 포스트식민 사상과 역사적 차이』, 그린비, 2014]

Clark, Brett. 2002. 'The Indigenous Environmental Movement in the United States: Transcending Borders in Struggles against Mining, Manufacturing and the

Capitalist State'. *Organization and Environment* 15 (4): 410–442.

Clark, Brett, and John Bellamy Foster. 2009. 'Ecological Imperialism and the Global Metabolic Rift: Unequal Exchange and the Guano/Nitrates Trade'. *International Journal of Comparative Sociology* 50 (3–4): 311–334.

_____. 2010. 'The Dialectic of Social and Ecological Metabolism: Marx, Mészáros and the Absolute Limits of Capital'. *Socialism and Democracy* 24 (2): 124–138.

Clark, Brett, and Richard York. 2005. 'Carbon Metabolism: Global Capitalism, Climate Change and the Biospheric Rift'. *Theory and Society* 34 (4): 391–428.

_____. 2008. 'Rifts and Shifts: Getting to the Root of Environmental Crisis'. *Monthly Review* 60 (6): 13–24.

Clark, John. 1984. *The Anarchist Moment Reflections on Culture, Nature and Power.* Montréal: Black Rose Books.

Clastres, Pierre. 1989. *Society against the State: Essays in Political Anthropology.* New York: Zone Books. [국역: 홍성흡 옮김,『국가에 대항하는 사회: 정치인류학 논고』, 이학사, 2005]

Cohen, G. A. [1978] 2000. *Karl Marx's Theory of History: A Defence.* Princeton: Princeton University Press. [국역: 박형신, 정헌주 옮김,『카를 마르크스의 역사이론: 역사 유물론 옹호』, 한길사, 2011]

_____. 1995. *Self-Ownership, Freedom and Equality.* Cambridge: Cambridge University Press.

Colletti, Lucio. 1973. *Marxism and Hegel.* London: NLB. [국역: 박찬국 옮김, 『마르크스주의와 헤겔』, 인간사랑, 1988]

Commoner, Barry. 1971. *The Closing Circle.* New York: Knopf. [국역: 고동욱 옮김, 『원은 닫혀야 한다: 자연과 인간의 기술』, 이음, 2014]

Congdon, Lee. 2007. 'Apotheosizing the Party: Lukács's "Chvostismus und Dialektik"'. *Studies in East European Thought* 59 (4): 281–292.

Cook, Deborah. 2011. *Adorno on Nature.* London: Routledge.

Crutzen, Paul J. 2006. 'Albedo Enhancement by Stratospheric Sulfur Injections'. *Climate Change* 77 (July): 211–219.

Crutzen, Paul J., and Eugene F. Stoermer. 2000. 'The "Anthropocene"'. *Global Change Newsletter* 41 (May): 17.

Cushman, Gregory T. 2013. *Guano and the Opening of the Pacific World.* Cambridge: Cambridge University Press.

Cuyvers, Ludo. 2020. 'Why Did Marx's Capital Remain Unfinished? On Some Old and New Arguments'. *Science and Society* 84 (1): 13–41.

Daly, Herman E. 1991. *Steady-State Economics: Second Edition with New Essays.* Washington, DC: Island Press.

_____. 1998. 'The Return of Lauderdale's Paradox'. *Ecological Economics* 25 (1): 21–23.

Deborin, Abram. 1924. 'Lukács und seine Kritik des Marxismus'. *Arbeiter-Literatur*, no. 10, 615–640.

Dellheim, Judith, and Frieder Otto Wolf, eds. 2018. *The Unfinished System of Karl Marx: Critically Reading Capital as a Challenge for Our Time.* New York: Palgrave.

Deutscher, Isaac. 1967. *The Unfinished Revolution: Russia 1917–1967.* London: Oxford University Press.

Drapeau, Thierry. 2017. '"Look at Our Colonial Struggles": Ernest Jones and the Anti-colonialist Challenge to Marx's Conception of History'. *Critical Sociology* 45 (7–8): 1195–208.

Drucker, Peter. 1993. *Post-capitalist Society.* New York: HaperBusiness. [국역: 이재규 옮김, 『자본주의 이후의 사회』, 한국경제신문사, 1993]

Dunayevskaya, Raya. 1973. *Philosophy and Revolution: From Hegel to Sartre and from Marx to Mao.* New York: Columbia University Press.

Ehrlich, Paul R., and Anne H. Ehrlich. 1990. *The Population Explosion.* New York: Simon & Schuster.

Engel-Di Mauro, Salvatore. 2014. *Ecology, Soils and the Left: An Ecosocial Approach.* New York: Palgrave.

Extinction Rebellion. 2019. *This Is Not a Drill: An Extinction Rebellion Handbook.* London: Penguin.

Federici, Silvia. 2004. *Caliban and the Witch: Women, the Body and Primitive Accumulation.* New York: Autonomedia. [국역: 성원, 김민철 옮김, 『캘리번과 마녀: 여성, 신체 그리고 시초축적』, 갈무리, 2011]

Feenberg, Andrew. 1981. *Lukács, Marx and the Sources of Critical Theory.* Totowa, NJ: Rowman and Littlefield.

_____. 2015. 'Fracchia and Burkett on Tailism and the Dialectic'. *Historical Materialism* 23 (2): 228–238.

_____. 2017. 'Why Students of the Frankfurt School Will Have to Read Lukács'. *The Palgrave Handbook of Critical Theory*, edited by Michael J. Thompson, 109–133. New York: Palgrave.

Ferkiss, Victor. 1993. *Nature, Technology and Society: Cultural Roots of the Current Environmental Crisis*. New York: New York University Press.

Ferraris, Maurizio. 2014. *Manifesto of New Realism*. Albany: SUNY Press.

Fischer-Kowalski, Marina. 1997. 'Society's Metabolism'. In *International Handbook of Environmental Sociology*, edited by Michael R. Redclift and Graham Woodgate, 119–137. Northampton: Edward Elgar.

Fisher, Mark. 2009. *Capitalist Realism: Is There No Alternative?* Winchester, UK: Zero Books. [국역: 박진철 옮김, 『자본주의 리얼리즘: 대안은 없는가』, 리시올, 2018]

Ford, Martin. 2015. *Rise of the Robots: Technology and the Threat of a Jobless Future*. New York: Basic Books. [국역: 이창희 옮김, 『로봇의 부상: 인공지능의 진화와 미래의 실직 위협』, 세종, 2016]

Foster, John Bellamy. 1998. 'The Communist Manifesto and the Environment'. In *The Socialist Register*, edited by Leo Panitch and Colin Leys, 169–89. London: Merlin Press.

_____. 2000. *Marx's Ecology: Materialism and Nature*. New York: Monthly Review Press. [국역: 김민정, 황정규 옮김, 『마르크스의 생태학: 유물론과 자연』, 인간사랑, 2016]

_____. 2008. 'Marx's Grundrisse and the Ecological Contradiction of Capitalism'. In *Karl Marx's Grundrisse: Foundations of the Critique of Political Economy 150 Years Later*, edited by Marcello Musto, 93–106. London: Routledge.

_____. 2013. 'Marx and the Rift in the Universal Metabolism of Nature'. *Monthly Review* 65 (7): 1–19.

_____. 2014. 'Paul Burkett's Marx and Nature Fifteen Years After'. *Monthly Review* 66 (7): 56–62.

_____. 2015. 'Marxism and Ecology: Common Fonts of a Great Transformation'.

Monthly Review 67 (7): 1–13.

_____. 2016. 'Marxism in the Anthropocene: Dialectical Rifts on the Left'. *International Critical Thought* 6 (3): 393–421.

_____. 2017. 'The Return of Engels'. *Monthly Review* 68 (10): 46–50.

_____. 2020. *The Return of Nature: Socialism and Ecology*. New York: Monthly Review Press.

Foster, John Bellamy, and Ian Angus. 2016. 'In Defence of Ecological Marxism'. *Climate and Capitalism*, 6 June 2016. climateandcapitalism. com/2016/06/06/in-defense-of-ecological-marxism-john-bellamy-foster-responds-to-a-critic/. 2022년 9월 7일 접속. [옮긴이: 2026년 1월 19일 접속]

Foster, John Bellamy, and Paul Burkett. 2016. *Marx and the Earth: An Anti-Critique*. Leiden: Brill.

Foster, John Bellamy, and Brett Clark. 2009. 'The Paradox of Wealth: Capitalism and Ecological Destruction'. *Monthly Review* 61 (6): 1–18.

_____. 2020. *The Robbery of Nature: Capitalism and the Ecological Rift*. New York: Monthly Review Press.

Foster, John Bellamy, Hannah Holleman and Brett Clark. 2019. 'Imperialism in the Anthropocene'. *Monthly Review* 7 (3): 70–88.

Foster, John Bellamy, Richard York and Brett Clark. 2010. *The Ecological Rift: Capitalism's War on the Earth*. New York: Monthly Review Press.

Fraas, Carl. 1847. *Klima und Pflanzenwelt in der Zeit: Ein Beitrag zur Geschichte beider*. Wölfle: Landshut.

_____. 1866. *Ackerbaukrisen und ihre Heilmittel*. Leipzig: Brockhaus.

Fracchia, Joseph. 2013. 'The Philosophical Leninism and Eastern "Western Marxism" of Georg Lukács'. *Historical Materialism* 21 (1): 69–93.

Fraser, Nancy. 2014. 'Beyond Marx's Hidden Abode: For an Expanded Conception of Capitalism'. *New Left Review* 86 (March/April): 55–72.

Frey, Carl Benedikt, and Michael A. Osborne. 2017. 'The Future of Employment: How Susceptible Are Jobs to Computerisation?'. *Technological Forecasting and Social Change* 114 (January): 254–80.

Fuchs, Christian. 2016. 'Henryk Grossmann 2.0: A Critique of Paul Mason's Book

PostCapitalism: A Guide to Our Future'. *TripleC* 14 (1): 232–243.

Fukutomi, Masami. 1970. *Kyodotai Ronso to Syoyu no Genri* [Debates on communes and the principle of property]. Tokyo: Miraisha.

Fukuyama, Francis. 1992. *The End of History and the Last Man*. New York: Free Press. [국역: 이상훈 옮김, 『역사의 종말』, 한마음사, 1992]

Gabriel, Markus. 2019. *I Am Not a Brain: Philosophy of Mind for the 21st Century*. Cambridge, MA: Polity. [국역: 전대호 옮김, 『나는 뇌가 아니다: 칸트, 다윈, 프로이트, 신경과학을 횡단하는 21세기를 위한 정신 철학』, 열린책들, 2018]

Ghosh, Suniti. 1984. 'Marx on India'. *Monthly Review* 35 (8): 39–53.

Giddens, Anthony. 1981. *Contemporary Critique of Historical Materialism*. Berkeley: University of California Press. [국역: 최병두 옮김, 『사적 유물론의 현대적 비판』, 나남출판, 1990]

Goodman, David C. 1972. 'Chemistry and the Two Organic Kingdoms of Nature in the Nineteenth Century'. *Medical History* 16 (2): 113–30.

Görg, Christoph. 2011. 'Societal Relationships with Nature: A Dialectical Approach to Environmental Politics'. In *Critical Ecologies: The Frankfurt School and Contemporary Environmental Crises*, edited by Andrew Biro, 43–72. Toronto: University of Toronto Press.

Gorz, André. 1980. *Ecology as Politics*. Boston: South End Press.

_____. 2010. *The Immaterial: Knowledge, Value and Capital*. Calcutta: Seagull Books.

_____. 2018. *Ecologica*. Calcutta: Seagull Books. [국역: 임희근, 정혜용 옮김, 『에콜로지카』, 갈라파고스, 2015]

Gouldner, Alvin W. 1980. *The Two Marxisms*. New York: Seabury Press. [국역: 김홍명 옮김, 『막시즘: 批判과 科學』, 한벗, 1984]

Graeber, David. 2018. *Bullshit Jobs: A Theory*. New York: Simon & Schuster. [국역: 김병화 옮김, 『불쉿 잡』, 민음사, 2021]

Gramsci, Antonio. 1971. *Selections from the Prison Notebooks of Antonio Gramsci*. New York: International Publishers. [국역: 이상훈 옮김, 『그람시의 옥중수고 1, 2』, 거름, 1999]

Graßmann, Timm. 2022. *Der Eklat Aller Widersprüche: Marx Studien Und Theorie*

Der Wiederkehrenden Wirtschaftskrisen. Berlin: De Gruyter.

Griese, Anneliese, and Gerd Pawelzig. 1995. 'Why Did Marx and Engels Concern Themselves with Natural Science?'. *Nature, Society and Thought* 8 (2): 125–137.

Gunderson, Ryan. 2011. 'The Metabolic Rifts of Livestock Agribusiness'. *Organization and Environment* 24 (4): 404–422.

Hailwood, Simon. 2015. *Alienation and Nature in Environmental Philosophy*. Cambridge: Cambridge University Press.

Haraway, Donna. 2015. 'Anthropocene, Capitalocene, Plantationocene, Chthulucene: Making Kin'. *Environmental Humanities* 6 (1): 159–165.

Hardt, Michael, and Antonio Negri. 2005. *Multitude: War and Democracy in the Age of Empire*. New York: Penguin Books. [국역: 정남영, 서창현, 조정환 옮김, 『다중: 제국이 지배하는 시대의 전쟁과 민주주의』, 세종, 2008]

Harvey, David. 1974. 'Population, Resources and the Ideology of Science'. *Economic Geography* 50 (3): 256–277.

_____. 1990. 'Between Space and Time: Reflections on the Geographical Imagination'. *Annals of the Association of American Geographers* 80 (3): 418–434.

_____. 1996. *Justice, Nature and the Geography of Difference*. Oxford: Wiley-Blackwell.

_____. 1998. 'Marxism, Metaphors and Ecological Politics'. *Monthly Review* 49 (11): 17–31.

_____. 2004. 'The "New" Imperialism: Accumulation by Dispossession'. In *The Socialist Register*, edited by Leo Panitch and Colin Leys, 63–87. London: Merlin Press.

_____. 2005. *The New Imperialism*. Oxford: Oxford University Press. [국역: 최병두 옮김, 『신제국주의』, 한울, 2016]

_____. 2011. 'The Enigma of Capital and the Crisis This Time'. In *Business as Usual: The Roots of the Global Financial Meltdown*, edited by Craig Calhoun and Georgi M. Derluguian, 89–112. New York: NYU Press.

Harstick, Hans-Peter, ed. 1977. *Karl Marx über Formen vorkapitalistischer Produktion: Vergleichende Studien zur Geschichte des Grundeigentums 1879–80*. Frankfurt am Main: Campus Verlag.

Hassall, Arthur Hill. 1861. *Adulterations Detected, or Plain Instructions for the Discovery* of Frauds in Food and Medicine. 2nd ed. London: Longman, Green, Longman and Roberts.

Haxthausen, August von. [1847–1852] 1972. *Studies on the Interior of Russia*. Chicago: The University of Chicago Press.

Hegel, G. W. F. 1977. *Phenomenology of Spirit*. Oxford: Clarendon Press. [국역: 김준수 옮김, 『정신현상학 1, 2』, 아카넷, 2022]

Heilmann, Sebastian. 2016. 'Leninism Upgraded: Xi Jinping's Authoritarian Innovations'. *China Economic Quarterly* 20 (4): 15–22.

Heinrich, Michael. 2012. *An Introduction to the Three Volumes of Karl Marx's Capital*. New York: Monthly Review Press.

_____. 2013. 'Marx' Ökonomiekritik nach der *MEGA* Eine Zwischenbilanz nach dem Abschluss der II. Abteilung'. *Marx-Engels-Jahrbuch* 2012/13: 144–67.

_____. 2016. 'Capital after *MEGA*: Discontinuities, Interruptions and New Beginnings'. *Crisis and Critique* 3 (3): 92–138.

Hennig, Christoph. 2020. 'The Politics of Nature, Left and Right: Comparing the Ontologies of Georg Lukács and Bruno Latour'. In *Georg Lukács and the Possibility of Critical Social Ontology*, edited by Michael J. Thompson, 289–317. Leiden: Brill.

Hickel, Jason. 2019. 'Degrowth: A Theory of Radical Abundance'. *Real-World Economic Review* 87 (March): 54–68.

Hinada, Shizuma. 1975. 'On the Meaning in Our Time of the Drafts of Marx's Letter to Vera. Zasulich. 1881. With Textual Criticism'. *Sulavu Kenkyu* 20 (1): 69–80.

Hobsbawm, Eric. 2011. *How to Change the World Reflections on Marx and Marxism*. New Haven: Yale University Press. [국역: 이경일 옮김, 『세상을 어떻게 바꿀 것인가: 마르크스와 마르크스주의에 관한 이야기들』, 까치, 2012]

Hochuli, Alex, George Hoare and Philip Cunliffe. 2021. *The End of the End of History: Politics in the Twenty-First Century*. Winchester, UK: Zero Books.

Holleman, Hannah. 2018. *Dust Bowls of Empire Imperialism, Environmental Politics and the Injustice of 'Green' Capitalism*. New Haven: Yale University Press.

Holloway, John. 2015. 'Read Capital: The First Sentence; Or, Capital Starts with Wealth, Not with the Commodity'. *Historical Materialism* 23 (3): 3–26.

Holloway, John, and Sol Picciotto. 1978. 'Introduction: Towards a Materialist Theory of the State'. In *State and Capital: A Marxist Debate*, edited by John Holloway and Sol Picciotto, 1–31. London: Edward Arnold.

Honneth, Axel. 2008. *Reification: A New Look at an Old Idea*. Oxford: Oxford University Press.

_____. 2017. *The Idea of Socialism: Towards a Renewal*. Cambridge, MA: Polity Press. [국역: 문성훈 옮김, 『사회주의 재발명: 왜 다시 사회주의인가』, 사월의책, 2016]

Horkheimer, Max. [1947] 2005. *Eclipse of Reason*. New York: Continuum. [국역: 박구용 옮김, 『도구적 이성 비판: 이성의 상실』, 문예출판사, 2006]

Horkheimer, Max, and Theodor W. Adorno. [1944] 2007. *Dialectic of Enlightenment: Philosophical Fragments*. Redwood City, CA: Stanford University Press. [국역: 김유동 옮김, 『계몽의 변증법: 철학적 단상』, 문학과지성사, 2001]

Hornborg, Alf. 2012. *Global Ecology and Unequal Exchange: Fetishism in a Zero-Sum World*. London: Routledge.

_____. 2015. 'The Political Ecology of the Technocene Uncovering Ecologically Unequal Exchange in the World-System'. In *The Anthropocene and the Global Environmental Crisis: Rethinking Modernity in a New Epoch*, edited by Clive Hamilton, Christophe Bonneuil and Francois Gemenne, 57–69. London: Routledge.

_____. 2016. *Global Magic: Technologies of Appropriation from Ancient Rome to Wall Street*. New York: Palgrave.

_____. 2020. *Nature, Society and Justice in the Anthropocene: Unravelling the Money–Energy–Technology Complex*. Cambridge: Cambridge University Press.

Hornborg, Alf, and Joan Martinez-Alier. 2016. 'Ecologically Unequal Exchange and Ecological Debt'. *Journal of Political Ecology* 23 (1): 328–333.

Illich, Ivan. 1977. 'Disabling Professions'. In *Disabling Professions*, edited by Ivan Illich, Irving Kenneth Zola, John McKnight, Johnathan Caplan and Harley Shaiken, 11–40. London: Marion Boyars. [국역: 신수열 옮김, 『전문가들의 사회』, 사월의책, 2015]

Infranca, Antonio, and Miguel Vedda. 2020. 'Ontology and Labor in Lukács' Late

Thought'. In *Georg Lukács and the Possibility of Critical Social Ontology*, edited by Michael J. Thompson, 13–27. Leiden: Brill.

Jackson, Tim. 2021. *Post Growth: Life after Capitalism*. Cambridge, MA: Polity. [국역: 우석영, 장석준 옮김,『포스트 성장 시대는 이렇게 온다: 대전환과 새로운 번영을 위한 사유』, 산현재, 2022]

Jacoby, Russell. 1983. 'Western Marxism'. In *A Dictionary of Marxist Thought*, edited by Tom Bottomore, 581–584. Oxford: Blackwell. [국역: 임석진 편,『마르크스 思想事典』, 청아출판사, 1988]

Jahn, Thomas und Peter Wehling. 1998. 'Gesellschaftliche Naturverhältnisse - Konturen eines theoretischen Konzepts'. In *Soziologie und Natur: Theoretische*, edited by Karl-Werner Brand, 75–93. Opladen: Leske + Budrich.

Jameson, Fredric. 2011. 'Dresden's Clocks'. *New Left Review* 71 (September/October): 141–152.

_____. 2016. *An American Utopia Dual Power and the Universal Army*. Edited by Slavoj Žižek. London: Verso.

Jani, Pranav. 2002. 'Karl Marx, Eurocentrism and the 1857 Revolt in British India'. In *Marxism, Modernity and Postcolonial Studies*, edited by Crystal Bartolovich and Neil Lazarus, 81–97. Cambridge: Cambridge University Press.

Jay, Martin. 1984. *Marxism and Totality: The Adventures of a Concept from Lukács to Habermas*. Berkeley: University of California Press.

Jevons, W. Stanley. 1865. *An Inquiry Concerning the Progress of Nation, and the Probable Exhaustion of Our Coal-Mines*. London: Macmillan and Co.

Jones, Gareth Stedman. 1971. 'The Marxism of the Early Lukács: An Evaluation'. *New Left Review* 1 (70): 27–64.

_____. 2016. *Karl Marx: Greatness and Illusion*. Cambridge, MA: Belknap Press. [국역: 홍기빈 옮김,『카를 마르크스: 위대함과 환상 사이』, arte, 2018]

Jordan, Zbigniew A. 1967. *The Evolution of Dialectical Materialism*. London: Macmillan.

Kallis, Giorgos. 2017. 'Socialism Without Growth'. *Capitalism Nature Socialism* 30 (2): 189–206.

_____. 2020. *Limits: Why Malthus Was Wrong and Why Environmentalists Should*

Care. Redwood City, CA: Stanford University Press.

Kangal, Kaan. 2020. *Friedrich Engels and the Dialectics of Nature*. New York: Palgrave.

Kapp, Karl William. [1963] 2000. *Social Costs of Business Enterprise*. Nottingham: Russell Press.

Keynes, John Maynard. [1930] 1971. 'Economic Possibilities for Our Grandchildren'. In *The Collected Writings of John Maynard Keynes*. Vol. 9, Essays in Persuasion, edited by Donald E. Moggridge, 321–332. London: Macmillan.

Klagge, James C. 1986. 'Marx's Realms of "Freedom" and "Necessity"'. *Canadian Journal of Philosophy* 16 (4): 769–777.

Klein, Naomi. 2007. *Shock Doctrine: The Rise of Disaster Capitalism*. New York: Picador. [국역: 김소희 옮김,『쇼크 독트린: 자본주의 재앙의 도래』, 살림Biz, 2008]

_____. 2014. *This Changes Everything: Capitalism vs the Climate*. New York: Simon & Schuster. [국역: 이순희 옮김,『이것이 모든 것을 바꾼다』, 열린책들, 2016]

_____. 2017. *No Is Not Enough: Resisting Trump's Shock Politics and Winning the World We Need*. Chicago: Haymarket Books. [국역: 이순희 옮김,『노로는 충분하지 않다: 트럼프의 충격 정치에 저항하고, 우리가 원하는 세상을 얻는 법』, 열린책들, 2018]

_____. 2019. *On Fire: The (Burning) Case for a Green New Deal*. London: Allen Lane. [국역: 이순희 옮김,『미래가 불타고 있다: 기후 재앙 대 그린 뉴딜』, 열린책들, 2021]

_____. 2020. 'Democratic Socialism for a Climate-Changed Century'. In *We Own the Future: Democratic Socialism–American Style*, edited by Kate Aronoff, Peter Dreier and Michael Kazin, 78–91. New York: The New Press.

Kliman, Andrew. 2011. *The Failure of Capitalist Production: Underlying Causes of the Great Recession*. London: Pluto Press. [국역: 정성진, 하태규 옮김, 『자본주의 생산의 실패: 세계대침체의 원인』, 한울, 2012]

Kloppenburg, Jack R., Jr. 1988. *First the Seed: The Political Economy of Plant Biotechnology, 1492–2000*. Cambridge: Cambridge University Press. [국역: 허남혁 옮김,『농업생명공학의 정치경제: 시작은 씨앗부터』, 나남, 2007]

Koch, Marx. 2019. 'Growth and Degrowth in Marx's Critique of Political Economy'. *Towards a Political Economy of Degrowth*, edited by Ekaterina Chertkovskaya, Alexander Paulsson and Stefania Barca, 69–82. London: Rowman & Littlefield.

Korsch, Karl. 1966. *Marxismus und Philosophie*. Berlin: Europa Verlag. [국역: 송병헌 옮김, 『마르크시즘과 철학』, 학민사, 1986]

Kovel, Joel. 2001. 'A Materialism Worthy of Nature'. *Capitalism Nature Socialism* 12 (2): 73–84.

_____. 2007. *The Enemy of Nature: The End of Capitalism or the End of the World?* 2nd ed. London: Zed Books.

Kołakowski, Leszek. 1978. *Main Currents of Marxism: Its Rise, Growth and Dissolution*. Vol. 1. New York: Oxford University Press. [국역: 변상출 옮김, 『마르크스주의의 주요 흐름 1』, 유로서적, 2007]

Krader, Lawrence. 1974. 'Introduction'. In *The Ethnological Notebooks by Karl Marx*, translated and edited by Lawence Krader. Assen, Netherlands: Van Gorcum.

_____. 1975. *The Asiatic Mode of Production: Sources, Development and Critique in the Writings of Karl Marx*. Assen, Netherlands: Van Gorcum & Comp. B. V.

Laclau, Ernesto, and Chantal Mouffe. 1985. *Hegemony and Socialist Strategy*. London: Verso. [국역: 이승원 옮김, 『헤게모니와 사회주의 전략: 급진 민주주의 정치를 향하여』, 후마니타스, 2012]

Lamb, Peter. 2015. *Marx and Engels' 'Communist Manifesto': A Reader's Guide*. New York: Bloomsbury.

Latouche, Serge. 2006. *Le pari de la décroissance*. Paris: Fayard.

_____. 2019. *La décroissance*. Paris: Humensis.

Latour, Bruno. 1993. *We Have Never Been Modern*. Cambridge, MA: Harvard University Press. [국역: 홍철기 옮김, 『우리는 결코 근대인이었던 적이 없다』, 갈무리, 2009]

_____. 2004. *Politics of Nature How to Bring the Sciences into Democracy*. Cambridge, MA: Harvard University Press.

_____. 2011. 'Love Your Monsters: Why We Must Care for Our Technologies as We Do Our Children'. In *Love Your Monsters: Postenvironmentalism and the Anthropocene*, edited by Ted Nordhaus and Michael Shellenberger, 16–23.

Oakland: Breakthrough Institute.

_____. 2014. *Facing Gaia: Eight Lectures on the New Climatic Regime*. Cambridge, MA: Polity.

Latour, Bruno, and Vincent Antonin Lépinay. 2009. *The Science of Passionate Interests: An Introduction to Gabriel Tarde's Economic Anthropology*. Cambridge, MA: Prickly Paradigm Press.

Lauderdale, James Maitland. 1819. *An Inquiry into the Nature and Origin of Public Wealth*. 2nd ed. Edinburgh: Archibald Constable & Co.

Lebowitz, Michael A. 2009. *Following Marx: Method, Critique and Crisis*. Leiden: Brill.

Levine, Norman. 1975. *The Tragic Deception: Marx contra Engels*. Oxford: Clio Books.

Lessenich, Stephan. 2018. *Neben uns die Sintflut: Wie wir auf Kosten anderer leben*. Munich: Piper Verlag.

Lichtheim, George. 1961. *Marxism: An Historical and Critical Study*. New York: Frederick A. Praeger.

Liebig, Justus von. 1859. *Familiar Letters on Chemistry*. 4th ed. Edited by John Blyth. London: Walton and Maberly.

Liedman, Sven Eric. 2017. *A World to Win: The Life and Works of Karl Marx*. London: Verso.

Lindner, Kolja. 2010. 'Marx's Eurocentrism: Postcolonial Studies and Marx Scholarship'. *Radical Philosophy* 161 (3): 27–41.

Lipietz, Alain. 2000. 'Political Ecology and the Future of Marxism'. *Capitalism Nature Socialism* 11 (1): 65–85.

Loftus, Alex. 2012. *Everyday Environmentalism: Creating an Urban Political Ecology*. Minneapolis: University of Minnesota Press.

Longo, Stefano, Rebecca Clausen and Brett Clark. 2015. *The Tragedy of the Commodity: Ocean Fisheries and the Aquaculture*. New Brunswick: Rutgers University Press.

Löwy, Michael. 1998. 'Globalization and Internationalism How Up-To-Date Is the Communist Manifesto?'. *Monthly Review* 50 (6): 16–27.

_____. 2013. 'Revolutionary Dialectics against "Tailism": Lukács' Answer to the Criticisms of History and Class Consciousness'. In *Georg Lukács Reconsidered: Critical Essays in Politics, Philosophy and Aesthetics*, edited by Michael J.

Thompson, 65–72. New York: Continuum.

_____. 2015. *Ecosocialism: A Radical Alternative to Capitalist Catastrophe*. Chicago: Haymarket Books.

_____. 2017. 'Marx, Engels and Ecology'. *Capitalism Nature Socialism* 28 (2): 10–21.

_____. 2019. 'From Marx to Ecosocialism'. *New Politics*, 3 February 2019. newpol.org/review/from-marx-to-ecosocialism/. 2022년 9월 7일 접속. [옮긴이: 2026년 1월 19일 접속]

_____. 2020. 'Ecosocialism and/or Degrowth?'. *RISE*, 5 October 2020. https://www.letusrise.ie/rupture-articles/2wl71srdonxrbgxal9v6bv78njr2fb. 2022년 9월 7일 접속. [옮긴이: 2026년 1월 19일 접속 불가]

Löwy, Michael, Bengi Akbulut, Sabrina Fernandes and Giorgos Kallis. 2022. 'For an Ecosocialist Degrowth'. *Monthly Review* 73 (11): 56–8.

Lukács, Georg. 1971. *History and Class Consciousness*. London: Merlin Press. [국역: 조만영, 박정호 옮김, 『역사와 계급의식』, 지식을 만드는 지식, 2015]

_____. 1975. *Conversations with Lukács*. Cambridge, MA: MIT Press.

_____. 1984. *Prolegomena: Zur Ontologie des gesellschaftlichen Seins. Vol. 1.* Darmstadt: Luchterhand Verlag. [국역: 김경식, 안소현 옮김, 『사회적 존재의 존재론을 위한 프롤레고메나 1』, 나남출판, 2017]

_____. 1986. *Prolegomena. Zur Ontologie des gesellschaftlichen Seins. Vol. 2.* Darmstadt: Luchterhand Verlag. [국역: 김경식, 안소현 옮김, 『사회적 존재의 존재론을 위한 프롤레고메나 2』, 나남출판, 2017]

_____. 2002. *A Defence of History and Class Consciousness: Tailism and Dialectic*. London: Verso.

Luxemburg, Rosa. [1913] 2015. *The Accumulation of Capital. In The Complete Works of Rosa Luxemburg Volume II: Economic Writings 2*. London: Verso. [국역: 황선길 옮김, 『자본의 축적 1, 2』, 지식을만드는지식, 2013]

Magdoff, Fred, and Harold van Es. 2010. *Building Soils for Better Crops: Sustainable Soil Management*. College Park, MD: SARE Outreach.

Malm, Andreas. 2016. *Fossil Capital: The Rise of Steam Power and the Roots of Global Warming*. London: Verso. [국역: 위대현 옮김, 『화석 자본: 증기력의 발흥과

지구온난화의 기원』, 두번째테제, 2023]

_____. 2018. *Progress of This Strom: Nature and Society in a Warming World*. London: Verso. [국역: 김효진 옮김, 『이 폭풍의 전개: 뜨거워지는 세계 속의 자연과 사회』, 갈무리, 2025]

_____. 2020. *Corona, Climate, Chronic Emergency: War Communism in the Twenty-First Century*. London: Verso. [국역: 우석영, 장석준 옮김, 『코로나, 기후, 오래된 비상사태: 21세기 생태사회주의론』, 마농지, 2021]

_____. 2021. *How to Blow Up a Pipeline: Learning to Fight in a World on Fire*. London: Verso.

Malm, Andreas, and Alf Hornborg. 2014. 'The Geology of Mankind? A Critique of the Anthropocene Narrative'. *Anthropocene Review* 1 (1): 62–9.

Mancus, Philip. 2007. 'Nitrogen Fertilizer Dependency and Its Contradiction'. *Rural Sociology* 72 (2): 269–88.

Mandel, Ernest. 1992. *Power and Money: A Marxist Theory of Bureaucracy*. London: Verso.

_____. 1995. *Long Waves of Capitalist Development: A Marxist Interpretation*. London: Cambridge University Press.

Marcuse, Herbert. 1958. *Soviet Marxism: A Critical Analysis*. New York: Columbia University Press. [국역: 문현병 옮김, 『소비에트 마르크스주의: 비판적 분석』, 동녘, 2000]

_____. 1969. *An Essay on Liberation*. London: Allen Lane. [국역: 문학과사회연구소 옮김, 『해방론』, 영학출판사, 1982]

_____. 1978. *Aesthetic Dimension*. Boston: Beacon Press. [국역: 박순황 옮김, 『藝術의 美學的 次元: 마르크스 미학의 비판』, 청하, 1984]

_____. 1992. 'Ecology and the Critique of Modern Society'. *Capitalism Nature Socialism* 3 (3): 29–37.

Martinez-Alier, Joan. 2002. *Environmentalism of the Poor: A Study of Ecological Conflicts and Valuation*. New York: Edward Elgar.

Marx, Karl. 1973. *Grundrisse*. London: Penguin. [국역: 김호균 옮김, 『정치경제학 비판 요강』, 지식을만드는지식, 2019]

_____. 1976a. *Capital. Vol. 1*. London: Penguin Books. [국역본 『자본』은 여러

판본이 있다]

_____. 1976b. Results of the Immediate Process of Production. In *Capital, Vol. 1*. London: Penguin Books.

_____. 1978. *Capital. Vol. 2*. London: Penguin Books.

_____. 1981. *Capital. Vol. 3*. London: Penguin Books.

_____. 2015. *Marx's Economic Manuscript of 1864–1865*. Leiden: Brill.

Marx, Karl, and Friedrich Engels. 1975–. *Marx-Engels-Gesamtausgabe*. Sections I–IV. Berlin: Dietz Verlag, Akademie Verlag, De Gruyter.

_____. 1975–2004. *Marx Engels Collected Works*. 50 vols. New York: International Publishers.

Mason, Paul. 2015. *Postcapitalism: A Guide to Our Future*. New York: Penguin Books. [국역: 안진이 옮김, 『포스트자본주의: 새로운 시작』, 더퀘스트, 2017]

_____. 2019. *Clear Bright Future: A Radical Defence of the Human Being*. New York: Allen Lane.

Maurer, Georg Ludwig von. 1865. *Die Geschichte der Dorfverfassung. Vol. 1*. Erlangen: Verlag von F. Enke.

McKibben, Bill. 1989. *The End of Nature*. New York: Random House. [국역: 진우기 옮김, 『자연의 종말』, 양문, 2005]

_____. 2007. *Deep Economy: The Wealth of Communities and the Durable Future*. New York: Henry Holt and Company.

McLellan, David. 1977. *Engels*. London: Fontana/Collin.

McMichael, Philip. 2008. 'Agro-fuels, Food Security and the Metabolic Rift'. *Kurswechsel* 23 (3): 14–22.

McNeil, J. R., and Peter Engelke. 2016. *The Great Acceleration: An Environmental History of the Anthropocene since 1945*. Cambridge, MA: Belknap Press.

Merleau-Ponty, Maurice. 1973. *Adventures of the Dialectic*. Evanston, IL: Northwestern University Press.

Mézáros, István. 1970. *Marx's Theory of Alienation*. London: Merlin Press.

_____. [1972] 2014. *The Necessity of Social Control*. New York: Monthly Review Press.

_____. 1986. *Philosophy, Ideology and Social Science: Essays in Negation and*

Affirmation. Brighton: Wheatsheaf Books.

_____. 1995. *Beyond Capital: Toward a Theory of Transition*. New York: Monthly Review Press.

_____. 2012. *The Work of Sartre: Search for Freedom and the Challenge of History*. New York: Monthly Review Press.

Milanović Branko. 2019. *Capitalism, Alone: The Future of the System That Rules the World*. Cambridge, MA: Harvard University Press. [국역: 정승욱 옮김, 김기정 감수, 『홀로 선 자본주의: 미국식 자유자본주의, 중국식 국가자본주의 누가 승리할까』, 세종, 2020]

Mill, John Stuart. 1849. *Principles of Political Economy with Some of Their Application to Social Philosophy*. 2nd ed. London: John W. Parker West Strand. [국역: 박동천 옮김, 『정치경제학 원리: 사회철학에 대한 응용을 포함하여.1-4』, 나남, 2010]

Mitchell, Timothy. 2013. *Carbon Democracy: Political Power in the Age of Oil*. London: Verso. [국역: 에너지기후정책연구소, 이정필, 김현우, 조보영, 유예지 옮김, 『탄소 민주주의: 화석연료 시대의 정치권력』, 생각비행, 2017]

Miyamoto, Kenichi. 1967. *Shakai Shihon Ron*. Tokyo: Yuhikaku.

Moore, Jason W. 2000. 'Environmental Crises and the Metabolic Rift in World-Historical Perspective'. *Organization and Environment* 13 (2): 123–157.

_____. 2002. 'The Crisis of Feudalism: An Environmental History'. *Organization and Environment* 15 (3): 301–322.

_____. 2014. 'Toward a Singular Metabolism: Epistemic Rifts and Environment-Making in the Capitalist World-Ecology'. *New Geographies* 6 (August): 10–19.

_____. 2015. *Capitalism in the Web of Life: Ecology and the Accumulation of Capital*. New York: Verso. [국역: 김효진 옮김, 『생명의 그물 속 자본주의: 자본의 축적과 세계생태론』, 갈무리, 2020]

_____. 2017a. 'Anthropocenes and the Capitalocene Alternative'. *Azimuth* 9 (1): 71–9.

_____. 2017b. 'Metabolic Rift or Metabolic Shift? Dialectics, Nature and the World-Historical Method'. *Theory and Society* 46 (4): 285–318.

_____. 2019. 'Capitalocene and Planetary Justice'. *Maize* 6 (July): 49–54.

Moore, Jason W., ed. 2016. *Anthropocene or Capitalocene? Nature, History and the Crisis of Capitalism*. Oakland: PM Press.

Moseley, Fred. 2015. 'Introduction'. In *Marx's Economic Manuscript of 1864–1865*, edited by Fred Moseley, 1–44. Leiden: Brill.

Mouffe, Chantal. 2018. *For a Left Populism*. London: Verso. [국역: 이승원 옮김, 『좌파 포퓰리즘을 위하여: 새로운 헤게모니 구성을 위한 샹탈 무페의 제안』, 문학세계사, 2019]

Musto, Marcello. 2020. *The Last Years of Karl Marx, 1881–1883: An Intellectual Biography*. Redwood City: Stanford University Press. [국역: 강성훈, 문혜림 옮김, 『마르크스의 마지막 투쟁: 1881-1883년의 지적 여정』, 산지니, 2018]

Naess, Arne. 1973. 'The Shallow and the Deep, Long-Range Ecology Movement. A Summary'. *Inquiry* 16 (1): 95–100.

Napoletano, Brian M., John Bellamy Foster, Brett Clark, Pedro S. Urquijo, Michael K. McCall and Jaime Paneque-Gávez. 2019. 'Making Space in Critical Environmental Geography for the Metabolic Rift'. *Annals of the American Association of Geographers* 109 (6): 1811–1828.

Neckel, Sighard. 2021. 'Scholastic Fallacies? Questioning the Anthropocene'. *Thesis Eleven* 165 (1): 136–144.

Negri, Antonio. 1992. *Marx beyond Marx*. London: Pluto Press. [국역: 윤수종 옮김, 『맑스를 넘어선 맑스』, 중원문화, 2012]

Neyrat, Frédéric. 2019. *The Unconstructable Earth: An Ecology of Separation*. New York: Fordham University Press.

Nordhaus, William D. 1991. 'To Slow or Not to Slow: The Economics of the Greenhouse Effect'. *Economic Journal* 101 (407): 920–937.

Noys, Benjamin. 2014. *Malign Velocities: Accelerationism and Capitalism*. Winchester, UK: Zero Books.

O'Connor, James. 1998. *Natural Causes: Essays in Ecological Marxism*. New York: The Guilford Press.

Ohno, Sadao. 1983. 'Marx ni okeru Shakai Kouseitai to Seisan Yoshiki' [Marx's concept of social formation and mode of production]. *Keizai* 198 (May): 290–302.

Ohno, Sadao, and Hiroaki Satake. 1984. 'Marx Inyonoto no Sakuseikatei. 1859–
1861' [The making of Marx's excerpt notes between 1859–1861]. *Keizaigaku Ronso* 32 (1/2): 11–46.

O'Rourke, James J. 1974. *The Problem of Freedom in Marxist Thought: An Analysis of the Treatment of Human Freedom by Marx, Engels, Lenin and Contemporary Soviet Philosophy*. Dordrecht: Reidel.

Otani, Teinosuke. 2013. 'Das Kapital in Marx' Selbstverstädnis'. *Marx-Engels-Jahrbuch* 2012/13: 134–143.

_____. 2016. *Marx no Rishiumi Shihonron* [Marx's theory of interest-bearing capital]. Tokyo: Sakurai Shoten.

_____. 2018. *A Guide to Marxian Political Economy What Kind of a Social System Is Capitalism?* New York: Springer. [국역: 정연소 옮김,『그림으로 설명하는 사회경제학: 자본주의란 어떤 사회시스템인가』, 한울, 2010]

Pasquinelli, Matteo. 2019. 'On the Origins of Marx's General Intellect'. *Radical Philosophy* 2 (6): 43–56.

Pepper, David. 2002. *Eco-Socialism: From Deep Ecology to Social Justice*. London: Routledge.

Perry, Marvin. 2015. *Western Civilization: Ideas, Politics and Society. Vol. 2*. Boston: Cengage Learning.

Phillips, Leigh. 2015. *Austerity Ecology and the Collapse-Porn Addicts: A Defence of Growth, Progress, Industry and Stuff*. Winchester, UK: Zero Books.

Piketty, Thomas. 2020. *Capital and Ideology*. Cambridge, MA: Harvard University Press. [국역: 안준범 옮김,『자본과 이데올로기』, 문학동네, 2020]

_____. 2021. *Time for Socialism*. New Haven: Yale University Press. [국역: 이민주 옮김,『피케티의 사회주의 시급하다』, 은행나무, 2021]

Plumwood, Val. 2002. *Environmental Culture: The Ecological Crisis of Reason*. London: Routledge.

Polanyi, Karl. [1944] 2001. *The Great Transformation: The Political and Economic Origins of Our Time*. Boston: Beacon Press. [국역: 홍기빈 옮김,『거대한 전환: 우리 시대의 정치·경제적 기원』, 길, 2009]

Popper, Karl. 1967. *Open Society and Its Enemies. Vol. 2. The High Tide of Prophecy:*

Hegel, Marx and the Aftermath. Princeton: Princeton University Press. [국역: 이명현 옮김, 『열린사회와 그 적들 2』, 민음사, 1998]

Postone, Moishe. 1996. *Time, Labour and the Social Domination: A Reinterpretation of Marx's Critical Theory.* Cambridge: Cambridge University Press.

Pradella, Lucia. 2016. *Globalization and the Critique of Political Economy: New Insights from Marx's Writings.* London: Routledge.

Purdy, Jedediah. 2015. *After Nature: A Politics for the Anthropocene.* Cambridge, MA: Harvard University Press.

Rancière, Jacques. 1998. *Disagreement: Politics and Philosophy.* Minneapolis: University of Minnesota Press. [국역: 진태원 옮김, 『불화: 정치와 철학』, 길, 2015]

Raupach, Michael R., and Josep G. Canadell. 2010. 'Carbon and the Anthropocene'. *Current Opinion in Environmental Sustainability* 2 (4): 210–18.

Rifkin, Jeremy. 2014. *The Zero Marginal Cost Society: The Internet of Things, the Collaborative Commons and the Eclipse of Capitalism.* New York: St Martin's Press. [국역: 안진환 옮김, 『한계비용 제로 사회: 사물인터넷과 공유경제의 부상』, 민음사, 2014]

Rojahn, Jürgen. 2002. 'The Emergence of a Theory: The Importance of Marx's Notebooks Exemplified by Those from 1844'. *Rethinking Marxism* 14 (4): 29–46.

Rosa, Hartmut, Christoph Henning and Arthur Bueno, eds. 2021. *Critical Theory and New Materialisms.* London: Routledge.

Ross, Kristin. 2015. *Communal Luxury: The Political Imaginary of the Paris Commune.* London: Verso.

Roth, Regina. 2002. 'The Author Marx and His Editor Engels: Different Views on Volume 3 of Capital'. *Rethinking Marxism* 14 (4): 59–72.

Royle, Camilla. 2020. 'Engels as an Ecologist'. In *Engels's Legacy in the 21st Century,* edited by Kohei Saito, 171–93. New York: Palgrave.

Rudas, Ladislaus. 1924. 'Orthodoxer Marxismus?'. *Arbeiter-Literatur,* no. 9, 493–517.

Said, Edward. 1979. *Orientalism.* New York: Vintage. [국역: 박홍규 옮김, 『오리엔탈리즘』, 교보문고, 2015]

Saito, Kohei. 2017. *Karl Marx's Ecosocialism: Nature, Capital and the Unfinished*

Critique of Political Economy. New York: Monthly Review Press. [국역: 추선영 옮김, 『마르크스의 생태사회주의: 자본, 자연, 미완의 정치경제학 비판』, 두번째테제, 2020]

_____. 2018. 'Elasticity, Nature and Profit'. In *The Unfinished System of Karl Marx: Critically Reading Capital as a Challenge for our Time*, edited by Judith Dellheim and Frieder Otto Wolf, 187–217. New York: Palgrave.

Salleh, Ariel, James Goodman and S. A. Hamed Hosseini. 2015. 'From Sociological Imagination to "Ecological Imagination"'. In *Environmental Change and the World's Futures: Ecologies, Ontologies, Mythologies*, edited by Jonathan Paul Marshall and Linda H. Connor, 96–109. London: Routledge.

Sartre, Jean-Paul. 2004. *The Transcendence of the Ego: A Sketch for a Phenomenological Description.* London: Routledge.

Sasaki, Ryuji. 2018. 'Karl Marx: Economic Manuscript of 1864–1865. Translated by Ben Fowkes. Edited and with an Introduction by Fred Moseley'. *Marx-Engels Jahrbuch* 2017 (1): 238–245.

_____. 2021. *A New Introduction to Karl Marx: New Materialism, Critique of Political Economy and the Concept of Metabolism.* New York: Palgrave Macmillan.

Schmelzer, Matthias. 2017. *The Hegemony of Growth: The OECD and the Making of the Economic Growth Paradigm.* Cambridge: Cambridge University Press.

Schmidt, Alfred. [1971] 2014. *The Concept of Nature in Marx.* London: Verso. [국역: 김경수 옮김, 『마르크스의 자연 개념』, 두번째테제, 2020]

Schneider, Mindi, and Philip McMichael. 2010. 'Deepening, and Repairing, the Metabolic Rift'. *Journal of Peasant Studies* 37 (3): 461–484.

Schumpeter, Joseph. 1951. *Essays.* Cambridge, MA: Addison-Wesley.

Schwartzman, David. 1996. 'Solar Communism'. *Science and Society* 60 (3): 307–331.

Shanin Teodor. 1984. *Late Marx and the Russian Road: Marx and the Peripheries of Capitalism.* New York: Monthly Review Press.

Shiva, Vandana. 2015. 'We Are Soil'. *In Dirt: A Love Story*, edited by B. Richardson, 173–177. Lebanon: University Press of New England.

Smith, Adam. 1937. *An Inquiry into the Nature and Causes of the Wealth of Nations.* New York: The Modern Library. [국역: 김수행 옮김, 『국부론. 상, 하』,

비봉출판사, 2007]

Smith, David Norman. 2002. 'Accumulation and the Clash of Cultures: Marx's Ethnology in Context'. *Rethinking Marxism* 14 (4): 73–83.

Smith, Neil. [1984] 2008. *Uneven Development*. 3rd edition. Athens: University of Georgia Press. [국역: 최병두, 황성원, 최영래, 이영아, 최영진 옮김, 『불균등발전』, 한울, 2017]

Soper, Kate. 1995. *What Is Nature? Culture, Politics and the Non-Human*. Oxford: Blackwell.

_____. 2020. *Post-Growth Living: For an Alternative Hedonism*. London: Verso. [국역: 안종희 옮김, 『성장 이후의 삶: 지속 가능한 삶과 환경을 위한 '대안적 소비'에 관하여』, 한문화(한문화멀티미디어), 2021

Srnicek, Nick. 2016. *Platform Capitalism*. Cambridge: Polity. [국역: 심성보 옮김, 『플랫폼 자본주의』, 킹콩북, 2020]

Srnicek, Nick, and Alex Williams. 2016. *Inventing the Future: Postcapitalism and a World Without Work*. Revised and updated ed. London: Verso.

Stanley, John L. 2002. *Mainlining Marx*. Piscataway, NJ: Transaction.

Steffen, Will, Jacques Grinevald, Paul Crutzen and John McNeill. 2011. 'The Anthropocene: Conceptual and Historical Perspective'. *Philosophical Transactions of the Royal Society* 369 (1938): 842–867.

Sweezy, Paul. 1973. 'Cars and Cities'. *Monthly Review* 24 (11): 1–18.

Symons Jonathan. 2019. *Ecomodernism: Technology, Politics and The Climate Crisis*. Cambridge, MA: Polity.

Tairako, Tomonaga. 1991. *Shakaishyugi to Gendaishakai* [Socialism and the modern world]. Tokyo: Aoki Shoten.

_____. 2016. 'Marx no Maurer Kenkyu no Shatei' [The scope of Marx's study on Maurer]. In *Marx Bassuinoto kara Marx wo Yomu*, edited by Teinosuke Otani and Tomonaga Tairako, 217–257. Shakurai Shoten: Tokyo.

_____. 2017. 'Versachlichung and Verdinglichung: Basic Categories of Marx's Theory of Reification and their Logical Construction'. *Hitotsubashi Journal of Social Studies* 48 (1): 1–26.

Tanuro, Daniel. 2003. *Green Capitalism: Why It Can't Work*. London: Merlin.

Therborn, Göran. 2009. *From Marxism to Post-Marxism?* London: Verso.

Thomas, Paul. 1976. 'Marx and Science'. *Political Studies* 24 (1): 1–23.

Thomas, Peter. 1998. 'Nature and Artifice in Marx'. *History of Political Thought* 9 (3): 485–503.

_____. 2008. *Marx and Scientific Socialism: From Engels to Althusser*. London: Routledge.

Toscano, Alberto. 2011. 'The Prejudice against Prometheus'. *Stir Magazine*, 15 August 2011. https://stirtoaction.wordpress.com/2011/08/15/the-prejudice-against-prometheus/. 2022년 9월 7일 접속. [옮긴이: 2026년 1월 19일 접속]

Tsuru, Shigeto. 1976. *Towards a New Political Economy*. Tokyo: Kodansha.

US Congress. 1973. Energy Reorganization Act of 1973: Hearings, Ninety-Third Congress, First Session, on H.R. 11510. Washington, DC: US Government Printing Office.

Venable, Vernon. 1945. *Human Nature: The Marxian View*. New York: Alfred A. Knopf.

Vergara-Camus, Leandro. 2019. 'Capitalism, Democracy and the Degrowth Horizon'. *Capitalism Nature Socialism* 30 (2): 217–33.

Vernadsky, Vladimir I. [1926] 1997. *Biosphere*. Edited by Mark A. S. McMenamin. New York: Copernicus.

Vogel, Steven. 1996. *Against Nature: The Concept of Nature in Critical Theory*. Albany: SUNY Press.

_____. 2015. *Thinking Like a Mall: Philosophy after the End of Nature*. Cambridge, MA: MIT Press.

Vollgraf, Carl-Erich. 2016. 'Marx über die sukzessive Untergrabung des Stoffwechsels der Gesellschaft bei entfalteter kapitalistischer Massenproduktion'. *Beiträge zur Marx-Engels-Forschung Neue Folge* 2014/15: 106–32.

Wada, Haruki. 1975. *Marx, Engels, to Kakumei Russia* [Marx, Engels and revolutionary Russia]. Tokyo: Keiso Shobo.

Walicki, Andrzej. 1969. *The Controversy Over Capitalism: Studies in the Social Philosophy of the Russian Populists*. Oxford: Clarendon.

Wallace-Wells, David. 2019. *The Uninhabitable Earth: A Story of the Future*. London: Allen Lane. [국역: 김재경 옮김, 『2050 거주불능 지구: 한계치를 넘어

종말로 치닫는 21세기 기후재난 시나리오』, 추수밭(청림출판), 2020]

Wallerstein, Immanuel. 1974. *The Modern World-System I: Capitalist Agriculture and the Origins of the European World-Economy in the Sixteenth Century*. New York: Academic Press. [국역: 나종일, 박상익, 김명환, 김대륜 옮김, 『근대세계체제 1: 자본주의적 농업과 16세기 유럽 세계경제의 기권』, 까치, 2013]

_____. 1979. *The Capitalist World Economy*. Cambridge: Cambridge University Press.

_____. 1983. *Historical Capitalism*. London: Verso. [국역: 나종일, 백영경 옮김, 『역사적 자본주의 / 자본주의 문명』, 창작과비평사, 1993]

_____. 1999. 'Ecology and Capitalist Costs of Production: No Exit'. In *Ecology and the World System*, edited by Walter L. Goldfrank, David Goodman and Andrew Szasz, 3–11. Westport, CT: Greenwood Press.

_____. 2013. 'Structural Crisis; Or, Why Capitalists May No Longer Find Capitalism Rewarding'. In *Does Capitalism Have a Future?*, edited by Immanuel Wallerstein, Randall Collins, Michael Mann, Georgi Derluguian and Craig Calhoun, 9–36. Oxford: Oxford University Press. [국역: 성백용 옮김, 『자본주의는 미래가 있는가』, 창비, 2014]

Welty, Gordon. 1983. 'Marx, Engels and "Anti-Dühring"'. *Political Studies* 31 (2): 284–294.

Wendling, Amy E. 2009. *Karl Marx on Technology and Alienation*. New York: Palgrave.

Weston, Del. 2014. *The Political Economy of Global Warming: The Terminal Crisis*. London: Routledge.

White, Hylton. 2013. 'Materiality, Form and Context: Marx contra Latour'. *Victorian Studies* 55 (4): 667–682.

White, James. 2019. *Marx and Russia: The Fate of a Doctrine*. New York: Bloomsbury.

Wood, Allen. 1981. *Karl Marx*. London: Routledge and Kegan Paul.

Wood, Ellen Meiksins. 1986. *The Retreat from Class: A New 'True' Socialism*. London: Verso. [국역: 손호철 옮김, 『계급으로부터의 후퇴: 포스트맑스주의와 분석적 맑스주의 비판』, 창작과비평사, 1993]

_____. 1995. *Democracy against Socialism: Renewing Historical Materialism.* Cambridge: Cambridge University Press.

_____. 2008. 'Historical Materialism in "Forms Which Precede Capitalist Production"'. In *Karl Marx's Grundrisse Foundations of the Critique of Political Economy 150 Years,* edited by Marcello Musto, 79–92. London: Routledge.

Yaşın, Zehra Taşemir. 2017. 'The Adventure of Capital with Nature: From the Metabolic Rift to the Value Theory of Nature'. *Journal of Peasant Studies* 44 (2): 377–401.

Yoshida, Fumikazu. 1980. *Kankyo to gijyutu no keizaigaku: Ningen to shizen no bussitsutaishya no riron* [Economics of the environment and technology: A theory of metabolism between humans and nature]. Tokyo: Aoki Shoten.

Žižek, Slavoj. 2008. *In Defense of Lost Causes.* London: Verso. [국역: 박정수 옮김, 『잃어버린 대의를 옹호하며』, 그린비, 2009]

_____. 2009. 'Ecology'. In *Examined Life: Excursions with Contemporary Thinkers,* edited by Astra Taylor, 155–83. New York: The New Press. [국역: 한상석 옮김, 『불온한 산책자: 8인의 철학자, 철학이 사라진 시대를 성찰하다』, 이후, 2012]

_____. 2017. *The Courage of Hopelessness: Chronicles of a Year of Acting Dangerously.* London: Allen Lane. [국역: 박준형 옮김, 이택광 감수, 『용기의 정치학: 우리의 삶에서 희망이 사라졌을 때』, 다산초당(다산북스), 2020]

_____. 2020a. *Pandemic! COVID-19 Shakes the World.* Cambridge: Polity. [국역: 강우성 옮김, 『팬데믹 패닉: 코로나19는 세계를 어떻게 뒤흔들었는가』, 북하우스, 2020]

_____. 2020b. 'Where Is the Rift? Marx, Lacan, Capitalism and Ecology'. *Res Pública. Revista de Historia de las Ideas Politicas* 23 (3): 375–85.

Zuboff, Shoshana. 2019. *The Age of Surveillance Capitalism: The Fight for a Human Future at the New Frontier of Power.* New York: PublicAffairs. [국역: 김보영 옮김, 『감시 자본주의 시대: 권력의 새로운 개척지에서 벌어지는 인류의 미래를 위한 투쟁』, 문학사상, 2021]

찾아보기